Dorothea Gräfin Razumovsky · Der Balkan

Dorothea Gräfin Razumovsky

Der Balkan

Geschichte und Politik seit Alexander dem Großen

Piper
München Zürich

ISBN 3-492-03519-1

Satz: Ziegler + Müller, Kirchentellinsfurt
Karten: Atelier Robert Funk, München
Druck und Bindung:
Graphischer Großbetrieb Pößneck GmbH
Printed in Germany

Inhalt

Balkan – das sind immer nur die anderen

Eine Chronik schreibt nur derjenige,
dem die Gegenwart wichtig ist.
Goethe, 1826

Die Rede ist hier von jenem Teil Europas, der im Bewußtsein der meisten Europäer nicht zu ihrer Welt gehört, und zu dem deshalb auch in Südosteuropa niemand wirklich gehören will, dem Balkan. Dieser Begriff ist ein Synonym geworden für Chaos, Haß, Zerrissenheit, Gewalt.

»Balkanisieren« bedeutet spätestens seit den Balkankriegen 1912 und 1913, ein Gebiet staatlich zu zersplittern und in verworrene politische Verhältnisse zu bringen, wie der Große Duden uns belehrt. Ein Bewohner aber dieser zerklüfteten Bergregion (von alttürkisch »balak« = groß oder hoch), der Balkaner oder gar »Balkanese«, ist – natürlich mit Ausnahme jenes einen, den man zufällig persönlich kennt – grundsätzlich ein Barbar.

Nichts ist beruhigender und bequemer, als in der Wirklichkeit solche Klischees bestätigt zu finden und im stählernen Raster fester Vorurteile alle Entwicklungen sogleich einordnen und damit aburteilen zu können. Die Frage etwa, ob zu Beginn des Jahrhunderts die Balkanländer sich selber »in verworrene politische Verhältnisse« gebracht haben oder aber von drei zerfallenden Großreichen auseinandergerissen und in ihren Einzelteilen in den Strudel einer allen gemeinen Höllenfahrt hineingezogen worden sind, muß dann genau so wenig gestellt, geschweige denn beantwortet werden wie die, wer denn in den verschiedenen Etappen der langen Geschichte Europas nun jeweils wirklich »die Barbaren« waren, nämlich »rohe, empfindungslose Menschen, welche die Sprachen und die heimischen Sitten (der jeweils anderen) nicht kennen« (so der Duden). Sprechen aber nicht bis heute sehr viel mehr Südosteuropäer westeuropäische Sprachen als umgekehrt?

Der Entschluß zu diesem Buch wurde vor bald zehn Jahren auf dem Wege nach Kreta gefaßt. »Kreta, gehört das eigentlich noch zu Europa?« hatte ein international angesehener, hochgelehrter deutscher Geisteswissenschaftler in jugendlicher Unschuld gefragt, als er vom Ziel der Reise hörte. Was ist bloß mit Europa geschehen, daß diese Frage möglich ist? Hat der europäische Westen sich in jenem halben Jahrhundert, in dem der Kontinent durch den Eisernen Vorhang willkürlich zerschnitten war, wirklich so weit vom europäischen Osten entfernt, daß er ihn völlig verleugnen kann? Was hat den Westen dahin gebracht, sich diesem gegenüber wie ein charakterloser Emporkömmling zu verhalten, der seine Dialekt sprechende bäuerische Mutter in einem Altersheim versteckt – allenfalls ein wenig Wirtschaftshilfe, allenfalls Blumen zum Muttertag? Aber Kreta gehörte doch in all diesen Jahren zum Westen, ist völlig unbestritten ein Teil der Europäischen Union wie auch der Nato!

Der Antrieb zu diesem Buch kam also aus der Spannung, die von derartigen Gesprächen, von Leitartikeln, außenpolitischen Reden und Kommentaren täglich zwischen Wut und Mutlosigkeit frisch aufgeladen wurde – angesichts des hilflosen, ja oft ahnungslosen Umgangs mit der Krise des Balkans während des vergangenen Jahrzehnts. Meinungen, die sich nicht an die fest in den Boden zementierten Fahnenstangen angeblich historisch begründeter Bewertungen klammerten wie der Betrunkene an den Laternenpfahl, waren da schon bald nicht mehr gefragt. Die Berichte der Diplomaten vor Ort wurden in Bonn nur dann noch gelesen, wenn sie den einmal eingeschlagenen Kurs bestätigten, Botschafter wurden im Auswärtigen Amt höheren Ortes nur dann noch empfangen, wenn die Botschaft, die sie brachten, ins vorgefaßte Konzept hineinpassen wollte.

Weil Deutschland wider Erwarten in seiner eigenen nationalen Einheit und Souveränität wiederhergestellt worden war, sollten nun auch all die kleinen Balkanvölker das Recht erhalten, sich selbst zu verwirklichen und eigene Staaten zu bilden, auf Gedeih und vor allem auf Verderb. Denn an den Schutz der durch neue Grenzen neu entstehenden Minderheiten, an den Schutz der Grundrechte der betroffenen einzelnen Menschen, die nun zu Untertanen ihrer selbstherrlichen Provinzpotentaten werden sollten, hatte man nicht rechtzeitig gedacht. Oder man hatte vielleicht auch geglaubt, diese Frage später lösen zu können. »Wer wird schon dort leben?«, hatte Churchill bereits in den vierziger Jahren zynisch gefragt, als es dem Westen um Wichtigeres ging.

Statt der Gesamtheit der Region mit allen nur verfügbaren Mitteln bei der Lösung ihrer Probleme zu helfen, wurden ethnische Gruppen von außen in ihrem verantwortungslosen Egoismus bestärkt und in ihrem kurzsichtigen Sezessionismus unterstützt. So kam es gleichzeitig zu zwei gegenläufigen Entwicklungen in zwei Regionen ein und desselben Kontinents: Während im Westen bestehende Grenzen zwischen ehemaligen Erbfeinden, wie etwa Deutschen und Franzosen, allmählich ganz beseitigt wurden, geschah nebenan in Südosteuropa das genaue Gegenteil. Dort, wo durch Jahrhunderte sehr viel mehr Stämme, Sprachen, Sitten und natürlich Religionen sehr viel dichter zusammengelebt hatten, als das im Westen vorstellbar ist, dort, wo die ethnische Struktur längst wie ein Flickenteppich in sich verwoben war, wurden willkürlich neue Grenzen gezogen, mit dem fiktiven Anspruch auf Nationalstaatlichkeit. Als genau die Verteilungskämpfe ausgebrochen waren, einschließlich »ethnischer Säuberungen«, vor denen Kenner gewarnt hatten, erfanden die Schirmherren der Separatisten verlegen semantische Spitzfindigkeiten: es habe sich niemals um »Sezessionismus«, sondern immer nur um »Dismembration«, also um die Zerstückelung von Ländereien wie bei einer Erbteilung, gehandelt, ließ das Auswärtige Amt auf Anfrage wissen – als schlössen Erbstreitigkeiten eine rechtliche Regelung von vorne herein aus.

Daß angesichts solch peinlicher Haarspaltereien nicht Resignation den Sieg davontrug, sondern aus dem Vorhaben wirklich ein Manuskript werden konnte, ist vor allem zwei Menschen zu verdanken: dem väterlichen Freund und Verleger Klaus Piper, der mit wunderbaren Briefen und Gesprächen in seiner genialen Mischung aus Neugierde und Verständnis für die Probleme der Autorin immer wieder zum Durchhalten ermunterte, und einem jungen Osteuropa-Historiker in Wien, der mit ungeduldigen Fragen, kritischen Anmerkungen und einer Fülle von Material der mitunter erlahmenden Energie jeweils neue Nahrung gab, Gregor Razumovsky, meinem Sohn.

Für die Unzulänglichkeiten des Produktes sind beide nicht verantwortlich. Es ist in vielerlei Hinsicht beschränkt. Schon das Thema war weit genug gesteckt, um bequem zwölf dicke Bände zu füllen. Und um auch nur einigermaßen verläßlich zu sein, hätte dieses Dutzend Bände wiederum wenigstens zwölf Autoren gebraucht: Fachleute für die einzelnen historischen Epochen, Spezialisten für die verschiedenen Regionen, für ihre Sprachen, ihre Kultur. Um von Experten für theologische Fragen und Kirchengeschichte gar nicht erst zu reden.

Dieses Buch kann und will nicht mehr sein als eine Einladung; die Aufforderung zu einem Spaziergang durch die Jahrhunderte, bei dem an einzelnen Stationen, bei meist längst bekannten Ereignissen und Gestalten, vorübergehend innegehalten wird, wie beim Bummel durch eine Ausstellung. Die Bilder aber, die mitunter dramatischen Szenen, sollen den Betrachter dazu anregen, immer wieder aufs neue zu fragen: Können wir heute wirklich wissen, was sich damals zugetragen hat? Fließen die vorhandenen Quellen der Forschung nicht vielleicht bisweilen deshalb gar so spärlich, weil manche Beweisstücke absichtlich vernichtet worden sind? Hat es zwischen der »donatio Constantini« – der zufolge angeblich Konstantin der Große den Vorrang Roms über alle Kirchen anerkannte sowie dem Papst u.a. die Herrschaft über die römischen Provinzen im östlichen Mittelmeerraum überließ –, hat es zwischen dieser durch das gesamte Mittelalter für echt gehaltenen Falsifikation und der »Jalta-Legende«, der angeblich vertraglich geregelten Teilung der Nachkriegs-Welt, die erst kürzlich der Heidelberger Historiker Ivan Pfaff als nachträgliche Rechtfertigung der verfehlten amerikanischen Mitteleuropapolitik 1941–1945 entlarvt hat, vielleicht noch andere Fälschungen gegeben, die wir arglos für bare Münze nehmen? Wird ein Geschichtsbuch schon dadurch korrekt, daß es in zehnter Auflage erscheint?

Einfache Fragen, die vielleicht dennoch berechtigt sind. Wer keine Steine umdreht und keine Krusten aufbricht, kann nichts entdecken. Wer keine Fragen stellt, kann nichts erkennen. Und wer nicht wissen will, was vor seiner Geburt geschah, bleibt ewig ein Kind. So sagte jedenfalls schon Cicero.

Mutet ein Außenminister nicht kindlich an, der sich, unter dem Druck nicht etwa überzeugender Argumente, sondern ausschließlich der öffentlichen Meinung, also aus Populismus pur, trotzig vor Mikrofone und Kameras stellt, um zu erklären, man werde im Balkankonflikt Partei ergreifen und eine Seite anerkennen müssen, wenn die Kämpfe nicht bald zu Ende gingen? Und der dann, kaum daß aus dieser Fehlentscheidung ein veritabler Krieg entstanden ist, den Bettel hinwirft wie ein Spielzeug, an dem er keinen Spaß mehr hat? Und der Nachfolger, der störrisch stammelt, man müsse den bösen Buben »auf die Knie zwingen« und nach »Zwangsmaßnahmen« schreit? Oder aber auch der dritte, der sich hinter der Drohkulisse der größten Militärmacht der Welt verschanzt und allen Erfahrungen von 1914 zum Trotz ohne klare Rechtsgrundlage ein Ultimatum unterschreibt; obwohl er selber gesagt hat, also wohl auch weiß, daß »politische Lösungen und politische Perspektiven für die Gesamtregion« gefunden werden müssen? Hätte er nicht gleichfalls wissen müssen, daß jeder, der ultimative Forderungen stellt, zugleich auch die eigene Handlungsfreiheit beengt? Daß er das Gesetz des Handelns in die Hand des Gegners gibt – bis hin zum Krieg?

»In so gefährlichen Dingen, wie der Krieg eins ist, sind die Irrtümer, welche aus Gutmütigkeit entstehen, gerade die schlimmsten«, schrieb schon Clausewitz in seinem großen Werk »Vom Kriege«. Wie aussichtsreich kann ein Krieg folglich sein, von dem alle Beteiligten von vorneherein sagten, daß sie ihn eigentlich überhaupt nicht, allenfalls jedoch mit begrenzten Mitteln führen wollten, ihn aber trotzdem führen müßten, weil er zwar völkerrechtlich illegal, aber menschenrechtlich legitim sei: also ein »gerechter Krieg«? Ein Krieg mit dem erklärten Ziel, »den Feind niederzuwerfen«, ihn »wehrlos zu machen« und ihn »zur Erfüllung unseres Willens zu zwingen« (Clausewitz), ohne die Bereitschaft, alle zur Erreichung dieses Zieles notwendigen Mittel auch wirklich einzusetzen. Ein Krieg schließlich, der als Fortsetzung einer hilflos versagenden Politik begann, der von gründlicher Fehleinschätzung der Rechtsposition, des Willens und der

Fähigkeit des Gegners geleitet wurde, und der nach Einsicht dieses Irrtums ohne erheblichen Gesichtsverlust nicht mehr abzubrechen war.

Wie wenig ein Vertragswerk wert ist, das nur unter dem Druck militärischer Gewalt entstand, nicht aber auf dem freiwilligen Konsens aller Beteiligten beruht, das hat »Dayton« längst gezeigt. Es ist nicht mehr als ein Stillhalteabkommen auf absehbare Zeit. Denn es beruht auf den Prämissen längst überholter Außenpolitik; auf der Idee einer Neuordnung des Balkans nach ethnischen Prinzipien, statt auf der Idee einer Neuordnung Südosteuropas als integraler Bestandteil Europas, also als supranationale Europäische Region. Nur wenn wir selber »die Anarchie der nationalstaatlichen Interessenpolitik hinter uns lassen«, wie Bundespräsident Roman Herzog in seiner großen Rede vor dem Weltwirtschaftsforum in Davos Ende Januar 1999 gefordert hat, können wir auch von den Regierungen anderer Länder und Völker verlangen, daß sie das tun.

Wie aber hätte man der Region bei der Lösung ihrer Probleme helfen können? Man hätte allen auseinanderstrebenden nationalen Gruppen klarmachen müssen, daß die Auflösung bestehender staatlicher Ordnung, daß die Veränderung anerkannter Grenzen, nur auf dem Verhandlungswege möglich war und ist. Und daß jeder, der zu Europa gehören will, zuerst einmal seinen Willen zeigen muß, sich an die Regeln des Vertragswerkes der Union zu halten. An erster Stelle dieser Regeln steht die Bereitschaft zur regionalen Integration.

Statt also auf den Trümmern der Berliner Mauer zu tanzen und sich als Sieger feiern zu lassen, statt sich über Milchquoten oder über die Normgröße von Bananen und die Krümmung von Gurken zu streiten, hätten die Staatsmänner des Westens eine große Konferenz einberufen können, um den Neubeginn zu regeln – wie nach allen großen Konflikten so auch nach dem Kalten Krieg. Nach Napoleon gab es den Wiener Kongreß, nach dem Ersten Weltkrieg den Völkerbund, nach dem Zweiten Weltkrieg gründete man die Vereinten Nationen. Nach dem Ende des Kalten Krieges kam dagegen, wie der frühere UNO-Generalsekretär Butros Butros Ghali unlängst in einem Gespräch zu Recht beklagte, einfach nichts, »absolut nichts«.

Europas Traum

Wenn du nicht weißt, woher du kommst, wie willst du dann auch nur ahnen, wohin du gehst? Ganz am Anfang unserer Welt gab es jedoch lediglich eine gähnende Kluft zwischen Allem und dem Nichts, welche die Menschen fünf Milliarden Jahre später noch immer hilflos Chaos nannten. Daraus schuf Gott Himmel und Erde, welche die Griechen für Götter hielten, und denen sie die Namen Uranos und Gaia gaben. Der Himmel haßte seine Kinder derart, daß er sie gleich nach ihrer Geburt entweder fraß oder aber in die Mutter Erde zurückstieß. Deshalb entmannte Kronos, der Jüngste, schließlich auf Geheiß der Gaia seinen Vater mit einer Sichel und warf das Zeugungsglied ins Meer. Aus der wild aufzischenden Gischt trat hold lächelnd Aphrodite hervor, die Schaumgeborene, bisweilen auch Anadyomene, die aus dem Meer Aufsteigende, genannt: die »himmlische« (urania) Göttin der Liebe.

Lange schien bleibender Friede gefunden, doch auch der krummsinnige Kronos herrschte nicht ewig, denn auch er trachtete seinen Kindern, die er mit seiner Schwester Rhea gezeugt hatte, nach dem Leben. Einer der Söhne übermannte ihn. Als nämlich Rhea den Zeus geboren hatte, gab sie dem Kronos einen Stein zu fressen, den sie in Windeln gewickelt hatte; den Säugling aber versteckte sie in einer Höhle. Dort nährte eine Ziege das Kind, bis es so stark geworden war, daß es den Kronos überwältigen konnte und sich selbst zum Göttervater erhob.

So erzählten das später die Griechen, nachdem sie Kreta erobert hatten, die Insel, auf der die Götter hausten. Aber hat es sich wirklich so zugetragen? Vom Anbeginn jeglicher Überlieferung wurde Geschichte stets so wiedergegeben, wie es der Siegermacht gefiel. Immer gab es nur eine einzige Zivilisation, grundsätzlich die eigene, während überall sonst »Barbaren« lebten. Ein »Barbar«, das ist der, der die Sprache nicht spricht und die heimischen Sitten nicht versteht, der Nichtgrieche, Nichtrömer, Nichtzivilisierte, ein roher Kerl, ohne Empfindungen und Kultur. Der Andere.

In Wahrheit waren die Achäer »Barbaren«, die im 15. Jahrhundert vor Christus über Kreta herfielen und blindwütig die großen Paläste zerstörten, genau wie die Kreuzritter sehr viel später Byzanz: Zeugnisse einer ihnen unverständlichen Hochkultur. »Das war letztlich eine Kultur von Künstlern«, schrieb der französische Kreta-Forscher Paul Faure in seinem schönen, allerdings – wie die jüngere Archäologie beweist – idealisierenden Buch über das Leben im Reich des Minos. »Das minoische Wunder, ein Gegenstück zum griechischen Wunder, besteht darin, daß dieses so sehr mit den Menschen und den Göttern marktende Volk gleichzeitig soviel Zartgefühl, Poesie, Eleganz und Sinn für Erlesenes hatte. Aus einem Menschenschlag, den im dritten Jahrtausend nichts zu den erstaunlichen Leistungen zu prädestinieren schien, und aus ebenso harten wie gewöhnlichen Alltagsaufgaben erstanden anonyme, aber überragende Erfinder auf dem Gebiet der Architektur, der Keramik, der Stein- und Metallgravur, der Kleidung und nicht zuletzt der Musik und des Tanzes, wovon wir nur undeutliche Vorstellungen haben. Auch hier wird nichts durch die Gunst des Himmels und die natürliche Klugheit erklärt.«[1] Vielleicht sei das erstaunliche Phänomen im Aufkommen eines freien und beweglichen Handwerkertums und in unbändiger Freude am freien Austausch begründet. »Wenn Kunst der individuelle Ausdruck eines kollektiven Glaubens ist, so begünstigte die Entwicklung des Individualismus auf wunderbare Weise den Ausdruck von Überzeugungen, die mit aller Kraft auf das Leben gerichtet waren. Was auch immer Paul Valéry 1919 sagte, eine Kultur kann niemals ganz sterben, mit all ihren Menschen und Geräten in den Boden versinken. Etwas bleibt immer übrig aus dem Schiffbruch. Vom Alltagsleben der Zeitgenossen des Minos ist mehr übriggeblieben als vom Alltagsleben aller Nachbarländer Kretas aus der gleichen Zeit: die Blüte der ersten wirklich menschlichen Kultur des Mittelmeeres und die Erinnerung an diese Kultur.«

Fünfzig Jahre vor den Achäern schon hatte der Vulkan von Santorin bei einem seiner titanischen Beben den östlichen Teil der schönen Insel unter einer bis zu sieben Meter dicken Schicht von Lava, Bimsstein und Asche begraben. Vielleicht hat auch, wie neueste Arbeiten des griechischen Erdbebenforschers Gerasimos Papadopulos ergaben, ein gigantischer Tsunami, nämlich eine vulkanisch verursachte Welle mit einer Geschwindigkeit von bis zu 700 Kilometern pro Stunde und einer Höhe von 30 Metern, damals die Feuer Kretas gelöscht. Die »Barbaren« aus Mykene gaben jedenfalls der minoischen Handels- und Seemacht, welche bis dahin die Ägäis beherrscht hatte, in ihrer Zerstörungswut den Rest.

Was blieb nun von der minoischen Kultur? Die Griechen bewahrten in ihren Legenden das Bild von einem kretischen Zeus, der mit dem waffenstarrenden Krieger, der das griechische Pantheon beherrscht, überhaupt nichts gemeinsam hat. Denn dieser Zeus ist ein zartes Wesen. »Vielleicht ist er mit dem Kind identisch, das in der minoischen Kunst von seiner göttlichen Mutter zur Anbetung emporgehalten wird«, meinte schon der große Byzantinist und Geschichtsphilosoph Arnold Toynbee: »... und wird nicht nur geboren – er stirbt.«[2] Gab er das Vorbild für Dionysos ab, jene thrakische Gottheit, mit der sich viel später die eleusischen Mysterien verbanden? Lebten im Glauben des klassichen Griechenlands Reste der Religion eines versunkenen Reiches fort, nämlich der minoischen Kultur? – um diese Fragen kommt wohl niemand herum, der zu den Anfängen Europas zurückfinden will. »Wenn damals, als sich die Lawine der Barbaren über sie ergoß, in der minoischen Welt auch nur irgend etwas vom Wesen einer universellen Kirche bestand, dann muß es vom Kult der Olympier so weit entfernt gewesen sein wie das Christentum von der Anbetung des Odin und Thor.« (So Toynbee.)

Wer sagt, das sei ohnedies alles nur Sage? Jedes Zeitalter habe ein bestimmtes, nur ihm eigentümliches Bild von allen Vergangenheiten, die seinem Bewußtsein zugänglich seien, schrieb Egon Friedell. »Die Legende ist nicht etwa eine der Formen, sondern die einzige Form, in der wir Geschichte überhaupt denken, vorstellen, nacherleben können. Alle Geschichte ist Sage, Mythos ...«[3] Ist da nicht auch der Umkehrschluß erlaubt, daß alle Sage Geschichte sei?

Heinrich Schliemann hatte für diese kühne These schon den schlüssigen Beweis erbracht, als sie noch längst nicht ernstgenommen wurde. Denn ausschließlich von dem kindlichen Glauben getragen, daß die Versepen Homers in allen Einzelheiten zuverlässige historische Quellen seien, hatte er die vorhomerische Welt Kleinasiens, Kretas und der Peloponnes tatsächlich finden und somit die Goldschätze von Troja und Mykene entdecken können, wobei letzterer wohl zum größten Teil den sanften Kretern geraubt worden war.

Denn nicht nur war ihr Gott ein Kind und ihre oberste Gottheit dessen Mutter; ihr Stiefkampf war ein anmutiges Spiel ohne jedes Blutvergießen, ihre Symbole waren Schmetterlinge, deren Puppen, Blüten, Klee. Astrologen werden eifrig nicken, ja, das sei typisch für das Zeichen des Stiers, jener rund 2000 Jahre, die wiederum 2000 Jahre vor dem Fisch (Christus) vom Zeichen des Widders abgelöst wurden.

Der goldgelockte Stier jedenfalls, in dessen Gestalt der kretische Zeus die Tochter des Königs von Tyros und Sidon aus dem Gebiet des heutigen Libanon auf die thymianduftende Insel brachte, vereinigt Züge beider Kulturen, der minoischen wie der achäischen. Oder war Europa, die Mutter des Minos (»die Dunkle, der Sonnenuntergang, der Abend«, wie das ursprünglich wahrscheinlich semitische Wort besagt), gar nicht die junge Phönizierin, die Zeus in Gestalt eines Stieres entführte und unter einer immergrünen Platane liebte? Hatten Reisende der alten Welt sie mit einer syrischen Göttin verwechselt, die auf einem Stier stand oder saß? Wir werden das sicher nie erfahren, doch immer werden wir Spätgeborenen wissen, daß hier, in Europa, von Anfang an zwei Welten aufeinandertrafen, die immer aneinander leiden, einander so heftig lieben wie hassen sollten und doch immer »Freude am Austausch« haben würden, so daß in ihrem Spannungsfeld erst das entstehen konnte, was noch heute, fast viertausend Jahre später, den größten Teil der Welt beherrscht, als gemeinsames Produkt des Morgen- und des Abendlandes: die europäische Kultur.

Die Sagen des klassichen Altertums nun auch noch allen Ernstes datieren zu wollen, das gehe denn doch entschieden zu weit, werden Kritiker hier einwenden wollen. Warum denn im Ernst und nicht als minoisches Spiel? Von Kreta wissen wir seit Homer, der im 8. Jahrhundert vor Christus wirklich lebte und in der späteren Legende als ewig wandernder blinder Rhapsode dargestellt wird – wie Wotan im »Ring«. Im 19. Gesang seiner Odyssee gibt der Angeber Odysseus sich als Abkömmling des Minos (und mithin der Europa) aus, der das Gemisch an Völkern auf der Insel Kreta beschreibt, die friedlich nebeneinander lebten, obwohl oder gerade weil sie ihre jeweils eigene Sprache und Eigenart bewahrt hatten; nämlich Achäer, Eteokreter, Kydonier, Dorer und Pelasger. In späteren Quellen werden weitere Völker, alles Einwanderer von dem griechischen Festland, dem anatolischen Hochland und von den Inseln der Ägäis in wechselnder Folge aufgezählt. »Der Gedanke einer engen Verwandtschaft zwischen den verschiedenen Kulten des thrakisch-phrygischen Bereichs und der kretischen Welt, die beide einen heiligen Berg, eine Muttergöttin, einen göttlichen Sohn und untergeordnete Dämonen kennen, erscheint übrigens in all diesen Berichten«, stellt Paul Faure, der sicher alles gelesen hat, was Kreta betrifft, in seinem eindrucksvollen Buche fest.

Odysseus befand sich schon auf dem Heimweg von Troja, als er in Kreta haltmachte. Eine der letzten Stationen seiner Irrfahrt war die Insel der Phäaken, wo er dank Nausikaa nicht nur liebevoll aufgenommen, sondern auch noch reich beschenkt wurde. Dort, auf Scheria, wahrscheinlich Kerkyra, also Korfu, traf noch dreitausend Jahre später der italienische Schriftsteller Luigi Malerba an einer Straßenecke einen alten Mann, der die gesamte Odyssee erzählte, ohne sie je gelesen zu haben; nur lautete in seiner Version nicht ein einziger Name gleich. Dieses verblüffende Erlebnis sowie der Einfall seiner Frau, Penelope habe den Abenteurer bei seiner Rückkehr sicher sofort erkannt, ihn aber mit ihrem distanzierten Verhalten für seine Untreue strafen wollen, regten Malerba zu seiner schönen Erzählung vom ewigen »König Ohneschuh« an. Und so spann der Italiener die auch an den Küsten seiner Heimat in Schiffahrtsmärchen und Hafengeschichten lebende Legende fort.

Den historischen Kern der Trojasage bildet der Untergang des alten Ilion, eines wichtigen Umschlagsplatzes auf dem Handelsweg zwischen Vorderasien und Europa an der von primitiven

Schiffen nur schwer zu bewältigenden Einfahrt in die Dardanellen. Der mykenische Angriff auf Troja ist verbürgt, zerstört wurde Ilion jedoch durch ein Erdbeben, und zwar im Jahre 1184 vor Christus. Ziemlich genau zur gleichen Zeit starb Moses, der Stifter der Jahwe-Religion, der nicht nur den Menschen mosaischen Glaubens Genesis und Gebote gab. Er führte das »Erwählte Volk«, das einen Bund mit Gott geschlossen hatte, aus der Knechtschaft der Ägypter in das Gelobte Land, in dem Milch und Honig fließen sollten. Ständiger Austausch, stete Bewegung, Völkerwanderung also auch hier.

Diese begann in der Tat noch sehr viel früher, nämlich zu Beginn jeden menschlichen Daseins, als es schon Jäger, Sammler und Hirten, aber erst im Ansatz Ackerbau gab. Hans Magnus Enzensberger macht darauf aufmerksam, daß bereits im Mythos von Kain, dem Ackermann, und Abel, dem Schäfer, den ersten Kindern Adams und Evas, die Spannung zwischen wandernden und seßhaften Stämmen angelegt und faßbar sei: »Der territoriale Konflikt endet mit einem Mord. Die Pointe der Geschichte besteht darin, daß der Seßhafte, nachdem er den Nomaden getötet hat, seinerseits vertrieben wird: ›Unstet und flüchtig sollst du sein auf Erden.‹ Die Geschichte der Menschheit läßt sich als Entfaltung dieser Parabel lesen. Über Jahrtausende hinweg bilden sich immer wieder stationäre Populationen. Aufs Ganze und auf die Dauer gesehen, bleiben sie jedoch die Ausnahme. Die Regel sind: Raub- und Eroberungszüge, Vertreibung und Exil, Sklavenhandel und Verschleppung, Kolonisation und Gefangenschaft. Immer war ein erheblicher Teil der Menschheit in Bewegung, auf der Wanderung oder auf der Flucht, aus den verschiedensten Gründen, auf gewaltförmige oder friedliche Weise – eine Zirkulation, die zu fortwährenden Turbulenzen führen muß …«[4]

Wer trägt die »Schuld« – etwa Europa? »Nein, ich bin unschuldig! Wie wäre es auch möglich, daß ich mich hätte entschließen können, lieber auf dem Rücken eines Untieres durch unendliche Fluten zu schwimmen, als in holder Sicherheit Blumen zu pflücken?«, läßt der schwärmerische Schwabe Schwab seine phönizische Heldin in den »schönsten Sagen des klassischen Altertums« klagen. Sie beschwor die Götter ihrer Heimat, einen hungrigen Löwen zu senden, auf daß er ihre Qualen beende; doch Löwen gab es auf der Insel nicht. »Lächelnd und friedlich lag die fremde Gegend vor ihr, und vom umwölkten Himmel leuchtete die Sonne. Da sprang die Verlassene auf. ›Elende‹, schrie sie und rief ihren eigenen Namen. ›Elende Europa!‹« Doch den Mut zum Tode fand sie nicht. Da erschien Aphrodite in überirdischem Glanz, ihren kleinen Sohn, den Liebesgott, zur Seite. »›Tröste dich, Tochter des Agenor!‹, rief sie. ›Zeus ist es, der dich geraubt hat... Unsterblich wird dein Name werden; denn der fremde Weltteil, der dich aufgenommen hat, heißt nach dir: Europa!‹«[5]

Noch zu Hause, in Kleinasien, hatte Europa einen Traum: »Es kam ihr vor, als erschienen zwei Weltteile in Frauengestalt und stritten sich darum, sie zu besitzen. Die erste der beiden war eine Unbekannte; die zweite – und dies war Asien – glich an Aussehen und Gebärde einer der Ihren. Sie wehrte sich mit zärtlichem Eifer für ihr Kind, nämlich die träumende Jungfrau Europa, und rief, daß sie es sei, die ihre geliebte Tochter geboren und sie an ihren Brüsten getragen habe. Die Unbekannte aber umfaßte Europa wie einen Raub mit gewaltigen Armen und zog sie mit sich fort, ohne daß sie zu widerstehen vermochte. ›Komm nur mit mir, Liebes‹, sprach die Fremde, ›ich trage dich als Beute dem Ägiserschütterer Zeus entgegen; so ist dir's vom Geschicke beschieden!‹ Mit klopfendem Herzen erwachte Europa und richtete sich vom Lager hoch, denn das Nachtgesicht war hell wie ein Anblick des Tages gewesen. Lange Zeit saß die Königstochter unbeweglich aufrecht im Bett, vor sich hinstarrend. Vor ihren weit offenen Augen standen noch die beiden Frauen. Erst spät taten sich ihre Lippen auf zu bangem Selbstgespräche. ›Welcher Himmlische‹, fragte sie, ›hat mir diese Bilder zugeschickt? Was für Träume haben mich aufgeschreckt, die ich im Vaterhause süß und sicher schlummerte? Wer war doch die Fremde, die ich im Schlaf gesehen? Welche Sehnsucht nach ihr regt sich in meinem Herzen? Wie ist sie mir so liebreich entgegengetreten und mit welchem Mutterblicke hat sie mich angelächelt, auch als sie mich entführte! Mögen die seligen Götter mir alles zum besten kehren!‹«

Erstaunlich scheint dem modernen Leser, der seinen Freud bewältigt hat, an dieser Sage doch wohl nur, daß beide Kräfte, die sich der Jungfrau bemächtigen wollen, als mütterliche Frauen dargestellt sind; wissen wir doch nur allzu gut, daß hinter der Gestalt der Fremden aus dem Westen sich der bereits recht mannhaft aggressive griechische Zeus verbarg, von dem Europa sich nur allzu bald und nur zu gerne verführen ließ. Was uns jetzt aber hier an Europas Schicksal interessiert, ist der so früh schon angelegte Dualismus, die Spannung zwischen Osten und Westen, die Zugehörigkeit Europas zu beiden Welten, zu Morgen- wie zu Abendland, zu Milde, Dunkel wie Licht und Härte, die heute nur noch auf dem Balkan lebendig, im römisch-keltisch-germanischen Westen indes völlig verloren sind und bestenfalls als vages Gefühl des Mangels, der Halbheit, der Leere, als Beschränkung auf die Hälfte des Hirns, vielleicht auch als geheime Sehnsucht nach Ergänzung, ja geistiger Heilung, spürbar ist.

Dort auf dem Balkan blieb Europa erhalten, in seiner ursprünglichen Spannung, Weite und Kraft; auch wenn es hundertmal zerrissen, zertreten und wieder zusammengeflickt wurde wie ein Gebetsteppich aus dem Orient, über den Generationen von rohen Barbaren mit ihren Stiefeln getrampelt sind. In den Balkanländern wurde nicht nur im Märchen die ursprüngliche Fülle Europas bewahrt: Dort weiß man, daß die Welt nicht allein von Gott, sondern von Gott und dem Satan gemeinsam erschaffen wurde.

Überall auf der östlichsten der drei südeuropäischen Halbinseln sind vorhellenistische Traditionen erhalten geblieben, wie zum Beispiel aus dem religiösen Universum der Geto-Daker auf dem Gebiet des heutigen Rumänien. Man wisse inzwischen ziemlich genau, schrieb der von dort stammende Religionshistoriker Mircea Eliade, daß gewisse mythisch-rituelle Handlungen, die noch zu Beginn des zwanzigsten Jahrhunderts bei den Bauern in Südosteuropa gültig gewesen seien, mythologische Fragmente und verschwundene Rituale aus dem vorhomerischen Griechenland bewahrt hätten.

Eine bulgarische Legende erzähle, es habe zu Beginn der Welt weder die Erde noch Menschen gegeben, schreibt Eliade beispielsweise.[6] Alles war Wasser, Satan und Gott. »Eines Tages wandte sich Gott an Satan und sagte ihm: ›Laß uns die Erde und die Menschen erschaffen.‹ – ›Aber wo sollen wir die Erde suchen?‹, fragte Satan. – ›Unter dem Wasser‹, antwortete Gott,

›gibt es Erde. Tauche hinab und hole etwas Lehm. Aber vor dem Tauchen mußt du sagen: ›Durch die Macht Gottes und die meine!‹ und du wirst bis auf den Grund gelangen und Erde finden.‹ Aber Satan sagte: ›Durch meine Macht und die Gottes‹, und infolgedessen konnte er den Meeresgrund nicht erreichen. Erst nachdem er die Formel richtig ausgesprochen hatte und das dritte Mal hinabgetaucht war, kam er bis auf den Grund, und es gelang ihm, etwas Schlamm unter den Fingernägeln mitzubringen. Mit diesen Resten schuf Gott die Erde. Als Gott eingeschlafen war, zog ihn der Teufel nahe an das Wasser und versuchte ihn zu ertränken. Aber die Erde breitete sich immer weiter aus, so daß es dem Teufel nie gelang, das Wasser zu erreichen.«

In der Bukowina (heute Teil der Ukraine) wurde folgende Variante aufgezeichnet: Als es nur Himmel und Wasser gegeben habe, sei Gott mit einem Boot herumgefahren. Da habe er eine Schaumkugel getroffen, in der sich der Teufel befand. Gott habe wissen wollen, wer das sei, doch der Satan habe nur antworten wollen, wenn Gott ihn in sein Boot aufnähme. Als das geschehen war, schufen sie gemeinsam die Erde und den Menschen.

Ähnliche Schöpfungsgeschichten werden auch im Baltikum, in Polen und Mordwinien erzählt. Nur in Südosteuropa jedoch ist Gott, nachdem er die Erde erschaffen hat, sehr müde. Erschöpft wie ein Bauer nach einem schweren Arbeitstag, während es doch der Teufel war, der die ganze Arbeit erledigt hat. Und schließlich ist Gott in einigen Varianten nach getaner Arbeit auch noch dumm: einmal muß er eine Biene um Rat fragen, einmal muß ihm der schlaue Igel helfen, die zu groß geratene Erde wieder so dicht zusammenzupressen, daß sie unter den Himmelsdeckel, eine Art Käseglocke, paßt. So seien die Schluchten des Balkan entstanden, weiß man auf der Halbinsel zu erzählen.

»Mehr noch als der ›Dualismus‹ tragen diese negativen Elemente – die Müdigkeit Gottes, sein tiefer Schlaf, die Abnahme seiner Intelligenz – dazu bei, den rumänischen und südosteuropäischen kosmogonischen Mythen einen (von den zentral- und nordasiatischen Varianten) deutlich abweichenden Charakter zu geben«, schrieb Eliade, und er betonte, daß dieser Gott mit dem unermüdlichen Schöpfer- oder Weltherrscher-Gott des Juden- und Christentums überhaupt nichts gemeinsam habe. »Und obwohl das religiöse Leben all dieser Völker Südosteuropas durch den christlichen Glauben gespeist ist und seine Quelle im Glauben an einen dreifaltigen Gott findet, haben wir es in den kosmogonischen Legenden ... mit einer anderen Art von Gott zu tun, einem Gott, der unter seiner Einsamkeit leidet, der das Bedürfnis empfindet, einen Gefährten zu besitzen, der zerstreut und müde ist, und der zu guter Letzt unfähig ist, die Schöpfung mit eigenen Mitteln zu vollenden.« Das sei ein Gott, der sich entfernt, der wegen der Sünden der Menschen schließlich selbst gelegentliche Besuche auf der Erde eingestellt und sich resigniert für immer in seinen Himmel zurückgezogen habe. Kurz: ein für Westeuropäer vollkommen unverständlicher und auch unbrauchbarer Gott.

In Westeuropa sei es nun einmal üblich, über den Osten in rationalistischen Kategorien zu denken, schreibt der russische Schriftsteller und Kritiker Alexander Jakimowitsch[7]. »Die Gegenüberstellung des Lichts und der Finsternis, des Gottes und des Teufels steht hinter dieser West-Sicht des Ostens, die fast zur Obsession geworden ist.«

Der Westen »mit seinem rationalistischen Syndrom« sei offensichtlich nicht imstande, sich eine Lebenswelt ohne klare Ordnung vorzustellen und »die kreative Rolle des Chaos« zu erkennen. »Ein chaotisches System – wäre das möglich? Kann eine Contradictio in adjecto lebensfähig sein? Das vernünftig Denkbare mit dem Wirklichen zu verwechseln ist so menschlich – das heißt, so westlich.« Die Sorge um das vernünftige Ordnen der Lebenswelt gehöre nun einmal nicht zu den Tugenden des Ostens, sondern der Traum von der Einheit des Seins, von der Gemeinschaft der Seelen: »Bezeichnend genug, daß die russischen Kirchendenker mehrmals behaupteten, der Glaube des Westens sei seelenlos, trocken und tot. Das Menschlich-Systematische sei mit dem Mysterium unvereinbar. Man darf vor dem Unbegreiflichen nicht so lächerlich logisch sein.«

Eine weitere Schöpfungsgeschichte, die nicht nur von der Erschaffung der Erde, sondern auch von der des Menschen durch Gott und den Teufel gemeinsam erzählt, hat die Slawistin Hilde Fey[8] in Bulgarien aufgeschrieben: »Einmal, als Gott und der Böse sich über dieses und jenes unterhielten, kamen sie auf die

Erde zu sprechen, wie man sie wohl machen könne. Der Böse glaubte nicht an Gottes Macht, Gott aber sagte zu ihm, er solle dahin gehen, wo die Meere zusammenstoßen und ihm den Meerschaum bringen. Gott nahm den Meerschaum, tauchte ihn ins Wasser und machte einen Fladen daraus, welcher zu Erde wurde, als er ihn fortwarf. Am Anfang war er so groß wie ein Kuchenblech und zuletzt wie eine Tenne, in deren Mitte er einen Nußbaum pflanzte. An diesen band er eine goldene Schaukel und begann zu schaukeln. Plötzlich schlief er ein. Da schlich sich der Böse ganz leise heran, band die Schaukel samt Gott los und beschloß, ihn ins Wasser zu werfen und zu ertränken. Er machte sich auf den Weg ans Ende der Erde, zum Wasser; er suchte mal hier und mal dort, um das Ende zu finden, aber es gab kein Ende, denn die Erde war so groß und endlos geworden. Nach einiger Zeit erwachte Gott und, noch schlaftrunken, als er den Bösen sah, sprach er: ›Satan, was machst du?‹ ›Ich wollte dich ertränken und suchte das Ende der Erde‹, gestand der Böse. ›Danach kannst du lange suchen und wirst es nie finden‹, erwiderte Gott. Nach dem Nußbaum machte Gott wildes Geranium und Basilienkraut und alle anderen Gräser. Dann schuf er den Menschen und die Tiere. Gott machte den Menschen aus Erde und stellte ihn zum Trocknen. Der Böse aber schlich sich heimlich heran und durchlöcherte mit einem Pfriem den Menschen an einundvierzig Stellen. Da kam Gott, um dem Menschen die Seele einzuhauchen, doch zu seinem Erstaunen blieb sie nicht darin. Er erriet die Ursache, sammelte Kräuter, stopfte vierzig Löcher zu und ließ nur eines auf. Nachdem er nun dem Menschen die Seele eingehaucht hatte, richtete sich dieser auf und fragte: ›Gott, warum verstopfst du nicht auch dieses Loch?‹ Dieses Loch, antwortete Gott, ist der Tod!«

Von der Blüte Athens zur makedonischen Ernte

Thukydides hat den größten Teil des Krieges aufgezeichnet, den die Peloponnesier und Athener in den Jahren 431 bis 404 vor Christi Geburt gegeneinander geführt haben.[1] Gleich bei dessen Ausbruch erwartete er, dieser Krieg »werde bedeutend werden und denkwürdiger als alle früheren«, weil er sah, daß beide Seiten auf der vollen Höhe ihrer Entfaltung standen, als sie in den Kampf eintraten, und daß das gesamte übrige Hellenentum nach und nach Partei ergriff: »Es war bei weitem die gewaltigste Erschütterung für die Hellenen und einen Teil der Barbaren, ja sozusagen unter den Menschen überhaupt. Denn was davor war und noch früher, das war zwar wegen der Länge der Zeit unmöglich genau zu erforschen; aber aus Zeichen, die sich mir bei der Prüfung im großen ganzen als verläßlich erwiesen, glaube ich, daß es nicht erheblich war ...«

Was jetzt Hellas heiße, habe es nämlich früher überhaupt noch nicht gegeben; jedenfalls nicht als klares Siedlungsgebiet. Die einzelnen Stämme seien umhergezogen, hätten sich gelegentlich auch niedergelassen, seien aber unter dem Druck einer heranrückenden Übermacht jeweils wieder weitergewandert. »Denn da noch kein Handel war und kein gefahrloser Verkehr weder übers Meer noch auf dem Land, da alle ihre Gebiete nur nutzten, um grade davon zu leben, und keinen Überschuß hatten, auch keine Bäume pflanzten bei der Ungewißheit, wann vielleicht ein Feind, zumal auch nichts befestigt war, kommen und ihnen alles wegnehmen würde, und da sie die nötige Nahrung für den Tag überall gewinnen zu können meinten, so fiel es ihnen nicht schwer, auszuwandern, und darum waren sie weder durch große Städte stark noch durch sonstige Kriegsmacht. Je besser aber das Land, desto häufiger wechselte es die Besiedler.«

Lediglich Attika sei wegen seines kargen Bodens immer von denselben Menschen besiedelt gewesen. Und wegen der dort herrschenden Ruhe hätten sich die Verdrängten und Verbannten aus ganz Hellas nach Athen gewandt, »wurden dort Bürger und machten so schon seit ältester Zeit die Stadt noch größer und volkreicher, weshalb sie von hier aus auch später in Ionien, da Attika nicht ausreichte, neue Städte gründeten.«

Homer habe in seinen beiden Werken nicht ein einziges Mal von Hellenen gesprochen, sondern immer nur die einzelnen Stämme beim Namen genannt, und »so hat er ja auch für die Barbaren kein Wort«, nämlich für alle jene, die der griechischen Sprache nicht mächtig waren. Vereinigt hätten die Hellenen sich erst, »als sie mit dem Meer schon besser vertraut waren.« Kaum hätten die ältesten Hellenen und auch die Barbaren an den Küsten des Festlandes und auf den Inseln begonnen, »mit Schiffen häufiger zueinander hinüberzufahren, als sie sich auch schon auf den Seeraub verlegten, wobei grade die tüchtigsten Männer sie anführten ... sie überfielen unbefestigte Städte und offene Siedlungen und lebten so fast ganz vom Raub. Dies Werk brachte noch keine Schande, eher sogar Ruhm; das zeigen heute noch manche Stämme auf dem Festland, wo es ehrenvoll ist, sich darin auszuzeichnen, und die älteren Dichter, bei denen die Frage an Landende immer gleich lautet, ob sie Seeräuber seien, ohne daß die Befragten beleidigt wären oder, wer sich so erkundigt, in diesem Tun etwas Böses sähe. Gegenseitige Raubzüge gab es ja auch auf dem Festland ...; auch das Waffentragen hat sich dort auf dem Festland wegen der alten Räuberei gehalten.«

Schon wegen der mauerlosen Siedlungen und der unsicheren Straßen sei ehedem ganz Hellas in Waffen gegangen, »und das Leben mit dem Schwert war ihnen vertraut wie den Barbaren«. Die allerersten, die »das Eisen« ablegten, seien die Athener gewesen, sie, »die die alte Straffheit lockerten und sich mehr den Annehmlichkeiten zuwandten.«

Sollte dies das Geheimnis der schier unglaublichen Blüte Athens im sechsten und vor allem im fünften Jahrhundert vor Christi Geburt gewesen sein, daß erstens die Kargheit Attikas die Stadt lange vor Eroberung bewahrte, daß zweitens jeder Verdrängte und Verbannte, der dorthin floh, problemlos Bürger der Polis werden konnte, die bis zum persischen Überfall von 480 in der Tat keine befestigten Mauern besaß, und daß drittens die Athener die ersten waren, die »das Eisen« ablegten und sich mehr »den Annehmlichkeiten zuwandten«, dem Luxus der Gärten, Theater, Chortänze und Gymnasien also, nämlich der Kultur?

Immer wieder ist gestritten worden, wer der größere Historiker gewesen sei – der »Vater der Geschichte«, Herodot, der etwa zwischen 490 und den zwanziger Jahren lebte und vor allem die kriegerischen Auseinandersetzungen zwischen Griechen und den asiatischen »Barbaren«, so auch die ersten Perserkriege, beschrieb; oder der kritische Thukydides (ca. 460–400), der als erster in Zyklen dachte und dessen knappe Art vor allem die Geschichtsschreiber des 19. Jahrhunderts verehrten. Beneidenswert sind indes auch noch für heutige Leser beider Urteilsvermögen, ihr Weitblick, ihre geistige, vor allem aber auch ihre angesichts der damaligen Verkehrsbedingungen wahrhaft erstaunliche physische Mobilität. Ausgedehnte Studienreisen führten Herodot aus seiner Heimat Halikarnassos, einer Hafenstadt Kleinasiens, in der der ionische Dialekt gesprochen wurde, nicht nur nach Athen, sondern auch nach Ägypten, Mesopotamien, an die Nordküste des Schwarzen Meeres, nach Afrika, Sizilien und ins griechisch besiedelte Unteritalien, wo er schließlich wohnen blieb. Der Athener Thukydides wiederum befehligte im Peloponnesischen Krieg nicht eben erfolgreich ein Militärkontingent seiner Stadt gegen die Spartaner und wurde zur Strafe für die Niederlage seiner Truppen verbannt. Diese zwanzig Jahre des Zwangsexils saß er jedoch nicht – wie sehr viel später Ovid – beleidigt jammernd in der Provinz herum, sondern er nutzte sie ganz bewußt dazu, die Gegner Athens besser kennen, ihre Haltung verstehen und ihre Leistungen würdigen zu lernen; also zum Gewinn an Objektivität. »Thukydides war für die Geschichtsschreiber, was Aischylos für die Tragödie war«, schwärmte denn auch der russische Altertumsforscher Mihail I. Rostovtzeff[2]. Nein, Thukydides sei gar kein wirklicher Historiker, sondern lediglich ein historisierender Psychologe gewesen, gab der Oxforder Gelehrte Collingwood[3] zurück, der seinerseits den Herodot an die Seite eines Sokrates »als genialen Neuerer des fünften Jahrhunderts« stellte.

Nichts schiene uns müßiger, ja dümmer, als diese Diskussion hier fortzuführen, stehen wir doch noch immer verlegen staunend vor der Größe dieser Epoche. Natürlich nie zuvor, aber auch nie wieder gab es weltweit gleichzeitig eine derartige Fülle an Genies; an Religionsstiftern, Künstlern, Denkern, Forschern: Lao-tse, Teng-tse, Buddha, Konfu-tse, die großen jüdischen Propheten, Vardhamana in Indien und hier, auf allerengst gedrängtem Raum, Aesop, Thespis, Aischylos, Pythagoras, Xenophanes, Heraklit, Sophokles, Anaxagoras, Protagoras, Euripides, Aristophanes und schließlich Sokrates, Demokrit, Platon, Herodot, Thukydides, Xanthos und Diogenes, um nur die allerwichtigsten zu nennen.

Und hatte man auch im täglichen Leben Attikas damals »das Eisen« beiseite gelegt, so war das doch keineswegs eine friedliche Zeit, sondern eine Epoche tiefster Spannungen. Athen wurde nicht nur, wie bereits erwähnt, 480 und noch einmal ein Jahr später von den Persern vollkommen zerstört, sondern es war in dieser Phase fast beständig in stets wechselvolle kriegerische Konflikte verstrickt. Auch noch nach dem Peloponnesischen Krieg, dessen Ende Thukydides nicht mehr beschreiben konnte, wurden die Mauern, die es jetzt endlich gab, auf Befehl der Spartaner wieder niedergerissen. Gleich dem Charakter seiner Schutzgöttin blieb auch der Athens nämlich immer beides zugleich, harmonisch bauend und dämonisch zerstörend, friedlich und wehrhaft, für Fremde weit und doch auch für Andersdenkende eng.

Auch die Gestalt der Pallas Athene, deren Herkunft man immer wieder anders erzählte, wenngleich auch sie als Tochter des Zeus aus dem Nukleus Europas, nämlich Kreta, stammte, ist von dualem Denken geprägt. Schon bei Homer war sie zugleich die »Promachos«, die eulenäugig aufhetzende Vorkämpferin, die in der Schlacht vor keinerlei Grauen zurückschrak, andererseits aber auch die »Ergane«, die kopfgeborene Werkkundige, die die Frauen das Weben, die Männer das Handwerk sowie alle Bürger, ob frei oder unfrei, den Sinn für die Ordnung eines Staatswesens lehrte.

Um das Wendejahr 500 herum war der vom Geist der Athene erfüllte Stadtstaat ein derart lebendiger, strahlender Ort, daß er wißbegierige junge Männer von weither anzulocken vermochte wie ein Leuchtturm die Insektenwelt. So begab sich im Jahre 480 der gerade erst zwanzigjährige Philosoph Anaxagoras aus Ionien dorthin und befreundete sich schon bald mit dem etwa gleichaltrigen, genau so lernbegierigen, zudem aber politisch ehrgeizigen Athener Perikles, dessen steile Karriere er durch dreißig Jahre als Ratgeber und Gefährte begleiten sollte. Anaxagoras hatte aus seiner kleinasiatischen Heimat einen neuen, naturwissenschaftlichen Ansatz des Denkens mitgebracht, der ihn beispielsweise befähigte, die Ursache von Sonnen- und Mondfinsternissen zu erklären. Als er jedoch zu behaupten wagte, die Sonne sei nichts als ein weißglühender Stein von kaum mehr als der Größe der Halbinsel Peloponnes, wurde er wegen Gotteslästerung verklagt. Zwar konnte der vorlaute Philosoph von seinem Gönner Perikles gerettet werden, doch mußte er in seine Heimat zurückkehren. Dies ereignete sich unmittelbar vor dem Peloponnesischen Krieg.

Schüler des Anaxagoras war Archelaos, der von ihm die Idee der Vernunft als Herr und Ordner aller Teilchen, aus denen die Dinge zusammengesetzt seien, übernahm und sie auf die Ethik übertrug. Archelaos wiederum ist Vorläufer des Sokrates, vielleicht sogar dessen Lehrer gewesen. Des Sokrates Wirkung auf seine Nachwelt schließlich wuchs ins Unermeßliche an, obwohl er keine Schriften hinterließ. War Sokrates ein Analphabet? Was wir heute von ihm wissen, wurde von seinen Schülern Xenophon – der später, an Thukydides anschließend, griechische Kriegsgeschichte schrieb, wobei er mit wechselnder Sympathie unbekümmert die Seiten tauschte und zur Strafe natürlich aus Athen verbannt wurde –, vor allem aber natürlich von Platon schriftlich festgehalten. Letzterer trat 407, acht Jahre vor der Hinrichtung des fanatischen Pädagogen, in dessen Lehre, das heißt, er begleitete den beredten Meister auf seinen Wegen durch die Stadt und schrieb später die »Dialoge« auf, in denen er jedoch, wie man heute weiß, mehr seine eigenen Gedanken als die des Lehrers wiedergab.

Das Revolutionäre an Sokrates' Ideen bestand in der Mündigkeitserklärung des einzelnen Menschen, der selbst das Sittliche erkennen könne und dazu keinerlei Autorität, weder der Obrigkeit noch der Religion, bedürfe. Natürlich wurde es für »gottlos« gehalten, die Grundlagen des Staates derart in Frage zu stellen, und Sokrates mußte verurteilt werden. Doch just aus Achtung vor dem Staat, aus Gehorsam gegenüber seinen Gesetzen, nahm er die Gelegenheit zur Flucht, die man ihm immer wieder bot, nicht wahr, sondern trank brav den Schierlingsbecher aus: eine klassische Tragödie, die ihres Aischylos immer noch harrt.

Platon hätte sie schreiben können, denn dieser Abkömmling vornehmer Athener hat sehr wahrscheinlich Theaterstücke verfaßt, bevor er sich unter dem Einfluß des Sokrates der reinen Philosophie zuwandte. Nach dem Tode des verehrten Meisters begab Platon sich mit anderen Schülern zunächst nach Megara zur sokratischen Philosophenschule des Euklid, später aber nach Kyrene und Ägypten, nach Unteritalien und Sizilien, wo er die Lehre der Pythagoreer kennenlernte. Auch hier wieder diese eindrucksvolle geistige wie körperliche Beweglichkeit.

Dreimal scheint Platon versucht zu haben, sich in Syrakus ständig niederzulassen, um seinen Idealstaat zu verwirklichen, doch immer wieder wechselten die Launen der Tyrannen Dionys, Dion oder Dionys II., die jeweils dann unduldsam wurden, wenn sie ihre Macht gefährdet sahen. Also kehrte er nach Athen zurück, begründete die berühmte Akademie und entwickelte seine Ideenlehre und seine theoretische Vorstellung vom Staat, der sich auf die vier Kardinaltugenden Weisheit, Tapferkeit, Besonnenheit und Gerechtigkeit gründen sollte. Drei Stände sollten die Gesellschaft gliedern: der Nährstand, der Wehrstand und der Lehrstand. Die Könige sollten Philosophen und die Philosophen Könige sein.

Platon reichte die Stafette der Weisheit an seinen Schüler Aristoteles weiter, so daß von Anaxagoras bis zu diesem eine ununterbrochene Kette entstand, ein geistiger Staffellauf der Generationen, durchaus der Ordination von christlichen Priestern vergleichbar, welche die von den Aposteln ausgehende Weihe ohne Bruch durch die Zeiten tradiert.

Aristoteles wiederum, der als 18jähriger aus Makedonien nach Athen gekommen war, um dort, in Platons Akademie, erst zu lernen und dann zu lehren, wurde 343 von König Philipp in seine Heimat zurückgerufen, damit er, ganz im Sinne seines geistigen Vaters Platon, den gerade erst 13jährigen Sohn und Erben Alexander in der Staatskunst unterweise. Der Hauslehrer brachte seinem Schüler bei, daß für den Menschen Glückseligkeit das höchste erreichbare Gut bedeute. Sie bestehe in der dauerhaftesten Freude, nicht jedoch in der Befriedigung zufälliger Wünsche. Glückseligkeit könne der Mensch freilich nur erreichen, wenn er es zur höchsten Vollendung bringe. Was den Menschen auszeichne, sei die Vernunft, die sowohl sein Handeln leite, als auch abstraktes Denken über Wahrheit erst ermögliche. Betrachtung der Wahrheit um ihrer selbst willen stellt er über alles; sie könne den Menschen gottähnlich machen. »Gottähnlich«, dieses große Wort hörte der ehrgeizige Knabe gern. Längst träumte er davon, ein zweiter Herakles zu werden, von dem er abzustammen glaubte; ein Siegesheld (Kallinikos), Übelabwehrer (Alexikakos) und Retter seines kleinen Volkes.

Schon mit sechzehn führte Alexander vorübergehend die makedonischen Regierungsgeschäfte, als Philipp gegen Byzanz zu Felde zog; mit achtzehn kommandierte er einen Flügel der Truppen gegen die vereinigten griechischen Stadtstaaten und mit zwanzig, nach der Ermordung seines Vaters, folgte er diesem, von der Armee begeistert gestützt, ohne die sonst üblichen Erbstreitigkeiten auf den Thron. Aristoteles zog sich zunächst in seine Vaterstadt, dann aber nach Athen zurück, wo er noch zwölf weitere Jahre lang lehrte, bis ihm, nach Alexanders Tod, seine frühere Freundschaft zum makedonischen Königshaus derart gefährlich zu werden drohte, daß er sich auf sein Landgut bei Chalkis zurückzog, wo er 322, im Alter von 62 Jahren, starb.

Viele Ideen seines Lehrers hatte Alexander übernommen, doch mit einer konnte er sich niemals befreunden, weil sie ihm zu eng erschien: daß nämlich die politischen Strukturen auf kleine Einheiten beschränkt sein sollten. Am Schicksal Griechenlands glaubte er zu sehen, daß dieser Grundsatz ins Chaos führte. Nicht nur hatte die Autonomie der Stadtstaaten den Zusammenschluß zu einem großen Reich verhindert, sondern jede bedeutendere griechische Stadt machte mindestens alle zehn Jahre entweder einen äußeren Krieg oder eine innere Umwälzung durch. Zur politischen gesellte sich soziale Anarchie.

Was Griechenland in den unruhigen Jahren der ersten Hälfte des vierten Jahrhunderts nicht nur politisch verloren hatte, schien Persien gewonnen zu haben. Inzwischen sah es ganz danach aus, daß eine persische Eroberung unmittelbar bevorstünde und die Versklavung Griechenlands durch asiatische »Barbaren« auf die Dauer unvermeidbar sei. Wenngleich zu dieser Zeit Persien auch von dynastischen Streitigkeiten und Sezessionsgelüsten seiner Satrapen geschwächt sein mochte, so war es doch immer noch ein mächtiges Reich, das seine Kraft aus einer völlig neuen Staatsidee bezog: Der Unterschied zwischen der herrschenden Nation und den ihr zunächst unterworfenen Völkern war ganz allmählich immer geringer geworden, die zunächst unterdrückten Vasallenstaaten waren in die Stellung von Provinzen aufgestiegen, zu administrativen Unterregionen eines ausgedehnten Einheitsstaates. Hier war mithin zum ersten Mal in der Geschichte der Menschheit die Idee eines verschiedene Völker umfassenden Staates verwirklicht, der nicht nach Nationen, sondern nach Verwaltungsgebieten unterteilt sein sollte. Und diese Idee gefiel dem jungen König in ihrer kühnen Überwindung der durch Lokalegoismen und Sprachbarrieren begrenzten Enge seiner eigenen Heimat sehr.

Nicht nur Makedonien im Norden der Balkanhalbinsel war zu dieser Zeit unter dem Einfluß griechischer Kultur derart erstarkt, daß die Hellenen es allmählich ernst nehmen mußten, sondern auch Epiros mit seiner illyrischen Hirten-Bevölkerung (von der die heutigen Albaner abzustammen glauben) und Thrakien mit seinem Ackerbau, der die Ernährung der Menschen weit über seine Landesgrenzen hinaus sicherte. Makedonien mit seinen Pinienwäldern jedoch war das stärkste unter ihnen, weil Athen für seinen Schiffsbau auf Holz, Pech und Teer aus dem Norden angewiesen war; denn die ausgedehnten Wälder in Kleinasien befanden sich in persischem Besitz.

Etwa um das Jahr 700 vor unserer Zeitrechnung war Makedonien in zunächst völlig unklaren Konturen aus dem Frühnebel der Geschichte hervorgetreten. Kulturell stand das kleine Volk unbekannter ethnischer Herkunft von Anfang an sowohl mit den Einzelstaaten des späteren Griechenlands als auch mit Anatolien in Verbindung. Fest steht, daß die Makedonier schon bald die Monarchie zu ihrer Staatsform wählten und die griechische Sprache übernahmen; allerdings in einem derart schwer verständlichen Dialekt, vermischt mit fremden Wörtern und Wendungen, daß die Griechen sie gleichwohl für Barbaren hielten. Da Athen die Küstengebiete kontrollierte, bemühten die Makedonier sich vor allem darum, die Höhenzüge und Täler des zerklüfteten Inlandes ihrem Reiche einzuverleiben, was ihrem König Amyntas III. zu Beginn des vierten Jahrhunderts auch tatsächlich gelang. Zwei der Söhne des Amyntas regierten nur sehr kurz; der dritte, Philipp II., ergriff im Namen des Thronfolgers, seines noch minderjährigen Neffen, die Macht, stellte Ruhe und Ordnung wieder her, ernannte sich selbst zum König (359–336) und führte fortan ein derart geschicktes Regiment, daß Makedonien unter ihm zu einem wesentlichen Machtfaktor auf dem Balkan wurde.

Die Griechen merkten lange nicht, daß ihnen, die in ihre regionalen Zwistigkeiten verstrickt waren, da in aller Stille ein bereits mächtiger und immer noch machtlüsterner Nachbar herangewachsen war, der in seinem Heer alle taktischen und technischen Neuerungen der Griechen, die er bei einem langen Aufenthalt in Theben kennengelernt hatte, einführte und einen Teil der Balkanhalbinsel nach dem anderen unter seine Kontrolle brachte. Direkt in die griechische Politik griff Philipp allerdings so lange nicht ein, bis er die griechischen Städte der Halbinsel Chalkidike erobert und zum großen Teil zerstört hatte. Jetzt besaß er den für eine weitere Ausdehnung seines Reiches notwendigen Zugang zum Meer. Erst als die Amphiktyonen, die Wächter des delphischen Orakels, ihn gegen die Phoker in Mittelgriechenland zu Hilfe gerufen hatten, und als Makedonien an deren Stelle in die griechische Staatsfamilie aufgenommen worden war, ließ Philipp seinen Plan erkennen, ganz Griechenland unter seinem Zepter zu vereinen.

Die Meinung der Griechen zu diesem für sie nicht eben schmeichelhaften Vorhaben war nicht etwa einhellig ablehnend, sondern angesichts der persischen Bedrohung geteilt: Vor allem in Athen erkannten viele, daß der Stadtstaat zur Bildung eines umfassenderen Staates, der stark genug wäre, den Persern zu trotzen, nicht befähigt war. Deshalb sahen sie in der Unterwerfung unter Makedonien das geringere Übel. Die anderen jedoch – und sie waren in der Mehrheit – wollten auf keinen Fall ihre politische Unabhängigkeit für die vage Idee nationaler Einheit opfern. In ihren Augen blieb Makedonien ein Barbarenland und die konkretere, weil näherliegende Bedrohung als Persien.

Also kam es zum Krieg. In der Entscheidungsschlacht bei Chaironeia, die die Makedonier dank ihrer überlegenen militärischen Ausbildung und Reiterei gewannen, tat sich der unerschrockene junge Kronprinz derart hervor, daß er fortan von seiner Armee auf Händen getragen wurde. Doch als er nach der Ermordung Philipps kaum 20jährig den Thron bestieg, traute ihm wohl kaum jemand zu, die Politik seines Vaters fortzuführen.

Tatsächlich zog Alexander sich zunächst in die Illyrischen Berge, auf heute albanisches Gebiet, zurück und marschierte dann in aller Ruhe zur Donau hinauf, um die nördliche Grenze seines Reiches zu sichern, so daß in Theben niemand mit einem Angriff gerechnet hatte, als Alexanders Truppen plötzlich vor den Stadtmauern standen. Der Sieg war ebenso vollständig wie fürchterlich, denn alle Bewohner wurden getötet oder in die Sklaverei verkauft. »Die Geschicke Griechenlands wurden in Zukunft nicht mehr in Griechenland selber entschieden, sondern in Kleinasien, Syrien, Babylonien und Persien«, schrieb Rostovtzeff, »Griechenland war ein Zuschauer des Dramas, das jetzt begann, und Griechen nahmen dann auf beiden Seiten kämpfend teil.«[4]

Der entscheidende Sieg über die Perser gelang in Babylonien. Alexander zog weiter, bis Turkestan und Indien, und bewies seine Genialität als Heerführer, indem er auf jede neue Herausforderung mit ungekannten Kampftechniken und Waffen reagierte, ja selbst gegen die Elefanten des indischen Königs Poros im Fünfstromland neue taktische Mittel erfand.

Inwieweit es Alexander gelungen wäre, seine gigantischen Eroberungen unter ständiger Kontrolle zu halten und zu verwalten, wäre er am Leben geblieben, vermag heute niemand zu sagen. (Zehn Tage nach einem üppigen Gelage, bei dem er plötzlich schwer erkrankte, starb der erst 32 Jahre junge Mann.) Die einzige Verbindung zwischen all den vielen disparaten Gebieten, aus denen sein Riesenreich schließlich bestand, war seine strahlende, doch zugleich romantische und zunehmend launische, ja bisweilen sadistische Persönlichkeit. Hatte er schon als Kind davon geträumt, ein Gott zu werden, so war er als Welteroberer von seiner Gottgleichheit völlig überzeugt. Willig zündeten denn auch seine Untertanen allüberall Weihrauchkerzen an und benebelten das von Größenwahn zunehmend verdunkelte Gehirn. Die griechischen Städte spielten nolens-volens mit, wenn auch oft mit deutlicher Ironie. »Da Alexander nun einmal ein Gott zu sein wünscht, laßt ihn in Gottes Namen Gott sein«, lautete zum Beispiel das spartanische Dekret.

Was immer man in unserer Zeit von selbsternannten Göttern halten mag, Alexander hat in den zwölf kurzen Jahren seiner Regierung nicht nur die gesamte Welt erobert, die für ihn erreichbar war, der hergelaufene »Barbar« aus Makedonien hat zudem Griechenland geeint; er hat die Kenntnisse seiner Zeit in den Bereichen Geographie und Naturgeschichte um einen großen Schritt vorangebracht, er hat die griechische Zivilisation und die griechische »Koine« (die »allgemeine«, d. h. Dialektunterschiede einebnende Sprache des Hellenismus) als lingua franca weit über griechisches Siedlungsbiet hinaus verbreitet und damit erst die Voraussetzung geschaffen für all das, was noch folgen sollte: die Gründung und Ausdehnung des Römischen Reiches, die Verbreitung des Christentums als Weltreligion und viele Jahrhunderte Herrschaft und Glanz des griechisch sprechenden christlichen Byzanz.

Die Wege Roms

Und doch sollte jenem großgriechischen Reich, das der Makedonier geschaffen hatte, keine Dauer beschieden sein. Gerade durch die prägende Wirkung seiner hochentwickelten Kultur bereitete es vielmehr seinen eigenen Untergang vor. Besonders die enge Verbindung zwischen Religion und Ethik, die alles umfassenden, alles durchdringenden Fragen nach dem Sinn irdischen Lebens, nach dem Tod und nach einem Leben danach, folglich nach ewigen sittlichen Gesetzen, lenkten von den konkreten Aufgaben der Machterhaltung ab, schwächten so das Reich und ebneten gleichzeitig neuen Idealen den Weg.

Dennoch ist nicht leicht zu verstehen, warum es Rom, das doch zunächst genau wie Athen, Sparta, Theben oder Korinth nicht mehr als ein Stadtstaat gewesen war, gelingen sollte, einen dauerhaften großen Staat zu begründen, der bald den größten Teil der Welt verwaltete, so weit man von dieser Kenntnis besaß. Wurzeln für die spätere Blüte Roms sahen bereits die antiken Historiker (in Griechenland wie in Italien) ganz allgemein in der Tugend römischer Bürger, vornehmlich aber in der Vollkommenheit der römischen Verfassung, die all jene Ideen verwirklichte, die seit Platon theoretisch entwickelt waren.

Mit der Wohlanständigkeit der Römer freilich war es gar nicht so gut bestellt, wie deren Idealisierung behauptete. Unbestritten jedoch ist die Rolle des Rechts, das in seiner abstrakten Allgemeingültigkeit eine allumfassende Administration überhaupt erst ermöglichte und damit eine ganz wesentliche Voraussetzung für die Bildung des Reiches und vor allem für dessen Wahrung erfüllte.

Zunächst galt in Rom (etwa ab 450) mit dem Recht der Zwölf Tafeln, das die plebejischen Volkstribunen dem Senat und den Patriziern abgerungen hatten, eine Art einfachen Volksrechts, welches vor allem die wichtigsten Fragen eines Bauernvolkes, wie den Besitz von Boden, Sklaven, Vieh und die personenrechtlichen Verhältnisse innerhalb der Familien regelte. Mit der Ausdehnung des Reiches aber entwickelte sich neben diesem herkömmlichen ein Amts-Recht, das alsbald Vorrang erhielt und nach und nach überliefertes Recht wirkungslos machte, ohne daß dieses formell aufgehoben worden wäre. Auch noch das seit Augustus bestehende Kaiserrecht, das den Herrscher als obersten Rechtsgeber wie Richter ansah, schritt auf diesem Wege fort, bis sich eine Schicht sozial hochstehender Juristen herausgebildet hatte, die Rechtsbegriffe erarbeiteten, welche in der Folge für alle kontinentaleuropäischen Rechtsordnungen und sehr viel später zum Teil sogar für das anglo-amerikanische Recht maßgeblich wurden.

Erst dieses Recht ermöglichte den Aufbau eines umfassenden Verwaltungsapparates, der für alle Rechtssubjekte dieselben Regeln gelten ließ, ohne Ansehen ihrer jeweiligen Volkszugehörigkeit. Von solch großartiger Abstraktionsleistung hatte selbst Alexander der Große allenfalls geträumt.

Folglich war es Rom, das nach langen und harten Kriegen mit dem »Italischen Bund« genau jene Reichsbildung zustandebrachte, an der der Hellenistische Bund gescheitert war. Und als Rom nun auch noch einen der fähigsten Könige der Hellenen, nämlich Pyrrhos, den König der Molosser und Hegemon des Epirotenbundes (der Stämme im Nordwesten Griechenlands), der seine Herrschaft bereits auf Makedonien und Thessalien ausgedehnt hatte, militärisch schlug, begann man auf dem Balkan, mit der neuen Macht, die bereits mit Ägypten in diplomatische Verbindung getreten war, zu rechnen.

Zunächst jedoch sahen die einzelnen Bünde und Städte dort in Rom nur einen möglichen Bundesgenossen in ihrem endlosen Streit untereinander wie auch gegen die zudringlichen illyrischen Seeräuber, nicht aber eine direkte Bedrohung ihrer eigenen Existenz. Auch die Hauptstadt des Reiches der Punier an der tunesischen Küste Nordafrikas, Karthago, bemerkte die Gefahr für seine bis dato unangefochtene See- und Handelsvormacht im Mittelmeerraum sehr spät und verwandelte deshalb noch 279, während des Krieges mit Pyrrhos, den bestehenden Handelsvertrag mit Rom in ein Militärbündnis. Erst als längst alle griechischen Häfen Süditaliens dem römischen Reich angegliedert waren und die Interessen Tarents wie Neapels, der alten Feinde Karthagos also, mit denen Roms plötzlich identisch geworden waren, verstand man in Karthago, daß Rom bald auch die sizilischen Griechen gegen Karthago unterstützen würde. So kam es, wie es kommen mußte, nämlich zum Krieg; genaugenommen gleich zu mehreren Kriegen.

Der erste sogenannte Punische Krieg (von poeni, Phöniker, wie die Römer die Karthager nannten), 264–241, war vor allem ein Kampf um Sizilien, den Rom noch ohne Probleme gewann, weil der Feind den größten Fehler aller Kriegskunst beging, nämlich den, seinen Gegner zu unterschätzen.

Der zweite (218–201) nahm seinen Ausgang von den römischen Provinzen in Spanien und brachte Karthago, vor allem durch die überraschenden Taktiken Hannibals, eine ganze Reihe von Siegen ein, konnte aber dennoch die römische Herrschaft über Italien nie wirklich ernsthaft gefährden. Selbst das Bündnis Philipps V. von Makedonien mit Karthago, das einen ersten römisch-makedonischen Krieg verursachte, blieb wirkungslos, weil Rom es seinerseits durch einen Vertrag mit Philipps Feinden in Griechenland, dem Ätolischen Bund, auszugleichen wußte. Großartig wurde Rom als Befreier Griechenlands von der makedonischen Bedrohung gefeiert, obwohl es mit der Freiheit der Griechenstädte in Italien und Sizilien längst nicht mehr zum besten stand. Immerhin zogen die Römer ihre Truppen aus Griechenland bald nach Kriegsende wieder ab, die Phrase von der Nichteinmischung in griechische Angelegenheiten jedoch erwies sich nur zu bald als hohl.

Denn fortan regelte Rom alle Streitigkeiten der Hellenen, deren Königreiche zwar formal unabhängig geblieben, doch real völlig machtlos geworden waren. Aus Ratschlägen wurden ganz allmählich Befehle, aus »Freiheit« wurde Abhängigkeit. Lediglich Makedonien dehnte unterdessen seine Besitzungen auf dem Balkan weiter aus und band die Nachbarn im Osten wie im Westen, Thrakien wie Illyrien, an sich. Deshalb begann man in Griechenland, hoffnungsvoll nach Norden zu blicken, wo man den möglichen Befreier von der römischen »Freiheit« in aller Stille heranwachsen sah. Bevor es aber zu einer Verständigung zwischen den Balkanstaaten kommen konnte, wählte Rom den Angriff als Vorsorge und provozierte einen makedonischen Krieg. Aus Furcht, daß ein römischer Sieg sie vollends zu Sklaven machen würde, hielten die Griechen sich zurück, und die Makedonen wurden 168 bei Pydna vernichtend geschlagen.

Auch diesmal verzichtete Rom darauf, sich die besiegten Gebiete anzueignen. Eine neue römische Verwaltung, welche die Monarchie in vier Staaten zerteilte, die jetzt ebenso von Beamten geleitet wurden wie die Bünde in Griechenland, war für Makedonien Strafe genug. Ein härteres Los traf all jene Griechen, die nicht eindeutig für Rom Partei ergriffen hatten, vor allem den Achäischen Bund. Dieser hatte zunächst aus einer lokkeren Verbindung von zwölf Städten rund um ein Zeus-Heiligtum bei Aigion bestanden, hatte aber bald über seine Grenzen hinaus neue Mitglieder gewonnen, und umfaßte zu dieser Zeit die gesamte Peloponnes. Seine angesehensten Repräsentanten – es dürften etwa tausend gewesen sein – wurden nach Italien verschleppt, dort aber nicht etwa vor ein Gericht gestellt, sondern willkürlich auf die Provinzstädte verteilt, was in Griechenland als ungeheure Demütigung aufgefaßt wurde. Diese Massendeportation wurde erst 151 rückgängig gemacht, als nur noch ein Drittel der Verbannten lebte. Delos erklärte der Senat zum Freihafen vor allem für den Handel mit Sklaven, die von Seeräubern aus Anatolien und Kreta herbeigeschafft wurden; eine polizeiliche Kontrolle der Häfen wurde völlig unmöglich, weil die Piraten die Regeln diktierten; die Lebensbedingungen wurden unerträglich. Makedonien aber war zu schwach geworden, Überfälle der ehemals verbündeten Thraker, Kelten und Illyrer abzuwehren.

149 provozierten die Römer aus nichtigem Anlaß, nur um Karthago vollends zerstören und die römische Provinz Africa einrichten zu können, einen dritten Punischen Krieg. Gleichzeitig erhoben sich Makedonen und Griechen zum letzten Mal gegen die erdrückende Allmacht Roms. Dort wurde das Aufbegehren als Aufruhr bewertet und mit drakonischen Mitteln verfolgt. Makedonien widerfuhr das demütigende Schicksal der Umwandlung in eine tributpflichtige römische Provinz mit stehendem Besatzungsheer und einem römischen Statthalter, der

von dort aus zugleich ganz Griechenland überwachte. Die verlockend bunte, schöne, reiche Handelsstadt Korinth, Hauptstütze des Achäischen Bundes, wurde nach dem Vorbild Karthagos noch im gleichen Jahr 146 dem Erdboden völlig gleich gemacht und der dazugehörige Verwaltungsbezirk, der Nomos (Griechenland ist auch heute noch in 53 Nomoi eingeteilt), zum Eigentum des römischen Volkes erklärt.

Daß dieser Zustand von Dauer sein sollte, bewies nichts deutlicher als der Beginn des Baus einer befestigten Straße durch die neuen Provinzen, der genau zu diesem Zeitpunkt, nämlich 146, in Angriff genommen wurde. Denn dies war ein weiteres wesentliches Merkmal der römischen Expansionspolitik, daß überall dort, wo die pax romana ewigen Frieden gewähren sollte, neben den bestehenden Flußsystemen auch noch ein Straßennetz geschaffen wurde; nicht nur zum Transport militärischen Nachschubs, sondern auch als zivile Raumordnung, zur Erleichterung und Straffung von Verwaltung und Handel. Heute würden wir sagen: als Infrastrukturmaßnahme.

Alle Straßen führten nach Rom, hat man seither immer wieder behauptet. In Wahrheit führten alle Straßen von Rom hinweg, bis in die entferntesten Winkel des Reiches hinein, wie die Fangarme einer Riesenkrake, die ihre Beute umklammern will. Ja, diese Straßen führten allesamt aus Rom heraus, wie Hermann Schreiber in seinem schönen Buche[1] zu diesem Thema festgestellt hat, denn weder die Etrusker oder Sabiner noch gar die Griechen hätten sie gebaut, um von außen in die Tiberstadt einzudringen, sondern die Römer selbst seien es gewesen, in denen die Eroberungssucht erwachte und damit auch die konstruktive Lust, dorthin Straßen zu bauen, wo man erobern wollte, wo man erobert hatte oder wo man weitere Kriegszüge in entferntere Gebiete vorbereiten wollte, um auch diese zu erobern.

Alles in allem bauten die Römer im Laufe von etwas mehr als 600 Jahren 80000 Kilometer solcher Straßen, die von Nordschottland bis in die Sahara und von Westspanien bis an den Euphrat reichten. Die erste von ihnen war die Via Appia, eine Heerstraße von Rom nach Capua (knapp 200 km), deren Bau der Zensor Appius Claudius Caecus 312 vor Christus befahl. Sie wurde später über Beneventum und Tarentum bis Brundisium (Brindisi) verlängert. Das freigelegte Stück der via appia antica läßt bis heute als vorherrschendes Trassierungsprinzip der Römer die gerade Linie erkennen. Diese entspricht dem starren, linearen Denken des Westens, das den Dualismus des Ostens mit seiner Mystik und seinen fabelhaften Ungereimtheiten niemals ganz zu erfassen vermag.

Doch bewundert wurden diese römischen Straßen nicht nur in Rom, sondern überall, auch in den Ländern leichtfüßiger Läufer, wie etwa des gesamten Hellas, sehr. Noch fast neunhundert Jahre später geht in seinen »Gotenkriegen« der byzantinische Geschichtsschreiber Prokopios von Kaisareia (Prokop) liebevoll auf ihre Qualitäten ein: Sie sei für einen rüstigen Wanderer fünf Tagemärsche lang, schrieb er über die Via Appia, »ein sehr sehenswertes Wunderwerk und dabei so breit, daß zwei Lastwagen aneinander vorüberfahren können. Das ganze Pflaster, mühlsteingroß und von Natur sehr hart, hatte Appius an weit entfernter Stelle brechen und herbeischaffen lassen, denn solches Gestein gibt es nirgendwo in dieser Gegend. Appius ließ die Bruchsteine zunächst glatt und gleichmäßig zurichten sowie rechteckig behauen, dann wurden sie so dicht gesetzt, daß kein Bindemittel oder dergleichen sonst nötig war. So fest sind die Steine zusammengefügt und verbunden, daß sie beim Betrachter den Eindruck erwecken, nicht miteinander verfugt, sondern verwachsen zu sein. Und obschon lange Zeit Tag für Tag darüber viele Lastwagen fuhren und alle möglichen Lebewesen auf ihnen gingen, haben sich weder die Steine aus ihrer Verfugung irgendwie gelöst noch ist einer von ihnen zerbrochen oder kleiner geworden; nicht einmal an Glanz büßten sie ein. So verhält es sich mit der Appischen Straße.«[2]

Nun aber, da Korinth zerstört und der Widerstand Makedoniens gebrochen war, just im Jahre 146, wurde auf der Brindisi gegenüberliegenden Seite der Adria mit dem Bau einer neuen Straße begonnen, die in ihrer Geradlinigkeit wie ein Messer aus Stahl in jenen zusammengepreßten Fladen schneiden sollte, aus dem einst Gott und der Teufel gemeinsam die Welt des Balkan erschaffen hatten: die noch heute erhaltene Via Egnatia.

Kurioserweise beginnt diese Egnatische Straße nicht etwa in Dyrrhachium, jener 627 vor Christus unter dem Namen Epidamnos von Kerkyra (Korfu) aus gegründeten griechischen Niederlassung am östlichen Ufer der Adria, die noch heute unter dem Namen Durres (italienisch Durazzo) den Haupthafen Albaniens abgibt; sie beginnt aber auch nicht in Apollonia (heute Fieri), dem südlicheren Brückenkopf zu Brindisi hinüber. Von diesen beiden Landeplätzen führt vielmehr je eine befestigte Zubringerstraße zu ihrem eigentlichen Anfang in Illyrien hin. Von dort aus jedoch verläuft ihre Trasse ostwärts, über Scampis (Elbasan) und den Ohrid-See durch makedonisches Gebiet bis Thessaloniki (Saloniki), wo ihr Verkehr durch die große Heerstraße von Singidunum (Belgrad) bis zum Bosporus aufgenommen und weitergeleitet wurde, immer weiter, bis nach Kleinasien hinüber, ja bis zum Anschluß an den Persischen Königsweg.

Über die Länge der Egnatia ist viel gestritten worden. Sie wird mit 535 bis 750 römischen Meilen (also etwa 800 bis 1125 Kilometern) und mehr angegeben, je nachdem, wo man sie jeweils enden läßt. Eine erste genauere Beschreibung verdanken wir dem weitgereisten griechischen Historio- und Geographen Strabon, der von ca. 56 vor bis 26 nach Christi Geburt lebte. Strabons Schriften zur Geschichte seiner Zeit sind leider gänzlich verloren gegangen, seine »geographika« in 17 Büchern jedoch sind zum größten Teil erhalten geblieben und in vielen Ausgaben (und Sprachen) heute jedermann zugänglich. Strabon gibt die Distanz der Egnatischen Straße nahezu korrekt an, läßt sie aber dennoch über Thessaloniki hinaus weiterverlaufen, bis zum Flusse Hebros hin, der nach heutigen geographischen Begriffen Griechenland von Türkisch-Thrakien trennt, also von der europäischen Türkei. Fraglos hatte es in diesem Gebiet bereits vorrömische Straßen gegeben, an welche die Egnatia sich anschließen konnte.

Gerätselt worden ist aber auch über die Herkunft ihres Namens, denn einen »Zensor« namens Egnatius hat man nirgends finden können. Die Vermutung liegt nahe, daß das Wort eine Abkürzung, etwa des schmückenden Beinamens »ainigmatika«, die Rätselhafte, ist.

Nicht weniger eigentümlich sollte später auch die bereits erwähnte, ziemlich genau tausend Kilometer lange Heerstraße nach Byzanz mit ihren 31 »mansiones«, also Gasthäusern, und 43 »mutationes« sein, an denen man die Pferde wechseln konnte. Auch sie war ein »Weg der Romanisierung« (so Schreiber), denn auch an ihr wurden militärische Stützpunkte mit Legionären, Veteranen und deren Gefolge eingerichtet, gut versorgte Sicherungs- und Verwaltungsposten, welche einen jeden anzogen, der auf der Suche nach Schutz und Nahrung für sich und seinen Anhang war. Viel römischer Pöbel kam so hinzu.

Wenn auch die Wasserwege, vor allem die Donau, weiterhin eine weit größere Rolle spielten als alle Straßen zusammengenommen, so ist doch die Bedeutung dieser »Wege der Romanisierung«, mit denen Rom sein Riesenreich zunächst durchdrang, dann umklammerte und schließlich fest zusammenhielt, bis in die Gegenwart keinesfalls gering zu achten: Auf ihnen marschierten nicht nur die römischen Legionen durch Makedonien und Thrakien, von der Adriaküste bis zum Bosporus. Auf diesen Wegen zogen später auch die Armeen des oströmischen Reiches und die der Goten und Bulgaren nach Westen; vor allem auf der Egnatischen Straße. »Ein Teil der Kreuzritter wählte diesen Weg auf dem Zuge nach Jerusalem, und in gleicher Richtung bewegten sich auch die normannischen Eroberer, die von Apulien aus ihr Herrschaftsgebiet in den Balkan ausdehnen wollten. Schließlich waren es die normannischen Heerscharen, die, vom Osten kommend, auf der Via Egnatia in Albanien eindrangen; die Via Egnatia hörte nun auf, eine Heerstraße zu sein und wurde zu einer Handelsstraße, auf der die Kaufleute ihre Karawanen zwischen Orient und Okzident ziehen ließen«, stellt der Balkankenner Wolfgang Libal[3] fest.

Und er fährt fort: »Noch im vergangenen Jahrhundert spielte man mit dem Gedanken, die geplante Bagdad-Bahn, also die Eisenbahnverbindung von Westeuropa durch den Balkan und die Türkei in den Mittleren Osten, in Durazzo-Durres beginnen zu lassen und sie, der alten Via Egnatia folgend, über den Ohrid-See in Richtung Saloniki zu bauen. Diesen Plan aber gab man zugunsten der Linien über Nis-Sofia-Istanbul auf. Nach dem Zweiten Weltkrieg erinnerten sich die Albaner dieses alten Planes und bauten im Laufe der Jahre etappenweise auf ihrem Gebiet eine Eisenbahnlinie, die heute Durres über Elbasan mit Pogradec am Ohrid-See verbindet. Das Land, das bei Kriegsende über eine einzige, nur zweiundvierzig Kilometer lange Strecke von Durres nach Tirana verfügt hatte, besitzt jetzt ein Eisenbahnnetz von rund vierhundertdreißig Kilometern. Seit 1986 ist dieses an die Strecke Belgrad-Titograd-Bar und damit an das europäische Eisenbahnsystem angeschlossen.«

Wie mit Schaufeln und buchstäblich bloßen Händen diese Gleisanlage Stück für Stück von ganz armseligen Menschengestalten, vor allem Frauen, geschaffen wurde, davon konnte sich die Autorin dieses Buches bei einer ausgedehnten Albanien-Reise 1978 – lange bevor das Landesinnere für Touristen geöffnet war – an verschiedenen Bau-Abschnitten überzeugen. Nichts hätte den verzweifelten Wunsch dieses total isolierten Volkes nach baldiger Rückkehr in die Heimat Europa überzeugender auszudrücken vermocht.

Die Symbolik solcher Fern-Verbindung, wie auch der großen Römerstraßen, hat ihre tatsächliche Bedeutung wahrscheinlich immer übertroffen. Den Balkanvölkern machte sie klar, daß von dort, aus dem fernen Westen, nicht nur ein aggressiver Unterwerfungswille, sondern auch ein klares Ordnungsprinzip über sie gekommen war, dem sie, mit ihrer chaotischen Kleinstaaterei und ihrer sensiblen Kultur und Ethik, kaum etwas entgegenzusetzen hatten.

Weshalb sie von manchen Machthabern in Rom aus tiefster Seele verachtet wurden. Nicht nur Cicero und Plutarch haben berichtet[4], wie leidenschaftlich und unerbittlich etwa Cato ab dem Jahre 155 in all seinen Reden die Zerstörung Karthagos gefordert habe (das »Ceterum censeo Carthaginem esse delendam« blieb uns als Lehrbeispiel für den A. c. I.), weil er, als typischer kleiner Landadeliger aus dem Tusculum, für die Erhaltung puritanischer altrömischer Lebensformen und gegen die modische Graecisierung, nämlich »Verweichlichung«, und den (in seinen Augen) daraus folgenden geistigen und sittlichen Niedergang der römischen Oberschicht focht. Höhnisch sprach er stets von den »graeculi«, den »Griechlein«, und nicht von Griechen oder Hellenen. Und während alle anderen römischen Staatsmänner ihre Reden an das Volk gewöhnlich auf griechisch hielten, sprach Cato aus Prinzip Latein.

Zweisprachigkeit war damals selbstverständlich: zivilisierte Menschen konnten Griechisch, so wie sie in Europa später

Latein und schließlich überall Französisch beherrschten oder aber heute Englisch sprechen. Ebenso selbstverständlich war jedoch auch, daß man für das eigene Selbstwertgefühl eine eigene Geschichte brauchte, die möglichst ebensoweit zurückreichen sollte wie die Vergangenheit der Griechen; am besten bis in den Trojanischen Krieg.

Einige der ersten Geschichtsschreiber Roms stammten aus dem hellenisierten Süditalien, andere waren echte Römer, die eine politische Rolle spielten und dafür historische Argumente oder möglichst glaubwürdige Begründungen suchten. Bei dem Versuch, eine zusammenhängende Frühgeschichte Roms zu fabrizieren, bediente man sich jeglicher Bruchstücke von Überlieferung, die man fand, wie mündlicher Berichte, alter Listen von Beamten, Denkmalinschriften und etruskischer Texte, die man nur irgend entziffern konnte. So entstand jene phantastische Verbindung zu den Versepen Homers und zur gesamten griechischen Mythologie, die Aeneas, den Sohn der Aphrodite, nach der Einnahme Trojas mit dem gelähmten Vater Anchises auf dem Rücken nach Italien fliehen ließ, wo sein Sohn Ascanius Julus, angeblich Ahnherr aller Julier, Alba Longa gründete, die Mutterstadt Roms. Noch im ersten Jahrhundert vor Christus wurde für die »wahre« Gründung Roms aus diesem frei erfundenen Geschichtsbild ein genaues Datum »ausgerechnet«, nämlich der 21. April 753, der bis heute gefeiert wird.

Karthago wurde erst drei Jahre nach dem Tode Catos von Scipio Aemilianus eingenommen und zerstört. An Scipios Seite stand Polybios, einer der nach der Schlacht von Pydna nach Italien verschleppten Achäer, der den Scipio erzogen hatte. In seinen »Historien« berichtet dieser Grieche, Scipio habe über den Trümmern Karthagos geweint und einen Vers aus der Ilias deklamiert: »Einmal wirst auch du, heiliges Troja, vergehen.«[5]

Diese Worte habe er wohl kaum aus Mitleid für die verhaßte Stadt gesprochen, urteilt der französische Altertums-Historiker Pierre Grimal[6] als typischer Westler. Die Anekdote zeige allerdings, »wie sehr ein römischer General von griechischem Geist durchdrungen war, daß er griechisch dachte und fühlte. Die Griechen selbst befaßten sich leidenschaftlich mit der Frage, ob Rom bei der Zerstörung Karthagos richtig oder falsch gehandelt habe.

Die einen sahen in diesem Strafgericht eine Tat der Klugheit und tiefer politischer Einsicht, die anderen bemühten sich nachzuweisen, daß Rom durch diese Politik des Terrors seine eigenen Grundsätze der Milde und der pietas verraten habe. Niemand aber kam auf den Gedanken, daß Rom in diesem schrecklichen Schauspiel das Vorgehen der hellenistischen Könige nachahmte und dabei ganz den Beispielen folgte, die ihm die griechische Welt seit mehreren Jahrhunderten gegeben hatte.«

Auch die griechischen Sieger hatten gewütet, sobald sie einen Gegner überwunden hatten; doch die systematische Auslöschung Karthagos und gleich darauf auch noch Korinths übertraf – nachdem alle Götterstatuen, Kunstschätze und Bücher (wie schon zuvor die große Bibliothek der makedonischen Könige) »gerettet« und an anderer Stelle wiederaufgestellt worden waren – an ganz bewußter, nüchterner Zielstrebigkeit alles bisher Dagewesene. Sogar das Salz zur Vernichtung der umliegenden Felder hatten die Römer mitgebracht. Diese totalitäre Unterwerfungspolitik blieb auch nicht auf die störrischen Griechen oder Phönikier beschränkt: In Spanien widerstanden die dort lebenden Kelt-Iberer zwanzig Jahre lang dem römischen Druck. Erst Scipio Aemilianus Africanus, derselbe, der angeblich über Karthago Tränen vergossen hatte, zwang 133 Numantia (beim heutigen Soria in Alt-Kastilien gelegen) nach neunmonatiger Belagerung zur Übergabe und löschte die Stadt für immer aus.

Und war Rom jetzt auch viel mächtiger als vordem Makedonien, Athen, Sparta oder etwa Theben, so hielt sich doch unter römischen Denkern eine tiefe Bewunderung für die griechische Welt. Noch Cicero, der als junger Mann in Athen und Rhodos studiert hatte, fühlte sich der Tradition des Demokraten Demosthenes verpflichtet und wirkte, besonders in seinen letzten Jahren, als Vermittler griechischen Geistes an die Römer. Sein Lehrer auf Rhodos war natürlich Molon gewesen, der größte Rhetoriklehrer seiner Zeit.

Von der Bedeutung der Rhetorik für das klassische Altertum können wir uns heute kaum noch eine Vorstellung machen. Sie war auch noch 500 Jahre nach Cicero Grundlage der Erziehung, wie Jacob Burckhardt[7] anschaulich beschreibt: »Der leichte und reiche Ausdruck im täglichen Leben galt als unentbehrlich, und das erfolgreiche öffentliche Reden als der größte Triumph. Jede bedeutende Stadt des Reiches bemühte sich um den Besitz eines oder mehrerer tüchtiger Rhetoren; in Rom stritten Griechen und Einheimische um den Vorrang; in Gallien gab es zu Marseille, Narbonne, Toulouse, Bordeaux, Autun, Trier und Reims, in Spanien zu Cordova, in Afrika zu Karthago, Sicca, Madaura u. a. a. O. eigene Anstalten für diese Disziplinen; in Griechenland und Vorderasien waren vollends die ›Sophisten‹ oft die wichtigsten Personen der Stadt, indem sie außer ihrer pädagogischen Aufgabe bei jeder Gelegenheit als Anhänger einer bestimmten Philosophensekte, als Advokaten, als Redner über städtische Angelegenheiten öffentlich auftraten ...«

Ob das Altertum die Ausbildung der Rede und auch des Schreibens nicht überschätzt habe, fragt Burckhardt sich und seine Leser. »Hätte es nicht besser getan, die Köpfe der Knaben und Jünglinge mit nützlichen Realien anzufüllen? Die Antwort ist, daß wir darüber gar nicht zu entscheiden berechtigt sind, solange uns selber im Reden und Schreiben die Formlosigkeit überall nachgeht, solange von hundert unserer Gebildeten vielleicht kaum einer von der wahren Kunst des Periodenbaues eine Ahnung besitzt. Die Rhetorik mit ihren Nebenwissenschaften war den Alten die unentbehrlichste Ergänzung ihres gesetzlich schönen und freien Daseins, ihrer Künste, ihrer Poesie. Unser jetziges Leben hat teilweise höhere Prinzipien und Ziele, aber es ist ungleich und disharmonisch; das Schönste und Zarteste wohnt darin neben derben Barbareien; unsere Vielgeschäftigkeit läßt uns nur nicht die Muße, daran Anstoß zu nehmen.« Bei aller Begeisterung verschweigt Burckhardt indes die Schattenseite rhetorischen Virtuosentums nicht: die allmähliche Gleichgültigkeit gegen den Inhalt und die persönliche Eitelkeit.

Zu Ciceros Zeiten war man davon noch fern. Nur wenig später als dieser brach natürlich auch Caesar zum Studium griechischer Redekunst bei dem berühmten Molon auf. Unterwegs wurde er von Seeräubern gefangen, die das Mittelmeer überall unsicher machten, seit der »römische Friede« angebrochen und die griechischen Küstenstädte ohnmächtig geworden waren. Der adelige Julier, also angebliche Nachkomme des Aeneas, brachte unschwer das Lösegeld zusammen, bemannte mehrere Kriegsschiffe, fing seinerseits die Seeräuber ein und ließ sie hinrichten: ein schon damals entschlußfähiger junger Mann.

Unmittelbar nach Caesars Tod kam denn auch schon der Glaube auf, der Diktator sei ein Gott gewesen. In seinem Testament hatte er den Enkel seiner Schwester Julia, Octavius (Octavian), zu seinem Adoptivsohn, also Erben, bestimmt. Caesar beabsichtigte, das orientalische Prinzip auf Rom zu übertragen, welches der Familie des Königs ein derartiges Charisma zuschrieb, daß sie zur Herrschaft berufen sei. Als Caesar ermordet wurde, befand Octavius sich jedoch in weiter Ferne, nämlich in Apollonia. In Rom brachten Marcus Antonius als Konsul und Lepidus als »magister equitum« (eigentlich »Reiteroberst«) – also als offizieller Stellvertreter des Diktators, der mit konsularisch-prätorischen Befugnissen ausgestattet war – infolgedessen die Macht an sich, entschlossen, nicht nur den Tod des Caesar zu rächen, sondern auch die alte Ordnung wiederherzustellen. Zahlreiche Senatoren waren mit dieser Entwicklung unzufrieden und boten Octavius ihre Hilfe an. Vor allem der alte Cicero, der, wie in seiner ersten Philippika unüberhörbar geworden war, den Antonius herzlich haßte, organisierte den bewaffneten Widerstand gegen die Restauration der Alleinherrschaft. Schließlich floß viel Blut in Rom. 3000 Ritter und 300 Senatoren wurden getötet, unter ihnen auch Cicero. Es war gelungen, den Antonius zu schlagen; um des lieben Friedens willen verständigte Octavius sich jedoch sogleich mit diesem über die künftige Verteilung der Macht. Gemeinsam überquerten die beiden Kontrahenten die Adria, um die Caesarenmörder zu vernichten, was in zwei Schlachten bei Philippi geschah. Cassius und Brutus nahmen sich das Leben. Das Reich aber wurde unter den Triumviren Octavius, Antonius und Lepidus geteilt.

Letzterer erhielt Afrika. Octavius bekam Spanien und übernahm die Regierung in Rom. Antonius aber wurde mit Gallien bedacht, blieb jedoch zunächst im Osten, um all jene Länder zu unterwerfen, die sich den Caesarenmördern angeschlossen hatten. Offensichtlich träumte er davon, zumindest in den griechischen Ländern die Nachfolge Caesars anzutreten.

Auch von Cleopatra, der Herrscherin Ägyptens, forderte Antonius Tribut. Die Königin von Caesars Gnaden reiste nach

Tarsos, um sich zu rechtfertigen. Als »neue Isis« kam sie höchst romantisch auf einer geschmückten Galeere daher, von ungezählten kleinen Amoren und lieblichen Nereiden begleitet. Antonius vergaß, wie Plutarch beschreibt, sich selbst, seine Ehe und sein Vorhaben, folgte ihr für Monate nach Alexandria und ging einen »heiligen Bund« mit ihr ein, der ihn zu einem neuen Dionysos erheben sollte. Damit hatte er auch in Cleopatras Armen Caesars Erbe angetreten.

Auf dem Balkan führte Antonius sich offenkundig immer mehr als gottgleicher Alleinherrscher auf. Octavius stellte sich folglich umso leichter als Wahrer des national-römischen Erbes dar, der die Italiker vor dem »Verräter« schützen mußte, welcher ein Sklave des »unheimlichen« Ostens geworden sei. («Unzivilisiert« konnte er den Osten damals noch nicht nennen, weil der Westen selbst bis vor kurzer Zeit aus griechischer Sicht noch höchst barbarisch gewesen war.) Doch auch Octavius verlas, als er schließlich in Alexandria einzog, eine auf griechisch verfaßte Rede – so selbstverständlich war das in jenen Jahren noch.[8]

Hätte Antonius und nicht Octavius die schließlich entscheidende Seeschlacht bei Actium im September des Jahres 31 gewonnen, dann hätte sich der geistige Schwerpunkt des römischen Reiches mit Sicherheit weiter nach Osten, zur griechischen Welt hin verlagert, weil dank der Handelsstraßen nach Asien dort das wirtschaftliche Zentrum lag. Möglicherweise wäre dann der Balkan zum Mittelpunkt Europas geworden, wie das den geographischen Vorstellungen entsprach. Denn die östliche Grenze ihres Kontinentes sah die alte Welt nicht im Bergzug des Ural, sondern im Verlauf des Don. Selbst der Papst spräche heute kaum Latein.

Antichrist und Christ

Wenn Gott müde ist, dann macht sich der Teufel des Balkans das immer zunutze. So stahl er eines Tages die Sonne vom Himmel herunter und spielte mit Elias, der sein Gestirn natürlich zurückhaben wollte, Ball. Da warf der Prophet das Spielzeug ins Meer, und als der Teufel tauchte, um es herauszuholen, ließ Elias das Meer gefrieren, nahm die Sonne in beide Arme und flog damit zum Himmel empor. Der Teufel aber strampelte vor Wut, zerbrach das Eis, verfolgte den Heiligen und riß ihm ein Stück seiner Ferse ab.

So oder ganz ähnlich wird die Legende auf dem gesamten Balkan erzählt. Mit Ausnahme von Serbien. In serbischen Volksliedern sind nämlich die handelnden Personen nicht etwa der Satan und Elias, sondern der römische Kaiser Diokletian und Johannes der Täufer. Sie spielen mit einem Apfel und einer Krone. Der Heilige wirft den Apfel ins Meer, und während der Kaiser hinabtaucht, ihn herauszuholen, läßt der Täufer das Meer gefrieren, ergreift die Krone und steigt mit ihr in den Himmel hinauf. Die Krone steht auch hier für die Sonne (der Apfel stellt das Reich dar bzw. die Erde), denn der heilige Johannes kommt schließlich mit der »sjajno sunce«, der strahlenden Sonne, im Paradiese an.[1]

Daß der römische Kaiser für serbische Barden in der sonst dem Teufel vorbehaltenen Rolle erscheint, das wäre vielleicht nicht weiter überraschend, wenn es zur Zeit des Diokletian (284–305) auf dem Balkan überhaupt schon Slawen, also auch Serben, gegeben hätte. So aber kann es nur bedeuten, daß das Gedächtnis der Völker, die vor den Serben das Zentrum des Balkans besiedelten, von diesen übernommen wurde. Mit anderen Worten: Als die Slawen kamen, haben sie nicht etwa alle anderen Völker, die dort lebten, einfach verdrängt, sondern sie haben sich ihnen hinzugesellt und nach und nach mit ihnen vermischt. Diesen kaum widerlegbaren Tatbestand sollten wir immer im

Auge behalten, wenn wir die angeblich nationale Geschichte einzelner Balkanvölker zurückverfolgen.

Das Entstehen unabhängiger Nationalstaaten habe die Historiker mehrerer Generationen in ganz Europa dazu verführt, immer nur einzelne Nationen für sich zu ihrem Forschungsobjekt zu machen und dadurch diese Tendenz noch zu verstärken, schrieb denn auch Toynbee in der Einleitung zu seiner großen »Study of History«. Kein einziges Volk könne indes eine völlig eigene Geschichte vorweisen, losgelöst von allen anderen; nicht einmal das Inselvolk der Briten. Selbst die britische Nationalgeschichte ist in Wahrheit niemals ein klar begrenztes historisches Studiengebiet gewesen und kann das auch nicht sein. Wenn dies aber schon für das geographisch isolierte Großbritannien zutrifft, dann muß dies um so mehr noch für jeden europäischen Nationalstaat gelten und erst recht für den Südosten des Kontinents mit all seinen unablässigen Bevölkerungsverschiebungen.

Toynbee hatte, wie wir wissen, 1922 sein zwölfbändiges Hauptwerk zu schreiben begonnen, nachdem er in Bulgarien Bauern in genau den gleichen spitzen Fuchsfellmützen gesehen hatte, wie Herodot sie in seinem großen Geschichtswerk als Kopfbedeckung der Perser beschreibt. Mit einem einzigen Augen-Blick hatte der gelehrte Brite erfaßt, daß der Strom der Geschichte nicht im gemauerten Bett eines von Menschen geschaffenen Kanals, sondern als unregulierbarer Fluß durch naturgegebene Täler und Tiefen verläuft, aus vielerlei Quellen von nah und fern gespeist.

So gehörte der Balkan durch Jahrhunderte, in republikanischen wie in kaiserlichen Zeiten, zum Herrschaftsbereich der Großmacht Rom und blieb doch immer gleichzeitig sowohl mit der eigenen Vergangenheit als auch mit allen Nachbarn außerhalb des römischen Reiches verbunden. Die Grenzen dieses Reiches waren lange konstant. Denn nach dem Tode des weisen Augustus, wie man Octavian seit 27 vor Christus nannte, im Jahre 14, hatte man auf dessen ausdrücklichen Wunsch sein Testament im Senat verlesen, und das wohl wichtigste Vermächtnis darin war der drängende Rat gewesen, der imperialen Eroberungslust freiwillig jene Grenzen zu setzen, die ihr die Natur gegeben habe. Das waren im Westen der Atlantik, im

Norden die Ströme Rhein und Donau, im Osten der Pontus Euxinus (das Schwarze Meeer) und der Euphrat, im Süden aber die sandigen Wüsten von Arabien und Nordafrika. Im Zentrum blieb folglich der Mittelmeerraum. Mit der Eroberung von Britannia hatte zwar schon der Erbgroßonkel begonnen; da man jedoch diese Inselwelt als geographisch in sich geschlossen ansah, brach ihre Unterwerfung in den Augen der Römer die Kontinentalmaßregel des Augustus nicht.

Sie wurde vielmehr eingehalten – zumal die Tyrannen träge geworden und mit sich selbst beschäftigt waren – bis zur Thronbesteigung des Soldaten Trajan im Jahre 98, des ersten Caesaren aus der Provinz. In Spanien (Italica) geboren, wurde er als Statthalter von Obergermanien durch Nerva adoptiert, zunächst zum Mitregenten eingesetzt und schließlich zum Kaiser proklamiert. Unter ihm erreichte das römische Reich die größte Ausdehnung seiner Geschichte; allerdings nur für sehr kurze Zeit.

Auf größere Dauer hinzugewonnen wurde eigentlich nur Dakien, also das Gebiet nördlich der unteren Donau: der Karpatenbogen und die Walachei. Dort lebte das thrakische Volk der Geten und Daker (auch Dakier, Dazier oder Daci), das schon um 300 vor Christus auf dem Donauweg mit den Griechen verkehrt und wiederholt Vorstöße gegen Makedonien unternommen hatte. Dieses Dakerreich mit seinem Hauptsitz im Banat erstreckte sich bis zur Schwarzmeerküste und nach Oberungarn hinein.

Immer wieder hatten die Römer die für sie gefährlichen Daker bekämpft, die wiederholt die Donau überschritten, doch erst Trajan erreichte in zwei Kriegen einen Sieg mit bleibenden Folgen: die Bevölkerung wurde weitgehend um-, Kolonialsoldaten wurden angesiedelt. Und Dakien wurde römische Provinz.

Die Reliefs auf der Trajanssäule in Rom sowie die Skulpturenreste des Siegesdenkmals von Adamclissi (in der südlichen Dobrudscha), die im Bukarester Museum zu sehen sind, zeigen die Daker in Volkstrachten, wie sie rumänische Hirten und Bauern in den Bergen auch noch in unseren Tagen kleiden: Die Männer trugen ein Hemd über den Hosen und darüber einen Umhang, der am Hals mit einer Spange befestigt war, dazu Filzschuhe oder Ledersandalen. Die wilden langen Haare und Bärte blieben gewöhnlich unbedeckt, denn nur Adelige hatten das Recht, mit spitzen Mützen ihren besonderen Stand zu demonstrieren. Die Frauen hatten lange Hemden und darüber gefältelte Schürzen an und auf dem Kopf ein buntes Tuch.

Von der geto-dakischen Sprache jedoch, einem indo-germanischen Idiom, sind nur klägliche Reste übriggeblieben: wenige Alltagsbegriffe und einige Personen-, Orts- und Flußnamen.[2] Die Romanisierung war total. Die heutige rumänische Sprache nimmt folglich innerhalb der romanischen Sprachen weniger wegen ihrer vorrömischen Rudimente als durch ihre zahlreichen Übereinstimmungen mit den übrigen Sprachen Südosteuropas, vor allem durch die slawische Beeinflussung seit dem siebenten Jahrhundert, weiter durch ihre Kontakte mit dem Ungarischen, Türkischen und Neugriechischen eine gesonderte Stellung ein. Im 19. Jahrhundert wurde sie noch einmal bewußt reromanisiert. 1860 hat man dort die von den Slawen übernommene kyrillische Schrift wieder durch die lateinische ersetzt, deren Orthographie allerdings erst 1954 festgeschrieben worden ist; für die Begriffe der modernen Wissenschaften wurden entweder lateinische oder (mehr noch) französische Ausdrücke eingeführt.

»Die Tatsache des siegreichen Durchdringens des lateinischen Dialekts ist eine in der Weltgeschichte bis dahin nicht dagewesene, schlechthin neue. Alle großen Nationen allerdings überwinden und überwachsen ältere Stammeseigentümlichkeiten, sie werden erst dadurch zu großen Nationen«, behauptete Mommsen in seiner Vorlesung zur Römischen Kaisergeschichte.[3] Dies sei nun einmal eine geschichtliche Notwendigkeit, im einzelnen oft nicht sehr erfreulich, weil »viel Anmutiges« dabei verlorengehe. Das Griechentum habe andere Dialekte noch stets bestehen lassen, auch die »koine« sei nie ganz durchgesetzt worden. Aber »... das Ausrotten-Müssen findet sich zuerst im Römischen Reich«.

Das Dakische war natürlich nicht das einzige Opfer des »siegreichen Durchdringens« der lingua latina: auch andere Sprachen wie das Etruskische, das Oskische, das Umbrische, das Rätische und vor allem das Keltische verschwanden, nachdem die ursprünglich in diesen Gebieten lebenden Gemeinden mit einer lateinischen Verwaltung und dem lateinischen Recht »beschenkt« worden waren. Oder vielmehr »dazu verurteilt«, wie der große deutsche Historiker und Nobelpreisträger meinte; denn »soviel steht nach dem heutigen Stand unserer Kenntnisse fest, daß in der Kaiserzeit keine Spur einer Rücksichtnahme begegnet gegen die im römischen Sinne ›barbarischen‹, d. h. nicht-lateinischen und nicht-griechischen Völkerschaften und Stämme«.[4]

Gleichberechtigt ist allerdings auch das Griechische nicht gewesen. Seit Caesars Zeit ist konsequent das Lateinische verbreitet worden, das Griechische aber grundsätzlich nicht. Im Osten fanden bedeutende Kolonisierungen, namentlich in den wichtigen Hafenstädten des Mittelmeerraumes, vor allem durch Soldaten im Ruhestand nach 25jähriger Dienstzeit statt, und so entstanden lateinische Sprachinseln auch in griechischem Raum. Privat konnte dort jeder reden, wie ihm der Schnabel gewachsen war, amtlich jedoch mußte er sich unbedingt der lingua latina bedienen. So verbreiteten diese Veteranen-Kolonien die lateinische Sprache und Kultur. Wer ausschließlich griechisch sprechen wollte, der mußte schon bis Ägypten gehen, der letzten Festung des reinen Hellenismus.

Trajans Neffe und Nachfolger Hadrian – ein spanischer Provinzler ganz wie er –, der schon an den Dakerkriegen teilgenommen hatte, schloß Frieden mit dem Partherkönig und gab alle anderen Eroberungen seines Oheims im Süden und Osten des Reiches wieder auf. Er widmete sich ganz der Sicherung der Grenzen (durch den Hadrianwall in Britannien und den Limes in Germanien), Dakien aber behielt er, und er teilte es in zwei Provinzen, in Dacia Superior und in Dacia Inferior, ein, deren Kolonisierung er gezielt vorantreiben sollte.

Hadrian, der sehr viel reiste, erklärte Athen zu seiner Lieblingsstadt, und er tat viel zu ihrer Verschönerung. Er liebte die griechische Literatur und Kunst und trug als erster römischer Kaiser einen griechischen Philosophenbart. Politisches Zentrum und Residenzstadt war und blieb freilich auch unter ihm weiterhin Rom, das durch großartige Marmorbauten immer stolzer und prunkvoller wurde.

Noch 110 Jahre oder 21 Kaiser später, nämlich unter dem siebenten Soldatenkaiser – heute würden wir wohl Militärdiktator sagen –, dem prätorianischen Präfekten Philippus Arabs, dem Sohn eines nordarabischen Scheichs, der durch die Ermordung seines erst neunzehnjährigen Vorgängers auf den Thron gekommen war, feierte die Hauptstadt des Römischen Reiches, ganz nach dem Motto des »panem et circenses«, die aufwendigsten Tausendjahrfeiern (der Gründung Roms), die man sich nur vorstellen konnte. Die Lügenmythen des Vergil, der in seiner phantastischen Aeneis den kühnen Bogen von dem angeblichen Ahnherrn der Römer über Romulus bis zu Augustus geschlagen hatte, wurden für bare Münzen genommen und in Gold und Silber geprägt.

Philippus war jedoch nicht fähig, der wachsenden Instabilität des Reiches und all den Gefahren zu begegnen, die da dräuend wie Gewitterwolken gleich von mehreren Seiten heranzogen. Denn die limites des Imperiums, die man für unüberwindbar gehalten hatte, waren brüchig und löchrig, die vom Frieden verwöhnten Grenzsoldaten waren satt und träge geworden. Durch die Südwanderung der Goten, Vandalen, Burgunder und Heruler aus Skandinavien war nun aber ganz Mittel- und Osteuropa in Bewegung geraten: Alemannen, Franken, Markomannen, Quaden und Goten bedrängten die Reichsgrenzen im Norden und Nordosten, während auf dem Balkan die iranischen Sarmaten bis an die Tisa (Theiß) und die Donau vorgestoßen waren. Man sah sich genötigt, mehr Geld als bisher für die Verteidigung auszugeben und die bisher offenen Städte zu befestigen; so erhielt unter Aurelian (ab 271) auch Rom eine geschlossene Stadtmauer.

Aber auch aus dem Inneren sah das Imperium sich bedroht. Die Diktaturen der von ihren Legionen auf den Thron gehievten Soldatenkaiser waren gewöhnlich von kurzer Dauer, der Regierungswechsel fand fast immer gewaltsam statt, Mord und Totschlag waren an der Tagesordnung. An die Stelle der alten Aristrokratie war ein militärischer Dienstadel gerückt, der jede Anordnung des Kaisers guthieß, solange dadurch der eigene Einfluß stieg. Der Senat wurde bedeutungslos. Eine nie zuvor gekannte Politikverdrossenheit bewegte die eigentliche Noblesse, die Städte zu verlassen und sich auf ihre Landbesitzungen zurückzuziehen. Und da man für gepflegten Müßiggang auf dem Lande vieler Arbeitskräfte bedurfte, folgte der Plebs dem Adel nach.

Bald waren viele Städte entleert und schließlich vom Verfall bedroht. Aber nicht nur die städtische Bevölkerung, die Gesamtzahl der Reichsbewohner ging zurück, obwohl seit Trajan aus der Staatskasse (zuvor aus einem privaten Fonds) an bedürftige Familien eine Art Kinderbeihilfe geleistet wurde, die sogenannten alimentationes.

Die kaiserlichen Truppen jedenfalls wurden mangels eigenen Nachwuchses mit »Barbaren« und Sklaven aufgefüllt, deren Einfluß immer größer wurde. Der Schwerpunkt von Industrie und Handel verlagerte sich allmählich weiter nach Osten, wo folglich auch die höchsten Steuern aufgebracht wurden. Aus den östlichen Provinzen kamen zudem über die großen römischen Straßen wie über die alten Karawanen- und Schiffahrtswege allzeit begehrte Luxusartikel wie Edelhölzer, Elfenbein, Diamanten, Seide, Gewürze und vor allem Sklaven ins Reich, während das Kernland Italia seinerseits weniger kostbare Basisprodukte wie Wolle, Wein, Getreide und Metallgeräte anzubieten hatte.

Aus dem Osten drangen außerdem orientalische Riten und Mysterienkulte nach Westen vor, monotheistische Erlösungs-Religionen, die, wie immer und überall in Umbruchzeiten, die verunsicherten, nach Halt und Hoffnung suchenden Menschen damals zutiefst erregt haben müssen. Die lineare Ratio der antiken Welt war auf einmal nicht mehr gefragt. Gleichzeitig verschob sich auch das politische Gewicht auf den Donau- und Balkanraum.

Beginnt hiermit das Mittelalter? Oder ist die Wende der Zeiten erst mit der Regierung Konstantins, des ersten christlichen Kaisers anzusetzen? Oder mit dessen Übersiedlung nach Byzanz? Oder aber mit der Teilung des Imperiums, 395 unter Theodosius? Oder etwa mit dem Ende Westroms achtzig Jahre später? Oder vielleicht erst um das Jahr 600 herum, mit dem Papsttum Gregors des Großen, mit der Reform des byzantinischen Reiches, mit dem Erscheinen der Slawen und Awaren auf dem Balkan und dem Beginn der islamischen Expansion? Oder überhaupt erst mit Karl dem Großen? »Die Unsicherheit in der historischen Einordnung dieses Zeitalters geht auf falsche historische Kategorien zurück«, wie Franz Georg Maier in seiner »Verwandlung der Mittelmeerwelt«[5] überzeugend dargelegt hat. Die »Dark Ages«, wie Edward Gibbon[6] als klassizistischer Humanist und Aufklärer die Jahrhunderte der angeblichen Dauer-Dekadenz benannte, sehen gleich viel lichter aus, wenn man sie nicht mit den Normen einer eng bestimmten, rückwärtsgewandten Bildung bewertet, welche die Bedeutung des Neuen nicht zu sehen vermag.

Gibbon, der in seiner Jugend dem Katholizismus eng verbunden gewesen war und sich in seiner Jugendzeit im Hause eines Genfer Calvinisten gegen diese frühe Bindung aufgelehnt und schließlich von ihr gelöst hatte, sah die geistige Freiheit, die er in der klassischen lateinischen Literatur endlich gefunden zu haben glaubte, vom vierten Jahrhundert unserer Zeitrechnung an von Barbaren wie Christen gleichermaßen zerstört. Davon, daß Konstantinopel weitere tausend Jahre eine Festung europäischen Geistes darstellte, konnte er nur wenig begreifen, denn nicht nur fehlte ihm jede Sympathie für diese ferne östliche Welt, er war auch nicht annähernd so vertraut mit griechischen wie mit römischen Quellen und hatte kaum Zugang zu Veröffentlichungen in anderen Sprachen, die ihn eines Besseren hätten belehren können.[7] Seine Einstellung jedoch paßte sehr gut ins allgemeine Geschichtsbild des Westens von der Mitte des 18. Jahrhunderts an und sollte deshalb prägend wirken: Rom ging im fünften Jahrhundert unter, Ostrom währte noch tausend Jahre länger, mehr war aus dem Geschichtsbuch deutscher Gymnasiasten durch Generationen über diese Epoche nicht zu erfahren. Was wunder, daß sie »dunkel« blieb?

Konnte Gibbon von seinem rückwärtsgerichteten Hochsitz aus lediglich »Verfall und Untergang«, nicht aber Wiedergeburt und Entwicklung sehen, so ging es den »linken« Ideologen unserer Zeit in ihrer ausschließlich vorwärtsorientierten Wahrnehmungsweise grundsätzlich zwar umgekehrt, doch in der Wirkung blieb dies gleich. Denn der Mythos vom unaufhaltsamen Fortschritt, ja vom Ende aller Geschichte beim Übergang zum Kommunismus, verhinderte genauso jede objektive Sicht: Wenn die Neuzeit Fortschritt bedeutete, dann mußte natürlich, nach aller Logik, tiefste Rückständigkeit vorausgegangen sein. Also lag auch für die Geschichtsphilosophen des historischen Materialismus die vorangegangene Epoche in der Dunkelheit eines Zwangssystems totaler Unterdrückung jeden freien Geistes und brutaler Ausbeutung.

Auch die Renaissance des Mittelalters in der Romantik, die eine ganz natürliche Reaktion auf die einseitige Sicht der Aufklärung war, hat zur Erhellung der Epoche wenig geleistet. Die geheimnisvolle Unbekannte wurde schwärmerisch verklärt, erklärt aber wurde ihr Wesen nicht.

Das große Verdienst, mit der andauernden Fehleinschätzung des gesamten Mittelalters aufgeräumt und die geistige Offenheit und Dialogbereitschaft der eben wegen dieser Offenheit gar nicht klar abzugrenzenden Phase europäischer Geschichte im Zentrum sozialistischer Staatsdoktrin dargestellt zu haben, gebührt vor allem dem russischen Historiker Aaron Jakowlewitsch Gurjewitsch. »Wie viele verzerrte Vorstellungen und Vorurteile sind mit dieser Epoche verbunden!«, klagt er in einem seiner wichtigsten Bücher, das er im Original »Die Kategorien der mittelalterlichen Kultur« genannt hat.[8] Der Begriff »Mittelalter« (medium aevum), der von Anfang an eine kritische, herabmindernde Bewertung getragen habe, habe bis zum heutigen Tag diesen negativen Inhalt nicht eingebüßt. Wann immer von kultureller Rückständigkeit und von Rechtlosigkeit gesprochen werde, greife man gerne auf den Ausdruck »mittelalterlich« zurück. Denn das Wort »Mittelalter« gelte schlechthin als Inbegriff alles Dunklen und Reaktionären.

Besonders dunkel, in Gibbons Augen »verächtlicher und dunkler« noch als die irgendeines seiner Vorgänger, war die Herkunft des Generals Diocles, des ersten Dalmatiers auf dem Thron. Tatsächlich waren seine Eltern bestenfalls freigelassene Sklaven im Hause eines römischen Senators gewesen, der sich in Illyrien niedergelassen hatte. Und als am 20. November 284 der knapp vierzigjährige Befehlshaber der römischen Ostarmeen von seinen Soldaten zum Kaiser ausgerufen wurde, schien er wirklich nur ein weiterer in der Reihe einander in immer schnellerer Folge ermordender Truppenkommandeure auf dem Thron zu sein, die das Land jeweils einen Schritt tiefer in Anarchie und Chaos führten. Es kann durchaus sein, daß Diocles damals bereits Kommandant der kaiserlichen Palastwache war, es kann aber auch sein, daß dies, wie vieles andere, erst sehr viel später erfunden wurde. Denn sein Werdegang liegt in der Tat unter einem Grauschleier von Legenden, Propagandalügen, zweifelhaften Dokumenten und Falschaussagen seiner ihm grundsätzlich feindlich gesonnenen Nachwelt verborgen.

»Den Kaiser macht das Heer« (imperatorem facit exercitus) – diese Regel galt nun schon so lange, daß sie als gottgegeben hingenommen wurde. Mehr noch: Erneut hatte dieses Heer seinerseits – und zwar in einer eindeutigen Revolte gegen den im fernen Westen weilenden Caesar Carinus – den neuen Neben-Kaiser selbst gestellt. Der Berufssoldat Diocles hatte sein bisheriges Leben so gut wie ausschließlich in Heerlagern verbracht, und zwar vor allem in Moesien, jener großen römischen Provinz südlich der unteren Donau, welche die Hauptlast der Verteidigung gegen die Perser trug. Während einer Rekrutierungskampagne in diesem Gebiet war Numerian, der Bruder und Mitregent des Kaisers Carinus, eines Tages tot auf seiner Sänfte liegend aufgefunden worden, und sein Adoptivvater namens Aper war umgehend beschuldigt worden, ihn aus dem Weg zur Macht geräumt zu haben. Möglicherweise war er jedoch eines ganz natürlichen Todes gestorben. Diocles freilich, den die Offiziere augenblicklich zum Nachfolger erkoren, trat in kaiserlichem Purpur vor seine Truppen, beschuldigte den Aper und brachte ihn ohne jedes Gerichtsverfahren mit den eigenen Händen um.

Die Zeitgenossen glaubten an die Schuld des Aper – oder sie taten gut daran, so zu tun. Diocles aber hatte, wie er später selbst erzählte, zuvor schon eine göttliche Weissagung vernommen: er werde an jenem Tage Kaiser werden, an dem er einen Wildeber töte, hatte sein Astrologe ihm angeblich gesagt. Das lateinische Wort für Keiler aber ist »aper«.

So hatte dieser Soldatenkaiser mit einem Schlag nicht nur seinen gefährlichsten Konkurrenten beseitigt, sondern auch noch allen gezeigt, wie unerbittlich er »Recht« sprechen konnte, also sich durchzusetzen entschlossen war. Darüber hinaus aber hatte er seiner Machtergreifung das Purpurmäntelchen eines himmlischen Auftrags, einer göttlichen Vorsehung, umgehängt.

Caius Aurelius Valerius Diocletianus, wie er sich als Kaiser nannte, muß eine imposante Erscheinung gewesen sein. Wir kennen sein Bild von vielen Münzen und von mehreren Skulpturen her, wie zum Beispiel von einer eindrucksvollen Büste im Kapitolinischen Museum in Rom. Er dürfte groß und schlank gewesen sein, mit athletischem Hals, hoher Stirn, weitstehenden, groß geschnittenen Augen, scharfen Falten um den strengen Mund und einem energischen kantigen Kinn. Den Beinamen Valerius übernahm Diokletian von seiner Tochter Valeria, den »Stammes«-Namen Aurelius aber trug er überhaupt erst ab 286.

Über sein Familienleben und auch über seine Ehefrau Prisca ist nur wenig Schmeichelhaftes bekannt. Das ist auch nicht weiter verwunderlich, wenn man bedenkt, daß die einzige erhaltene Schilderung mit den haßgetrübten Augen des Lactantius Firmianus, des »christlichen Cicero« seiner Zeit, eines Kirchenschreibers aus Nordafrika, gesehen ist, der in seiner Schrift »De mortibus persecutorum« (Über die Todesarten der Verfolger) vorrangig die diokletianische Christenverfolgung beschreibt. Mit Sicherheit steht jedenfalls fest, daß Diocletian nicht mit jener vornehmen Römerin, Stifterin der seit dem vierten Jahrhundert bezeugten Titelkirche S. Prisca auf dem Aventin, verheiratet war, welche die römische Kirche als Heilige verehrt.

Im christlichen Sinne »heilig« war natürlich auch er nicht, wenngleich er fromm gewesen sein muß. Denn gerade das Heer war in der Kaiserzeit zu einem Zentrum neu erstarkten religiösen Fühlens geworden. Im pantheistischen römischen Glauben war es damals durchaus noch möglich, daß die verschiedensten Glaubensrichtungen nebeneinander existierten und miteinander in Verbindung traten, ob sie nun örtliche Gottheiten verehrten oder sich zu den neuen Religionen des Ostens bekannten, die die Rekruten aus Anatolien, Syrien und Persien mitgebracht hatten. Vor allem die Thraker und Illyrer, also die Mehrheit der Soldaten in Diokletians Donauarmee, trugen das Sonnensymbol des persischen Gottes Mithras, eines strahlenden Ritters des Lichtes, auf der Brust, der die Mächte der Finsternis besiegen sollte. Und da sie von alters her die Kabiren, griechische Gottheiten der Sonne und des Lichts, als Beschützer der Seefahrt in der

Ägäis kannten, fügten sie dem Mithras einen Zwilling hinzu. Andere verehrten einen syrischen Jupiter, einen richtigen Legionssoldaten mit scharfer Axt und Donnerkeil. Jedenfalls waren ihre Götter allesamt mächtig, männlich, kraftvoll, siegreich und versprachen ewige Glückseligkeit nach dem tapferen Heldentod.

Einem Kaiser, der auf die Gunst seines Heeres angewiesen war, empfahl es sich schon fast von selbst, dieselben Symbole für seine Herrschaft zu wählen, um dadurch die Kräfte des Glaubens in seine Dienste zu nehmen und die Gläubigen an sich zu binden. So entstand jener militärische Absolutismus, der dem vom Zerfall bedrohten Reich wieder Halt und Bestand verleihen konnte. Doch wenn er sich auch immer wieder als nüchterner Pragmatiker bewies, so sollten wir doch keinen Augenblick daran zweifeln, daß Diokletian, der ganz in dieser Männerwelt der Heerlager zu Hause war, tatsächlich selber unerschütterlich an Mithras, den Gott der Legionäre, die siegreiche Sonne und an eine Himmelsordnung glaubte, deren Gesetze zu entziffern seinen Astrologen oblag.

Als »Vater eines goldenen Zeitalters« (parens aurei saeculi) gepriesen und mit dem Symbol der Sonne gerüstet, trat Diokletian also seine Regierung an. Und tatsächlich sollte seine Zeit strahlender und siegreicher werden, als irgendjemand in dieser schwierigen Phase des Imperiums auch nur hätte erahnen können. Zunächst hatte der neue Kaiser allerdings nur dort zu befehlen, wo die ihm untergebenen Truppen standen. Der sehr viel größere Rest des Reiches war immer noch Numerians Bruder Carinus untertan. Dieser war zunächst damit beschäftigt, eine Revolte in Pannonien niederzuschlagen, dann aber griff er den Mitregenten an. Unweit des heutigen Belgrad kam es zu einer Schlacht, die Diokletian gewiß verloren hätte, wäre Carinus nicht mitten im Kampf von einer Gruppe eigener Soldaten ermordet worden. Damit war der Dalmatier Mitte 285 Herr des gesamten römischen Reiches.

Zunächst mußte auch er sich mit einigen Revolten seiner Grenztruppen befassen. Kaum jedoch war dort Ruhe eingekehrt, widmete er sich mit all seinen Kräften einer friedlichen Neuordnung des Imperiums und der Trennung von Militär und Politik. Völlig überraschend zog der vielleicht soldatischste aller Soldatenkaiser sich aus dem militärischen Bereich zurück. Mit der »Böswilligkeit des religiösen Eifers« habe die christliche Nachwelt den großen Heiden deswegen der Feigheit geziehen, schrieb Gibbon[9] (und er meinte damit natürlich das Urteil des fanatischen Christen Lactantius), es sei aber doch wohl kaum möglich, an die Feigheit eines Mannes zu glauben, den seine Legionen so hoch einschätzten, daß sie ihn zum Herrscher kürten. »Aber die Verläumdung (sic) ist scharfsichtig genug, um die verwundbarste Stelle zu entdecken und anzugreifen. Die Tapferkeit Diokletians blieb nie hinter seiner Pflicht oder der Gelegenheit zurück; aber den kühnen hochherzigen Geist eines Helden, welcher Gefahr und Ruhm aufsucht, List verschmäht und Huldigung von seines Gleichen offen fordert, scheint er nicht besessen zu haben. Seine Eigenschaften waren mehr nützlich als glänzend: ein kraftiger durch Erfahrung und Studium der Menschen gereifter Verstand, Geschäftsfleiß und Gewandtheit; eine kluge Mischung von Freigebigkeit und Sparsamkeit, von Milde und Strenge; tiefe Verstellung unter dem Deckmantel militairischer Geradheit, Stätigkeit in Verfolgung seiner Zwecke, Biegsamkeit in Anwendung der Mittel, und vor Allem die große Kunst, seine eigenen so wie die Leidenschaften Anderer dem Interesse seiner Herrschsucht unterzuordnen und dieser Herrschsucht den blendensten Anstrich der Gerechtigkeit und des Gemeinwohls zu geben ...«

Woher der gelehrte Brite diese recht genauen Kenntnisse eines fraglos interessanten Charakters bezieht, hat er leider nicht verraten. Überliefert ist lediglich folgende Beschreibung aus den Historia Augusta[10]: »Er war ein hervorragender Mensch, klug, eifrig für den Staat, eifrig für die Seinigen, gerüstet, welche Aufgabe auch an ihn kommen mochte, stets unergründlich in seinen Gedanken, bisweilen verwegen, sonst vorsichtig, die Bewegungen des unruhigen Inneren drängte er durch gewaltige Beharrlichkeit zurück.« Auch Mommsen hat Diokletian als »einen der merkwürdigsten Menschen in der Geschichte« bezeichnet, zugleich jedoch dann ehrlich bedauert, daß »die zerstörte Tradition höchst peinlich« uns zu nicht viel mehr kommen lasse »als zum Herumraten an diesem höchst interessanten Problem«. Wenn aber auch sein Naturell aus der spärlichen Überlieferung kaum zuverlässig zu beschreiben ist, so steht doch ohne Frage fest, daß er ein staatsmännisches Genie allerersten Ranges gewesen ist. Die Rettung der Einheit des Reiches durch seine Teilung, die an die Stelle der Realunion eine Personalunion setzte, das war in der Tat eine geniale Idee.

Fest steht auch, daß der noch eben zur Lynchjustiz fähige Heerführer sich als Sieger immer wieder merkwürdig milde und gegen seine Gegner großzügig erwies. Alle bewährten und verdienstvollen Männer in der Verwaltung wie im Heer beließ er zur allgemeinen Verblüffung auf ihren Posten, ob sie seine Anhänger waren oder nicht. Nirgends setzte er Verwandte ein. Allein mit der Verteidigung des Reiches betraute er schon bald einen getreuen illyrischen Kriegskameraden, den einfachen Bauernsohn Maximian aus Sirmium (dem heutigen serbischen Grenzgebiet Srem). Und als er verstand, daß für den Schutz und die Verwaltung des Riesenreiches selbst die Kräfte zweier Helden nicht ausreichten, nahm er noch zwei »Caesaren« hinzu, die ihm und Maximian, die nun beide den Titel eines Augustus führten, treu ergeben zur Seite stehen sollten.

Offiziell blieb das Reich ein »patrimonium indivisum« (ein unteilbares Erbe), verwaltungstechnisch aber wurde es aufgeteilt, jedoch durch Diokletians persönliche Autorität gleichzeitig fester denn je zusammengebunden. Er selber residierte fortan in Nikomedia und überwachte Thrakien, die Provinz Asien und Ägypten; der ihm zugeteilte Caesar Galerius verwaltete Illyrien, die Donauprovinzen und Achäa (Griechenland); Maximian, der zweite Augustus, saß in Mailand und kontrollierte Italien, Sizilien und Nordafrika; währenddessen Caesar Constantius I Chlorus von Trier aus Gallien, Spanien und Britannien im Auge behielt. Um die Einheit dieser Tetrarchenstruktur durch persönliche Bande zu vertiefen, adoptierte jeder Augustus seinen Kaiser, und Galerius heiratete Diokletians Tochter Valeria, während Constantius I Chlorus seine Ehefrau Helena (die Mutter des späteren Kaisers Konstantin) verstieß, um Maximians Stieftochter Theodora ehelichen zu können.

Da er, wie er glaubte oder zu glauben vorgab, durch göttlichen Willen an die Macht gekommen war, erklärte Diokletian sich und Maximian zu Gottessöhnen und nannte sich selber Jovius

(Juppiter oder Zeus), seinen Mit-Augustus aber ließ er Herculius (Hercules oder Herakles) titulieren. Folglich herrschten sie fortan wie anderthalb Götter, Jovius nämlich in vollendeter Weisheit, Herculius, der Halbgott, durch Heldenkraft. Der wahrhaft Allmächtige blieb Diokletian, der denn auch auf späteren Münzen und Inschriften schlicht als »dominus et deus« (Herr und Gott) bezeichnet wird.

Wie alle selbsternannten Götter vor und nach ihm liebte auch dieser Gold und Weihrauch. Und er duldete keine anderen Götter neben sich. Vom Osten her war dem Jovius jedoch eine starke Konkurrenz erwachsen, die seiner selbstherrlichen Theokratie schon deshalb zur Gefahr werden mußte, weil ihre Anhänger einem weltlichen Gott die geforderte Huldigung verweigern mußten.

Entstanden war die neue Lehre auf dem Boden der jüdischen Tradition. Sie sah sich als die Erfüllung der im Alten Testament verbrieften Weissagungen an und erklärte die bisher bindenden jüdischen Gesetze für überwunden. Als Fremdkörper lebte diese neue »Gottesgemeinde« der »Auserwählten« zunächst inmitten des »erwählten« Volks der Juden. Als diese ersten Judenchristen dann aber aus Jerusalem vertrieben wurden, ließen sie sich im gesamten Mittelmeerraum nieder, und es schlossen sich ihnen im Laufe der Zeit zunehmend auch Nichtjuden an; besonders nachdem der bekehrte Saulus/Paulus in Kleinasien und Griechenland zu missionieren begann.

Bis zum Ende des zweiten Jahrhunderts hatte sich das Heidenchristentum vor allem im Osten des Reiches weithin ausgebreitet; aber auch schon in den Städten Italiens und Galliens gab es, wiederholten Verfolgungen zum Trotz, wachsende Gemeinden, die sich wie Staaten im Staat aufführten, indem sie ihre eigenen Gesetze schufen. Hundert Jahre später, unter Diokletian, der, wie gesagt, im Osten residierte, war die neue Heilslehre dort bereits zur stärksten Religionsgemeinschaft angewachsen. Gleichgültig konnte der Kaiser und Gott angesichts dieser Herausforderung auf keinen Fall bleiben, zumal die Soldaten aufsässig wurden.

Vielleicht schon im Jahre 298 (wie Lactantius und Euseb übereinstimmend schreiben) wurden die bekennenden Christen aus der Armee entlassen, weil auf sie kein Verlaß mehr war. Aber noch immer wimmelte es am kaiserlichen Hofe von christlichen Beamten, Ratgebern und Pagen, und dem kaiserlichen Gott schien das ganz gleichgültig zu sein. Es ist denkbar, daß Galerius, ein fanatischer Anhänger des altrömischen Glaubens, oder aber neuplatonische Philosophen wie der Grieche Porphyrios mit seinen 15 Büchern »Gegen die Christen«, vielleicht auch einzelne Beamte am kaiserlichen Hof den dalmatischen Augustus drängten; es ist aber auch durchaus möglich, daß dieser von sich aus den Entschluß faßte, ein und für alle Mal den Aufruhr zu unterdrücken, den die untereinander zerstrittenen Christengemeinden mit ihren Ideen und Querelen in den Köpfen seiner Untertanen ausgelöst hatten.

Wie dem auch sei, in den Jahren 303/304 erließ Diokletian insgesamt vier Verordnungen gegen die Christen, die immer schärfere Kontrollen, auch Foltern und Strafen, vorsahen, doch noch immer bemüht zu sein schienen, das große Blutvergießen zu vermeiden. Als diese Edikte jedoch nichts bewirkten, und nachdem im kaiserlichen Palast gleich zweimal Feuer ausgebrochen war, das offenbar von Christen gelegt worden war, »da wurden auch die mächtigsten Eunuchen getötet, die einst den Palast und den Kaiser beherrscht hatten« (so Euseb). Der Oberkaiser aber gab den Befehl, im ganzen Reiche durchzugreifen und löste damit die wohl grausamsten Verfolgungen des gesamten Frühchristentums aus.

Doch nicht nur gelang es ihm nicht mehr, den neuen Erlöser-Glauben zu zerstören, sondern dieser ging, durch das Martyrium gestählt, aus dem schrecklichen Blutbad als Sieger hervor. Wenn man heute diese Zeit radikalen Umbruchs nüchtern betrachtet, dann kann man mit dem Satan der serbischen Sage, diesem Massenmörder modernen Maßstabs, eigentlich nur noch Mitleid empfinden: in einer ebenso ungeheuren wie ungeheuerlichen Anstrengung hat er sich gegen die (in seinen Augen) finstere feindliche Macht gestemmt, die wie ein riesiges Ungeheuer ihn und sein Lebenswerk zu verschlingen drohte.

Vorzeitig gealtert, krank und erschöpft zog der Dalmatier sich unmittelbar nach diesem grausamen Höhepunkt seiner zwanzigjährigen Kaiserzeit von den Regierungsgeschäften zurück. Er war noch keine sechzig Jahre alt. Am selben Tage, an dem er im Osten in einer letzten großartigen Geste den Purpur von seinen gebeugten Schultern warf, um sich ins Land seiner Kindheit nach Salona (heute Solin bei Split) zurückzuziehen, trat auch sein Mit-Augustus Maximian, wie sie zuvor verabredet hatten, in Mailand in den Ruhestand. Der völlig überraschende Machtwechsel, der die bisherigen Caesaren zu Augusten erhob, die sich ihrerseits wieder Caesaren nahmen, klappte noch erstaunlich gut. Doch als nur wenige Monate später Constantius in York verschied, machte sich das Fehlen einer großen Persönlichkeit, die das Ganze zusammengehalten hätte, bereits bedauerlich bemerkbar: Der alte Hader brach wieder los.

Erst Konstantin, des Constantius Sohn, der in Naissus, dem heutigen Nis, in Moesien geboren und am Hofe des Kaisers erzogen war, besaß das Geschick und auch die Kraft, Diokletians Werk zu vollenden. Innerhalb nur weniger Wochen schaltete er seine westlichen Konkurrenten aus und stand schließlich mit gallischen Reitern vor den Mauern Roms, hinter die der Neben- und Gegenkaiser Maxentius sich zurückgezogen hatte. »Mit trauervoller Aufmerksamkeit«, wie der Übersetzer Gibbons sich anschaulich ausdrückt, lauschte der ängstliche und kriegsunerfahrene Römer allen Gerüchten, Zeichen und Wundern, zog die sybillinischen Bücher zu Rate und sah sich schließlich mehr durch Scham als durch Mut vor die Tore der Stadt getrieben, wo es im Oktober 312 an den Ufern des Tiber, zu beiden Seiten der Milvischen Brücke, zur offenen Entscheidungsschlacht kam.

Der Sieg der Gallier war glänzend. Mit einem Großteil seiner Truppen stürzte Maxentius in den Tiber, aus dem seine Leiche erst am nächsten Tag schlammbedeckt geborgen wurde. Beim Anblick seines entstellten Hauptes beschlossen die Römer, ihre »Befreiung« zu feiern und Kaiser Konstantin zu huldigen. Dieser benahm sich wie Diokletian: Die Anhänger des Maxentius behandelte er mit Milde; die prätorianische Leibwache löste er auf, wodurch er Rom zur Ohnmacht verdammte; die hohen Abgaben, die Maxentius von den Senatoren als »freiwillige Geschenke« bekommen hatte, verwandelte er in reguläre Steuern. Der wesentliche Unterschied zu Diokletian bestand in dem neuen Sieges-Zeichen, das die Soldaten auf ihre Schilde gemalt hatten. Es war ein christliches Symbol.

Drei Berichte über die Schlacht am Pons Milvius sind erhalten, alle drei aus christlicher Sicht; doch keiner deckt sich mit den anderen. Im ersten, den wir Lactanz verdanken, wurde Konstantin »im Schlaf ermahnt, das himmlische Zeichen Gottes auf den Schilden anzubringen und so die Schlacht zu beginnen. Er tat wie befohlen, und indem er den Buchstaben X umlegte und die Spitze umbog, brachte er Christus auf den Schilden an... und die Hand Gottes war über dem Schlachtfeld«.[11] Fassung zwei und drei schrieb beide Euseb. In seiner früheren Darstellung erwähnte dieser das Siegeszeichen überhaupt noch nicht: Konstantin »rief durch Gebet den himmlischen Gott und seinen Logos, Jesus Christus, den Retter von allen Menschen, als Bundesgenossen an«, und Gott zog infolgedessen »wie an Ketten den Tyrannen weit aus den Toren heraus« aus der Stadt, so daß »die Macht Gottes, die mit Konstantin war«, ihn vernichten konnte.

In der dritten Variante aber dachte Konstantin »ernsthaft darüber nach, welchen Gott er sich als Helfer zulegen sollte«. Die Heidengötter hatten sich nicht besonders bewährt. »Nachdem er dies alles bei sich überlegt hatte, hätte er es für dumm gehalten, die Götter, die es ja gar nicht gibt, in so törichter Weise zu verehren...«, also entschied er sich für den Christengott. Während der Kaiser um den Sieg betete und flehte, da sei ihm »um die Mittagszeit, als der Tag sich schon neigte« am Himmel das Siegeszeichen des Kreuzes, aus Licht gebildet, erschienen und zugleich die Schrift (auf griechisch) »hiermit siege!«. Im Schlafe aber sei ihm »der Christus Gottes« erschienen und habe ihm befohlen, das Zeichen nachzubilden und künftig als Schutzzeichen zu gebrauchen. Ihm, dem Euseb, habe der Kaiser das alles höchstpersönlich erzählt. Das Zeichen aber, das er nachbilden ließ, sah völlig anders aus als in der (lateinischen) Beschreibung des Lactanz: »ein langer, mit Gold überzogener Lanzenschaft hatte einen Querbalken und war so in der Gestalt eines Kreuzes gebildet. Am oberen Rand des Ganzen war ein Kranz aus Gold und Edelsteinen befestigt, in dem das Zeichen für den Namen des Erlösers angebracht war...«

Nun denn, als er dem Euseb die Geschichte erzählt haben soll, frühestens 324, also zwölf Jahre nach dem Ereignis und elf Jahre nach dem Edikt von Milano, das den Christen Duldung gewährte, hatte Konstantin natürlich längst »ernsthaft darüber nachgedacht«, welcher Gott ihm am nützlichsten wäre, und sich dann diesem zugewandt. Auf dem Triumphbogen jedoch, den damals der römische Senat errichtete, steht noch heute sehr vage umschrieben, er habe seine Siege »instinctu divinitatis« (also durch Eingebung der Gottheit oder auch einer Gottheit) vollbracht.

Siegreich zog er jedenfalls weiter. Und als Licinius, der Augustus im Osten, 323/24 zum Feinde wurde, weil er die Wende zum Christentum nicht mitmachen wollte, zwang Konstantin ihn zur Abdankung und ließ ihn als Staatsfeind hinrichten. Dreizehn Jahre herrschte der Sieger allein und zwar mindestens so theokratisch wie der Anti-Christ vor ihm. Die Christen, die endlich Ruhe hatten, sahen schon deshalb keinen Anlaß, seine Alleinherrschsucht zu kritisieren. Ja sie duldeten es wortlos, daß er an ihren Synoden teilnahm, als wäre er der oberste Bischof, obwohl er nicht einmal getauft worden war.

Das heilige Sakrament der Taufe empfing dieser große Feldherr und Staatsmann, den die armenische, die griechische und die russische Kirche noch immer als einen Heiligen verehren, nach der Überlieferung auf dem Totenbett. In Wahrheit werden wir niemals wissen, ob er noch bei Bewußtsein war, als er aus dem leuchtenden kaiserlichen Purpur in schlichtes Weiß umgekleidet wurde, oder ob der Propagandist Euseb auch die schöne Erzählung von Konstantins Taufe[12], wie so viele andere Geschichten, von Alpha bis Omega erfunden hat.

Die Slawen kommen

Zum letzten Mal einigte ausgerechnet derjenige Herrscher das Reich, der es schließlich bleibend teilen sollte: Theodosius Flavius, Kaiser von 379 bis 395. Zunächst schloß er mit den Goten Frieden, die sich fortan als Verbündete (foederati) auf dem Reichsgebiet niederlassen durften, vorausgesetzt, daß sie sich zur Heerfolge verpflichteten. Sodann berief er das Zweite Ökumenische Konzil nach Konstantinopel ein, erklärte die allgemeine (katholische) christliche Lehre zur alleinseligmachenden Staatsreligion und verbot alle heidnischen Kulte. Den fränkischen Heeresmeister Arbogast, der daraufhin mit Unterstützung der Heiden den kaiserlichen Kanzleibeamten und Rhetorik-Lehrer Eugenius auf den Thron zu hieven versuchte, brachte er eine derart entehrende Niederlage bei, daß der Franke Selbstmord beging. Zum Dank verlieh die Kirche ihrem siegreichen Protektor den schmückenden Beinamen »der Große«. Und schließlich gelang es ihm sogar, mit dem bedrohlichen Perserreich einen dauerhaften Frieden zu finden.

Als Theodosius 48jährig in Mailand starb, war er offenbar zu der Einsicht gelangt, daß das Reich für jeden »kleineren« Herrscher als ihn viel zu groß geworden sei. Also teilte er sein Erbe zwischen seinen beiden Söhnen auf: Dem 18jährigen Arkadios hinterließ er den Osten, das Oströmische oder Byzantinische Reich mit Konstantinopel als Regierungssitz. Dem erst 11jährigen Honorius aber, der bereits seit zwei Jahren den Titel eines Augustus trug, vermachte er das Westreich, das der Knabe zunächst von Mailand aus, der junge Mann schließlich von Ravenna aus mehr schlecht als recht verwaltete. Noch fünfzehn Jahre nach Regierungsantritt war Honorius weder entschlossen noch stark genug, die Eroberung und Plünderung Roms durch den Westgoten-König Alarich zu verhindern, durch die das gesamte Reich in West wie Ost bis in seine Fundamente erschüttert wurde.

Die Idee des Reiches und somit Roms als eines im Grunde unzerstörbaren Ganzen, als eines »indivisiblen« kulturellen Erbes, hatte die Teilung durch Theodosius kaum beschadet überlebt. Zumindest als Wunschvorstellung blieb sie auch weiterhin erhalten. Auch noch nach dem Gotensturm, ja selbst nach der Plünderung Roms durch die Wandalen (455 unter Geiserich) wurde an ihr als politischer Vision eisern festgehalten; die Wiederherstellung der alten Ordnung, die Wiedervereinigung beider Teile des römischen Imperiums blieb allerhöchstes politisches Gebot.

Zwei Hindernisse standen dem entgegen: zum einen der wachsende Einfluß von »Barbaren«, die über die Armee aufgestiegen waren; denn gegen die anstürmenden »Barbarenvölker« kämpfte das ausgeblutete Reich vor allem mit »Barbarensöldnern«. Zum anderen war innerhalb der christlichen Kirche, zwischen den Bischofssitzen Antiochia und Alexandria, Streit ausgebrochen; gegenüber dem seit dem Zweiten Konzil (381), bei dem es um das Glaubensbekenntnis und die Anerkennung Ostroms ging, dominanten Konstantinopel aber bestand häßliche Eifersucht, die von theologischen Disputationen begleitet wurde. Die jeweils unterlegene Lehre – ob es sich nun um Arianismus, Nestorianismus, Eutychianismus oder Monophysitismus handelte – wurde alsbald zur Häresie erklärt und geriet infolgedessen fast automatisch zum Sammelbecken aller Minoritäten am Rande, die mit der zentralistischen kaiserlichen Bürokratie nicht zufrieden waren.[1] Die in Alexandria entstandene Lehre der Monophysiten, daß sich in Christus nicht etwa zwei Naturen verbänden – eine göttliche und eine menschliche –, sondern es nur die eine Natur des fleischgewordenen Wortes Gottes gebe, war zu dieser Zeit im Osten vorherrschend. Noch heute hat sie in der äthiopischen Kirche, in Ägypten bei den Kopten, in der syrischen Orthodoxie und in Armenien Gültigkeit. Das Heidentum war unterdessen konsequent verfolgt und schließlich ausgerottet worden, jedenfalls an der sichtbaren Oberfläche.

Nach dem Tod des monophysitischen Kaisers Anastasios von Byzanz (491–518), der mit seiner Sparsamkeit die Finanzlage des Reichs wieder einigermaßen saniert und Minderheitenprobleme radikal durch Zwangsumsiedlungen gelöst hatte, erklomm ein illyrischer Offizier den Thron, der ungebildet, aber intelligent genug war, einen sehr viel fähigeren Neffen an den Hof zu holen. Unter diesem, Justinian, der zunächst Regent, nach dem Tod des Onkels 527 aber schließlich Kaiser wurde, erreichte das christlich-römische Imperium seine höchste Machtentfaltung. Justinian reformierte die Verwaltung, er sichtete und revidierte alle Codices des römischen Rechtes seit den Zeiten Hadrians, bis er ein gewaltiges eigenes Rechts-Werk, den Codex Justinianus, zusammengestellt hatte. Zur Verherrlichung der Reichsidee ließ er prunkvolle Bauten errichten, darunter die Kirche der Heiligen Weisheit, die Hagia Sophia, in Konstantinopel, denn nicht nur als weiser Rechtsgelehrter wollte er König Salomon übertrumpfen.

Vor allem aber ging Justinian daran, das Reich als Ganzes wiederherzustellen. Afrika wollte er von den Vandalen, Italien von den Ostgoten, Spanien wenn möglich von den Westgoten befreien. Lediglich das fränkische Gallien jenseits der Alpen schien auch ihm unangreifbar stabil zu sein. Daß dieser große Plan gelang, verdankte er vor allem zwei Männern, die geniale Strategen waren, seinem armenischen Palast-Eunuchen Narses und dem Heerführer Belisar.

18 Jahre lang hat der byzantinische Geschichtsschreiber Prokop aus Kaisareia (in Palästina) Justinians Feldherrn Belisarius auf dessen Eroberungszügen begleitet. Kaum ein Werk der Weltgeschichte ist wohl so oft kopiert oder als Vorlage verwendet worden wie die Historia des Prokop in acht Bänden[2], in denen der studierte Rhetoriker und Jurist die Feldzüge seines Herrn beschreibt, dem er zugleich als Privatsekretär wie als Rechtsberater diente. Nicht nur Felix Dahns »Ein Kampf um Rom« wäre ohne Prokops »Gotenkriege« völlig undenkbar gewesen; kein einziger seriöser Byzantinist[3] kommt um dieses Zeitdokument herum, das in seiner Anschaulichkeit und Weitsicht durchaus ebenbürtig in der großen Tradition klassisch griechischer Geschichtsschreibung steht.

Nachdem Belisar, der noch jugendliche General aus Thrakien, von der persischen Front zurückgekehrt und wegen seiner sensationellen Erfolge zum Oberbefehlshaber ernannt worden war, konnte er schon bald erneut seine ungewöhnlichen Gaben zur Schau stellen. Mit ebensoviel Gewalt wie List schlug er den »Nika«-Aufstand nieder (von Nika = Sieg, dem Schlachtenruf, mit dem die Wagenlenker angefeuert wurden) und stand nun als Retter des Kaiserthrons da. Jetzt traute Justinian ihm alles zu. Im Hochsommer des Jahres 533 schickte er ihn mit 15000 Mann, von denen die Hälfte »Barbaren« waren, und fast sechshundert Schiffen in den »heiligen Krieg« gegen die Wandalen, die sich zum arianischen Glauben bekannten, über Malta nach Nordafrika. Schon am 15. September zog Belisar an der Seite seiner um wenigstens 12 Jahre älteren Ehefrau Antonina, die ihn immer und überallhin begleitete, in das wiedererblühte Karthago ein und setzte sich auf den Wandalenthron. Der Wandalenkönig Gelimer freilich gab den Kampf erst ein halbes Jahr später auf.

Noch war Afrika also nicht ganz befriedet, als man den Belisar bereits nach Hause rief, um ihm im großen Hippodrom einen klassischen Triumph zu bereiten, wie er seit über fünfhundertundfünfzig Jahren keinem nichtkaiserlichen Feldherrn mehr zuteil geworden war. Und schon trug Justinian seinem Heroen eine noch viel größere Heldentat auf. Er sollte die gesamte Apenninhalbinsel von den Ostgoten befreien, mit denen Byzanz zuletzt eigentlich in Frieden gelebt hatte.

Theoderich, der Ostgotenkönig, hatte sich, theoretisch zumindest, selbst als Vizekönig des Kaisers bezeichnet und weder mit diesem, noch mit der Kirche jemals ernsten Streit gesucht, wenngleich er Arianer war. Nun aber war Theoderich gestorben; sein designierter Nachfolger Athalarich war der gerade acht Jahre alte Sohn seiner Tochter Amalasuntha (Amalaswintha), einer hochgebildeten, klugen Frau, die zunächst die Vormundschaft übernahm. Auch mit ihr hatte Justinian kaum Probleme; doch konnte sie sich nicht durchsetzen. Ungebildete gotische Granden nahmen ihr den schwächlichen Jungen, um ihn »nach unserer Sitte zur Mannhaftigkeit anzuspornen«, was hieß, nicht auszubilden, sondern völlig zu verderben. Der Trunksucht verfallen, starb er noch als Kind.

Amalasuntha hoffte nun, mit ihrem Vetter Theodahad, dem letzten männlichen Nachkommen ihres Vaters, in einer Art Doppelmonarchie friedlich gemeinsam regieren zu können, doch der unersättliche Cousin betrieb schon bald nur noch ihren Sturz. Er ließ sie verhaften und einsperren und schließlich in ihrem Bade erdrosseln.

Prokop berichtet, Justinian habe sich energisch für Amalasuntha eingesetzt, Kaiserin Theodora jedoch – vielleicht von Eifersucht getrieben – habe hinter seinem Rücken gänzlich anderslautende Botschaften ausgeschickt. Die Ermordung Amalasunthas jedenfalls bot den kaiserlichen Truppen den sicher nicht ganz unwillkommenen Anlaß, sofort Dalmatien anzugreifen. Theodahad zwang daraufhin Papst Agapet I., der völlig von ihm abhängig war, sofort nach Konstantinopel zu reisen und den Kaiser von weiteren Kriegsplänen abzuhalten. Die päpstliche Friedensmission scheiterte jedoch kläglich. Es gelang dem Kirchenfürsten lediglich, den von der Kaiserin gestützten monophysitischen Patriarchen abzusetzen und einen Nachfolger zu weihen – den einzigen Patriarchen von Konstantinopel d'ailleurs, der je von einem Römer geweiht worden ist. Papst Agapet kehrte nie nach Rom zurück. Belisar aber ging daran, mit einem großen Heer nach Sizilien überzusetzen. Sieggewohnt und siegessicher nahm er die Insel fast ohne Widerstand. Einzig die Garnison Panormus (heute Palermo) legte nicht gleich die Waffen nieder. Da ließ der pfiffige Feldherr seine Schiffe so nahe am Ufer festmachen, daß die Maste die Mauern überragten. Dann befahl er seinen Soldaten, in die Beiboote zu steigen und ließ diese an den Masten in die Höhe hieven, so daß Belisars Bogenschützen von oben in die Stadt hineinschießen konnten. Nach diesem listenreichen Sieg wären die kaiserlichen Truppen sicher sofort in Italien eingefallen, hätten nicht schwere Unruhen sie zunächst nach Nordafrika gerufen.

Theodahad nutzte diese Atempause, sich von seinem Schock zu erholen und Justinian in einem Geheimabkommen ganz Italien abzutreten. Als aber der lange Winter verging, ohne daß Belisar vorgerückt wäre, wurde der Gote wieder mutig und widerrief alle Vereinbarungen. Die Strafe folgte auf dem Fuß: Belisars Truppen landeten und stürmten die Spitze des Stiefels empor, bis sie vor Neapel lagen. Auch hier siegte wieder eine List: Durch ein altes Aquädukt kroch eine Kohorte in die Stadt, die sie völlig verwüstete. Belisar ließ seine »Barbaren« (diesmal vor allem Isaurier, Alanen und Hunnen) sich stets nach Lust und Laune bedienen – der kaiserliche Sold war niedrig genug.

Und wieder vergingen Monate, bis zum entscheidenden letzten Schritt, dem vielbeschriebenen Kampf um Rom. In Ruhe wartete Belisar darauf, daß die Gotenführer ihren König für sein Versagen bestraften. Sie erklärten ihn für abgesetzt und wählten einen alten Heerführer von niederer Herkunft zu seinem Nachfolger. Dieser König Wittigis, der die Tochter Amalsunthas heiratete, ließ den gestürzten Theodahad einfangen und hinrichten.

Als es aber hieß, Belisar ziehe gegen Rom, erklärte auch der neue Herrscher, er werde die Stadt nicht verteidigen. Belisar ließ sich dennoch Zeit. Er wartete weitere Monate, bis ihn die Bitte des neuen Papstes erreichte, er möge Rom doch endlich besetzen. (Dieser Papst, Silverius, war seinerseits Sohn eines Papstes und auf Befehl Theodahads gewählt worden.[4]) Am 9. Dezember 536 marschierten die kaiserlichen Söldner durch die Porta Asinaria in die Ewige Stadt hinein, während die königlichen Truppen der Goten durch die Porta Flaminia flohen.

Belisars Dank fiel seltsam aus: Obwohl er den heranrückenden Truppen des christlichen Kaisers die Toren geöffnet und damit viel Blutvergießens vermieden hatte, wurde der oberste Kirchenherr, »hochverräterischer Beziehungen zu den Goten verdächtig«, von Belisar vor ein Kriegsgericht gestellt, abgesetzt und nach Syrien verbannt, von wo er allerdings schon bald nach Europa zurückkehren konnte. Der Feldherr ernannte einen päpstlichen Gesandten in Konstantinopel, der als ehrsüchtig, habgierig und charakterschwach galt, jedoch die Unterstützung Theodoras genoß, zum nächsten Patriarchen von Rom, und für die folgenden 18 Jahre besaß der Kaiser in der Tat in diesem wankelmütigen Vigilius ein fast immer willfähriges Instrument seiner eigenen Machtansprüche. Über die Hälfte dieser Zeit stand der Kirchenfürst freilich unter Hausarrest.

Belisar hatte der Einladung nach Rom mißtraut, zu Recht, wie sich nun bald herausstellte. Er war von Anfang an überzeugt gewesen, daß die Goten nicht so schnell aufgeben, sondern sich in den Provinzen sammeln und mit geballter Kraft zurückschlagen würden; deshalb legte er große Getreidelager an. Und weil die bestehenden Mühlen nicht ausreichten, seine Truppen wie die gesamte Bevölkerung über längere Zeit mit Mehl zu versorgen, ließ er Mahlsteine und Wasserräder an Booten befestigen, die unter den Brückenbögen der Aquädukte angebunden wurden. Als die Goten dann aber angriffen und auch an der Milvischen Brücke nicht aufzuhalten waren, umzingelten sie die ganze Stadt und zerstörten sämtliche Leitungen. Damit machten sie nicht nur Belisars Versorgungspläne für den Fall einer längeren Belagerung zunichte, sondern sie fügten Rom weit größeren Schaden zu als Alarich und Geiserich zusammengenommen. War die Einwohnerzahl der ehemaligen Millionenstadt im fünften Jahrhundert schon auf weniger als die Hälfte geschrumpft, so fiel sie nach dieser Heimsuchung auf weniger als 40 000 zusammen.

Einen strahlenden Aufstieg erlebte in dieser stürmischen Zeit hingegen Ravenna, der römische Flottenstützpunkt im Po-Delta, den schon Honorius 402 zu seiner Hauptstadt auserkoren und um viele Baudenkmäler bereichert hatte. Nach dem Zusammenbruch des weströmischen Reichs hatten auch die Gotenkönige Odoaker und Theoderich fünfzig Jahre lang dort residiert, und als Belisar 540, nach vier Jahren auf italischem Boden, Ravenna schließlich einnehmen konnte, zerstörte er das Kleinod nicht, sondern bot es seinem Kaiser Justinian als westlichen Regierungssitz an. Das wohl prächtigste Zeugnis der folgenden Verschmelzung westlicher mit byzantinischer Kunst ist die 547 geweihte Kirche San Vitale, ein achteckiger Backsteinbau, in dessen Chorraum alle Wandflächen und Gewölbe, mit farbprächtigen Mosaiken bedeckt, Justinian und Theodora verherrlichen.

Noch war der Feldherr jedoch in Rom, das, Hungersnot und Seuchen zum Trotz, ein Jahr und neun Tage der Belagerung standhielt. Diese Ausdauer wäre undenkbar gewesen, wäre es Belisar nicht bald gelungen, in einer längeren Kampfespause nutzlose Esser aus der Stadt zu vertreiben sowie eine Botschaft nach Konstantinopel zu senden, in der er dringend um Verstärkung bat. Die ersten Einheiten trafen nach vier Monaten ein, durchbrachen stellenweise die Blockade und schafften Nahrungsmittel heran. Und schließlich griffen sie in mehreren Ausfällen selbst dann erfolgreich die Belagerer an, wenn diese eindeutig in der Überzahl waren. Die oströmischen Soldaten verstanden sich nämlich auf die Kunst, vom Pferd aus mit Pfeil und Bogen zu schießen, während die gotischen Ritter Schwerter und Lanzen benützten und ihre Bogenschützen zu Fuß gehen ließen. Die ersten sechzehnhundert Reiter, die Belisar zu Hilfe eilten, bestanden je zur Hälfte aus Hunnen und aus Slawen, und sie waren immer dann überlegen, wenn es nicht zum Nahkampf kam.

»Die Mehrzahl davon waren Hunnen, Sklavenen und Anten, die jenseits des Ister, nicht weit von seinem Ufer, ihre Heimat haben.« Mit diesem Satz in den »Gotenkriegen« begegnen wir bei Prokop zum ersten Mal Slawen im südosteuropäischen Raum; und zwar am Unterlauf der Donau, denn Ister, griechisch Istros, nannte man damals das Ende dieses Stroms, dessen oberer Teil bereits Danubius hieß. In der heutigen historischen Forschung[5] werden Slawen erstmals während der letzten Regierungsjahre des oströmischen Kaisers Anastasios I. Dikoros (491–518) in dieser Gegend angenommen. Von etwa 500 an hätten sie immer wieder versucht, die Donau-Grenze zu durchbrechen und die Balkanhalbinsel zu überfallen, wird übereinstimmend gesagt. Drei Völker werden in diesem Zusammenhang von fast allen bekannten Quellen genannt: Venethi, Sclaveni und Antes (so bei Jordanes auf Latein), die allesamt gleicher Abstammung seien. Prokop erwähnt die Venether nicht, berichtet jedoch umso anschaulicher von den »barbarischen Sklaveniern, die die Donau überschritten, die dortigen Gegenden plünderten und sehr viele Römer als Sklaven davonschleppten«. Anten und Sklavenier hätten sich schließlich verfeindet, und die Anten seien unterworfen worden, doch später wieder seien Anten in das Gebiet von Thrakien eingefallen, hätten dort viele Römer geraubt und sie in die Sklaverei verschleppt.

Ausführlich beschreibt Prokop diese faszinierenden »Barbaren« mit ihren seltsamen Stammessitten, die allmählich zur Bedrohung wurden: »Diese beiden Völkerschaften, die Sklavenier und die Anten, werden nämlich nicht von einem einzelnen Manne regiert, sondern leben seit alters in einer demokratischen Ordnung. Deshalb entscheiden sie auch gemeinsam über das Wohl und Wehe des Staates. Ebenso haben beide Stämme in fast allem anderen von jeher die nämlichen Einrichtungen: Sie glauben an einen einzigen Gott, den Blitzeschleuderer und alleinigen Herrn über alles; ihm opfern sie Rinder und Tiere jeder Art.« Seltsamerweise hat Prokop diesen Donnergott der Slawen, Perun, nicht beim Namen genannt, der allen anderen indogermanischen Donnergöttern, wie etwa dem altindischen Indra oder dem germanischen Donar (Thor) zum Verwechseln ähnelte: Zwar schwang er keinen Hammer, sondern eine kleine Streitaxt, wie slawische Kämpfer sie mit Vorliebe benützten, doch waren auch ihm der Donnerstag und die Eiche geweiht. Darum fiel es den normannischen Warägern nach ihrer Slawisierung in der Zeit Wladimirs, des Fürsten von Nowgorod und Kiew, nicht schwer, Thor durch Perun zu ersetzen. Wladimir, der nach einer alle einenden und damit das Reich der Kiewer Rus stabilisierenden Staatsreligion suchte, hatte zunächst ein heidnisches Pantheon errichtet. Schon nach wenigen Jahren erkannte er jedoch, daß das monotheistische Christentum als Staatsideologie geeigneter war und ließ das Standbild Peruns in den Dnjepr werfen. Er heiratete Anna, die »purpurgeborene« Schwester des byzantinischen Kaisers und gab sich, ganz wie vor ihm Konstantin, schon bald »apostelgleich, besonders und heilig«. Selbstverständlich wurde er heiliggesprochen.

Im slawischen Volksglauben jedoch überlebte Perun die Christianisierung. Hatte die Kirche seinen Kult dadurch auszumerzen versucht, daß sie ihn auf den Propheten Elias, slawisch Ilja, übertrug (genau wie in Griechenland den Zeus- oder den Helioskult), so wurde jetzt einfach ein spezieller »Ilja gromovnik« (ein Donner-Elias) zum Schutzpatron der südslawischen Bauern bestimmt. In ländlichen Gebieten Bulgariens werden bis heute am Ilja-Tag zu seinen Ehren Rinder geschlachtet und von der Dorfgemeinschaft festlich verzehrt.[6] In Dalmatien aber hat sich der Ortsname Peruna dubrava (Eichenhain Peruns) gehalten. Dort nennt man die Schwertlilie, die bei allen anderen Südslawen »perunika« (also Perun-Pflanze) heißt, bis heute »bogiša«, die Göttliche.

Erst nachdem sie seßhaft geworden waren, kann man die Südslawen freilich als Bauern bezeichnen: »Weit voneinander getrennt hausen sie in armseligen Hütten und wechseln alle häufig ihren Wohnsitz«, mit diesen Worten beschrieb Prokop zu seiner

Zeit noch ein Hirtenvolk. »Wenn sie in den Kampf ziehen, gehen die meisten zu Fuß; sie führen dabei nur Schild und Lanze, Panzer tragen sie nicht. Manche besitzen nicht einmal ein Hemd oder einen Mantel, sondern tragen bloß Beinkleider bis zu den Lenden herauf und werfen sich so auf ihre Gegner. Beide Stämme sprechen nur eine einzige und zwar ganz barbarische Sprache und unterscheiden sich auch nicht in ihrem Äußeren voneinander. Sie sind alle ungewöhnlich groß und stark. Was die Haut- und Haarfarbe angeht, so kann man sie weder als ganz weiß oder blond bezeichnen, noch sind sie ganz schwarz, sondern durchwegs rötlich. Ihre Lebensweise ist ebenso roh und primitiv wie die der Massageten[7]; wie diese starren auch sie immer von Schmutz. Doch sind sie keineswegs schlechte und bösartige Menschen, sondern tun es in ihrer Einfachheit nur der hunnischen Lebensweise gleich. Sogar den gleichen Namen hatten die Sklavenier und Anten in alter Zeit: Sie hießen beide früher Spori, wohl weil sie verstreut (sporadisch!) über das Land hin wohnen. Daher besiedeln sie auch ein weites Gebiet; der größte Teil des jenseitigen Donauufers gehört ihnen. So steht es also um dieses Volk.«[8]

Nachdem Totila, den die Goten 541 zum Nachfolger des Wittigis (auch Wittichis) wählten, Rom den »Griechlein«, wie er sie nannte (den »Römern«, wie die Byzantiner sich selber nannten) wieder entrissen hatte, fielen Slawen in größeren Scharen und in kriegerischer Absicht in Thrakien und in Illyrien ein. Sehr viele waren es allerdings nie. Ein Heer von höchstens dreitausend Sklaveniern, in zwei Haufen aufgeteilt, schlug jedoch, wie Prokop berichtet, sämtliche »römischen« Feldherrn in die Flucht und plünderte »frech sämtliche Gebiete Thrakiens und Illyriens«, während die Slawen in früheren Zeiten »weder Mauern anzugreifen, noch in die Ebene herabzusteigen gewagt hatten; denn schon ein Streifzug auf römisches Gebiet war für diese Barbaren niemals in Frage gekommen. Auch mit einem Heer hatten sie die Donau offenbar noch nie überschritten; dies geschah erst von der erwähnten Zeit an.«[9]

Dann aber brachen große Schwärme von Sklaveniern in Illyrien ein und verübten dort »unbeschreibliche Greueltaten«. Die Kaiserlichen, die ihnen nicht gewachsen waren, »mußten sich darauf beschränken, immer hinter den Barbaren herzuziehen. Der Beutezug währte lange Zeit, und erst nachdem die Feinde sämtliche Straßen mit Leichen übersät und unzählige Menschen versklavt und alles geplündert hatten, machten sie sich mit ihrem ganzen Raub auf den Heimweg ...«[10]

Unumstritten ist bis heute, daß der Charakter der gesamten Balkanhalbinsel sich durch das Eindringen slawischer Stämme von Grund auf und für immer verändert hat. Viele Forscher gehen sogar so weit, eine eigene Geschichte des südosteuropäischen Raumes erst mit dieser durchgreifenden Wandlung beginnen zu lassen.[11] Zunächst jedoch zogen die Eindringlinge mit ihrer Beute wieder ab, so daß man eigentlich erst von den achtziger Jahren des sechsten Jahrhunderts an von einer bleibenden slawischen Besiedlung der Gebiete südlich der Donau sprechen kann.[12] Woher sie kamen und warum, darüber gehen allerdings die Ansichten weit auseinander.

Die divergierenden Meinungen – ja man kann geradezu, wie Goehrke dies tut, von »nationalen Denktraditionen« sprechen – sind jeweils kaum verhohlen von politischem Interesse geprägt. So wäre es etwa einem sowjetischen Forscher während der Stalinzeit schlecht bekommen, eine andere Meinung zu vertreten als die, daß das erste Auftreten der Sklavinen, Venether und vor allem der Anten (man sprach sogar von einer Anten-Periode) zeitlich mit der frühen Hochkultur von Černjachov im 3. Jahrhundert zusammenfalle, obwohl mehr als dreihundert Jahre dazwischenlagen. Erst als der Vaterländische Krieg beendet und nationalistische Selbstverklärung nicht mehr gar so erforderlich war, verbot der Diktator höchstpersönlich diese völlig unhaltbare Behauptung[13] und ließ seriöser Forschung wieder freien Lauf. Noch im Jahre 1973 hat jedoch Witold Hensel[14] acht verschiedene Theorien aufgezählt, in welcher Gegend die »slawische Urheimat« anzunehmen sei: In Asien, in Kleinasien, an der mittleren Donau, am mittleren Dnjepr, zwischen Weichsel und Dnjepr, zwischen Elbe und Weichsel, zwischen Elbe und Dnjepr oder zwischen Oder und Dnjepr. Die spärlichen Schriftzeugnisse aus der Zeit untermauern lediglich die heutige Gewißheit, die vor allem auf archäologischen Funden basiert, daß die Slawen um die Mitte des 6. Jahrhunderts zwischen der oberen

Weichsel, der unteren Donau und dem mittleren Dnjepr (also etwa im Gebiet der heutigen Westukraine) ansässig waren und sich von dort aus »spätestens am Ende des 6. Jh. schon bis an die mittlere Donau und die mittlere Ostsee herangeschoben haben dürften«, wie Carsten Goehrke schreibt. Allerdings scheinen sich all die Siedlungsverschiebungen, die wir gewöhnlich »Völkerwanderung« nennen, sehr viel langsamer vollzogen zu haben, als dieses Wort uns suggeriert: Man darf sich also keineswegs lange Wagentrecks vorstellen, die zielstrebig auf eine neue Heimat zusteuerten, sondern nur ganz gemächliche Ortsveränderungen einzelner Clans mit ihren Herden, oft über mehrere Generationen hinweg.

Warum aber zogen die Slawen überhaupt gen Westen und Süden (im Norden begegneten ihnen die Germanen schon zur Zeit des Tacitus)? Vieles kann auch heute nur vermutet, aber nicht bewiesen werden. Ganz sicher zählten klimatische Veränderungen zu den Ursachen des allgemeinen Aufbruchs zu neuen Weiden und Ufern. Auch durch das Hereinbrechen von hunnischen Reiternomaden über die osteuropäische Waldzone und Steppe gegen Ende des vierten Jahrhunderts wurden die dort seßhaften Völker lebensgefährdend aufgescheucht. Das Reich Attilas ging jedoch bald zugrunde, und doch nahm die Wanderbewegung der Slawen nicht ab, sondern immer noch weiter zu. Sie können also unter den Hunnen nur wenig gelitten, scheinen sich vielmehr regional mit diesen eher zusammengetan und gemeinsame Ausfälle unternommen zu haben. Ähnlich verhielt es sich zwei Jahrhunderte später, als mit den Awaren neue Horden von berittenen Nomaden heranstürmten: Gemeinsam mit Slawen bedrängten diese zunächst die limites des Imperiums, bis zur erfolglosen Belagerung Konstantinopels im Jahre 626, die das Ansehen der Asiaten derart beschädigte, daß es der byzantinischen Diplomatie gelingen konnte, neue Allianzen herzustellen. Heute gilt es als gesichert, daß Kaiser Herakleios (610–41) persönlich, ein Armenier, der mit armenischen Truppen die Perser besiegte, etwa ab 622 die Landnahme der Slawen auf dem Balkan gefördert hat, welcher durch die Schreckensherrschaft seines Vorgängers Phokas sowie nicht enden wollende Kriege nicht nur erheblich geschwächt, sondern weitgehend entvölkert war.[15]

Vielleicht war Belisar selber ein Slawe, wie sein Bewunderer Robert Graves, ein Urenkel Leopold von Rankes, in einem seiner sorgsam recherchierten historischen Romane[16] schrieb: Im zarten Alter von gerade sieben Jahren sei Belisar von seiner christlichen Mutter auf einem weißen Pony nach Adrianopolis geschickt worden, um dort unter der Leitung eines gestrengen Onkels »der Welt, dem Fleisch und dem Teufel zu entsagen… Paläolog (der griechische Erzieher) war unbewaffnet, doch die Sklaven trugen Schwerter, und Belisarius und der Armenier Johannes (sein Begleiter) hatten leichte Bögen, die zu ihrer Stärke paßten, mit einigen guten Pfeilen. Die beiden Buben waren bereits sehr geschickt mit ihren Bögen, sowohl zu Fuß als auch zu Pferde; wie nicht anders zu erwarten war. Denn die Armenier sind eine stämmige Rasse, und Belisarius war slawischer Herkunft – worauf sein Name Beli Zar, was weißer Prinz bedeutet, hinweist; die heidnischen Slawen, die auf der anderen Seite der Donau leben, sind ausgezeichnete Bogenschützen und Reiter…«

Was tut's, daß das so ganz nicht stimmt? »Wenn sie in den Kampf ziehen, gehen die meisten zu Fuß«, schrieb Prokop; und auch noch 50 Jahre später ging Maurikios in seinem »Strategikon« von einer völlig anderen slawischen Kriegstechnik aus: In kleinen Gruppen hätten sie jeweils zu Fuß ihre Dörfer verlassen, um in unwegsamem Gelände, im Wald, zwischen Sümpfen und Felsen oder auch von Booten aus den Feind blitzartig angreifen und wieder untertauchen zu können. Genauso agierten die südslawischen Partisanen im Zweiten Weltkrieg in Jugoslawien, aber auch noch die einzelnen Kampfgruppen im letzten, dem dritten Balkankrieg, in den wilden Bergen Bosniens, bedienten sich der gleichen Taktik, weshalb ihnen mit den Mitteln einer modernen, hochtechnisierten Armee nicht beizukommen war.

Was tut's, daß Belisar reiten konnte, obwohl das bei den Slawen seiner Zeit offenbar nicht üblich war? Die Familie seines Vaters sei schon seit vielen Jahren in Thrakien ansässig und infolgedessen völlig romanisiert, ja sogar bereits in den zweiten Stand des dreistufigen Adels erhoben gewesen, bemerkt Graves. Daß dieses durchaus möglich war, ist auch heute kaum zu bestreiten, weil die Offizierskarriere und somit der soziale Aufstieg allen »Barbaren« offenstand. Für die Verteidigung des christlichen Reichs nach Norden und nach Osten hin gegen die heranstürmenden Heiden war der Kaiser auf ein verläßliches Berufssoldatentum angewiesen, das überwiegend aus Heiden bestehen mußte; denn strenggläubige Christen durften nicht töten, weil das so geschrieben steht im fünften Gebot. Und geschah es dennoch einmal, daß einer von ihnen in einem Kampf einem anderen Menschen das Leben nahm, so blieb er für ein ganzes Jahr von der Kommunion ausgeschlossen, weil der Empfang der Eucharistie das Freisein von Todsünden voraussetzte. Das ewige Heil aber, nach dem alle strebten, war nur auf dem Weg vollkommener Rechtgläubigkeit und Reinheit zu erlangen.

Deshalb überließ das christliche Byzanz das sündige Kriegshandwerk möglichst den Heiden. Byzanz ließ kämpfen, Byzanz ließ töten und wusch die eigenen Hände in Unschuld. Noch heute gibt es in der französischen Sprache den Ausdruck »byzantiner« oder »des discussions byzantines« für ausweichende, abwegige oder völlig unklare Äußerungen: ein Sich-Drücken vor der Verantwortung für die nur indirekt begangene Tat.

Belisar war aus dem engen Gefängnis derart strenger Rechtgläubigkeit, in das er als Kind gesperrt worden war, schon in jungen Jahren ausgebrochen. Nicht die leibliche Mutter, sondern die mütterliche Gebieterin und Gattin Antonina hatte fortan Gewalt über ihn. Sie war, wenn man Prokop glauben darf, eine geradezu teuflisch verkommene Person: »Ihr Großvater und Vater waren Wagenlenker und hatten in Byzanz und Thessalonike ihren Beruf ausgeübt; ihre Mutter gehörte zu den Prostituierten am Theater. Sie hatte früher ein Lustleben geführt, gab sich jeder Zügellosigkeit hin und verkehrte viel mit Giftmischern, wie sie zum Kreise ihres Vaters gehörten. Da sie die nötigen Künste lernte, wurde sie, obwohl Mutter von vielen Kindern, später Belisars Ehefrau. Von allem Anfang an ging sie auf Ehebruch aus, verstand aber geschickt diesen zu verbergen, nicht aus Scham (denn Tätigkeit solcher Art war sie gewohnt) und auch nicht aus irgendwelcher Angst vor ihrem Gemahl – sie schreckte ja niemals vor einer Tat zurück, zudem hatte sie ihren Mann durch mannigfache Zaubermittel ganz eingefangen –, nein, nur aus Furcht vor etwaiger Bestrafung durch die Kaiserin.« Theodora nämlich, die aus ganz ähnlichen Verhältnissen stammte, war bisweilen »über sie sehr erzürnt und erbittert. Als sie (Antonina) aber die Kaiserin durch Hilfeleistung in schwierigsten Lagen für sich gewonnen hatte..., da brauchte sie keine Bedenken mehr zu haben, ganz unbekümmert und in aller Offenheit sämtliche Frevel zu begehen.«

In den hochoffiziellen Kriegs- und Hofberichten des Prokop sind derart schonungslose Worte natürlich nicht zu finden. Zu Lebzeiten des Autors hätten sie ganz sicher nicht gefahrlos veröffentlicht werden können; denn nicht nur Antonina war »wie ein Skorpion, undurchsichtig in ihrem Zorn«. So stehen diese Sätze denn auch in den vielzitierten »Anekdota«[17], jenen seit ihrem Fund vor vierhundert Jahren als sensationell empfundenen Geheimberichten, die von Historikern als eine Art Supplementband zu den »Büchern vom Kriege« angesehen werden. Darin beschreibt der nach all den Jahren beruflicher Speichelleckerei von Haß förmlich triefende Kaisareier nicht nur das unwürdige Verhältnis Belisars zu seinem Eheweib, sondern auch die weniger rühmlichen Taten und Niederlagen des ewig siegreichen Helden. Und er macht – allerdings erst nach deren Tod – selbst vor den Geheimnissen der Kaiserin, vor ihrer schändlichen Jugend, ihrem Machthunger und ihrer Grausamkeit nicht halt, bevor er vollends den purpurnen Vorhang zerreißt, hinter dem die Gemeinheit und Ungerechtigkeit der kaiserlichen Tyrannis im allgemeinen und die Gier und Mordlust, ja das satanische »Dämonentum« Justinians im besonderen verborgen waren, eines wahren Antichrist an der Spitze des christlichen Reichs.

Wiederholt ist gefragt worden, wie verläßlich ein Berichterstatter wohl sein könne, der fast im gleichen Atemzug die großen Taten und Bauwerke seiner Meister preist wie deren Charaktere heruntermacht – an der sachlichen Richtigkeit seiner Auskünfte, selbst wenn sie gelegentlich vom Haß verzerrt sein sollten, ist nach Jahrhunderten der Forschung nicht zu zweifeln.

Belisar wurde von seinem Kaiser, der nicht nur seinen Ruhm mit Eifersucht, sondern auch seinen wachsenden Reichtum mit Habgier verfolgte, verfrüht aus Italien zurückgerufen und erneut mit dem Kampf gegen die Perser betraut, bei dem er weniger erfolgreich war. Schließlich nahm Justinian ihm auf Drängen der Kaiserin das Oberkommando gänzlich ab. »Auch verbot der Kaiser vielen seiner Freunde und sonstigen früheren Untergebenen jeden weiteren Umgang mit Belisar. Dieser wanderte nun in Byzanz, ein trauriges Bild und ein kaum glaublicher Anblick, fast ohne alle Begleitung als Privatmann umher, immer in Gedanken versunken, mit finsterem Gesicht und voll Angst vor einem Mordanschlag.« Die Kaiserin aber wollte ihre Jugendfreundin Antonina glücklich machen. Die inzwischen sechzigjährige Matrone sollte als die Retterin ihres jungen Mannes dastehen und ihn dadurch für immer an sich ketten. Als schließlich »alle Tapferkeit dahin, alle Männlichkeit vergessen« war, als ihn »Ängste, wie sie nur Sklaven empfinden, und feige Sorgen ums eigene Leben quälten«, schickte Theodora eine Botschaft, darin stand: »Dein Vergehen gegen uns, mein Bester, weißt du nur zu gut. Da ich aber deiner Frau zu großem Dank verpflichtet bin, will ich dir all diese Sünden nachsehen und ihr dein Leben schenken ...«

Belisar wurde zum kaiserlichen Oberstallmeister degradiert und erneut nach Italien geschickt. Zuvor hatte er sich verpflichten müssen, die gesamte Rüstung aus eigener Tasche zu bezahlen. Wahllos plündernd hielt er sich schadlos, doch in seinen Kriegszügen verließ ihn das Glück. »Menschendinge werden ja nicht nach den Plänen der Menschen, sondern dem Willen Gottes entschieden. Schicksal heißen es in der Regel die Sterblichen, wenn es ihnen unklar bleibt, warum die Dinge einen solchen Verlauf nehmen, wie man ihn eben sieht. Denn das, was man nicht zu begreifen vermag, nennt man gewöhnlich Tyche. Doch darüber mag ein jeder denken, wie es ihm beliebt«, kommentierte Prokop, der palästinensische Grieche.

Der mutmaßliche Slawe aus Thrakien aber wurde zur mysteriösen Sagengestalt. Das Mißtrauen und der Neid Justinians seien schließlich so weit gegangen, daß der Kaiser seinen Feldherrn nicht nur seines Vermögens, sondern auch seines Augenlichtes habe berauben lassen, wird in den Balkan-Legenden erzählt. Als blinder Bettler geistert Belisar noch durch mittelgriechische Versepen des 15. und des 16. Jahrhunderts, und seit dem 18. Jahrhundert erscheint seine traurige Gestalt wiederholt auch in der westeuropäischen Literatur[18]. In Wahrheit jedoch wurden ihm nach Theodoras Tod die Heimkehr und ein sorgloser Ruhestand gestattet. Nur noch einmal mußte er helfen, die Hunnen vor Byzanz zu verjagen, noch einmal fiel er in Ungnade, doch halbwegs friedlich starb er schließlich 563, nur wenige Monate vor seinem undankbaren illyrisch-römisch-christlichen Herrn.

Barbaren greifen nach der Krone Roms

Wer unter den Sterblichen reicht an die Slaven heran, wenn man ihrem Ruhm gebührendes Lob spendet?, fragte tausend Jahre nach Belisar und Prokop herausfordernd der weitgereiste Dominikaner-Priester Vinko Pribojević auf der Adria-Insel Hvar in seiner berühmten Rede »De origine successibusque slavorum«, mit der er ein panslawistisches Konzept vorstellte, das die nächsten Jahrhunderte bestimmen sollte. »Das glückliche slavische Volk, das so viele tausend Jahre hindurch als rechtmäßiger Besitzer einen großen Teil Europas und ein beträchtliches Stück Asiens innehatte, nahm nunmehr eine weitere Aufgabe auf sich, die ganze Welt zu regieren, wie es (das) einst bereits mit viel Erfolg unter der Herrschaft Alexanders des Großen, des Decius, Claudius, Probus, Diokletian und anderer ... viele Jahre hindurch getan hatte. Es ist, sage ich, ein Volk, dem der Herr seinen Segen gab und die Kraft verlieh, sich zu mächtigen Volksstämmen zu entwickeln, welche Königreiche stürzten, der Welt Besieger von Königreichen schenkten und welche Gott lehrte, die Waffen siegreich zu tragen ... Ihre Tapferkeit besiegte die eitlen Perser, schwächte die mächtigen Assyrer und Meder, brach die Kraft der berühmten Ägypter, unterjochte die rauhen Skythen, überwand wilde Germanen, besiegte gewandte Spanier, beherrschte wilde Gallier, schwächte stolze Römer und vernichtete die schlauen Punier ...«[1]

Ganz wie Virgil einst die Abstammung Roms aus Troja konstruierte, erfand der Dalmatier eine antike Vergangenheit der Slawen in Europa, deren Begründung Historikern heute natürlich geradezu lächerlich erscheint: was da als »historisch« ausgegeben wird, gehorcht allenfalls den Gesetzen des Mythos. Alle Herrscher, die auf dem sehr viel später slawisch besiedeltem Boden des Balkans zu Hause gewesen waren, erklärte Pribojević unbekümmert zu Slawen und ihre Taten zu typisch slawischen

Leistungen. Diese völlig unkritische Geschichtsbetrachtung hatte freilich – aus der Sicht ihrer Zeit – zwei höchst erfreuliche Konsequenzen: sie stärkte einerseits die Widerstandskraft jener Völker, die die Hauptlast des Abwehrkampfes gegen die Türken zu tragen hatten, und sie brachte andererseits gerade in Dalmatien eine slawische Literatur hervor, die bis heute internationale Geltung hat.

Dichtung und Wahrheit haben einander schon immer befruchtet. Und sollte auch Belisar von seiner Abstammung her vielleicht alles andere als ein Slawe gewesen sein, so kann er dennoch als Wegbereiter der Slawen im Südosten Europas angesehen werden. Denn er schuf, sicher unerwartet und ganz wider seinen eigenen Willen, just jenes Vakuum, in das sie eindringen, den Freiraum, in dem sie sich festsetzen konnten. Die großen Eroberungskriege in Afrika und vor allem in Italien, die das Reich wieder hätten restaurieren sollen, hatten ihm die Kraft genommen, das zentrale Balkangebiet zu verteidigen. Bald erreichten die slawischen »Barbaren« auf ihren Plünderungszügen nahezu ungehindert die Adriaküste, die Ägäis und den Golf von Korinth.

So schob sich ein slawischer Keil zwischen Ostrom und Westrom, der den Riß im Reich zu einem Spalt vertiefte und schließlich, mit kräftigen Stößen und Hieben, den Klotz ganz auseinandertrieb. In diesem Sinne war Justinian tatsächlich »der letzte römische Imperator auf dem byzantinischen Kaiserthron«, wie der große russische Historiker Georg Ostrogorsky das sah, der 1918 aus St. Petersburg floh, über Heidelberg, Paris, Breslau und Prag heimatlos durch Europa zog, bis er sich 1948 in Belgrad niederließ und an der Serbischen Akademie der Wissenschaften ein Institut für Byzantinistik schuf, das die Forschung einen großen Schritt vorangebracht hat.[2]

Justinian war aber nicht nur ein römischer, sondern zugleich ein christlicher Kaiser gewesen, dem wahrscheinlich ebensoviel an der Christianisierung des Reichs wie an seiner Wiederherstellung als »unteilbares Erbe« lag. Doch auch als Christ blieb der Kaiser Römer: er befehligte Patriarchen und Päpste genauso gottgleich unantastbar wie seine Feldherren und den Staat. Ja, derart uneingeschränkt wie Justinian habe kein einziger byzantinischer Kaiser, weder vor noch nach ihm, in der Kirche geherrscht und in Fragen der Kirchenverfassung eingegriffen, urteilt Ostrogorsky wohl zu Recht. Die Spannungen innerhalb der Kirche ließen sich freilich durch Verbote und Erlasse nicht mehr aus der Welt schaffen. Jedes Zugeständnis an die Monophysiten des Ostens, in Ägypten oder Syrien führte automatisch zur Spannung mit dem Westen, mit der anti-monophysitischen Kirche in Rom. Und natürlich umgekehrt. Deshalb konnte diese Glanzzeit des Reichs, das noch einmal, in einem letzten Aufschwung aller Kräfte, auch in Kunst und Literatur, den gesamten Mittelmeerraum umspannte, nur von beschränkter Dauer sein.

Schon drei Jahre nach Justinians Tod drangen denn auch in das mit großen Opfern zurückgewonnene Oberitalien die von Gepiden und Awaren aus dem Donaugebiet verdrängten Langobarden ein, und hundert Jahre später schon hatten sie große Teile Mittelitaliens unter ihre Herrschaft gebracht. Lediglich Ravenna und Rom, einige Küstenstreifen und Süditalien blieben byzantinisches Reichsgebiet. Das Angebot einer friedlichen Eingliederung in die römische Reichsordnung, das andere Germanen akzeptiert hatten, etwa als foederati wie die Ostgoten, lehnten die Neuankömmlinge ab: sie wollten selber hoheitlich handeln und etablierten ein eigenes Königtum sowie die Herzogtümer Spoleto und Benevent.

Wieder hundert Jahre später sicherte die Pippinische Schenkung dem Papsttum den Besitz von Ravenna und Rom, nachdem die arg von den Langobarden bedrängte Kirche die Franken zu Hilfe gerufen hatte. Pippin teilte seinen Besitz zwischen seinen Söhnen Karl und Karlmann auf, die einander nicht eben liebten. Karlmann stand auf der Seite des Papstes, Karl aber suchte die Freundschaft der Langobarden und heiratete eine Tochter ihres Königs Desiderius. Als Karlmann 771 starb, verstieß Karl jedoch seine langobardische Ehefrau sofort und eignete sich die Gebiete seines Bruders an. Karlmanns Witwe floh daraufhin ihrerseits mit ihren Kindern zu Desiderius.

Karl sah sich infolgedessen veranlaßt, gemeinsam mit dem neuen Papst – seit 772 war das Hadrian I. –, gegen die Langobarden zu Felde zu ziehen; ab 773 belagerte er deren Hauptstadt Pavia, und im Juni des folgenden Jahres mußte Desiderius die

Waffen strecken und dem Frankenherrscher huldigen. Dieser ließ sich bald darauf auch zum König der Langobarden »wählen«. Papst Hadrian aber begann, angesichts dieser Machtfülle, Karl zu behandeln, als wäre er der Kaiser. Byzanz war schließlich weit entfernt.

Dennoch wird wohl nie lückenlos zu klären sein, ob Hadrians Nachfolger, Leo III., als er an Weihnachten 800 im Petersdom Karl überraschend zum Kaiser krönte und ihm von den Gläubigen alle Ehrungen eines römischen Imperators entgegenbringen ließ, dies mit oder gegen dessen Willen tat. Zu vieles ist bis heute ungeklärt, und noch immer fördern neue Forschungen, bringt die Auswertung von neuen Ausgrabungen Überraschungen zu Tage.

Am fränkischen Hof war jedenfalls schon lange darüber diskutiert worden, ob Karl nicht eigentlich der Kaisertitel zustehe, nun, da er so mächtig sei. Schließlich hatte er in knapp dreißig Jahren das Reich der Franken aus einem Stammesstaat, wie es viele gab, in eine Vielvölker-Großmacht verwandelt, wie sich seit Entstehen des Römischen Reiches keine mehr entfaltet hatte. Er hatte die Sachsen unterworfen, ihren gesamten Adel hinrichten lassen und ihren König zur Taufe gezwungen; er hatte den Bayernherzog abgesetzt und – wie schon zuvor den gemeinsamen Schwiegervater Desiderius – für den Rest seines Lebens in ein Kloster gesteckt; er hatte die Awaren überfallen und aller ihrer Schätze beraubt; er hatte in Süditalien, an der Adria und in Spanien gekämpft, und überall hatte er gesiegt.

Karl selbst jedoch hatte lange gezögert, wohl weil er die Herrscher in Byzanz nicht herausfordern wollte, die immer noch zurecht den Titel »imperator Romanorum« trugen. Fest steht bis heute lediglich, daß nach der Krönung jahrelang sowohl mit Konstantin VI. als auch mit Nikephoros I. Botschaften ausgetauscht wurden, in denen es um diesen Titel ging. Schließlich einigte man sich darauf, daß Karl sich mit der Bezeichnung »Romanum gubernans imperium« begnügte, bis ihn 812 ein Gesandter des Kaisers Michael I. Rhangabe ausdrücklich als Basileios grüßte – mit jenem exklusiven Titel, der dem Kaiser vorbehalten war. Von diesem Augenblicke an gab es nicht nur faktisch, sondern auch rechtlich zwei Kaiserreiche, auch wenn

Karl noch immer nicht als »römischer«, sondern nur als Kaiser anerkannt war. Der Preis, den er für diese Aufwertung bereitwillig gezahlt hatte, bestand in der Rückgabe Istriens und mehrerer dalmatischer Städte, sowie vor allem auch Venedigs, das der junge König Pippin, Karls Vater, erobert hatte. Doch der Anspruch des Franken auf das gesamte römische Erbe blieb fortan unüberhörbar angemeldet.

Schon drei Jahre zuvor, auf dem von ihm selbst einberufenen Konzil zu Aachen, hatte Karl versucht, für die gesamte Kirche durchzusetzen, daß nach dem rechten christlichen Glauben der Heilige Geist nicht nur vom Vater, sondern auch von dem Sohne ausgehe. Dieses »filioque« im Glaubensbekenntnis, das aus der im westlichen Frankenreich verbreiteten spanischen Liturgie stammte, und das zunächst selbst der Papst nur widerstrebend akzeptierte, wurde erst nach 200 Jahren, wahrscheinlich auf Drängen Kaiser Heinrichs II., ins römische Credo aufgenommen. Weitere 43 Jahre später war nach allgemeiner Auffassung die Kirchenspaltung schließlich perfekt. Obwohl die Definition des Heiligen Geistes in der byzantinischen Orthodoxie nie zum Dogma erhoben wurde, blieb sie bis zum heutigen Tage offiziell ein wesentliches Element des Schismas zwischen Ost und West.

Aber auch in den Kirchenstreit über die Bilderverehrung griff der Franke energisch und für seinen Lebenswandel erstaunlich puritanisch ein: während der Papst bereit gewesen wäre, zwischen den beiden Positionen zu vermitteln, ließ Karl den byzantinischen Standpunkt verdammen und das Konzil von Nicaea (787) für null und nichtig erklären, auf dem Kaiserin Irene, nach 60 Jahren verheerenden Bilderstreites, die Verehrung von Ikonen gerade wieder hatte erlauben lassen, um den Konflikt endlich aus der Welt zu schaffen.

Daß es je zu dieser oft blutigen Auseinandersetzung über die Rolle von Heiligenbildern in der christlichen Kirche gekommen war, der wertvolle Kunstschätze zum Opfer fielen, ist nur durch den Zusammenstoß gleich mehrerer Kulturen zu erklären, die in diesem einen Punkt nicht in Einklang zu bringen waren: In der östlichen Reichshälfte hatte die Verehrung von Ikonen in der Zeit nach Justinian stetig wachsende Verbreitung gefunden und war schließlich zu einer elementaren Ausdrucksform byzantinischer Frömmigkeit geworden. Innerhalb der Kirche selbst fehlte es jedoch nicht an Kritik solcher, wie man sagte, Äußerlichkeiten, vor allem in jenen östlichen Provinzen, in denen die Paulikianer den Ton angaben. Sie waren, wie ihr Name sagt, Verehrer des Apostels Paulus, im Grunde eine dualistische Sekte, die Kult und Hierarchie ablehnte und die absolute Reinheit des Geistes forderte. Sicher waren diese Paulikianer ihrerseits nicht unbeeinflußt vom mosaischen Glauben – schließlich war Saulus selber ein Jude – mit seinem strengen Bilderverbot. Maßgeblich war aber wohl die arabische Prägung; denn nach Byzanz hatten die Araber, die immer wieder Kleinasien durchstreiften, nicht nur das Schwert, sondern auch ihre Kultur und somit ihren Glauben gebracht, mit jener eigenartigen Scheu vor der Abbildung des menschlichen Gesichts, die den gesamten Islam prägt. Im Verbreitungsgebiet der Orthodoxie ist sie noch heute, offizieller Bilderverehrung zum Trotz, im Aberglauben wiederzufinden. So gilt es beispielsweise als gefährlich, einem kleinen Kind einen Spiegel vorzuhalten. Auch wer von einem geliebten Haustier eine Photographie anfertigen läßt, der braucht sich, so die gängige Meinung, anschließend nicht zu wundern, wenn es überfahren wird oder verlorengeht.

Karls Ratgeber in allen Glaubensfragen war der Angelsachse Alkwin, der, schon vor dessen Krönung in Rom, seinen Herrn mit dem Papst und mit dem byzantinischen Kaiser verglich und befand, daß der Franke an Weisheit und Macht beide Konkurrenten weit übertreffe. Denn Karl sei von Gott und nicht von den Menschen bis oben hin mit Wissen erfüllt, und »durch die Triumphe seiner Tapferkeit werde Jesu Macht vielen Reichen der Erde offenbar«.

Wie tief in der Tat die geistige Welt seiner Zeit von der Größe Karls beeindruckt war, dessen Reich ihn zwar kaum überleben sollte, den aber sowohl die Franzosen als auch die Deutschen bis heute als ihren Ahnherrn verehren, das zeigt vielleicht am deutlichsten, daß in ausnahmslos allen slawischen Sprachen das Wort für König seit jenen Jahren von seinem Namen, althochdeutsch Karal, abgeleitet worden ist: russisch korolj, ukrainisch korol, kirchenslawisch kral, bulgarisch kral, serbokroatisch und slowenisch kralj, tschechisch und slowakisch kral sowie polnisch krol.[3]

Der unter anderem aus diesem Tatbestand erkennbare Einfluß der Franken auf die von Slawen besiedelten Gebiete mußte den bedrängten Byzantinern ein wahrer Dorn im Auge sein. Denn wer die Südslawen beherrschen würde, dem gehörte künftig der Balkan, und wer fortan den Balkan beherrschte, der kontrollierte das Mittelmeer.

Vier Bereiche waren es, über die sich Einfluß nehmen ließ: Militär, Verwaltung, Sprache, Religion. Soweit das eben möglich war, überzog Byzanz das Balkangebiet mit einem Netz von Verwaltungsbezirken, den sogenannten Themen, deren jeweiliger Statthalter, der »strategos«, die zivile und die militärische Gewalt in sich vereinte. Die Verwaltungssprache war Griechisch, und alle Bewohner eines Thema waren dem Kaiserreich zu militärischer Hilfe wie auch zu Tribut verpflichtet. Zwar nahm die Zahl solcher Themen und die damit verbundene Rehellenisierung des Balkanraumes schon seit dem Ende des 7. Jahrhunderts, wie es schien unaufhaltsam, zu, doch das jetzt überwiegend slawisch besiedelte Binnenland der Halbinsel blieb unzugänglich.

Hier entwickelte sich unterdessen eine stammesbezogene, auf Großfamilien basierende Struktur von sogenannten Sklavinien – noch nicht staatlichen, wohl aber bereits politischen Gebilden, aus denen sich später, wie sich zeigen sollte, eigenständige Staaten entwickeln konnten. Nach und nach brachten die zunächst demokratisch organisierten Stämme eine privilegierte Führungsschicht mit eigenen Fürsten (Županen), einen zunächst einfachen Verwaltungsapparat sowie ein bewaffnetes Gefolge mit wiederum eigenen Ansprüchen hervor. Je selbstbewußter diese Provinzen wurden, je aggressiver aber auch im Westen die Franken und im Süden erneut die Araber, desto ausschließlicher war die byzantinische Außenpolitik auf die Probleme des Balkanraumes konzentriert.

Gegenden, die für das ausgeblutete, schlecht bezahlte, bunt zusammengewürfelte Söldnerheer des Kaisers und für die kaum besser gestellte griechische Verwaltung nicht einzunehmen waren, versuchte die byzantnische Diplomatie mit einem anderen probaten Mittel für sich zu gewinnen: durch Bekehrung zum Christentum. Offenbar hatte schon Kaiser Herakleios (610–641), der die Niederlassung der Slawen nicht nur geduldet, sondern gefördert hatte, Missionare nach Dalmatien geschickt, doch mit mäßigem Erfolg. Auch die von Rom aus organisierte Christianisierung der Kroaten, die mit der Frankenherrschaft begann, kam zunächst nur schrittchenweise voran. Doch kam der christlichen Taufe der Fürsten eine wachsende Bedeutung zu, weil mit ihnen gewöhnlich ihr Volk automatisch zum neuen Glauben übertrat und mithin eine Hierarchie anerkannte, an deren Spitze der römische Kaiser als Stellvertreter Gottes stand. Das war das Ende jeder Demokratie. Die Fürstentümer aber wurden durch diesen Schritt in die Gemeinschaft christlicher Staaten aufgenommen und von diesen anerkannt.

In den 60er Jahren des 9. Jahrhunderts wandte sich Fürst Rostislav von Mähren, der nicht so sehr nach Anerkennung, die er nicht mehr nötig hatte, als vielmehr nach Sicherheit strebte – denn er sah sich von den Franken wie den Bajuwaren bedrängt – an den Patriarchen von Byzanz, mit der Bitte um Entsendung von Priestern. Sein Ziel war die Schaffung einer eigenen Kirche mit einer eigenen Hierarchie. Und mit einer eigenen Kirchensprache. Bisher waren für die Liturgie, gemäß der Drei-Sprachentheorie, nur das Hebräische, das Griechische und das Lateinische, jeweils mit ihrer Schrift, zugelassen worden. Sein Glück wollte es, daß seit 858 einer der größten Gelehrten seiner Zeit, der Theologe Photios, Patriarch von Konstantinopel war. Photios erkannte sofort die historische Chance und beeilte sich, dem Wunsch des Mährers zu entsprechen. Er schickte zwei Söhne einer hochgestellten byzantinischen Beamtenfamilie aus Thessaloniki in den Norden, die, natürlich neben dem Griechischen, den makedonisch-slawischen Dialekt ihrer näheren Heimat sprachen. Der ältere von ihnen, Konstantin »der Philosoph«, der sich später Kyrillos nannte, war ein Studienkollege des Photius gewesen und auch weiterhin sein Freund. Sofort machte Konstantin sich an die Arbeit und entwickelte eine eigene, für die slawische Sprache geeignete Schrift, nämlich die Glagoliza, in die er verschiedene kirchliche Lehrbücher übertrug. Mit dieser buchstäblich »heiligen« Schrift schuf er die Voraussetzung für die Missionierung aller Slawen ohne vorausgehende Hellenisierung oder Latinisierung. Den Germanen wurde eine solche Gunst von Seiten Roms immer verwehrt – bis hin zur Lutherschen Revolution. Darum konnte Georgi Dimitrov – später Vorsitzender der Kommunistischen Internationale – beim Reichstagsbrand-Prozeß 1933 seine Ankläger, die als Angehörige des »Herrenvolks« auf den »primitiven Bulgaren« hinabschauten, höhnisch belehren: Lange bevor Karl V. gesagt habe, er spreche deutsch nur zu seinem Pferd, während der deutsche Adel und die deutschen Gelehrten ausschließlich lateinisch schrieben, weil sie sich der deutschen Sprache schämten, hätten in seinem »barbarischen« Land längst die weisen Apostel Kyrillos und Methodios die altbulgarische Schrift geschaffen und verbreitet, so erklärte er den Ahnungslosen selbstbewußt.

Nachdem der Westen sich von der Oberhoheit des byzantinischen Kaiserreiches befreit hatte und selbständig geworden war, löste der Osten sich von nun an seinerseits von der Suprematie der westlichen Kirche. Zunächst jedoch billigte der Nachfolger Petri, Papst Hadrian II., das slawische Missionswerk. Er lud die beiden Brüder sogar ein und ernannte, nach dem Tod des Kyrillos 869 in Rom, den jüngeren, Methodios, zum Erzbischof von Sirmium (heute Srem, zum größeren Teil in Serbien gelegen). Diese Diözese, deren Zentrum noch vor kurzem das Kernland des Awarenreichs gewesen war, dehnte sich von Singidunum (Belgrad) bis hinauf nach Mähren aus und reichte weit in Gebiete hinein, die der Erzbischof von Salzburg für sich reklamierte. Dieser widersetzte sich denn auch dem päpstlichen Willen und ließ Methodios einkerkern. Der nächste Papst, Johannes III., befreite den Slawenapostel zwar wieder, doch hatte dieser für den Rest seines Lebens mit hartem Widerstand zu kämpfen, der nicht nur aus Salzburg, sondern auch vom fränkischen Klerus und aus dem Bistum Nitra (heute Neutra/Slowakei) kam. Kaum daß Methodios gestorben war, wurden seine Anhänger und Schüler auch schon wieder aus Mähren verjagt, welches fortan der weströmischen Einflußsphäre mit ihrem lateinischen Alphabet angehörte. Die kurze Episode einer slawischen Kirche schien hiermit beendet zu sein.

Wäre da nicht Bulgarien gewesen. Dort wurden die Vertriebenen mit offenen Armen aufgenommen, denn in einer eigenständigen Kirche sah Chan Boris, der Bulgarenfürst, der schon 20 Jahre zuvor unter byzantinischem Druck zum Christentum übergetreten war, ja den Namen seines Taufpaten, des Kaisers Michael, angenommen hatte, endlich die Gelegenheit, sich der byzantinischen Bevormundung wieder zu entziehen. Lange genug war die bulgarische Diözese Streitobjekt zwischen Rom und Byzanz gewesen, lange genug war sie schließlich von Ostrom aus ohne Mitspracherecht selbstherrlich verwaltet worden. Jetzt sah der Chan seine Stunde gekommen: Das war genau der richtige Klerus, um eine eigene Kirche aufzubauen. Ohne den Patriarchen oder den Papst erst lange zu fragen, richtete Boris sieben Bistümer ein, die er mit den Neuankömmlingen besetzte. Unter seinem Enkel, dem Zaren Peter, sollten es bereits 28 sein, die über ein inzwischen riesiges Gebiet zwischen dem Schwarzen Meer und der Adria, zwischen der Donau und der Via Egnatia verteilt lagen.

Das westlichste und zugleich wichtigste unter ihnen war das Bistum Ohrid im heutigen Makedonien, das sich dank den Schülern des Heiligen Methodios, dem Heiligen Klement und dem Heiligen Naum, zum geistigen Zentrum des gesamten Balkans entwickeln konnte. Klement (oder Kliment) vereinfachte das glagolitische Alphabet des Altmeisters Kyrillos und nannte die neue Schriftvariante diesem zu Ehren »kyrillisch«. Er gründete eine slawische Hochschule, an der er in relativ kurzer Zeit wenigstens dreitausend Priester ausbildete, er verfaßte die ersten Werke einer eigenständigen slawischen Literatur und übersetzte gemeinsam mit Naum, nach dem später ein Kloster am anderen Ende des Ohridsees benannt werden sollte, einen guten Teil der Heiligen Schrift. Nicht nur war Klement der erste slawische Bischof der Ostkirche, der von Ost- wie von Westrom anerkannt wurde, sondern sein Bistum wurde überdies schließlich vom byzantinischen Kaiser in den Rang eines unabhängigen Erzbistums (ab 927 sogar Patriarchat) erhoben. Somit verfügten die Balkanslawen über eine eigene autokephale Kirche, die zur Keimzelle aller nationalen orthodoxen Kirchen werden sollte, einschließlich der russischen.

Schon aus diesem Grunde ist Ohrid, das nach Ansicht nationalistischer Serben in Südserbien, nach Meinung der frischgebackenen Makedonen aber in ihrer eigentlichen Heimat liegt und Bestandteil ihres nationalen Erbes ist, gerade auch für die

Bulgaren ein Gipfelpunkt nationalen Stolzes geblieben, obwohl es 180 km außerhalb ihrer heutigen Staatsgrenzen liegt. Die erst Anfang diesen Jahrhunderts entstandene Sofioter Universität trägt noch immer stolz den Namen »Kliment Ohridski«, der – natürlich in kyrillischen Buchstaben – weithin sichtbar in die Rundung ihrer Fassade eingemeißelt ist, während die National-bibliothek, ein Neubau aus den 50er Jahren, der damals herrschenden Ideologie zum Trotz nach den Brüdern Kyrillos und Methodios heißt.

In bulgarischen Geschichtsbüchern[4] wird gewöhnlich verlegen verschwiegen, daß die eigentlichen Proto- (oder Ur-)Bulgaren gar keine Slawen, sondern eines jener Turkvölker waren, die mit den Awaren gezogen waren und diese unterstützt hatten. Erst nach der vergeblichen Belagerung Konstantinopels (626) hatten die Hilfsvölker begonnen, sich von ihren gedemütigten Herren abzusetzen und eigene territoriale Besitzansprüche anzumelden. Nördlich des Schwarzen Meeres war so ein erstes großbulgarisches Reich entstanden, das allerdings unter dem Ansturm der Chazaren schon sehr bald wieder zerfiel. Ein Teil der Urbulgaren zog nach Norden und ließ sich an der Wolga nieder, ein anderer drang an der unteren Donau in das – wie wir gesehen haben – nicht mehr ausreichend geschützte byzantinische Reichsgebiet ein. Hier fand er verschiedene, mit ihrem Großfamiliensystem, den sogenannten zadruge, vielleicht nicht in modernem Sinne »demokratische«, doch fraglos recht individualistische und zudem friedliche slawische Stämme vor, die er seiner straff-hierarchischen militärischen Ordnung unterwarf. Sehr bald schon waren die neuen Herren freilich mit ihren Untertanen derart vermischt, daß sie deren Sprache übernommen hatten, ja völlig absorbiert worden waren. So entstand jenes slawische Staatsvolk, das bis heute, meist ohne dies überhaupt zu wissen, einen türkischen Namen trägt.

Im 8. Jahrhundert bestand indes noch immer eine beträchtliche Spannung zwischen der slawischen Basis und der urbulgarischen Oberschicht, die die Herrschaft an sich gerissen hatte und nach innen wie nach außen hin immer aggressiver auftrat. Viele Slawen flohen nach Byzanz und wurden in Kleinasien angesiedelt. Mit der Fortdauer des Friedens, den Herakleios mit den ersten slawischen Siedlern geschlossen hatte, war unter dieser neuen Führungsschicht nicht mehr wie bisher zu rechnen. Kaiser Konstantin V. (741–775) erkannte denn auch schon früh die neue Gefahr und befestigte die Grenze zu Bulgarien. Dennoch – oder vielleicht gerade dadurch herausgefordert – fielen immer häufiger bulgarische Truppen in Thrakien ein, bis es schließlich zu einer ganzen Serie von bulgarisch-byzantinischen Kriegen kam. Insgesamt neunmal kämpfte Kaiser Konstantin auf bulgarischem Boden, wo er, nach vielen Siegen, letztlich auch zu Tode kam.

Doch auch nach drastischer Reduzierung aller feindlichen Kräfte war innerer Friede in Bulgarien nicht erreicht; Revolte folgte vielmehr auf Revolte, und noch lange bluteten die Wunden dieser kriegerischen Zeit. Erst nachdem Karl der Große das Awarenreich vernichtet hatte, wodurch der neue Staat der Bulgaren enorm an Raum und Macht gewann – genau wie Venedig indirekt von den Eroberungen der Franken profitierte –, setzte sich dort ein Herrscher durch, der endlich Ruhe und Ordnung schuf. Dieser Chan Krum Strašni (der Schreckliche) war freilich nicht nur stark, sondern – wie sein Beiname verrät – auch wieder kampf- und eroberungslüstern. Völlig unerwartet überrannte er von seiner Hauptstadt Pliska aus die byzantinische Grenz-Festung Serdika (heute Sofia), die die kaiserlichen Truppen freilich bald zurückerobert und wieder aufgebaut hatten. Der Kaiser aber – seit 802 war das mit Nikephoros I. weniger ein Krieger als vielmehr ein nachdenklicher Finanzexperte – hatte verstanden, daß er in Bulgarien aufräumen mußte, wollte er nicht wie Konstantin eine Vielzahl von Kriegen führen.

Sorgsam bereitete er zwei Jahre lang eine große Offensive vor. Durch Friedensangebote unbeirrt, fiel er im Frühjahr 811 mit einem großen Heer in Bulgarien ein, erstürmte und zerstörte die Hauptstadt mit dem schönen Palast des Chan. Dieser floh in die hohen Berge und bereitete eine Falle vor. Prompt folgten ihm die kaiserlichen Truppen, die sich dort nicht auskannten, ins unwegsame Balkangebirge, wurden umstellt und niedergemetzelt. Nikephoros aber machte nicht nur seinem Namen keine Ehre, sondern er fand sogar in der Schlacht den Tod. Chan Krum ließ aus dem Schädel des Kaisers einen schön verzierten Kelch fertigen, aus dem er künftig bei allen Gelagen seinen Bojaren zuzuprosten pflegte: »Es lebe die Kameradschaft mit der Hirnschale des Nikiphor!« Ähnliches wird aus derselben Zeit von den wilden Nachbarn nördlich der Donau berichtet, den Petschenegen, einem gleichfalls türksprachigen Stammesverband aus Zentralasien, der allerdings, im Unterschied zu den Bulgaren, nicht einmal dem Namen nach erhalten geblieben ist.

Das eben noch siegreiche Heer war geschlagen, der Thronfolger war schwer verwundet, der Kaiser aber war getötet, erschlagen von Barbarenhand. Das war unvorstellbar demütigend. Der neue Herrscher erholte sich nicht, der nächste, Michael I. Rhangabe, war an allen Fronten derart geschwächt, daß er – wir erinnern uns – Karl den Großen als Kaiser anerkennen mußte; die Uneinigkeit der Byzantiner war so groß und ihre Heerführung so schlecht, daß Krum einen Sieg nach dem anderen erfocht. Auch der nächste Kaiser, Leon V., seiner Herkunft nach ein Armenier, sah zweimal die bulgarischen Truppen vor den Toren Konstantinopels aufmarschieren, das sie allerdings nicht einzunehmen vermochten. Erst nach dem Tode des schrecklichen Krum, der plötzlich einem Blutsturz erlag, wurde 30jähriger Frieden möglich, den sich die Byzantiner allerdings zunächst recht teuer erkaufen mußten. Die neue Freundschaft aber zahlte sich aus, als Kaiser Michael II., ein ungebildeter, aber kluger Emporkömmling, nach drei Jahren religiöser wie sozialer Fehden und schließlich heftigen Bürgerkriegs, den herrschenden Bulgarenfürsten, Chan Omurtag (814–831), zu Hilfe rief und von dem Sohn des Erzfeindes aus größter Not gerettet wurde.

Theophilos, der Sohn Michaels, war als Thronfolger selbstverständlich griechisch erzogen worden, entwickelte aber eine seltsame Leidenschaft für die arabische Kultur. So kam es, daß unter diesem Herrscher der Bildersturm noch einmal heftig aufbrauste. Unbestritten hat seine Überwindung die geistigen Kräfte genauso gestählt, wie die Abwehr all der Invasionsgefahren die staatlichen Strukturen gefestigt hat. Es folgte eine glänzende Friedenszeit unter dem Kaiser Basileios I. und eine weniger friedliche, aber immer noch strahlende Phase unter Leon VI., der freilich in seiner Nachgiebigkeit den großgrundbesitzenden Adel derart stärkte, daß er seinen Nachfolgern vorhersehbare

Probleme schuf. In Bulgarien hatte unterdessen den Omurtag dessen Sohn Malamir (831–836) abgelöst; nach Malamir kam sein Neffe Presjan (836–852) an die Macht, auf diesen wiederum folgte dessen Sohn Boris, der erste christliche Bulgaren-Fürst. Im Jahre 889 trat Boris-Michael zugunsten seines Sohnes Vladimir zurück, um die verbleibenden 18 Jahre seines Lebens in einem Kloster zu verbringen. Sofort begann Fürst Vladimir, sich von Byzanz wieder zu lösen und mit Hilfe seiner noch immer heidnischen Bojaren, deren Widerstand Boris lediglich unterdrückt, nicht jedoch gebrochen hatte, die Christianisierung rückgängig zu machen. Er verbündete sich mit Arnulf von Kärnten, dem späteren römisch-deutschen Kaiser, gegen Mähren, kurz, er konzentrierte alle Kräfte nur darauf, das Lebenswerk seines Vaters zu zerstören.

Vier Jahre lang sah dieser von seinem Kloster aus dem unerfreulichen Treiben zu. Eines Tages aber erschien der greise Mönch in Pliska, versammelte seine Getreuen um sich, ließ Vladimir einfangen, ihm die Augen ausstechen und ihn in einen Kerker werfen. Dann befahl er allen Bojaren, zusammenzukommen, ließ ihre Rädelsführer töten und zwang die übrigen, seinen dritten Sohn, den Mönch Simeon, zu ihrem Fürsten zu bestimmen. Die Macht könne »auch vom Bruder auf den Bruder« übergehen, beschloß die verschreckte Versammlung brav. Boris nickte zufrieden, bekreuzigte sich dreimal und zog sich wieder in sein Kloster zurück. Die Hauptstadt aber wurde von Pliska ins slawische Preslav verlegt, das Christentum zur Staatsreligion erklärt, und als Verwaltungssprache wurde die kirchenslawische an die Stelle der griechischen gesetzt. Es ist durchaus denkbar, daß die überlebenden Bojaren damals mit der Sprache ihrer Untertanen noch so manche Probleme hatten – sie waren also durch diesen Schritt für einige Zeit praktisch mundtot gemacht.

In der Regierungszeit Simeons I., den man später »den Großen« nannte, entfaltete das bulgarische Reich sich zu schier unbezwingbarer Macht und unnachahmlicher Blüte. Simeon war, wie viele Prinzen aus ganz Europa, in Konstantinopel erzogen worden und sprach griechisch fast so gut wie ein Grieche, ja er war in seiner Jugend nicht etwa verärgert darüber, sondern eher stolz darauf, daß man ihn einen »Halb-Griechen« nannte, weil er noch nicht ganz so gut reden konnte wie Demosthenes. Zeitlebens blieb er ein Bewunderer des byzantinischen Hofes mit all seinem Prunk und seiner Schönheit wie seinem ausgeklügelten Zeremoniell. Nichts schien ihm, der doch längst das Armutsgelübde eines Mönches abgelegt hatte, erstrebenswerter als solcher Lebensstil, und er setzte künftig alles daran, die neue Hauptstadt Preslav zu einem zweiten Konstantinopel zu machen. Wie schon sein Vater holte er erfahrene Handwerker und Künstler ins Land, denen keinerlei Sparzwang auferlegt wurde. Ein Zeitgenosse, Johannes der Exarch, hat beteuert, für die Pracht des königlichen Palastes in Preslav habe er keine Worte gefunden, sei doch schon der Anblick des Herrschers auf seinem Thron nahezu unbeschreiblich gewesen: »... da saß er in einem golddurchwirkten Gewand, eine goldene Kette um den Hals, mit einem Purpurband umgürtet, seine Schultern mit Perlen reich verziert und hielt ein goldenes Schwert in der Hand.«

Haben wir uns diesen Simeon wie einen Bokassa vorzustellen, der Napoleon imitiert? Die Parallelen liegen auf der Hand. Der wesentliche Unterschied zwischen diesen beiden jeweils in einer höchst arroganten fremden Hochkultur aufgewachsenen Herrschern besteht indes weniger in ihrem eigenen Charakter als im Wesen ihrer Zeit. Der Afrikaner versuchte, all das zu verwirklichen, von dem er in seiner französischen Missionsschule und als Indochina-Kämpfer in der französischen Armee zu träumen erzogen worden war, von dem er bei seinen Europareisen allerdings nur noch versteinerte Erinnerung gesehen hatte. Weil diese längst untergegangene Welt des großen Korsen den realen Bedürfnissen Zentralafrikas in den 70er Jahren des 20. Jahrhunderts nicht im mindesten entsprach, wirkte Bokassa nicht nur unverantwortlich, sondern derart lächerlich, daß er für sein eigenes Volk gefährlich, ja untragbar wurde. Der Bulgare aber stand auf der Höhe seiner Zeit. Er war nicht in einer Kolonie, sondern in einem freien Staat herangewachsen und in der Hauptstadt eines Imperiums auf höchstem Niveau erzogen worden, in dem die nationale Herkunft der Herrscher überhaupt keine Rolle spielte. Als mit ihnen gemeinsam, also gleichwertig gebildeter christlicher Prinz, der die Texte der Kirchenväter im Original lesen und ins Kirchenslawische übertragen konnte, dünkte er sich seinen kaiserlichen Kommilitonen durchaus ebenbürtig, und da sein Ehrgeiz keine Grenzen kannte, sollte auch sein künftiges Reich möglichst ohne Grenzen sein. Es gab – und in diesem Denken war er groß geworden – nur ein einziges solches Imperium, nämlich Byzanz. Folglich gab es auch nur einen denkbaren Lebensweg für ihn: den auf den kaiserlichen Thron.

Diesen Weg ging er beharrlich, Schritt für Schritt. Er führte keine offene Eroberungspolitik, nutzte aber jede sich bietende Gelegenheit, seinen Einflußbereich auszudehnen. Durch eine der unzähligen Konstantinopeler Palastintrigen war es beispielsweise griechischen Händlern gelungen, das bulgarische Handelsmonopol mit dem Süden in ihre Hände zu bringen und den Umschlagplatz der Waren nach Thessaloniki zu verlagern. Diese offene Herausforderung beantwortete Simeon mit einem Überfall auf Thrakien. Die Truppen des Kaisers (Leo VI.) waren in diesen Tagen durch den Kampf gegen die Araber in Asien gebunden, so daß dieser – wie so oft in der byzantinischen Geschichte – zu den Mitteln der Diplomatie greifen mußte. Er sandte eine Botschaft zu den Magyaren, die sich, aus den Gebieten des Don und des Dnjepr kommend, in Bessarabien niedergelassen hatten, und überzeugte sie durch Versprechungen von der Notwendigkeit, Simeon in den Rücken zu fallen. Mit Hilfe byzantinischer Schiffe überquerten daraufhin magyarische Truppen unbemerkt die Donau und griffen die Bulgaren von hinten an. Um ihre Haupstadt Preslav zu retten, mußten diese sich geschlagen geben.

Simeon aber hatte gut aufgepaßt und sich die kaiserlichen Tricks gemerkt. Als der Kaiser einige Zeit später seinen Stardiplomaten Leo Choerosphactes zu ihm schickte, sperrte er ihn als Geisel ein und verhandelte nur noch schriftlich mit ihm, möglichst über Seitenthemen. Die so gewonnene Zeit des Friedens im Süden nutzte er geschickt dazu, die Magyaren wieder zurückzujagen. Nun sandte er seinerseits eine Botschaft an die Petschenegen und überredete sie auf die gleiche Weise, die Magyaren von hinten anzugreifen. Bereitwillig kamen sie dieser Aufforderung nach, »befreiten« Bessarabien und verdrängten die kaum seßhaften Nomaden in die pannonische Ebene des Karpatenbeckens. Dort entstand schon bald darauf das mittelalterliche Königreich Ungarn, das von 918 an die süddeutschen Lande wie Italien bedrohte, und dessen schnelle Reiterhorden bis Mainz, Metz und Mailand vordringen sollten.

Simeon aber fiel mit seinen Truppen ein zweites Mal in Thrakien ein. 896 kam es endlich zum Friedensvertrag, in dem Byzanz sich verpflichten mußte, den Bulgaren Tribut zu zahlen. Und nicht etwa umgekehrt.

Dem folgten 16 nahezu friedliche Jahre, in denen Simeon ganz allmählich die bulgarischen Grenzen nach Süden verschob. Er wollte in der Nähe sein, sobald die Entwicklung in Konstantinopel nach einem starken Mann verlangte. Denn dieser starke Mann war er. 912 starb Leo VI., die Regentschaft übernahm dessen Bruder Alexander, der als leichtlebiger Genießer beschrieben wird; der Erbe, Konstantin VII. Porphyrogenitus, war ein kränkliches, erst siebenjähriges Kind, dessen Legitimität umstritten war. Alexander enthob alle fähigeren Mitarbeiter seines Bruders ihrer Posten und ließ seine Schwägerin, die Kaiserin Zoe, in ein Kloster sperren. In wenigen Tagen schuf er sich viele Feinde, und in seinem geradezu sträflichen Leichtsinn verweigerte er den Bulgaren den Tribut. Das gab Simeon den gewünschten Vorwand zum Angriff auf das geschwächte Imperium. Kaum daß der Krieg begonnen hatte, starb Alexander unerwartet.

Ein Regentschaftsrat wurde gebildet, dem mit Nikolaos Mystikos ein fähiger Patriarch vorsaß, den Leo VI. (wegen dessen Weigerung, seine vierte Ehe anzuerkennen) abgesetzt, Alexander aber zurückgerufen hatte. Nun stand der Klerus nicht hinter ihm. Um die Verwirrung vollzumachen, griff auch noch der oberste Befehlshaber der kaiserlichen Truppen nach der Macht. So konnte Simeon mit seinem Heer fast ungehindert nach Süden marschieren, bis er vor Konstantinopel stand. Simeon wollte die Stadt nicht etwa zerstören, die für ihn alles bedeutete. Er wollte sie vielmehr einnehmen und mit ihr zugleich den ersehnten Thron. Bulgarien und Byzanz vereint sollten das neue Imperium sein – ein universales Kaiserreich, schöner noch, reicher und strahlender als das alte je zuvor. Genau wie allen anderen Angreifern vor ihm, einschließlich seines Vorfahren Krum, fehlten ihm freilich die geeigneten Mittel, die Kaiserstadt vom Wasser aus zu erobern, die auf dem Landweg nicht einzunehmen war. Deshalb mußte Simeon schon bald mit dem Regentschaftsrat verhandeln.

In Anwesenheit des kindlichen Kaisers wurde er von dem Patriarchen empfangen und mit Angeboten überhäuft: eine Tochter Simeons sollte die Frau des jungen Konstantin werden, er aber wurde – 113 Jahre nach Karl dem Großen – mit einer echten Kaiserkrone und, nur 100 Jahre nach dem Franken, mit dem Titel »basileus« geehrt. »Basileus ton Rhomaion«, »Kaiser des Heiligen Römischen Reiches«, freilich war damit auch er noch nicht. Er konnte sich aber ausrechnen, daß er als Schwiegervater des unmündigen Kaisers seinem Ziel sehr nahe wäre. Allerdings hatte er seine Rechnung ohne die Kaiserinwitwe gemacht.

Kaum war Simeon nämlich zufrieden wieder nach Hause aufgebrochen, nutzte Zoe die Verärgerung über die großen Zugeständnisse, die der Patriarch dem »halben Griechen« allzu bereitwillig eingeräumt hatte. Sie kehrte in den Palast zurück, leugnete alle Hochzeitspläne und ließ sogar die Gültigkeit der Kaiserkrönung in Zweifel ziehen. Der Patriarch habe während der Zeremonie dem Bulgaren gar nicht die Krone, sondern nur ein »epirrhiptarion«, eine mönchische Kopfbedeckung, auf das Haupt gelegt, wurde als Gerücht ausgestreut. Der »Barbar« in seiner Einfalt habe das natürlich nicht bemerkt.

Zornentbrannt fiel Simeon Ende 914 erneut über Thrakien her, eroberte Adrianopel und zerstörte die Umgebung von Dyrrhachion und Thessaloniki. Zoes Regierung sandte daraufhin einen Diplomaten zu den Petschenegen, der diese von der Notwendigkeit überzeugte, in Bulgarien einzufallen. Vergeblich versuchte Simeon, das byzantinische Angebot zu überbieten. Und noch einmal verlangte er von Byzanz, ihn als obersten Herrscher anzuerkennen. Der Patriarch wies diese, wie er sagte »tyrannische«, Forderung entrüstet zurück: Die Autorität des Kaisers stehe über allen irdischen Herrschern, denn sie komme vom höchsten König, von Gott.

Nach dieser letzten Herausforderung war die byzantinische Regierung entschlossen, den gefährlichen Bulgaren ein und für allemal in die Schranken zu weisen. Ein großes Heer wurde aufgestellt, an dessen Spitze Aristokraten standen. Die Marine aber wurde einem armenischen Bauernsohn namens Romanos Lakapenos unterstellt. Zunächst besiegte Simeon sie alle, in den Jahren 917 und 918 war er völlig unbestritten der Herr der gesamten Balkanhalbinsel. Ungehindert zogen seine Truppen schließlich durch Nordgriechenland, bis zum Isthmus von Korinth.

Gerade durch Simeons wachsende Macht sah die Kaiserin sich gezwungen, ein starkes militärisches Regiment einzuführen. Ehe sie sich's versehen hatte, war jedoch ihr Kandidat für dessen Leitung von anderen beiseite geschoben, und der Oberkommandierende der Marine, der Armenier Lakapenos, hielt die Zügel in der Hand. Geschickt entfernte er alle Konkurrenten und schließlich sogar die Kaiserin aus dem Zentrum seiner Macht. Im Mai 919 heiratete seine Tochter Helene den inzwischen vierzehnjährigen Kaiser, und Romanos Lakapenos saß als »basileopator« genau in jener Position, die Simeon zeitlebens angestrebt hatte. Schon ein Jahr später war der Usurpator, wie kaum anders zu erwarten, zum Caesar und bald darauf zum Mitkaiser, zum eigentlichen Herrscher, ernannt.

Die Nachricht von dieser Entwicklung war für Simeon natürlich ein schwerer Schlag. Jetzt gab es nur noch einen Weg: nämlich Konstantinopel zu erobern und den Emporkömmling abzusetzen. Und da er aus Erfahrung wußte, daß das ohne Flotte nicht möglich war, verbündete sich der schlaue Bulgare mit arabischen Seefahrern aus Ägypten. Die byzantinischen Diplomaten, die über einen guten Geheimdienst verfügten, hatten sein Vorhaben jedoch durchschaut. Unschwer überboten sie die Versprechungen Simeons, und somit war sein Plan durchkreuzt. Also stand er im Herbst 924 erneut siegreich und doch ohne Hoffnung auf den eigentlichen Sieg vor den Mauern dieser Stadt, die all sein Denken und Trachten beherrschte. Alles, was er erreichen konnte, war eine Zusammenkunft mit Romanos I., wie der Armenier Lakapenos sich neuerdings nannte.

Das Treffen fand auf einem eigens für diesen Zweck gebauten Pier, der über das Goldene Horn hinausragte, statt. Simeon soll als erster gesprochen haben, und da er erregt war, stammelte er. Die Rede des Kaisers aber, die wahrscheinlich der Patriarch für ihn geschrieben hatte, war würdevoll und schön: »Ich habe gehört, daß du ein gläubiger Mensch und ein wahrer Christ bist«, sagte Romanos, »aber ich sehe, daß deine Taten deinen

Worten nicht entsprechen ... Wenn du ein wahrer Christ bist, dann höre mit dem Blutvergießen auf und schließe mit uns Christen Frieden ... Du bist ein Sterblicher; du erwartest Tod, Auferstehung, Gericht und Strafe; heute lebst du, morgen aber wirst du Staub sein ... wie willst du dein rechtloses Morden rechtfertigen, wenn du eines Tages vor IHM stehst?« Es ist nicht überliefert, wie Simeon diese Worte aufnahm, doch müssen sie ihn zutiefst beeindruckt haben, denn sie entsprachen genau dem Geist, in dem er erzogen worden war. Friedlich zog er wieder ab.

Doch kaum daß er zu Hause angekommen war, hatte der Groll über seinen Mißerfolg wieder Oberhand gewonnen: Er proklamierte sich selbst zum »Basileus der Bulgaren und der Rhomaier«. Mit drei Briefen, die erhalten sind[5], ging der Kaiser vorsichtig auf diese erneute Herausforderung ein. Denn Romanos war und blieb bemüht, den reizbaren Bulgaren nicht mehr als nötig zu brüskieren. Er nannte ihn einen »geistigen Bruder« und bestätigte seinen Rang als Kaiser der Bulgaren. Seit 919 nannte Simeon sich slawisch »Zar«. Den Zusatz aber » ... und der Römer« konnte der Kaiser nicht gelten lassen, denn noch nie war er einem fremden Monarchen zuerkannt worden. Noch immer galt nämlich die alte Fiktion von einem unteilbaren »patrimonium«. Auch im Westen kam der Begriff »imperium Romanum« erst ganz allmählich in Gebrauch, urkundlich erwähnt ist er erstmals 1034 unter Konrad II., dem Salier.

Nie wieder sollte Simeon thrakischen Boden mit Truppen betreten. Doch die gesamte Balkanhalbinsel war ihm noch immer untertan. In dem kriegerischen Volk der Serben versuchte Byzanz einen Gegner zu fördern, der den Bulgaren in Schach halten konnte. Romanos hatte eigens zu diesem Zweck den serbischen Prinzen Zacharias, der gleichfalls in Konstantinopel erzogen worden war, in Serbien als Herrscher eingesetzt. Die Antibyzantinisten allerdings hatten ihn bald wieder abgesetzt, und er war nach Bulgarien entkommen. Drei Jahre später setzte Simeon den Zacharias wieder ein. Dieser hielt ihm aber nicht die Treue, sondern verband sich erneut mit Romanos. Erbost ob solcher Undankbarkeit fiel Simeon über Serbien her und richtete große Verwüstungen an. Zacharias floh diesmal nach Kroatien und kroch unter die Fittiche König Tomislavs, der schließlich in einer Entscheidungsschlacht die vom Krieg erschöpften Bulgaren schlug.

Von diesem Schlag hat Simeon sich nie mehr wirklich ganz erholt. Schon im folgenden Frühling, im Monat Mai, erlag er einem Herzanfall. Und damit änderte sich die Lage im gesamten Balkanraum. Denn der Ehrgeiz und der Kampfgeist dieses stolzen Fürsten waren seinem Sohne Peter fremd. Er beeilte sich, allseits Frieden zu schließen, wurde von Byzanz als bulgarischer Zar anerkannt und durfte eine Enkelin des Kaisers Romanos heimführen, nicht aber eine »purpurgeborene« Tochter aus dem allerhöchsten Haus. Er war mithin nicht Schwiegervater, sondern gehorsamer Schwiegersohn des mächtigsten Mannes von Byzanz. Die kulturelle Byzantinisierung Bulgariens erreichte einen Höhepunkt, ohne daß die griechische Sprache in ihre alten Rechte zurückgekehrt wäre.

Denn immer blieb ein Rest von Widerstand, auch wenn dieser sich nicht offen zeigte. Viele Christen wandten sich in dieser Zeit voller Abscheu von den reichen Klöstern ab, die überall entstanden waren, und schlossen sich einer asketischen Sekte mit manichäischen Elementen an, die in der Mitte des zehnten Jahrhunderts aus Kleinasien herübergekommen war. Nach ihrem Priester Bogomil nannten sich die Sektierer Bogomilen (auch Bogumilen); sie lehnten die Ehe, den Genuß von Fleisch und Wein und andere allzu weltliche Genüsse ab. Später zogen sie weiter in die bosnischen Berge, wo sie – bis zur Eroberung durch die Türken 1463 – auf die Staatsführung großen Einfluß hatten, dann aber geschlossen zum Islam übertraten, um in der osmanischen Verwaltung hohe Posten einzunehmen.

Das von Simeon zerstörte Serbien aber erholte sich zu neuer Kraft. Für die nächsten 17 Generationen sollte das serbische Kernland Raszien wie der sprichwörtliche Fels in der Brandung inmitten der auch weiterhin lebhaft wogenden, an jedem Widerstand sich brechenden Bevölkerungsbewegungen auf dem Balkan stehen.

Aus Klosterbrüdern werden Krieger

In der Frühzeit des Christentums waren Pilgerfahrten zu den heiligen Stätten Palästinas noch eine Seltenheit gewesen. Doch mit der triumphalen Ausbreitung des Kreuzes entwickelte sich auch der Brauch, dorthin zu reisen und dort kniend zu beten, wo die Füße des Heilands gestanden hatten. Und nachdem Helena, die Mutter Kaiser Konstantins, zu Beginn des vierten Jahrhunderts ins Heilige Land gezogen war, um auf dem Golgatha nach den Überresten des Kreuzes zu graben, sollten es vor allem adelige Damen sein, die sich auf die beschwerliche Reise begaben. Als sich gegen Ende desselben Jahrhunderts einer der großen Kirchenväter des lateinischen Christentums, der Heilige Hieronymus, in Bethlehem niederließ, reiste ihm ein ganzer Schwarm glaubensbeseelter Italienerinnen nach. In der Mitte des fünften Jahrhunderts zog sich die byzantinische Kaiserin Eudokia, eine Griechin, vom Leben am Hofe zutiefst enttäuscht, nach Jerusalem zurück, und auch ihr folgten viele fromme Frauen. Heiligenverehrung und Reliquiensammeln wurden zur gesamteuropäischen Mode, und da die meisten Heiligen nun einmal im Osten zu Hause waren, wurden auch die meisten »Hauptreliquien« nach Konstantinopel gebracht. Mit Bruchstücken und Anbetungs-Andenken zweiter Ordnung jedoch begann ein schwunghafter Handel bis hin zum Atlantik.

Erst mit den arabischen Eroberungsfeldzügen im siebenten Jahrhundert wurden die Pilgerfahrten sowohl gefährlich als auch teuer. Seeräuber machten das Mittelmeer unsicher. Nur wenige abenteuerlustige tapfere Männer unternahmen in dieser Zeit die große Fahrt. Vorübergehend besserte sich die Lage im achten Jahrhundert, und zwar so weit, daß wieder spanische Nonnen ausgesandt werden konnten, um am heiligen Grabe zu dienen. Als dann im zehnten Jahrhundert die Araber ihre letzten Seeräubernester an den Küsten Italiens und Frankreichs sowie die Insel Kreta verloren hatten, und die byzantinische Flotte das Mittelmeer wieder kontrollierte, war es auch für westliche Pilger gefahrlos, von Venedig oder Bari aus direkt nach Alexandria oder Tripolis überzusetzen. Die meisten von ihnen reisten jedoch zunächst nach Konstantinopel, um diese prachtvolle Stadt zu bewundern, die zehnmal größer, glänzender und geschäftiger war als Rom. Sie kamen, um all die prunkvollen Paläste und kolossalen Kathedralen zu bestaunen, die dort in über 600 Jahren aufgerichtet worden waren, und um mit eigenen Augen die Schätze zu sehen, die aus aller Welt dort zusammengetragen worden waren; nicht zuletzt die Hauptreliquien: die Dornen-Krone Jesu Christi, das Haar Johannes' des Täufers und den Mantel des Elias, jene Requisiten also, die im Kampf mit dem Teufel unverzichtbar sind.

Auch im Bereich der schönen Künste hatte die byzantinische Zivilisation zu dieser Zeit einen Höhepunkt erreicht, der mit seinem strahlenden Glanz alles Bekannte in den Schatten stellte.

Kein Wunder also, daß sich im gesamten Staatsgebiet, das bald größer war als je zuvor, ein Gefühl grenzenloser Überlegenheit breitmachte, das eines Tages gefährlich werden konnte, weil Überheblichkeit stets Feinde schafft und leichtsinnig oder träge macht. Nicht nur mit den bulgarischen Zaren ging das Kaiserhaus recht herablassend um, sondern auch mit dem weströmischen, de facto fränkisch-germanischen Reich. Nachdem Otto I. sich im Bewußtsein, ein Erbe Karls des Großen zu sein, 936 in Aachen zum König hatte krönen lassen; nachdem er die aufständischen Herzöge von Franken und Lothringen niedergeworfen und überall verläßliche Verwandte eingesetzt hatte; nachdem er schließlich in Frankreich Einfluß gewonnen hatte und in Oberitalien einmarschiert war, wünschte er ein zweites Mal zu heiraten. Keine geringere sollte die Erwählte sein als eine »purpurgeborene« byzantinische Prinzessin. Als Brautwerber schickte er den angesehenen Bischof von Cremona, Liutprand[1], nach Konstantinopel. Als dieser dort sein Anliegen vortrug, wurde er jedoch von Kaiser Nikephoros Phokas, der selber keineswegs purpurgeboren, sondern als erfolgreicher Feldherr durch einen Staatsstreich an die Macht gekommen war, mit Hohn förmlich überschüttet. Otto habe nicht nur keinerlei Anspruch auf die Kaiserwürde, zumal er nicht einmal ein Römer sei; nein, seine Verbindung mit einer byzantinischen Kaisertochter sei völlig undenkbar, denn er sei ein ganz und gar unzivilisierter, wilder »Barbar«.

So abwegig war dieses Urteil nicht. Und doch wurde schon Ottos Sohn, Otto II., der noch vor dem Tode seines Vaters sowohl zum König als auch zum Kaiser gekrönt worden war, im Jahre 972 gestattet, eine hochgebildete byzantinische Prinzessin heimzuführen. Mit ihr, der Kaiserin Theophania oder auch Theophano, kam endlich christliche Kultur nach Westen. Otto II. stand fortan im Verkehr mit den Gelehrten seiner Zeit, er stützte sich ganz bewußt auf die Reichskirche und führte an seinem Hofe verfeinerte östliche Sitten ein. Deshalb scheint die Legende nicht ganz glaubhaft, erst Friedrich Barbarossa habe – ganze 200 Jahre später – während seines Kreuzzugs auf dem Balkan mit Messer und Gabel zu essen gelernt; dort wird sie jedoch bis heute erzählt.

Daß Otto II. die Theophano ehelichen durfte, ist nur mit einer neuerlichen Verschiebung der Machtverhältnisse und somit der außenpolitischen Interessen zu erklären. Schon 966, nach den erfolgreichen Eroberungszügen des Nikephoros Phokas, die dem Reiche weite Gebiete zurückgewonnen hatten, in denen 300 Jahre lang kein christliches Heer mehr aufgetaucht war, hatte der Patriarch von Jerusalem dem Kaiser mit der dringenden Bitte geschrieben, er möge nicht einhalten, sondern weiterziehen und das Heilige Land von den Ungläubigen befreien. Die Botschaft war abgefangen, der Kirchenfürst festgenommen und von der ob solchen Verrates empörten Bevölkerung auf einen Scheiterhaufen geworfen worden. Der durchaus kriegslüsterne Kaiser hatte daraufhin vor den Grenzen Palästinas haltgemacht, Antiochia eingenommen und Aleppo belagert, ja das mehrheitlich muslimische Syrien zu einem tributpflichtigen Vasallenstaat degradiert. Als er jedoch kurz vor Weihnachten 969 nach Hause gekommen war, hatte ihn seine Ehefrau, die christliche Kaiserin, gemeinsam mit ihrem Geliebten, seinem Vetter Johannes Tzimiskes, in eine Falle gelockt und ermordet. Kaum daß dieser Johannes, ein erfahrener Feldherr, den Thron erklommen hatte, erkaufte er sich die Freisprechung von allen Sünden durch die Kirche und deren künftige Unterstützung dadurch, daß er seine Mittäterin verstieß und alle Schuld auf ihr ablud.

Nun aber, in den siebziger Jahren, waren seine kriegerischen Kräfte in Bulgarien gebunden, während die neu erstarkte islamische Welt unter Führung der Dynastie der Fatimiden, die Ägypten und bald das südliche Syrien beherrschte, sich daranmachte, Antiochia zurückzuerobern. Eine weitere Front im fernen Westen konnte Johannes unter diesen Umständen wahrlich nicht gebrauchen. Da war es ganz entschieden vorteilhafter, eine fähige Frau wie Theophano, die ihm zu Hause mit ihrem Ehrgeiz und ihrem Wissen durchaus hätte gefährlich werden können, in der Ferne unter die Haube und somit unter die Kontrolle eines Konkurrenten zu bringen, den er lieber zum Freund als zum Feinde hatte.

Bis zu dieser Zeit galten alle Feldzüge, gleichgültig ob sie gegen die christlichen Bulgaren oder gegen muslimische Araber geführt wurden, als Verteidigungsmaßnahmen zum Schutze des Reichs. Auch die Kirche machte in der Bewertung der Kriege lange keinen Unterschied. Sowohl Nikephoros Phokas als auch Johannes Tzimiskes begannen indes, ihre Eroberungszüge im Süden wie gen Osten zu Glaubenskriegen zu erklären: es gehe allein um den Ruhm der Christenheit und um die Befreiung der heiligen Stätten von den Ungläubigen, sagten sie, und sie bestürmten die Kirche, alle Gefallenen als Märtyrer anzuerkennen. Die Kirche jedoch weigerte sich.

Es ist durchaus denkbar, daß die Idee eines »Heiligen Krieges« damals von den Arabern übernommen wurde; war sie doch bestens geeignet, das gespannte Verhältnis zwischen Kaiser und Kirche zu bessern, das unter anderem daher rührte, daß sowohl Nikephoros als auch Johannes – wie auch ihr Nachfolger Basileios II. – vornehmlich große Strategen waren, dem Frieden eher abgeneigt. Auch sollte man nicht vergessen, daß der Begriff des »Dschihad«, den man in Europa gewöhnlich mit »heiliger Krieg« übersetzt, ursprünglich lediglich »Anstrengung« bedeutet, genauer »Anstrengung um Allahs willen« (dschihad fi-sabil allah); daß er also sowohl einen äußeren als auch einen inneren Kampf bezeichnen kann. Der »große Dschihad« steht als geistliche Anstrengung entschieden über dem »kleinen Dschihad«, nämlich dem Krieg.

»Der Engel des Todes, der über euch eingesetzt ist, wird euch abberufen«, steht in Sure 32, 11 des Korans.[2] »Wer ist dein Gott? Wer ist dein Prophet? Was ist deine Religion?«, fragen andere Engel nach dem Tode den Verstorbenen. Wer die falschen Antworten gibt, muß bis zur Auferstehung Strafen erleiden, die dem Fegefeuer vergleichbar sind. Wer jedoch als Märtyrer im Glauben oder in einem Dschihad sein Leben verloren hat, der gelangt ohne Qualen direkt ins Paradies.

Solch göttlichen Lohn versprechen zu können, war für die kaiserlichen Kriegsherren mit ihren notorisch leeren Kassen naturgemäß erstrebenswert. Je weiter nämlich das Christentum sich ausgebreitet hatte, desto schwieriger war es geworden, heidnische »Barbaren« zum Zwecke des Tötens wie Getötetwerdens anzuheuern; für die Christen des Ostens aber galt der Tod auf dem Schlachtfeld noch immer nicht als ruhmreiche Tat, sondern bestenfalls als notwendiges Opfer zum Schutz des christlichen Kaiserreiches. Vollends verwerflich war es natürlich, gegen andere Christen in den Kampf zu ziehen, wie das jedoch beispielsweise gegen die Bulgaren immer und immer wieder geschah. Überzeugende Begründungen mußten deshalb gefunden werden, wie etwa unter Nikephoros, der behauptete, Zar Peter dafür bestrafen zu müssen, daß er den ungetauften Magyaren gestattet habe, durch sein Land gegen Byzanz zu ziehen.

Nikephoros löste das Problem auf klassisch-byzantinische Weise: er überredete Swjatoslaw, den heidnischen Fürsten von Kiew, der bereits gegen die Wolgabulgaren und die gleichfalls turksprachigen Chasaren gekämpft und deren Zentren zerstört hatte, 967 oder 968 in Bulgarien einzumarschieren. Als Swjatoslaw jedoch keinerlei Anstalten machte, sich aus dem eroberten Land auch wieder zurückzuziehen, kam es zur direkten Auseinandersetzung, die mit einer Niederlage des Kiewer Fürsten endete, des ersten übrigens, der einen slawischen und nicht mehr einen germanischen (Waräger-)Namen trug. Auf dem Heimweg fiel Swjatoslaw im Kampf mit den Petschenegen. Die schnitten dem Toten den Schädel ab und fertigten aus seiner Hirnschale ein Trinkgefäß, mit dem sie ihren Sieg gebührend feierten. Swjatoslaws Nachfolger Wladimir (ukrainisch: Volodymyr) aber übernahm schon bald das Christentum byzantinischer Prägung nicht nur für sich – wie bereits seine Großmutter Olga –, sondern für das gesamte Volk. Er selbst aber erhielt eine »purpurgeborene« Schwester des Kaisers zur Frau und war fortan gleichfalls für Eroberungsfeldzüge nicht mehr zu gebrauchen.

Im Westen war der Standpunkt der Kirche in der Frage »Christ und Krieg« schon seit Augustinus entschieden weniger klar gewesen. Der Staat als »Gesinnungsgemeinschaft aller Erdenbündler« sei »zumeist wider sich selbst geteilt durch Streit, Krieg und Kampf und durch die Sucht nach Siegen, die verderbenbringend und selber nur vergänglich sind«, hatte der Neuplatoniker nach dem Fall Roms (410) in seinem »Gottesstaat«[3] im Abschnitt »Krieg und Friede im Staat der Weltlinge« geschrieben, und er war folgendermaßen fortgefahren: »Denn immer, wo er sich, Teil wider Teil, zum Krieg erhebt, sucht er Besieger von Völkern zu sein und ist doch der Gefangene eigener Sünden. Und wenn er siegreich sich im Stolze überhebt, so bringt der Sieg ihm selber Tod. Und wenn er der Wechselfälle denkend, die da kommen können, des drohenden Unglücks wegen mehr sich ängstigt als er sich des gewonnen Glückes wegen aufbläht, so ist ein solcher Sieg doch in sich selbst vergänglich. Denn nicht immer und in Dauer wird er herrschen können über die, die er in einem einzigen Siege unterwerfen konnte. Und doch hat Unrecht, wer das keine Güter nennen will, nach denen dieser Staat verlangt, wenn nur der selber in seinem menschlichen Teil nicht allzu schlecht ist. Denn er verlangt nach einer Art irdischen Friedens selbst in den niedrigsten Dingen. Zu diesem Frieden nur wünscht er durch seine Kriege zu gelangen; denn wenn er siegt, und keiner ist mehr, der ihm widerstehe, so wird ja Frieden sein, den die nicht haben, die wider einander kämpfen und von der Not getrieben um Dinge streiten, die zugleich sie nicht besitzen können. Diesen Frieden suchen die mühevollen Kriege, und diesen Frieden erwirbt der Sieg, der für so glorreich gilt. Und wenn die siegen, die in der gerechten Sache kämpfen, wer sollte einen solchen Sieg nicht froh begrüßen, der den erwünschten Frieden bringt? Denn das sind Güter und sind ohne Zweifel Gaben Gottes ...«

Wenn es in der Westkirche, vor allem in Frankreich, auch immer wieder Stimmen gab, die Eroberungskriege für unvereinbar mit dem christlichen Glauben erklärten und vor allem

Feldzüge gegen andere Christen verurteilten, so wurde doch der Ritter, der im Namen oder im Interesse der Kirche zu Felde zog, bald allgemein in Heldengesängen verherrlicht und mit allen nur denkbaren Ehrbegriffen wie Zucht, Anstand, Tapferkeit, Ehrlichkeit, Edelmut, Höflichkeit, Maßhalten, Selbstlosigkeit und Opferbereitschaft identifiziert. Aus dem germanischen Volksheer war nach und nach ein berittenes Berufskriegerheer geworden, das mit Grund und Boden als Lehen für seine Dienste belohnt wurde, und das sich schon bald als eigener Stand, eine Art Adelsgenossenschaft, mit eigenen strengen Normen der Ritterehre und der Ritterwürde von den anderen Ständen unterschied. Selbst für den Frieden wurde gekämpft. So befahl der Erzbischof von Bourges beispielsweise im Jahre 1038 einem jeden männlichen Christen, der älter als fünfzehn Jahre war, sich als Feind aller Friedensbrecher zu erklären und jederzeit bereit zu sein, mit der Waffe in der Hand für den Frieden einzutreten.

Aber auch gerade diejenigen weltlichen Fürsten, die selbst ausdrücklich »die Waffenruhe Gottes« an allen christlichen Feiertagen gefordert hatten, sahen großzügig über diese Regelung hinweg, sobald es um die eigenen Feldzüge ging. So schlug Wilhelm der Eroberer den Christen Harald bei Hastings just an einem »Tag des Herrn«. Die Kriegslust des Westens und sein Durst nach militärischem Ruhm seien nun einmal so leicht nicht zu stillen gewesen, urteilt Runciman[4]; deshalb habe man sich dazu entschlossen, diesen unermüdlichen Heldentatendrang in ordentliche Bahnen, also gegen die Heiden zu lenken.

»Die Heiden«, das war zu dieser Zeit die islamische Welt, mit der Byzanz seit Jahrhunderten in durchaus nicht immer friedfertiger Nachbarschaft, aber doch in voller Übereinstimmung darüber lebte, daß man beiderseits keinen Glaubenswechsel erzwang, ja untereinander nicht einmal ernsthaft missionierte. Kulturell war der Austausch derart intensiv, daß die arabischen Nachbarn nicht nur auf einer mindestens gleich hohen Entwicklungsstufe standen wie die Byzantiner, sondern ihrerseits durchaus als Erben der griechisch-römischen Zivilisation angesehen werden konnten. Zwischen dem fünften und dem zehnten Jahrhundert hatten christliche Gelehrte der aus Persien stammenden nestorianischen wie der monophysitischen Schule – also sowohl Anhänger der Zwei- wie der der Einnaturenlehre vom Wesen Jesu – aristotelische und andere philosophische Werke aus dem Griechischen in das Syrische übersetzt und mit eigenen Kommentaren versehen.[5] Nach der Eroberung Persiens und Syriens durch die Araber luden die Abbasiden syrische Gelehrte an den Hof von Bagdad ein, wo der Kalif El-Mamoun 832 ein eigenes Übersetzungsbüro einrichtete. Zwölf Jahre zuvor hatte Ibn Bisrik die »Politeia« des Aristoteles ins Arabische übertragen, und 904 sollte Al Farabi mit der »Kritik zur Logik« folgen. Alle Verträge des Kaisers mit dem Kalifen oder auch mit dem persischen Großkönig hatten den Charakter von Abmachungen zwischen gleichberechtigten Souveränen, während die Abkommen mit anderen, als minderwertig eingestuften Fürstentümern, etwa mit fränkischen, langobardischen oder slawischen Herrschern, gewöhnlich in die Form von Befehlen oder Gnadenerlassen gekleidet waren.[6] Man respektierte einander, lernte voneinander und blieb ansonsten auf Distanz.

Die westlichen Christen hingegen bildeten sich zwar viel darauf ein, die, wie sie meinten, legitimen Erben Roms und zudem stark im Glauben zu sein, hatten aber in Wirklichkeit der Macht und dem Glanz des Islams, der das westliche Mittelmeer von Tunis bis Toledo beherrschte, nur wenig entgegenzusetzen. Erst 1006 lernten sie das Werk des Aristoteles kennen, dessen Hermeneutik sowie einige andere Schriften Notker III., genannt Labeo (d.h. der Großlippige) oder Teutonicus (der Deutsche), aus dem Arabischen ins Alemannische übertrug. Spanien war der Hauptumschlagplatz für die arabisch-jüdische Philosophie, über die, vielfach gefiltert durch immer neue Kommentare und vor allem Übersetzungen (vom Griechischen ins Syrische, vom Syrischen ins Arabische, vom Arabischen ins Altspanische und von dort dann ins Lateinische) das Erbe der griechischen Philosophie schließlich den christlichen Westen erreichte. Erst ab der Mitte des 12. Jahrhunderts wurde die griechische Klassik direkt übertragen, nun aber keineswegs mehr ohne Widerspruch auf- und schließlich angenommen. Im Jahre 1210 verbot ein Pariser Provinzialkonzil, die Schriften des Aristoteles über Naturphilosophie und die dazugehörigen Kommentare auch nur zu lesen.

Fünf Jahre später wurde im Auftrag des Papstes dieses Verbot auch noch auf die Metaphysik ausgedehnt, und es sollte weitere 150 Jahre dauern, bis die Legaten des Papstes das Studium des aristotelischen Gesamtwerkes nicht nur zuließen, sondern ausdrücklich verlangten. Schwer lastete auf dem westlichen Selbstwertgefühl zudem die Erinnerung an die Plünderung Roms und der Peterskirche im Jahre 846 durch die Sarazenen, einen muslimischen Araberstamm, an die Eroberung Zamoras im Jahre 891 und an die Brandschatzung der – bis heute vielbesuchten – Pilgerstätte Santiago de Compostela im Jahre 997, während in den folgenden Jahren Seeräuber von Afrika aus ungehindert Antibes, Pisa oder Narbonne überfallen, plündern und wieder verschwinden konnten.

Kurz nach der Jahrtausendwende unternahm der König von Navarra einen ersten Versuch, eine Allianz christlicher Fürsten zusammenzubringen, die einen Gegenangriff hätte wagen können. Unter den weltlichen Potentaten fand er allerdings wenig Gehör. In der 910 gegründeten Benediktiner-Abtei Cluny jedoch, dem geistigen Zentrum einer umfassenden Erneuerungsbewegung nicht nur des Mönchtums, sondern auch der Weltgeistlichkeit und somit der Laienwelt, wurde diese Idee begeistert aufgenommen und umgehend weiterentwickelt. Die cluniazensischen Reformen strebten eine militärisch strenge Zucht der Mönche und deren bedingungslosen Gehorsam, die Ausschaltung jeglichen äußeren Einflusses auf die Klöster und schließlich deren direkte Unterstellung unter die Obergewalt des Papstes an. Daß die weltbeherrschende Stellung des Papsttums im 12. und 13. Jahrhundert allein auf dieser Reform beruht habe, ist sicher zu Recht bezweifelt worden. Unbestreitbar ist indes ihre eminente Bedeutung für die christliche Durchdringung des Alltags, die sich vor allem in Gebets- und Opferdiensten für die Verstorbenen, wie etwa durch Einführung eines Allerseelentages, äußerte, und welche die Verherrlichung des für den Glauben, also in einem Heiligen Krieg, gefallenen Ritters überhaupt erst möglich machte. Mit anderen Worten: Ohne den Segen der Äbte von Cluny, die später allesamt heiliggesprochen wurden, wären die Kreuzzüge kaum denkbar gewesen.

So aber verwandelte sich der Dauerkrieg gegen die muslimischen Mauren in Spanien allmählich in einen christlichen »Dschihad«, in dessen Führung die Päpste immer häufiger direkt eingriffen. Papst Alexander II. beispielsweise erteilte im Jahre 1063 einem bunt zusammengewürfelten französischen Heer im Voraus volle Absolution für einen Überfall auf die spanische Stadt Barbastro, in der Christen und Muslime bislang einträchtig zusammengelebt hatten, nun aber im Namen des christlichen Kreuzes 6000 wehrlose Menschen abgeschlachtet werden sollten.

Fasziniert sah man vom Osten aus dieser westlichen Entwicklung zu. Denn dort war die Verteidigung des Reiches in letzter Zeit immer schwieriger geworden: je mehr Völker in den Nachbarländern zum Christentum übergetreten waren – zuletzt im Jahr 975 die Ungarn –, desto aussichtsloser war es nicht nur geworden, dort Kriegswillige für das eigene Heer anzuwerben, sondern auch, auf dem bewährten Wege der Diplomatie die Armeen der Anrainer dazu zu bewegen, die außenpolitischen Probleme des Reiches zu lösen. Nach und nach waren deshalb die Reichsprovinzen in die Hände von Militärbeamten geraten, die für die jeweilige regionale Verteidigung zuständig waren und für ihre Dienste vom Staat mit Grund und Boden belohnt werden mußten, weil nicht genug Geld in der Kasse war. Auf diese Weise war im Laufe des 10. Jahrhunderts ein erblicher Landadel entstanden, der in manchen Gegenden bald reich genug war, eigene Truppen aufzustellen, die den Schutz des eigenen Hoheitsgebietes garantierten, die Interessen und Weisungen der Zentralregierung aber mehr oder weniger offen mißachteten. Nur dank der Hilfe seines damals noch nicht getauften, zukünftigen Schwagers Wladimir von Kiew vermochte Kaiser Basileios II. deshalb im Jahre 988, den Aufstand zweier Generale, die diesem neuen Landadel angehörten und vom Kalifen in Bagdad unterstützt wurden, niederzuschlagen. Einige Waräger aus dem Heer der Kiewer Rus blieben damals in byzantinischen Diensten und erlangten als sogenannte Waranger-Garde (griechisch Barangoi) des kaiserlichen Palastes hohes Ansehen.

Unablässig kämpfte Basileios II. um die Bewahrung des Reiches im Inneren wie nach außen hin, doch durch die unguten Erfahrungen seiner frühen Regierungsjahre mißtrauisch geworden, witterte er Bedrohliches mitunter auch dort, wo es gar keine Gefahren gab. Von Zeitgenossen wird er beschrieben wie ein Wachsoldat, der sich pausenlos im Einsatz wähnt. Im Osten kämpfte er nicht nur gegen Syrien, sondern auch gegen Armenien und Georgien, im Westen war seine Wachsamkeit vor allem im südlichen Italien gefordert. In die Geschichte eingegangen ist er jedoch als Bezwinger des Bulgaren-Zaren Samuilo (Samuel), der sich in seiner Heimat Mazedonien breitgemacht, die dalmatinische Küste unter seine Kontrolle gebracht und somit Bulgarien noch einmal zum mächtigsten Reich auf der Balkanhalbinsel erhoben hatte. 28 Jahre lang, von 986 bis 1014, lagen Byzanz und Bulgarien miteinander im Krieg. Schließlich, nachdem er in verschiedenen Etappen Nord- und Zentralbulgarien erobert hatte, versicherte sich Basileios der Hilfe Venedigs an der Adria und konnte unter diesem Schutz endlich gegen Samuels Hauptstadt Ohrid marschieren. Es kam zu einer grausamen Schlacht, die das kaiserliche Heer gewann. Basileios befahl, alle überlebenden Bulgaren zu blenden und nur jedem hundertsten jeweils ein Auge zu lassen, damit er seine Kameraden nach Hause zu ihrem stolzen Zaren führen könne. Als Samuel seine derart verstümmelten Soldaten – es waren wohl 15000 an der Zahl – schleppenden Schritts heranziehen sah, brach er zusammen und starb. Sein Land brauchte anderthalb Jahrhunderte, um sich von diesem Schock zu erholen. Basileios II. aber ging als Bulgaroktonos, als Bulgarenschlächter, unsterblich in die Geschichte nicht nur der Balkanländer ein.

Hätte man damals Samuels Reich rund um Ohrid nicht als westbulgarisches, sondern als »mazedonisches« bezeichnet, dann wäre das natürlich Wasser auf die Mühlen all jener, die im heutigen Skopje-Makedonien die früh eigenständige Geschichte eines slawisch-mazedonischen Nationalstaates nachzuweisen suchen. Dann freilich hätte man dem grausamen Kaiser sicher den Beinamen »Makedonoktonos« verliehen. Nationalstaatliches Denken lag indes den Menschen jener Tage völlig fern; es ist – das sollten wir uns gelegentlich in Erinnerung rufen – eine Idee des neunzehnten Jahrhunderts, die zur Beurteilung früherer Zeiten ungeeignet ist. Wenngleich – und auch das gilt es festzuhalten – es das Wir-Bewußtsein einzelner Völker, das Gefühl einer nationalen Identität, also auch ein »Nationalgefühl«, durchaus gegeben haben muß.

Um den Segen der Kirche für seine Heldentaten hat Basileios II. verständlicherweise vergeblich gefleht. Sein Ruf und Ruhm aber dauerten an, bis die mazedonische Dynastie mit dem Tode seiner Nichte Theodora erlosch. Als diese 1056 starb, war das Reich zutiefst in sich gespalten: Die Zentralregierung des Hofes stand in offenem Konflikt mit dem militärischen Landadel, der, von all den Siegen gestärkt, einen Feldherrn und nicht einen kaiserlichen Beamten auf dem Thron sehen wollte. Der Oberbefehlshaber aller Truppen wurde infolgedessen wirklich Kaiser, die Beamten weigerten sich jedoch, seinen Befehlen nachzukommen. Schon nach zwei Jahren mußte er aufgeben. Der von ihm gewählte Nachfolger schwächte den Einfluß des Militärs, um die Beamten für sich zu gewinnen, schadete aber mit dieser Politik der Verteidigungsbereitschaft seines Staates.

Im Westen hatten sich unterdessen landhungrige Normannen breitgemacht und die byzantinischen Grenzen bis an die Küsten Kalabriens und Apuliens zurückgeschoben. Im Osten begann der Kampf mit den Türken um den Besitz Armeniens, der, wie man in Konstantinopel klar erkannte, für die Sicherheit vor allem der Handelswege überaus bedeutend war. Doch die Mehrzahl der byzantinischen Truppen bestand auch weiterhin aus unzuverlässigen ungetauften Söldnern, die zum Teil von weit herbeigeholt worden waren, darunter nicht nur Nordgermanen, sondern auch Slawen aus dem Wolgagebiet sowie turkstämmige Ghusen, Kumanen und Petschenegen, die schon bald zu »ihren Brüdern«, den Seldschuken, überliefen. So kam es am 19. August 1071 zur Vernichtungsschlacht von Mantzikert, in der der Kaiser nicht nur verwundet, sondern – zu seiner und des Reiches Schande – höchstselbst gefangengenommen wurde. Mit dieser kläglichen Niederlage habe Byzanz auf immer seinen Anspruch verwirkt, Schirmherr der Christenheit zu sein, erklärten später die Kreuzfahrer.

Und in der Tat begann in Mantzikert, von hellsichtigen Historikern schon damals beklagt, der unaufhaltsame Niedergang des Reichs. Kaum daß die Allmacht Risse zeigte, war plötzlich auf niemanden mehr Verlaß; auch die in allerletzter Not zu Hilfe gerufenen Normannen hatten nur ihr eigenes Ziel im Auge, nämlich sich in Anatolien festzusetzen; türkische Truppen nahmen Jerusalem ein und besetzten Palästina. Nur mühsam und mit vielen Zugeständnissen vor allem gegenüber Venedig und Pisa vermochte Kaiser Alexios I. Komnenos (1081–1118)[7] die zudringlichen Normannen abzuwehren; nur durch unablässige diplomatische Intrigen gelang es ihm, die türkischen Fürsten gegeneinander auszuspielen, und nur mit Hilfe der Kumanen wurde er der Petschenegen Herr. Die lange Donaugrenze war kaum mehr zu schützen, auf dem Balkan erhob sich das Fürstentum der Serben, und auch Bulgarien war nicht auf ewig befriedet. Die Seldschuken aber bildeten die größte Gefahr. Um mit all diesen Problemen fertig zu werden, war das kaiserliche Heer längst viel zu klein und auch viel zu schwach geworden. Es benötigte einen kräftigen Nachschub an bezahlbaren und dennoch zuverlässigen Söldnern, und die waren nur noch im Westen zu finden, unter den Christen neuen Stils.

Deshalb reisten im März 1095 kaiserliche Gesandte nach Piacenza, wohin Papst Urban II. (1088–1099), ein ehemaliger Prior von Cluny, alle christlichen Kirchen zum ersten großen Konzil seines Pontifikates eingeladen hatte, auf dem eine Reihe von Streitfällen geklärt werden sollte. Erst nach Monaten und nur mit Hilfe der Normannen hatte dieser Papst Rom überhaupt betreten können, das noch weitere sechs Jahre lang in den Händen der Anhänger eines Gegenpapstes blieb. Konrad, den ältesten Sohn Heinrichs IV., hatte Urban II. zum König der Lombardei gekrönt und somit erfolgreich gegen den Vater aufgebracht. Nun suchte er nach einem Tummelfeld für die ebenso streitsüchtigen wie habgierigen Ritter des Westens, die mit Geld oder Land zu befriedigen er sich außerstande sah. Da kamen die kaiserlichen Legaten gerade im rechten Augenblick. Sie durften vor der Versammlung sprechen, und alle hörten bereitwillig zu.

Der Text ihrer Reden ist leider nicht erhalten geblieben. Ganz sicher aber schilderten die Byzantiner die Duldungen und Entbehrungen, die die Christen im Osten zu erleiden hatten. Sie appellierten an die Christenpflicht, die fernen Glaubensbrüder aus ihrer Not zu befreien. Die Zuhörer waren zutiefst beeindruckt. Der Papst reiste weiter in Richtung Frankreich, wo er

Ende Juli eintraf. Dort machte er unter anderem in Cluny Station und ließ sich über die erneuten Schwierigkeiten auf Pilgerfahrten unterrichten. Schließlich berief er für den kommenden November eine weitere Synode ein, und dort, in Clermont-Ferrand unter freiem Himmel, rief er die gesamte Christenheit zum Marsch nach Jerusalem auf und zur Befreiung der christlichen Kirchen aus der Gewalt der Ungläubigen. Allen, die im »gerechten« Krieg ihr Leben ließen, versprach er Vergebung ihrer Sünden, allen anderen aber Gottes Lohn.

Denn »Gott will es!« – »Deus lo vult!« – mit diesem Ruf unterbrach er immer wieder seine Predigt, die ein demagogisches Meisterwerk gewesen sein muß. (Eine wörtliche Mitschrift gibt es nicht, wohl aber vier Augenzeugenberichte.) Kaum daß er zu reden aufgehört hatte, fielen Bischöfe und Kardinäle vor ihrem Herrn auf die Knie und sprachen laut das Sündenbekenntnis. Die Besitztümer der Kriegswilligen wurden dem Schutz der Kirche unterstellt; als Datum des Aufbruchs wurde Mariae Himmelfahrt, also – mit Rücksicht auf die Bauern – die Zeit nach der nächsten Ernte festgelegt.

In diesen neun Monaten zog der Papst predigend wie ein Sektenführer durch die französische Provinz. Regionalkonzilien wurden abgehalten, Deklarationen verfaßt, Eide geschworen und große Vermögen der Kirche vermacht. Vom nördlichsten Schottland bis zum südlichsten Spanien brachen Angehörige aller Stände und der verschiedensten politischen Richtungen auf, um zunächst in Frankreich das Kreuz zu nehmen. Wanderprediger zogen umher und heizten die Stimmung zusätzlich auf. Urban II., der sich schon zuvor von Frankreich aus der Unterstützung Genuas versichert hatte, kehrte erst im Sommer nach Italien zurück. Auch hier war der Widerhall des allgemeinen Aufrufs überraschend, ja vielfach überwältigend.

Schließlich ergoß sich ein unübersehbarer Strom von Pilgern über ganz Europa, meist ohne militärische Befehlshaber, von barfüßigen Mönchen angeführt. Irgendwie sollten sie bis Konstantinopel gelangen, wo sie in das christliche Heer eingegliedert würden, so lautete der recht vage Befehl. An die Versorgung dieser Menschenmassen hatte offensichtlich niemand gedacht; und so fielen sie, plündernd und mordend, zwischen Rhein und

Donau über die reichen jüdischen Gemeinden, in denen sie die Mörder ihres jüdischen Heilands zu sehen gelehrt worden waren, her.

Auf dem Balkan war gerade, nach einem vergeblichen Invasionsversuch von Kumanen, seltene Ruhe eingekehrt, und auch die Seldschuken hatten sich in Kriegen untereinander erschöpft. Da erfuhr der kaiserliche Hof, wie Anna Komnene, die Tochter des Kaisers, festgehalten hat, mit einigem Schreck, daß »das ganze Abendland und alle barbarischen Völker von jenseits der Adria« sich in Bewegung gesetzt hätten und nach Konstantinopel marschierten. Kaiser Alexios ließ an allen Stationen der Via Egnatia, von Dyrrhachion (Durres) über Ohrid und Thessaloniki bis zu seiner Hauptstadt hin, Nahrungsmittellager und Polizeistationen einrichten und beauftragte seinen Neffen, den Statthalter von Dyrrhachion, die fränkischen Führer zwar freundlich zu begrüßen, aber keine Minute aus den Augen zu lassen: den beutegierigen Franken traute er nicht.

An der anderen Haupstraße, die über Belgrad, Niš, Sofia und Adrianopel durch die Balkanhalbinsel führte und seit der Christianisierung Ungarns auch für Pilger gangbar war, hatte der Kaiser allerdings keinerlei Vorkehrungen getroffen. Dort erwartete er die Kreuzfahrer nicht. Von dort aber brach ein besonders wilder Haufen in das Reichsgebiet hinein und war nur unter größten Schwierigkeiten einigermaßen unter Kontrolle zu bringen. Alles in allem dürften es – einschließlich der nichtkämpfenden Familienmitglieder – gegen 100 000 Menschen gewesen sein, die sich zwischen dem Sommer 1096 und dem Frühjahr 1097 über das Reichsgebiet ergossen und weit weniger begeistert empfangen wurden, als sie sich das vorgestellt hatten. Sie waren gekommen, um armen Glaubensbrüdern zu helfen, und fanden arrogante reiche Herren vor, deren Sprache und Sitten sie nicht verstanden; beim Anblick Konstantinopels aber mit seinen reichen Kaufleuten, mit seinen eleganten Adeligen, mit seiner prunkvollen Hofhaltung und seinen goldstrotzenden Kirchengebäuden, waren sie vollends fassungslos. Daß der Kaiser von ihren Anführern den Lehenseid verlangte und (mit einer Ausnahme) auch erhielt, empfanden die zügellosen fränkischen Räuberbanden als kaum zumutbare Schmach.

Wie niedrig ihre Zivilisationsstufe auch von den Arabern eingeschätzt wurde, zeigt so mancher zeitgenössische Bericht.[8] Sein Onkel sei gebeten worden, einen Arzt zu senden, um kranke Kreuzritter zu heilen, schrieb beispielsweise ein Araber. Der Onkel habe daraufhin einen christlichen arabischen Arzt geschickt. Nach kaum zehn Tagen sei dieser schon zurückgekommen. »Du hast die Kranken ja schnell geheilt«, habe man ihn freudig begrüßt, worauf er amüsiert berichtet habe: »Sie führten mir einen Ritter vor, der einen Abszeß am Bein hatte, und eine Frau, die an Auszehrung litt. Dem Ritter machte ich ein erweichendes Pflaster, und der Abszeß öffnete und besserte sich; der Frau verschrieb ich eine Diät und führte ihrer Säftemischung Feuchtigkeit zu. Da kam ein fränkischer Arzt daher und sagte: ›Der weiß doch überhaupt nicht, wie sie zu behandeln sind!‹, und wandte sich an den Ritter und fragte ihn: ›Was willst du lieber: mit einem Bein leben oder mit beiden Beinen tot sein?‹ Der antwortete. ›Lieber mit einem Bein leben!‹ Da sagte er: ›Holt mir einen kräftigen Ritter und ein scharfes Beil!‹ Ritter und Beil kamen, ich stand dabei. Er legte das Bein auf einen Holzblock und sagte zu dem Ritter: ›Gib dem Bein einen tüchtigen Hieb, der es abtrennt.‹ Er schlug, unter meinen Augen, einmal zu, und da das Bein nicht abgetrennt war, ein zweites Mal: das Mark des Beines spritzte weg, und der Ritter starb sofort. Hierauf untersuchte er die Frau und sagte: ›Die da hat einen Dämon im Kopf, der sich in sie verliebt hat. Schert ihr die Haare.‹ Sie schoren sie, und sie aß wieder von ihren gewohnten Speisen, Knoblauch und Senf, wodurch die Auszehrung sich verschlimmerte. ›Der Teufel steckt in ihrem Kopf‹, urteilte er, nahm ein Rasiermesser und schnitt ihr kreuzförmig über den Kopf, entfernte die Haut in der Mitte, bis der Schädelknochen freilag, und rieb ihn mit Salz ein: die Frau starb augenblicklich. Da fragte ich: ›Habt ihr mich noch nötig?‹ Sie verneinten, und ich ging weg, nachdem ich von ihrer Heilkunde gelernt, was ich vorher nicht gewußt hatte.«

Das Schwert zum Hirtenstab

Zwei Sonnen hatte Rom, als es die Welt
In Ordnung brachte, welche beide Straßen
Erleuchteten, die Gottes und der Welt.
Verlöscht hat jene diese; und gelangt ist
Das Schwert zum Hirtenstab; so muß nun beides
Sehr übel fahren durch Gewaltsamkeit ...
Dante, Das Fegefeuer, 15. Gesang

Aus dem Christen-Kreuze war ein Schwert geworden. Triumphierend streckt Bernhard von Clairvaux, der glutvolle Marienverehrer aus dem Reformkloster der Zisterzienser Citeaux, es noch heute allen Besuchern mit beiden Händen entgegen, die die grandiose Abtei-Kirche von Vézelay betreten, in der er am 31. März 1146 zum zweiten Kreuzzug aufrief.

»Kreuze! Gebt uns Kreuze!« schrien damals die Gläubigen, von den Worten des »doctor mellifluus«, des »honigfleußenden Lehrers« (wie man ihn erst sehr viel später nannte) ergriffen, der seine eigenen Übergewänder von sich warf, damit sie zu Kreuzen zerschnitten würden, welche die fanatisierte Menge sich eilends an ihre Schultern heftete. »Ich öffnete meinen Mund; ich sprach; und alsbald vermehrte sich die Zahl der Kreuzfahrer endlos. Dörfer und Städte stehen jetzt verlassen. Kaum daß man auf sieben Weiber einen Mann fände. Überall gewahrt man Witwen, deren Ehemänner noch unter den Lebenden sind ...«, berichtete der heilige Kirchenvater stolz seinem Papst.

Sehr überrascht kann Eugen III., der einzige Zisterzienser auf dem Stuhle Petri, von dieser Nachricht nicht gewesen sein, denn als ehemaliger Mönch von Clairvaux war er ein treuer Anhänger Bernhards. Auch daß Eleonore von Aquitanien, die Ehefrau Ludwigs VII., zu den bedauernswerten Strohwitwen zählte, ja daß der französische König in Vézelay als allererster das Kreuz genommen hatte, war nicht eigentlich verwunderlich, hatte der Papst ihm doch nach allerhand Irrungen, die auf die Einflüsterungen Eleonores zurückgeführt wurden, ein Reuebekenntnis abgepreßt und den honigträufelnden Abt als Beichtvater und

Berater verpaßt. Schon vier Monate vor dem Treffen von Vézelay hatte Eugen zudem eine Bulle ausgeschickt, in der er die westliche Christenheit dazu aufrief, den gefährdeten Brüdern im Osten zu helfen, und zum Dank allen Kriegern weltlichen Besitz und Vergebung ihrer Sünden versprach.

Warum sollte, zum zweiten Mal in 50 Jahren, ein Bischof von Rom sein Gefolge zur Hilfe für die Christen im Osten bewegen, wenn – wie wir in allen Geschichtsbüchern lesen – die Kirche längst gespalten war? Die gängigen Erklärungen, daß auch er nach einem Weg suchen mußte, der ihn endlich nach Rom führen würde (das zu dieser Zeit von einer Kommune aufständischer römischer Bürger regiert wurde, welche die Unabhängigkeit der Stadt von kirchlicher Kontrolle und die Beschränkung des Klerus auf geistliche Aufgaben forderten), oder auch, daß erneut der Westen Europas von Hungersnöten gebeutelt wurde und der Landhunger vollends unstillbar war, gehen am Kern dieser Frage vorbei.

An der im Laufe der Jahrhunderte sich vertiefenden Entfremdung zwischen Ost- und Westkirche ist auch nach dem neuesten Stand historischer Forschung nicht zu zweifeln. Wohl aber daran, daß vor der Wende vom 12. zum 13. Jahrhunderte eine klare, nämlich präzise datierbare Zäsur erkennbar wäre. Sowohl Konstantinopel als auch Rom waren ihrem Wesen nach kosmopolitisch, und bis in die Mitte des achten Jahrhunderts gehörten selbst die weströmischen Päpste häufiger dem griechischen als dem römischen Kulturkreis an. Was sich indes ganz allmählich auseinanderentwickelte, das waren die alltäglichen Gebräuche der Gläubigen innerhalb der beiden Kirchen. Einige Beispiele: Im Westen wurden reuige Sünder nach ihrer Bestrafung wieder aufgenommen; im Osten wurden schon Gemeindemitglieder exkommuniziert, die an drei aufeinanderfolgenden Sonntagen nicht zur Kommunion erschienen waren. Westliche Mönche durften Sklaven halten, östliche durften das ausdrücklich nicht. Im Osten wiederum war es Witwen gestattet, den Schleier zu nehmen, im Westen nicht.

Und natürlich hing die Einheit der Kirche ganz wesentlich von der Reichseinheit ab. Deshalb war schon das siebente Konzil, das zweite von Nikaia, im Jahre 787 (sein Hauptthema war der Bilderstreit) die letzte ökumenische Beratung beider Kirchen gewesen, deren Ergebnisse von allen anerkannt wurden. Bis auf Karl den Großen. Nachdem dieser sich eine mehr schlechte als rechte Übersetzung der Konzilsbeschlüsse hatte vorlesen lassen, bezeichnete er deren Unterzeichner als dumm und arrogant, die Beschlüsse selbst aber als häretisch, ja schismatisch, also kriminell. Er warnte nicht nur »die Griechen« vor der Anmaßung, im Namen der gesamten Christenheit zu sprechen, sondern im gleichen Atemzug auch den Bischof von Rom vor jeder Verbrüderung mit der Konkurrenz in Byzanz.

In den Augen sämtlicher Adressaten dieser königlichen Schelte war die heftige Reaktion des Franken einfach lächerlich: Wie konnte ein Mann, der nicht einmal des Lesens kundig war, sich in komplizierte theologische Fragen einmischen und über diese auch noch entscheiden wollen? Selbstverständlich waren sie bei dem hochgebildeten byzantinischen Kaiser und dessen Beratern sehr viel besser aufgehoben. Deshalb weigerte Papst Leo III. sich denn auch entschieden, die Abstammung des Heiligen Geistes vom Sohne, das »filioque«, in das Glaubensbekenntnis aufzunehmen. Was freilich nicht verhindern konnte, daß dieser Zusatz nach und nach im ganzen Westen gebräuchlich wurde. Mit Ausnahme des Zentrums Rom.

Erst zu Beginn des 11. Jahrhunderts beugte sich, wie Berno von Reichenau nur wenig später in seinem »De officio missae« berichtet hat, auch der Heilige Vater diesem Brauch, und zwar auf Bitten Kaiser Heinrichs II., also auf politischen Druck.

300 Jahre waren vergangen, seit – gleichzeitig mit dem Ende der Merowinger und der Einnahme Ravennas durch die Langobarden – der letzte griechische Papst (Zacharias) gestorben war. 44 Römer, elf Italiener, vier Deutsche, ein Franzose und ein Sizilianer waren ihm gefolgt. Dennoch schlug gerade in diesen drei Jahrhunderten das Gewicht an Ansehen und Macht besonders deutlich zugunsten Konstantinopels aus. Die Wissenschaftler und Staatsmänner des Westens seien mit ganz wenigen Ausnahmen kleine Leute gewesen, deren Stärke allein darin bestanden habe, daß sie nicht wußten, wie klein sie waren, urteilt der langjährige Präsident des St.John's College, Oxford, Sir Richard W. Southern, in seinem bedeutenden Werk[1]. Die Westler hätten

über die Gedankenwelt der Griechen gerade eben genug gewußt, um sich einbilden zu können, diese verachten zu dürfen. Von der Geisteswelt des Islam aber hätten sie nicht die geringste Ahnung gehabt. »Allein aus dieser Ignoranz heraus konnte der Westen ein gewisses Maß an Selbstbewußtsein entwickeln ...«

Und aus diesem Selbstbewußtsein heraus konnte die westliche Kirche gerade in der Zeit der sogenannten Spaltung auf die Überwindung aller Differenzen hoffen. Zumal es einen gemeinsamen Feind zu bekämpfen galt, nämlich die Normannen in Sizilien. Diese zerstörten, wie Papst Leo IX., ein Verwandter Heinrichs III., an den byzantinischen Kaiser dieser Tage, Konstantin Monomachus, schrieb, sämtliche Gotteshäuser, sie folterten alle Christen, ob jung oder alt, und erwiesen »weder der Humanitas noch der Heiligkeit« Respekt.

Mitte 1053 zog Leo IX. mit einem aus allerlei Völkerschaften zusammengewürfelten Heer in den Krieg. In einen Krieg, den er, als überzeugter Cluniazenser, ausdrücklich für »heilig« erklärte. Er wurde gefangengenommen und über ein halbes Jahr interniert. Es war also nicht gerade eine überlegene Position, aus der der Papst Anfang 1054 lange Briefe sowohl an den Kaiser als auch an den Patriarchen von Konstantinopel diktierte. Der Primat des Bischofs von Rom wurde von der Ostkirche immer nur bedingt anerkannt – er galt als »primus inter pares« wie Petrus unter den Jüngern Jesu. Dennoch nehmen sich seine Worte an den Amtsbruder recht herablassend aus: er verglich die Ostkirche mit einer unnützen Tochter, ungehorsam, frech und verwöhnt, die in leichtfertiger Respektlosigkeit ihre verhärmte alte Mutter verhöhne. Denn Rom sei die Mutter und der Vater Gott.

Dem Kaiser gegenüber aber drückte er sich entschieden konzilianter aus: ihn bezeichnete er als seinen Lieblingssohn, von dem er lediglich mehr Hilfe erwarte bei der Errettung der Christenheit. Darüber, daß man in Byzanz den Kaiser als einen den Aposteln gleichrangigen Stellvertreter Gottes auf Erden verehrte, was sich mit dem Anspruch des Papstes auf den geistlichen wie weltlichen Supremat und auf das Recht, Dogmen zu formulieren, auf die Dauer keinesfalls vertrug, findet sich in diesem Brief kein Wort.

Die Verschärfung des Konfliktes ist denn auch zwei Beratern der beiden Patriarchen zuzuschreiben, deren Überzeugung jeweils ebenso kompromißlos wie unumstößlich war. Der eine von ihnen verkörperte das lateinisch-legalistische, militärisch-disziplinierte Prinzip von Cluny, der andere das griechisch-philosophische, theologisch-moralische von Ohrid. Der Metropolit von Ohrid schrieb gleichfalls einen bösen Brief. Beiden ging es vorgeblich natürlich nicht um die Macht, sondern um die Reinheit ihrer Lehre.

Äußerer Anlaß des Kirchenstreites war die Frage der kirchlichen Zuständigkeit in Unteritalien. Politisch war dieses Gebiet immer ein Teil des byzantinischen Reiches gewesen, kirchlich hatte es jedoch bis zum achten Jahrhundert Rom unterstanden, bis der Kaiser, Leo III., es – zur Strafe für die politische Unzuverlässigkeit des Papstes Gregor III., der alle Bilderstürmer gebannt hatte – dem Patriarchen von Konstantinopel unterstellt hatte.[2] Nun wollte Rom, die Gunst der Stunde nutzend, die Kirchen Süditaliens erneut unter seine Kontrolle bringen, der byzantinische Kaiser jedoch trachtete danach, die politische Dominanz wiederherzustellen, die schon lange angeschlagen, durch die Normannen aber nun vollends in Frage gestellt worden war.

Westliche Bräuche hatten sich, dank dem erneuerten Einfluß Roms, in Süditalien breitgemacht, und so schrieb der bulgarische Metropolit Leon von Ohrid an den Bischof von Trani einen Brief, in dem er die Verwendung ungesäuerten Brotes (des Azymon) bei der Kommunion als schweren Fehler geißelte. Etwa gleichzeitig verfaßte ein Ohrider Mönch am Hofe des Patriarchen von Konstantinopel eine Schrift über die Verfehlungen des Westens, und die Kirchen des lateinischen Ritus in Konstantinopel, die fremden Kaufleuten und Pilgern gedient hatten, wurden gewaltsam zugesperrt. Daraufhin reisten drei päpstliche Legaten unter der Führung des radikalen Kardinals Humbert von Silva Candida, gen Osten, wo sie vom Kaiser mit allen Ehren empfangen und monatelang bewirtet wurden. Der Patriarch jedoch bezweifelte, daß sie vom Papst ernannt worden seien, der sich ja in Gefangenschaft befand. Noch ehe der Zweifel ausgeräumt war, im April 1054, starb Papst Leo IX.

Es würde etliche Monate dauern, bis ein neuer Papst gewählt

sein würde; deshalb weigerte sich der Patriarch – Michael I. Kerullarios – die Verhandlungen fortzusetzen. Im Juli schließlich reisten die drei Legaten unverrichteter Dinge ab. Bevor sie jedoch am 15. Juli 1054 Konstantinopel verließen, breiteten sie auf dem Altar der Hagia Sophia eine angeblich päpstliche Bulle aus, die über den Patriarchen und dessen Ratgeber den römischen Kirchenbann verhängte. Der Patriarch antwortete mit einer Synode, auf der er die Bulle als Anmaßung unbefugter Personen zurückwies, auch die Veränderungen im Westen, wie etwa die Verfolgung verheirateter Priester oder den Gebrauch des »filioque«, bedauerte, die römische Kirche als Ganzes jedoch mit keiner Silbe tadelte. Noch vor vier Jahren hatte Leo IX. höchstpersönlich in der Frage der Herkunft des Heiligen Geistes beide Positionen für rechtens erklärt: Von einer Frucht könne man ebensogut behaupten, daß sie aus dem Stamme eines Baumes, wie daß sie aus einem Ast desselben wüchse. Es sei aber auch durchaus möglich, sie als vom Stamme durch den Ast ausgehend zu beschreiben. Folglich könne man vom Heiligen Geist behaupten, daß er vom Vater oder vom Sohne oder aber auch vom Vater durch den Sohn hervorgegangen sei.

Die tatsächliche Lage in den Ost-West-Beziehungen der Kirchen sei 1054 nicht verändert worden, meint denn auch Steven Runciman, »außer, daß bittere Mißstimmung heraufbeschworen worden war«.[3] Der »thunderbolt« jedenfalls, der Blitzschlag oder Donnerkeil, von dem Gibbon und nach ihm fast alle westlichen Historiker sprachen, ist das Ereignis vom Juli 1054 sicher nicht gewesen; denn von Zeitgenossen blieb es unbemerkt.

Noch 40 Jahre später, beim Tode jenes großen Gregor VII., der dem Machtanspruch des Papsttums seine letzte Form verlieh, waren die Spannungen zwar beträchtlich, weil Unterwerfung gefordert wurde, doch die Einheit der Christenheit war ernstlich nicht in Frage gestellt. Und hätte er selber diesem Ereignis größere Bedeutung zugemessen, wäre dann der Kardinal nicht umgehend zur Berichterstattung nach Rom zurückgeeilt, wie das auch schon damals den diplomatischen Gepflogenheiten entsprach? Stattdessen setzte die »päpstliche Delegation« ruhig ihre Rundreise in Sachen »reine Lehre« in Richtung Bulgarien und Kiew fort. Sollte es einen Grund dafür geben, daß der Westen nach und nach das Datum der Spaltung ins elfte Jahrhundert zurückverlegt hat? Hatte das etwa mit schlechtem Gewissen zu tun?

Bevor wir uns dieser Frage zuwenden, muß uns jedoch zunächst interessieren, warum ein Brief des Metropoliten von Ohrid derart ernst genommen wurde, ja wie überhaupt der Einfluß dieses Mannes auf seine Zeit zu erklären ist. Auf dem Balkan hatten sich in der Tat die Machtverhältnisse völlig verschoben. Zwar hatte der »Bulgarentöter«, Kaiser Basileios II., seine politische Oberhoheit über das gesamte Reichsgebiet bis zur Donau und zur Adria wiederhergestellt und den Osten bis zu den Bergen Armeniens und den Ufern des Euphrat befriedet, doch im seinem Inneren ertrug das Reich den Reichtum schlecht. Dem starken Kaiser folgten schwache Epigonen, welche die Macht der großgrundbesitzenden Feudalherren bald nicht mehr zu kontrollieren vermochten. Mit den kleinen Bauern- und Soldatengütern schwand die Wehr- und Steuerkraft des Staates; der Verbrauch des Hofes und der Hauptstadt an Luxusgütern aber stieg. Und so wurde nun auch die slawische Bevölkerung auf der Balkanhalbinsel, die bisher dank der weisen Großmut des Kaisers von Steuern ausgenommen war, direkt und in bar zur Kasse gebeten.

Die Empörung der Betroffenen war groß. Sie stieg jedoch ins Unermeßliche, als im Jahre 1037, also 12 Jahre nach dem Tod des zweiten großen Basileios, auch der bulgarische Metropolit von Ohrid starb und die für die Gefühle ihrer Untertanen unsensible Reichsregierung einen Griechen an seine Stelle setzte: eben den erwähnten Bischof Leon, der bis zu diesem Zeitpunkt Urkundenbewahrer der Hagia Sophia gewesen war.

In den zentralbalkanischen Bergen brach ein Aufstand aus, den ein wilder Abenteurer namens Peter Deljan anführte, der sich als Enkel des Bulgarenherrschers Samuel ausgab und in Belgrad zum Zaren ausrufen ließ. Unterstützt wurde er vom Serbenfürsten Stefan Vojislav, welcher in Zeta, dem bisherigen Doclea (Dioklitija) in der Provinz Illyrien, herrschte und schon seit Jahren gegen sein Vasallentum aufbegehrte, wiederholten Strafexpeditionen zum Trotz. Und ein dritter ehrgeiziger Stammesfürst, Alusianos, ein Sohn des Bulgarenzaren Johannes Vladislav, schloß sich dem Aufstand, der schließlich auch Nordgriechenland erfaßte, an – sehr zum Schaden der Bewegung. Denn die Uneinigkeit der Führung erleichterte es der Reichsregierung, die einzelnen Unruhefeuer wieder auszutreten, bevor sie sich zum Flächenbrand geweitet und gesteigert hatten.

Bald war zumindest eine formelle Vasallität weitgehend wiederhergestellt. Mit Ausnahme von Zeta, das auch mit Hilfe der Nachbarfürsten von Raszien, Bosnien und Zachumlien und mit der gesamten Streitmacht von Dyrrhachion nicht auf die Knie zu zwingen war. In den unwegsamen schwarzen Bergen des heutigen Montenegro erfocht Stephan Vojislav einen folgenreichen Sieg: Sein Hoheitsgebiet dehnte sich nun auch über die Nachbarlande, einschließlich der fruchtbaren Küstenregion, aus. Und vor allem sollte das Reich der Serben Byzanz nie wieder politisch unterstehen.

Stefan Vojislavs Sohn und Nachfolger Michael ließ sich 1077 von Papst Gregor VII. zum König krönen. Als Gegenleistung für diese offizielle Anerkennung erlaubte er der Kurie, in der Küstenstadt Antivari, dem heutigen Bar in Montenegro, ein Erzbistum einzurichten, das künftig als Zentrum einer serbisch-katholischen Kirche dienen sollte. Dem Sohn König Michaels, Konstantin Bodin, der bereits 1072 einen slawischen Aufstand gegen Byzanz in Makedonien angeführt hatte, gelang es, ganz Bosnien und Raszien seinem Reiche einzugliedern und sich in Prizren (Kosovo) zum Zaren ausrufen zu lassen. Unter seinen Nachfolgern zerfiel allerdings das lateinische Reich der Serben wieder, dessen Schwerpunkt sich allmählich von Zeta nach Raszien verlagert hatte.[4]

Erst einige Dutzend Jahre später sollte es im Zentrum des Balkans erneut erstehen, jetzt allerdings weder unter römisch-lateinischem noch etwa byzantinisch-griechischem Vorzeichen, sondern als unabhängige Einheit, als solche erkennbar an einer eigenen slawisch-kyrillischen Schrift. Also nicht als lateinisches, sondern als serbisch-orthodoxes Reich.

Auf dem Weg dorthin befand Serbien sich zwar schon gegen Ende des 12. Jahrhunderts, doch erst als Konstantinopel überfallen und geplündert worden war, zerfiel der Balkan als politische Einheit für immer in eine Vielzahl regionaler Staaten; vom

Westen her durch die Handelsmacht Venedig, vom Norden her durch Ungarn bedroht. Zunächst jedoch lehnten die serbischen Fürsten sich in ihrem Drang zur Unabhängigkeit von Konstantinopel an die magyarischen Nachbarn an, welche, die Gunst der Stunde nutzend, erneut Kroatien, Dalmatien und das Sirmium unter ihre Kontrolle brachten. Dann aber gelang es dem serbischen Großžupan Stefan Nemanja – durch ein erneutes Übergreifen der Normannen auf den Balkan begünstigt – endgültig die Oberhoheit Rasziens über alle serbischen Stämme durchzusetzen und sein Gebiet entsprechend zu erweitern.

Gleichzeitig, das heißt in den Tagen des Dritten Kreuzzuges (1189–92), meldeten auch die Bulgaren aufs neue ihren für immer verloren geglaubten Führungsanspruch auf dem Balkan an: ebenso wie Stefan Nemanja nahmen sie mit Kaiser Friedrich I. Barbarossa in aller Stille Verhandlungen auf, die eindeutig gegen Byzanz gerichtet waren. Schlau nutzten sie die Schwierigkeiten, in die das Kreuzfahrerheer die Hauptstadt Konstantinopel auch diesmal wieder brachte, für ihre eigenen Machtinteressen aus.

Weil seine Wahrsager ihn gewarnt hatten, er werde im Wasser ums Leben kommen, war Kaiser Rotbart trotz hohem Alter auf dem beschwerlichen Landweg über den Balkan zum Heiligen Land gezogen. Dennoch entging er seinem Schicksal nicht; er ertrank, bevor er sein Ziel erreicht hatte, im Flusse Saleph, dem klassischen Kaly Kadnos, heute Göksu, in Südanatolien. Und mit ihm starb endgültig der letzte Rest dessen, was nach 100 Jahren immer weiter wuchernder Verrohung der »bewaffneten Wallfahrten gen Jerusalem« (Wollschläger) an Kreuzzugsromantik geblieben war.

Der Gewinn beschränkte sich auf ein fränkisches Kleinreich an der palästinensischen Küste. Noch immer ohne Jerusalem. Verloren aber ging jegliche Möglichkeit, einen Modus friedlichen Zusammenlebens zwischen dem christlichen Westen und dem muslimischen Osten zu finden, nachdem der ob seiner Tapferkeit in Westeuropa bis heute verherrlichte »hohe Seeräuber«[5] Richard I. Löwenherz für die Hochherzigkeit und Verläßlichkeit des großen Sultans Saladin – dem es gelungen war, die zerstrittenen Muslime zu einen und Jerusalem den Christen, die es unter Gottfried von Bouillon erobert hatten, wieder zu entreißen – nur

Hohn und Verachtung übrig hatte. Während Saladin (eine der Hauptfiguren in Lessings »Nathan der Weise«) sich an alle Vereinbarungen gehalten und seinerseits alle Gefangenen freigegeben hatte – sogar den letzten »König von Jerusalem«, Guy de Lusignan –, ließ Richard 2700 wehrlose Häftlinge öffentlich abschlachten; darunter eine große Anzahl Frauen und Kinder.

Erst 30 Jahre später wurde die hochgebaute Stadt von Friedrich II. eingenommen, konnte jedoch nur 15 Jahre lang gehalten werden. Denn jene christliche Großmacht, die nicht nur zu ihrer besten Zeit stark und geschickt genug gewesen war, den muslimischen Arabern die Stirn zu bieten, nämlich Byzanz, hatten die Christen des Westens mutwillig zerstört. Fortan herrschte in Jerusalem siebenhundert Jahre lang, bis zum Sechstage-Krieg 1967, ausschließlich die Lehre des Islam. Welch hoher kultureller Einfluß von Konstantinopel ausgegangen war, davon kann man sich auf einer Reise durch den Nahen Osten immer noch auf Schritt und Tritt überzeugen, gerade in der Altstadt von Jerusalem. Der Vierte Kreuzzug hat dem Christentum wohl ewig unheilbare Wunden geschlagen.

Selbstverständlich ist es heute, fast 800 Jahre nach den Ereignissen und mehr als 100 Jahre nach dem Höhepunkt historischer Kreuzzügeforschung, kaum denkbar, unbekannte Quellen zu entdecken oder auch vollkommen neue Erkenntnisse zu gewinnen. Beim Durchforsten der inzwischen riesigen Sekundärliteratur drängt sich indes der Eindruck auf, daß »in einem verhornten Gemisch aus Retusche und gespielter Ahnungslosigkeit«, wie Hans Wollschläger in seiner Geschichte der Kreuzzüge sich ausdrückt, überwiegend römische Geschichtsschreibung betrieben wurde und wird, die noch immer kritiklos dem Gebote des Papstes Leo XIII. in seiner Enzyklika vom September 1899 folgt: »Die Kirchengeschichte ist ein Spiegel, darin das Leben der Kirche durch die Jahrhunderte hin widerstrahlt. Weit mehr noch als die zivile und profane Geschichte beweist sie die souveräne Freiheit Gottes und sein Vorsehungswirken im Ablauf der Ereignisse. Wer sie studiert, darf nie aus dem Blick verlieren, daß sie eine Summe von dogmatischen Tatsachen in sich beschließt, welche vom Glauben erfaßt sein wollen und die in Zweifel zu ziehen niemandem erlaubt ist.«

Deshalb halten sich auch moderne Historiker immer noch damit auf, die »profunde Bestürzung« des Papstes Innozenz III. zu schildern, als er von den Ausmaßen der Zerstörung Konstantinopels im April 1204 erfuhr. Sie versäumen es aber, darauf hinzuweisen, daß er schon am 31. Mai, also nur wenige Tage später, an den »Abt der Äbte«, Arnold Amalrich von Cîteaux, den Vernichter der Katharer im Languedoc, schrieb und ihn ermächtigte, »zu zerstören, zu vertilgen und auszureißen, was Ihr als zerstörens-, vertilgens- und ausreißenswert erkennt«. Ausdrücklich fügte er hinzu: »Wir wünschen, daß alle, welche wider die Ketzer gläubig zu Werke gehen, sich desselben Ablasses der Sündenstrafen erfreuen, wie Wir ihn jenen gewähren, die dem Heiligen Lande zuhilfe eilen ...«[6]

Natürlich wirkt sich diese Unterlassung auch auf den Inhalt der Lehrbücher an unseren »christlichen« Schule aus. Sehen wir uns als Beispiel den einschlägigen Abschnitt der »Geschichte des Mittelalters«, die ab 1951 für die Oberstufe der bayerischen höheren Lehranstalten vorgeschrieben war, einmal genauer an: »Als Herr des Kirchenstaates, Schutzherr des Lombardischen Städtebunds, Oberlehensherr des sizilianischen Königreichs beherrschte Innozenz III. die Apenninenhalbinsel. Unter Berufung auf sein Schiedsrichteramt beteiligte er sich an der Absetzung zweier deutscher Könige. Bedroht von einer französischen Invasion und einem Aufstand der Barone nahm Johann von England sein Königreich als Lehen aus der Hand des Papstes. Die Könige Polens, Ungarns, Portugals, Aragons und Dänemarks bekannten sich als seine Vasallen. Als ganz Europa in den Kampf der Staufer und Welfen in Deutschland, der Kapetinger und Anjous in Frankreich verwickelt war, ergab sich für Innozenz die Gelegenheit, den vierten Kreuzzug (1202–1204) als rein päpstliches Unternehmen durchzuführen; französische Ritter nahmen das Kreuz unter Führung der Grafen von Champagne und Flandern, Venedig übernahm den Seetransport und die Versorgung«, lesen wir dort.

Und weiter: »Venetianische Interessen aber durchkreuzten die päpstliche Politik. So wurde zunächst Zara an der Adria dem König von Ungarn wieder abgenommen. Dann planten die Venetianer die Eroberung von Konstantinopel und die Teilung des byzantinischen Reichs, um ihre wirtschaftliche Vormachtstellung im griechischen Osten dauernd zu sichern. Eine bewaffnete Intervention versprach Erfolg, da das Reich unter türkischem Druck von Osten und serbisch-bulgarischem in Thrakien und Makedonien der Anarchie zutrieb. Ein verlockendes Angebot des abgesetzten Kaisers Isaak Angelos verführte den größten Teil des Kreuzfahrerheers zum byzantinischen Abenteuer. Es war eine Herausforderung an Innozenz III., als 1203 eine Flotte nach Konstantinopel in See stach und es im folgenden Jahr einnahm. Graf Balduin von Flandern wurde zum Kaiser gewählt (lateinisches Kaisertum 1204–1261). Venedig sicherte sich wichtige Inseln, die Küsten des Peloponnes, große Teile der Hauptstadt und das Handelsmonopol im ganzen Reich, andere Heerführer wurden mit Fürstentümern belehnt. Innozenz III. pries jetzt das Unternehmen als Anfang der Wiedervereinigung der östlichen und westlichen Kirche, forderte jedoch zu weiterem Vordringen auf. Als diese Mahnung vergeblich blieb, verkündete er 1215 einen neuen Kreuzzug. Das lateinische Kaisertum in Konstantinopel aber hat das Schwarze Meer der westlichen Kultur und dem venetianischen Handel geöffnet. Die Verbindung mit den Flüssen und Verkehrswegen Osteuropas war hergestellt ...«[7] Völlig kritiklos wird da die Behauptung übernommen und an die Jugend weitergegeben, mit der Vernichtung Konstantinopels habe »die Wiedervereinigung der östlichen und der westlichen Kirche« begonnen. Wahr ist das Gegenteil.

Bereits bei der Eroberung Zaras (heute Zadar) offenbarte sich freilich nicht nur die fortgeschrittene Verweltlichung des Kreuzzugsgedankens, sondern vor allem auch der wahre Charakter jener »westlichen Kultur«, mit der der Osten bis zum Schwarzen Meer fortan beglückt werden sollte: nicht nur galt Ungarn, dem Zara im Namen des Kreuzes entrissen wurde, seit seiner Christianisierung als allen europäischen Monarchien ebenbürtiges christliches Königreich; sondern der Ungarnkönig hatte darüber hinaus selber das Kreuz genommen. Und als die dalmatinischen Bewohner von Zara im November 1202 die Kreuzfahrer herankommen sahen, stellten sie Kruzifixe und Kerzen auf ihre Stadtmauer und flehten im Namen Christi um Gnade. Doch das half ihnen alles nichts, denn es war nun einmal beschlossen worden, hier das Winterlager aufzuschlagen und in den nächsten Monaten von den Vorräten der reichen Hafenstadt zu leben. Die Mauern, Türme und Paläste der Stadt wurden fast völlig zerstört.

Es ist durchaus möglich, daß Innozenz III. über diese Entwicklung nicht besonders glücklich war. Vor allem anderen aber war der Sohn des Grafen von Segni, der schon mit knapp 38 Jahren zum Stellvertreter Gottes auf Erden erwählt worden war (er selbst sagte einmal, ein Papst sei zwar weniger als ein Engel, doch mehr als ein Mensch), Realpolitiker. Die Wiederherstellung des Kirchenstaates und die Stärkung der weltlichen Macht seines Amtes lagen seinem Herzen näher als die Unbeflecktheit der kirchlichen Moral. Kaum daß er Papst geworden war, besetzten seine Truppen denn auch schon die Toscana und das Herzogtum Spoleto. Mit besonderem Argwohn aber verfolgte er das stete Wachstum des deutschen Reiches, das durch die jetzt etablierte Einheit mit den sizilianischen Erblanden für den Kirchenstaat unmittelbar bedrohlich wurde. In der strittigen Kaiserfrage unterstützte er deshalb den mit England verbündeten Welfen, Otto IV., einen Neffen des Richard Löwenherz, gegen die Staufer, wodurch er dessen Verzicht auf die alten Reichslehen in Italien erwirken konnte. Und nur zu bereitwillig ermächtigte er den eroberungslüsternen Domherren von Bremen, sich das längst friedlich christianisierte Livland gewaltsam zu unterwerfen. Nach dem Vorbild der Templer und Johanniter wurde der Ordo domus Sanctae Mariae Teutonicorum, besser bekannt als Deutschherren- oder Deutschritterorden, aufgebaut, dessen Kriegsziele bald weniger in Palästina als in Osteuropa lagen, bis hin zum Kampf gegen die Kumanen im ungarischen Transsilvanien.

Der Papst drohte mit Exkommunikation, sollte der Kreuzzug derart unchristlich weitergehen, aber ausdrücklich Einhalt gebot er ihm nicht. Als die Kreuzfahrer folglich im Frühjahr von Korfu aus in See stachen und, statt nach Süden zu segeln, Kurs auf Konstantinopel nahmen, führte der über 90jährige, blinde Doge von Venedig, Enrico Dandolo, den Vorwand für diese weitere Abweichung an Bord seines Schiffes gleich mit: den byzantinischen Kronprätendenten Alexios, der den Sturz und die Blendung seines Vaters, des greisen Kaisers Isaak II., rächen und selbst den Thron einnehmen wollte. Dem Dogen und den übrigen Anführern hatte er versprochen, als Kaiser sein ganzes Reich der römischen Kirche zu unterstellen, den Rittern aber und dem Fußvolk hatte er gigantische Summen an Silberlingen zugesagt.

In Konstantinopel einen Herrscher zu wissen, der ihm zu Dank verpflichtet war, und dadurch den Rivalen Genua und Pisa uneinholbar voraus zu sein, war fraglos der erste Beweggrund Dandolos. Persönlich war er darüber hinaus auch noch von Rachegefühlen getrieben, denn er war felsenfest überzeugt, durch Machenschaften der Byzantiner sein Augenlicht verloren zu haben – für seinen Haß war längst unerheblich, ob das zutraf oder nicht.

Die Flotte der Kreuzfahrer näherte sich der Stadt, die noch niemals eingenommen worden war, nur indirekt – vom Ostufer des Bosporus her – und ohne erkennbare Zeichen der Kampfbereitschaft. Die Kaiserlichen mußten annehmen, die fahrenden Ritter würden sich auch diesmal, wie zuvor, mit Proviant und Bestechungsgeldern zufriedengeben. Deshalb ließ Alexios III., der Usurpator auf dem Thron, ihnen eine Botschaft zukommen: Er wundere sich zwar über ihren Besuch, da sie aber allesamt Christen seien – »que vos estes crestiens, et il est crestien; et bien set que vos iestes meü por la sainte Terre d'oltremer, et por la sainte-Croiz et por le Sepulcre rescore« –[8], sollten sie sich nur bedienen, Fleisch und Getreide an Bord nehmen, allerdings unter der einen Bedingung, daß sie dann friedlich weiterreisten.

Sie aber antworteten, sie seien hier, weil er das Reich zu Unrecht beherrsche, »contre Dieu et contre raison«. Der rechtmäßige Kaiser sei sein Neffe, der Sohn des abgesetzten Isaak, und den hätten sie gleich mitgebracht, um ihn mit Gott zu inthronisieren.

Der Doge mußte jedoch wissen, daß der Thronanspruch seines Günstlings Alexios gar nicht zu legitimieren war. Und er wußte auch, daß es vom Meer aus gelingen konnte, Konstantinopel einzunehmen; denn von der byzantinischen Flotte, die einst das Mittelmeer beherrscht und von der die venezianischen Seeleute die Kunst des Galeerenkampfes gelernt hatten, vermoderte nur noch ein kläglicher Rest hinter den Ketten des Goldenen Horns. Sollten die französischen Kreuzfahrer dem Venezianer wirklich geglaubt haben, es werde genügen, dem Volk den jüngeren Alexios zu präsentieren, um einen Umsturz herbeizuführen, so hatten sie sich geirrt. »Er ist nicht unser Kaiser!«, riefen die Griechen entrüstet von ihren Mauern hinunter, als ihnen ihr »rechtmäßiger« Herrscher vorgestellt wurde. »Wir haben noch nie etwas von ihm gehört!«

Aus Furcht vor ihrem Kaiser hätten sie so reagiert, schrieb der Augenzeuge Geoffroy de Villehardouin, Marschall der Champagne, in seinen Aufzeichnungen »La conquête de Constantinople«[9], stets darauf bedacht, die Untaten der Kreuzfahrer vor der Nachwelt zu rechtfertigen. Wenn es folglich auch leichtsinnig wäre, seinen Bericht für objektiv zu halten, zumal er es war, der die ersten Verhandlungen mit dem Dogen über die Bedingungen des Kreuzzuges geführt hatte, so bleibt diese erste Prosachronik in altfranzösischer Sprache dennoch eines der wertvollsten Dokumente jener Zeit.

Zwar gibt es noch eine ganze Reihe weiterer Quellen, aus denen Historiker schöpfen können, doch auch sie lassen deutlich die Zuneigung des jeweiligen Verfassers zum einen oder anderen Lager erkennen. Auf französicher Seite verdient natürlich Robert de Clari Erwähnung, dessen von Vermutungen und Gerüchten praller Bericht[10] allerdings mehr einer Soldatenstory gleicht. Aus griechischer Sicht beschreibt Niketas Choniates, der unter Isaak Minister gewesen war und den Kaiser 1187 auf dem Kriegszug gegen die Walachei und Bulgarien begleitet hatte, ebenso schmerz- wie schamerfüllt die grausame Erniedrigung, die Verwüstung und die Plünderung der schönsten und reichsten Christenstadt Europas.

Denn das ist, was im Jahre des Unheils 1204 im Namen Gottes (Deus lo vult!) schließlich geschah. »Sie (die Kreuzritter) hatten das Kreuz genommen und darauf wie auf die Heiligen Evangelien einen Eid abgelegt, daß sie durch die christlichen Länder ohne Blutvergießen ... hindurchziehen würden«, schrieb Niketas bitter enttäuscht. »Sie hatten uns erzählt, daß sie ausschließlich gegen die Sarazenen ihre Waffen ergriffen hätten und daß sie diese nur in deren Blut tauchen wollten. Sie hatten gelobt, keusch zu bleiben, solange sie das Kreuz als Krieger Christi trügen. Doch anstatt sein Grab zu verteidigen, haben sie den Gläubigen Gewalt angetan, die Seine Glieder sind. Sie gingen mit den Christen schlimmer um als die Araber mit den Italikern, denn die Araber respektierten wenigstens die Frauen ... Sie aber hatten vor nichts Achtung, weder vor Kirchen, noch vor den heiligen Bildern Christi und der Heiligen. Sie benahmen sich wie Feinde des Kreuzes! Sie begingen Schändlichkeiten an Männern, ehrenwerten Frauen, Jungfrauen und jungen Mädchen ...«

Klöster wurden geplündert, Nonnen vergewaltigt, und in die Hagia Sophia drangen, zum Teil zu Pferde, randalierende Marodeure ein. Sie brachen die Altäre auf und in die Sakristeien ein, rissen Edelmetall von den Ikonen und schmolzen dies wie alle sakralen Gefäße, deren sie habhaft werden konnten, zu Goldklumpen und zu Münzen ein. Drei Feuersbrünste hatten schon zuvor »mehr Häuser niedergebrannt als es in den drei größten Städten Frankreichs insgesamt gibt«, so Villehardouin. Und sie haben Kunst- und Literaturschätze vernichtet, von denen sich die westliche Welt überhaupt keine Vorstellung machen konnte.

Die Venezianer ihrerseits zeigten schon mehr Sachverstand: Sie zerstörten nichts, sie raubten nur. Der Brite Bradford[11] macht darauf aufmerksam, daß nicht nur die berühmte Quadriga des Markusdomes in Venedig, sondern fast der gesamte Inhalt der Schatzkammer dort, dazu fast alle zweiunddreißig Abendmahlskelche und sogar der berühmte Cloisonné-emaillierte Reliquienschrein mit einem Stück des wahren Kreuzes Christi allesamt Beutestücke aus jener gigantischen Plünderung sind. Ja, es gibt heute in Westeuropa kaum eine größere Kathedrale, in der nicht ein Reliquienschrein oder eine andere kostbare Trophäe den Sieg der »westlichen Kultur« über »die Barbaren des Ostens« demonstrierte.

Auf den Thron des Patriarchen setzten die keuschen Kreuzritter eine stadtbekannte Hure, die unzüchtige Lieder sang und tanzte, »um ihre Verachtung zu zeigen, womit sie den Namen Gottes entehrte«, so Niketas. Und als am 8. Mai 1204 keiner der beiden Alexios' mehr im Wege stand, »wählten« die strahlenden Sieger einen ihrer Führer, den Grafen Balduin von Flandern, zum Kaiser, und acht Tage später krönten sie ihn.

Der Doge Dandolo nannte sich fortan »Herzog von Dalmatien und Kroatien, Herr des vierten und noch eines halben Teiles des Römischen Reiches und Despot«. Als das byzantinische Reich wie ein Opfertier geschlachtet und in verschiedene Grafschaften und Fürstentümer zerlegt wurde, sicherte sich der weitsichtige Blinde alle Handelshäfen an der ionischen und an der peloponnesischen Küste, die wichtigsten Inseln der Kykladen und den bedeutenden Binnenhandelsplatz Adrianopel. Er selbst betrieb fast 100jährig noch einen Feldzug gegen die Bulgaren, den Villehardouin für ihn ausführte, und starb dann friedlich und zufrieden in den purpurnen Stiefelchen eines byzantinischen Mitkaisers.

Villehardouin wurde von Balduin zum Marschall des Lateinischen Reiches, dem man den Namen Romania gab, ernannt. Dieses Imperium Romanum hielt ganze 57 Jahre lang. Der Marschall der Champagne und der Romania starb zwischen seinem 63. und seinem 68. Lebensjahr irgendwo in Griechenland. Der Chronist Niketas aber war gemeinsam mit dem Patriarchen und einem Teil des Hofstaats nach Nikaia geflohen.

Jener aber, der sich auf Erden »die Würde Petri angemaßt«, wie Dante 100 Jahre später in seinem »Paradies« über den caesarenwahnsinnigen Papst Bonifaz VIII. schrieb, Innozenz III. nämlich, begrüßte zunächst in einem Schreiben an »Kaiser« Balduin enthusiastisch die Unterwerfung der Ostkirche als endgültige Überwindung des Schismas. Als ihm jedoch eingehendere Berichte über die Vorgänge in Konstantinopel vorgelegt worden waren, verwandelte sich seine anfängliche Begeisterung in Entsetzen, zumal er ziemlich bald erfuhr, daß der orthodoxe Klerus nach diesen Erfahrungen weniger denn je gewillt war, sich dem Willen Roms zu unterwerfen.

»Ihr standet unter dem feierlichsten Eid Unseres Herrn – und dennoch habt Ihr diese Gelöbnisse völlig in den Wind geschlagen«, schrieb Innozenz an Balduin[12]. »Ihr habt Euer Schwert nicht gegen die Ungläubigen, sondern gegen Christen gezogen. Ihr habt nicht Jerusalem erobert, sondern Konstantinopel. Ihr habt nicht nach himmlischen Reichtümern getrachtet, sondern nach irdischen. Was aber noch schwerer wiegt: nichts ist Euch heilig gewesen – weder Alter noch Geschlecht. Vor den Augen der ganzen Welt habt Ihr Euch Liederlichkeiten, Ehebruch und Prostitution hingegeben. Ihr habt nicht nur verheiratete Frauen und Witwen vergewaltigt, sondern selbst Frauen und Jungfrauen, die ihr Leben Christus geweiht hatten. Ihr habt nicht nur die Schätze des Kaisers und der armen und reichen Bürger geraubt, sondern selbst die heiligen Stätten der Kirchen ausgeplündert. Ihr seid in heilige Hallen eingebrochen, habt die geheiligten Altargegenstände gestohlen – selbst vor Kruzifixen habt Ihr nicht haltgemacht – und zahllose Bilder und Reliquien der Heiligen habt Ihr geraubt. Wen überrascht es da, daß die geschlagene und geschundene griechische Kirche dem Apostolischen Stuhl jeden Gehorsam verweigert? Wen überrascht es da, daß sie in allen Lateinern lediglich Verräter und Handlanger des Teufels sieht und alle für Schufte hält?«

Es habe niemals ein größeres Verbrechen an der Menschheit gegeben als den Vierten Kreuzzug, urteilte noch 750 Jahre später Runciman[13], bevor er die volle Wahrheit über den Holocaust der Hitlerzeit erfuhr: »Er verursachte nicht nur die Zerstörung oder Zerstreuung all der Schätze der Vergangenheit, welche Byzanz so hingebungsvoll aufbewahrt hatte, und die tödliche Verwundung einer Zivilisation, die noch groß und lebenskräftig war, sondern er war auch ein Akt gigantischer politischer Torheit. Er brachte den Christen in Palästina keine Hilfe. Stattdessen beraubte er sie ihrer möglichen Helfer. Und er stürzte das gesamte Verteidigungswerk der Christenheit um.«

Die Mönche Bogumil und Franziskus

»Als unser Herr und Alleinherrscher Stefan Nemanja, der über das ganze serbische Land herrschte, zur Jagd kam und hier dem Wilde nachstellte, gefiel es ihm, in dieser Wildnis als Niederlassung und Pflanzstätte des Mönchtums dieses unser Kloster zu errichten: Studenica. Denn uns allen und anderen soll offenbar werden, daß Gott, der die Menschen zu Besserem lenkt und nicht das Verderben der Menschen will, diesen wahrhaft dreimal seligen Herrn und Vater ... eingesetzt hat, über das ganze serbische Land zu regieren ...« Ehrfurchtsvoll beschreibt Rastko, der jüngste Sohn des serbischen Fürsten, des Gründers der großen Dynastie der Nemanjiden, seinen Vater, der »das väterliche Erbe erneuert, noch stärker gefestigt und sein in Verfall geratenes Ahnenerbe wiederum aufgerichtet« habe, ja »mit Klugheit und Arbeit« das alles, »sein einst durch Gewalt verlorenes Ahnenerbe, das, was ihm vom serbischen Land zustand« und sehr viel mehr, gewiß nicht ohne weltliche Gewalt, erworben hatte; nämlich weite Landstriche der heutigen Republiken bzw. Provinzen Albanien, Montenegro, Dalmatien, Kosovo sowie das Tal des Donau-Nebenflusses Morava. »Mit Gottes Hilfe wurde seinem Reiche von allen Seiten Ruhe und Friede zuteil, denn wahrhaftig, er wurde von allen, die um ihn lebten, bewundert und gefürchtet, und sein Herrschertum währte 37 Jahre, als Ganzes und von niemandem verletzt ...«[1]

Gar so siegreich aber, wie von seinem Sohn beschrieben, war der Großžupan Stefan Nemanja keineswegs gewesen. Die große Schlacht an der Morava im Jahre 1190 hatte er vielmehr verloren. Der Abschluß eines formellen Friedensvertrags zwischen Serbien und Byzanz bedeutete allerdings endlich die ausdrückliche Anerkennung des staatlichen Eigendaseins Serbiens, und daß der Kaiser dem zweiten Sohn des Nemanja, Stefan, seine Nichte Eudokia in die Ehe gab und ihm den Titel eines Sebastokrators verlieh, unterstrich noch die Bedeutung, die Serbien in letzter Zeit gewonnen hatte.

Nachdem er sein Reich solchermaßen gesichert und sein dynastisches Erbe geordnet sah, übergab Stefan Nemanja dem ältesten Sohn Vukan die Zeta, dem zweiten Sohn, Stefan, den man später »Prvovenčani«, den Erstgekrönten, nannte, die zentrale Macht und zog sich in das schönste der zahlreichen von ihm gegründeten Klöster, eben nach Studenica, zurück. Dort nahm er den Namen Simeon an. »Unser Vater Herr Simeon tat, wie es im Evangelium geschrieben steht, verkaufte alles, was er hatte, und erwarb sich nur die kostbare Perle Christi ...« Nach etwa zwei Jahren folgte Simeon seinem Lieblingssohn Rastko auf den heiligen Berg Athos, wo er ein weiteres Kloster, Chilandar, erbauen ließ, in dem er im Jahre 1200 verschied.

Alles andere als Ruhe und Friede überzog in der nächsten Zeit sein Reich. Nachdem Rastko, der inzwischen den Mönchsnamen Sava trug, acht Jahre auf dem Berge Athos verbracht hatte, »entstanden in jenem Lande viele Wirrnisse, da die Lateiner daherkamen und Konstantinopel eroberten, das ehemalige griechische Land; sie drangen sogar bis zu uns vor und zu diesem heiligen Ort, und es herrschte eine große Verwirrung.« 1205 war nämlich auch Thessalonike eingenommen und mit seinem Umland zu einem der Lehensstaaten des lateinischen Kaiserreiches deklassiert worden, als dessen Herrscher innerhalb von nur 30 Jahren ein fränkischer, ein griechischer und ein bulgarischer König einander ablösen sollten. Die hieraus entstehenden Unruhen brachten den Frieden des Heiligen Berges und mithin das Grab des Stefan Nemanja tatsächlich in Gefahr.

»Als sich die Kunde von diesen Wirrnissen von hier aus verbreitet hatte, erreichte mich ein Sendschreiben vom christuslic benden und frommen, von Gott erwählten und vom seligen Vater Simeon gesegneten, dessen Reich regierenden Stefan ... und von dessen Bruder, dem Großfürsten Vukan«, schrieb der Mönch; er möge »die ehrwürdigen Gebeine« des gemeinsamen Vaters nach Serbien bringen, »damit die Wirkung seines Segens an uns offenbar werde«. In einem »für dieses Vorhaben günstigen Augenblick« ging Rastko/Sava heimlich hin, öffnete das Grab des heiligen Greises »und fand seinen seligen Körper ganz und unversehrt, obgleich er hier im Grabe bereits acht Jahre gelegen hatte. Denn das gebühret jenen, die gottgefällig gelebt, daß sie auch nach dem Tode verherrlicht werden...« Die Unverweslichkeit seines Leibes war in der Tat für einen Heiligen damals ein unverzichtbares Attribut.

Sava brachte die sterblichen Überreste des fürstlichen Vaters nach Hvostno – in das Gebiet zwischen Peć und Studenica im heutigen Kosovo – und rief seine beiden Brüder herbei. Viele Bischöfe, Priester und Mönche eilten herzu, sangen geistliche Lieder und dankten Gott. »So nahmen auch die beiden gottgefälligen und wohlgestalten Söhne und der ganze Staat ihn auf, und sie freuten sich in Freuden und waren fröhlich in Fröhlichkeit und trugen selbst den verehrungswürdigen Leichnam ihres Vaters. Und mit großen Ehren setzten sie ihn in dieser heiligen Kirche bei, in der vorausbestimmten Grabstätte, die der Selige selbst von allem Anfang an für sich vorbereitet hatte«. Und dies geschah am 19. Februar 1208 in Studenica.

Zwischen den »gottgefälligen und wohlgestalten« Brüdern freilich herrschte nicht nur Liebe zu dieser Zeit. Denn Vukan, der älteste, hatte von Zeta aus mit päpstlicher und ungarischer Hilfe versucht, das gesamte Erbe an sich zu reißen, war jedoch an dem realpolitischen Gespür Stefans und an dessen geschicktem Taktieren zwischen Rom, Bulgarien und Ungarn gescheitert. Stefan wachte fortan argwöhnisch über seinen Bruder und verstieß wohl auch ohne sonderliche Skrupel seine kaiserliche Gemahlin Eudokia, kaum daß die Verbindung mit Byzanz seinem Staate nichts mehr einbringen konnte. In zweiter oder gar dritter Ehe führte er Anna Dandolo heim, eine Enkelin des siegreichen Dogen von Venedig.

Anna war eine Tochter jenes Renier Dandolo, der als westlicher Repräsentant der Familie auch weiterhin in Venedig residierte. Ganze Schiffsladungen kostbaren grünen Marmors, wird berichtet, seien aus Konstantinopel dorthin geschickt worden, zum Bau seines gigantischen Palastes am Canale Grande, dessen Ruinen im späten 19. Jahrhundert tatsächlich ausgegraben worden sind. Annas Onkel Marco war Herr über Andros geworden, während Onkel Giovanni eine mächtige Handelsgesellschaft gegründet hatte, welche die Kolonie von Tyros ausbeutete. Eine

Dandolo mit ihrer sicher beachtlichen Mitgift war aber nicht nur deshalb eine gute Partie, sondern sie öffnete im lateinischen Westen auch einem »schlecht getauften« Serben Tür und Tor. 1217 erhielt denn auch Annas Ehemann, Großžupan Stefan Prvovenčani, der eben noch Schwiegersohn des griechischen Kaisers gewesen war, aus der Hand eines Legaten des Papstes die Königskrone.

Drei Jahre zuvor war zwischen den beiden Kaiserreichen Frieden geschlossen und eine Grenze festgelegt worden, die den Lateinern die nordwestliche Ecke Kleinasiens, den Griechen aber das verbleibende Gebiet bis zum Reiche der Seldschuken zusicherte. Griechische Hauptstadt war Nikaia. Das solchermaßen erzielte Gleichgewicht, das im Grunde auf beiderseitiger Erschöpfung beruhte, konnte kaum von Dauer sein. Für die Lateiner begann denn auch schon 1216 mit dem Tode ihres zweiten Kaisers, Heinrich, eines Bruders des ersten, Balduin von Flandern, welcher in bulgarischer Gefangenschaft verschollen war, der unaufhaltsame Niedergang. Der Grieche, Theodor Laskaris, aber war – ganz der byzantinischen Tradition gemäß – ein geschickter Diplomat, der Kriegen aus dem Wege ging. Er heiratete eine Nichte der beiden lateinischen Kaiser und gestand den Venetianern sämtliche nur denkbaren Rechte und Titel zu, nannte sich selber aber (in einem häufig zitierten Brief an den Dogen) in schönstem Selbstverständnis auch weiterhin »imperator et moderator Romeorum et semper augustus«.

Die Südslawen sahen in Nikaia die eigentliche Erbin von Byzanz, und da der Patriarch gleichfalls dorthin geflohen war, betrachteten sie die neue Hauptstadt zugleich als neues Zentrum der Orthodoxie. Der dritte Nemanja-Sohn Rastko/Sava ignorierte die Westwendung seines Bruders Stefan, die dieser längst zu bereuen begann, überging den für Serbien zuständigen Bischof von Ohrid und wandte sich direkt an den Patriarchen von Nikaia. Erfreut über die implizierte Anerkennung seiner Hoheitsrechte weihte jener den königlichen Mönch vom Berge Athos zum autokephalen Erzbischof Serbiens. Diese kirchliche Eigenständigkeit, die von Rom – wie sich längst gezeigt hatte – keinesfalls zu erwarten war, bedeutete für das junge serbische Königreich einen unschätzbaren Gewinn. Ab jetzt bildeten Kirche und Staat eine Einheit, miteinander verbunden durch das Gefühl der Zusammengehörigkeit einer noch jungen, doch bereits recht selbstbewußten, nämlich sich ihres Unterschiedes von anderen bewußten Nation. Die prächtig ausgestalteten Klöster und Kirchenstiftungen der Nemanjiden mit ihren eindrucksvollen Fresken, welche die Herrscher als Heilige zeigen, zeugen davon bis auf den heutigen Tag.

Um das Jahr 1300 herum eroberte der Enkel Stefans des Erstgekrönten, Stefan Uroš II. Milutin, der hintereinander mit einer Prinzessin von Thessalien, einer von Ungarn, einer von Bulgarien und einer Byzantinerin aus dem Hause Palaiolog verheiratet war, Nord-Makedonien. Unter seinem Enkel Stefan Dušan kamen Süd-Makedonien, Thessalien, Albanien und Epirus hinzu, so daß der achte Nemanjidenherrscher, der seine Hauptstadt nach Skopje verlegte, sich 1346 zum Kaiser der Serben und Griechen krönen lassen konnte. Damit hatte das mittelalterliche Serbien seine größte Ausdehnung erreicht. Bald nach Stefan Dušans Tod jedoch nahmen die Ungarn Belgrad ein, und 1371 kam Makedonien unter türkische Herrschaft. Nachdem die Nemanjiden ausgestorben waren, wurde vorübergehend Tvrtko I. von Bosnien auch König von Serbien. Der Serbenfürst Stefan Lazarević versuchte, den Widerstand des gesamten Balkans gegen die Osmanen zu organisieren, unterlag jedoch mit seinem buntgemischten Heer am 15./28. Juni 1389 auf dem Amselfeld (Kosovo polje). (Zwischen dem Julianischen und dem Gregorianischen Kalender, der alten und der neuen Zeitrechnung, bestehen 13 Tage Unterschied.)

Dieser Tag des Heiligen Veit, der Vidovdan, nicht also der Tag eines glänzenden Sieges, sondern der einer ebenso schmachvollen wie schicksalsträchtigen Niederlage, ist bis heute Nationalfeiertag der Serben geblieben. Die Verpflichtung, diesen »Fluch von Kosovo« auszulöschen, erfüllt all ihre patriotischen Gesänge. »Kosovo je polom srpskog naroda« (Kosovo ist das Verhängnis des serbischen Volkes), schrieb der serbische Bosnier Ivo Andrić einmal. Vidovdan, das ist der Tag, an dem noch heute in den serbisch-orthodoxen Kirchen Jugendliche in farbenprächtigen Nationalkostümen kriegerische Versepen deklamieren; der Tag, an dem die Frauen Serbiens einander besuchen und zum

Verlust ihrer tapferen Männer kondolieren; der Tag, an dem nicht nur 1914 das Attentat von Sarajevo geschah, sondern an dem auch sieben Jahre später die Verfassung des »Königreiches der Serben, Kroaten und Slowenen« – in Abwesenheit der kroatischen Bauernpartei – vom gemeinsamen Parlament aller Südslawen angenommen wurde; an dem 1948 das Kominformbüro Titos »eigenen Weg« zum Sozialismus verdammte und an dem viele Jahre hindurch die Staatssicherheit Jugoslawiens in höchste Alarmbereitschaft versetzt wurde; der Tag, an dem der kroatische Präsident und Parteichef Marschall Tito aus Sicherheitsgründen nie die hohen Mauern seines Schloßparks verließ; der Tag schließlich, an dem 1989 der neue Serbenführer Milošević die Sechshundertjahrfeier auf dem von wilden Peonien blutroten Amselfeld zum Anlaß nahm, vor hundertausend erregten Untertanen chauvinistische Reden zu schwingen und den Kroaten Rache zu schwören für alles, was sie unter ihrem Faschistenführer Ante Pavelić und unter ihrem Kommunistenführer Josip Broz (genannt Tito) dem serbischen Volke angetan hatten – zuletzt den »Raub des Kosovo«.

Auch im Bewußtsein der Bulgaren sind vom Beginn des 13. Jahrhunderts an staatliche und kirchliche Eigenständigkeit zu einer untrennbaren Einheit verschmolzen. Zunächst hatte auch Zar Kalojan sich, wesentlich eilfertiger noch als sein serbischer Vetter, von Kardinal Leo als päpstlichem Gesandten die Krone aufs Haupt drücken zu lassen; verärgert über die gezielte Graecisierung seiner Kirche durch Konstantinopel, fand er sich schon im November des Schicksalsjahres 1204 dazu bereit. Und nicht nur zwei, sondern ganze 30 Jahre lang hielt diese aus der Not geborene kirchliche Union mit Rom – der militärischen Allianz war allerdings eine sehr viel kürzere Dauer beschieden.

Denn in sträflicher Borniertheit hatte die lateinische Verwaltung das Anerbieten der griechischen Aristokratie in Thrakien, die neue Herrschaft widerspruchslos zu akzeptieren, vorausgesetzt, daß die Grundbesitz- und Lehensverhältnisse unverändert blieben, abgelehnt. Daraufhin erhob sich der thrakische Landadel gegen die lateinischen Besatzer und rief den Bulgaren-Zaren Kalojan zu Hilfe. Mit bulgarischen und kumanischen Truppen rückte dieser in Thrakien ein. In der Nähe von Adrianopel kam es am 14. April 1205 zur Entscheidungsschlacht, in deren Verlauf »Kaiser« Balduin gefangen genommen wurde und verschwand, auf Nimmerwiedersehen.

Die Früchte dieses Sieges freilich hat Kalojan nicht sehr lang genießen können: Schon zwei Jahre später starb er auf rätselhafte Weise, wahrscheinlich durch Mord. Ein Usurpator namens Boril bemächtigte sich der päpstlichen Bulgaren-Krone, verlor aber in den elf Jahren seiner Herrschaft vor allem in den Randregionen seines Reiches beträchtliche Ländereien an eigenwillige Woiwoden, die versuchten, eigenständige Fürstentümer aufzubauen. Vor allem aber verlor er den Kampf gegen die staatsfeindliche Sekte der Bogomilen (auch Bogumilen), deren dualistische Ideen sich vom Balkan aus über ganz Europa verbreiteten.

Schon um das Jahr 930 herum war in Bulgarien ein Priester namens Bogomil (Gottlieb) aufgetaucht und durch das Land gezogen, der die Verweltlichung der Kirche verdammte und zu Armut, Buße, Demut und Gebet aufrief. Die Welt sei von Grund auf schlecht, weil sie vom »bösen Gott« des Alten Testamentes, nämlich Satan, erschaffen worden sei, sagte er. Die Anhänger des Bogomil aßen kein Fleisch, tranken keinen Wein und lehnten die Ehe ab. Sie kritisierten den Reichtum des Adels, die Macht der byzantinischen Beamten und den Pomp der Kirche und stachelten dadurch die geknechtete Bevölkerung von wehrlosen Bauern zu Ungehorsam und Widerstand auf.

Nach dem Sieg des Bulgarentöters, Basileios II., wurde der dualistische Glaube des Bogumil an die gemeinsame Allmacht Gottes und Satans von einigen Adelsfamilien nach Konstantinopel gebracht und dort von byzantinischen Mönchen übernommen, die ihrerseits mit der Verweltlichung ihrer Kirche unzufrieden waren. So erhielt die zunächst bäuerische Glaubensrichtung einen theologischen Überbau. Allmählich differenzierte sich die Lehre, bis es zu einer Spaltung kam. Die Anhänger der jüngsten Variante, daß Satan nicht nur Gottes Sohn, sondern Gottes gleichberechtigter Gegenspieler sei, sammelten sich in der »dragowitischen« Kirche, nach einer Landschaft in Thrakien benannt; die Altbogomilen nannte man von nun an »bulgarisch«.

Die Sekte verbreitete sich über Kleinasien wie über den Balkan bis zur Adria, und die Zahl ihrer Gläubigen nahm ständig zu. Schließlich drangen bogomilische Missionare über Dalmatien bis nach Italien, ja bis in den Süden Frankreichs vor. In Bulgarien gelang es dem Bogomilismus in den Wirren, die dem Fall Konstantinopels folgten, zunächst, offiziell anerkannt zu werden. Als jedoch die sozial-religiösen Spannungen zu einem Problem zu werden begannen, versuchte Zar Boril den Konflikt auf einem eigens in seine Hauptstadt Tarnovo (Trnovo) einberufenen Konzil zu lösen. Vergeblich, wie sich zeigen sollte. Daraufhin wurde den Sektierern der Kampf angesagt.

Ein Vetter Zar Borils namens Slav schuf auf den Höhen der Rhodopen, einem Gebirgszug, der teils zu Bulgarien, teils zu Nordgriechenland gehört, damals ein eigenes Fürstentum, das vermutlich geschlossen zum Bogomilentum übertrat. Denn dort lebt auch heute noch der slawische Stamm der Pomaken, der sich in Sprache, Sitten und Wirtschaftsweise kaum von den orthoxen Bulgaren unterscheidet, aber dem Islam angehört. Da die Bogomilen unter osmanischer Besetzung seit der Wende vom 14. zum 15. Jahrhundert auch andernorts zum islamischen Glauben übertraten, gehen fast alle Forscher davon aus, daß diese tabakanbauenden Pomaken vor dieser Zeit Bogomilen gewesen waren.[2]

Aber nicht nur bei den Pomaken, sondern in den Traditionen und Legenden des gesamten Balkanraumes leben viele Ideen der Bogomilen unverändert bis heute fort. Sie wurden vor allem durch apokryphe Schriften überliefert, die zum Teil viel älter waren, denen aber dualistische Vorstellungen beigemengt wurden. Nicht nur gehen alle Schöpfungslegenden des Balkans, wie die eingangs nacherzählte bulgarische Variante, davon aus, daß Satan seine Hand im Spiele hatte, sondern in der apokryphen Schrift »Adam und Eva« findet sich sogar der Passus eines »Vertrages« Adams mit Satan, demzufolge alle Menschen bis zum Erscheinen des Erlösers Christus dem Erschaffer der Erde, nämlich Satan, angehören sollten.[3]

Woher der Mönch Bogumil damals, vor über 1000 Jahren, seine asketischen Ideen nahm, ist heute nicht mehr feststellbar, zumal man über seinen Lebensweg nicht die geringste Kleinigkeit weiß, außer daß er wahrscheinlich aus den makedonischen

Bergen kam. Bulgarien war, vergessen wir das nicht, erst seit 865, nämlich seit der Taufe Boris/Michaels, oberflächlich christianisiert. Neben den heidnischen Überlieferungen, die in der slawischen Unterschicht sicher ungebrochen weiterlebten, waren auch die Traditionen der turkstämmigen Oberschicht bestimmt nicht ganz verloren gegangen. Dazu kamen die religiösen Ideen vieler Juden und Paulikianer, die sich seit der Mitte des 9. Jahrhunderts in Bulgarien niedergelassen hatten. In seinem »Bulgarenbrief« hat Papst Nikolaus I. im Jahre 866 die verworrene religöse Situation in dieser Gegend anschaulich beschrieben.

Einige Vorstellungen haben die Bogomilen ganz sicher von den Paulikianern übernommen. Diese etwa 200 Jahre zuvor im Bereich der byzantinischen Kirche entstandene dualistische Sekte, die sich selbst »christlich« nannte, von ihren Gegnern aber wegen ihrer besonderen Verehrung des Apostels Paulus mit dessen Namen belegt und mit einiger Skepsis beobachtet worden war, lehnte schon damals jeden Kult und jede Hierarchie ab. Während des Bilderstreites ließen die ikonenfeindlichen Kaiser sie gewähren, ab dem 9. Jahrhundert aber verfolgte man sie mit allen Mitteln. Die Paulikianer verbanden sich bald mit dem islamischen Emir von Melitene, bald mit anderen arabischen Fürsten, wurden aber dennoch besiegt und nach Thrakien verdrängt, von wo aus sie unter den Balkanslawen zu missionieren begannen. Ihre Sympathie für den Islam übertrugen sie auf die Bogomilen, was nicht ohne Folgen blieb.

Auch die Paulikianer freilich entstanden nicht im luftleeren Raum. Unschwer ist ihre Lehre mit der der Markioniten in Verbindung zu bringen, einer gnostischen Gemeinschaft aus frühchristlicher Zeit, die den erbarmungslosen Gott des Alten und den gütigen des Neuen Testamentes nicht als eine Einheit, sondern als Gegensatz ansahen. In diesem Sinne verstanden sie auch die Entgegensetzung von Gesetz (A.T.) und Evangelium (N.T.) bei Paulus. Die markionitischen Ideen wiederum verschmolzen spätestens ab dem 4. Jahrhundert mit der Lehre des Mani, der wohl reinsten Form einer dualistischen Gnosis, die gleichfalls zwei völlig symmetrische ewige Gottheiten kennt und die Erlösung des Menschen aus der Welt des Bösen anstrebt. Mani (sein Name ist ein altindisches Wort für »Juwel«) hatte sich nicht weniger vorgenommen, als eine Weltreligion zu stiften, in der seine »Brüder«, Buddha, Zarathustra und Jesus, vereint sein sollten. Dieser Synkretismus erleichterte die Verbreitung des Manichäismus von Persien aus, wo der Meister lehrte, bis China und bis zum Mittelmeer, obwohl sie extrem leibfeindlich und folglich frauenfeindlich war.

Auch Mani bezog sich ausdrücklich auf den Apostel Paulus, den er seinen Vater nannte. Wie so vieles wissen wir das freilich erst, seit Ende der 1960er Jahre sich in Köln ein zunächst unscheinbarer Pergamentklumpen aus Ägypten bei näherem Hinsehen als seine Biographie entpuppte.[4] Seit diesem überaus erstaunlichen Fund können die Experten immerhin hoffen, eines Tages auch den Lebenslauf des Bogumil aus dem Dunkel der Vergangenheit ans Tageslicht zaubern zu können.

Im Westen wurde der Manichäismus durch Jahrhunderte mit östlichem Aberglauben, ja Teufelswerk, gleichgesetzt. Da er weniger die Hierarchie der Kirche als die des Himmels in Frage stellte, galt er nicht nur als irgendeine Ketzerei, sondern als die Häresie schlechthin. Er war aber keineswegs nur im Osten verbreitet, sondern hatte schon früh auch im Weströmischen Reich, vor allem im nördlichen Afrika, Fuß gefaßt.

Dort, in der kleinen Stadt Thagaste, wurde schon im Jahre 354, also nur eine Generation nach dem Tode Konstantins des Großen, ein Punier geboren, dessen Vater Heide, dessen Mutter aber Christin war. Wie zu dieser Zeit noch durchaus üblich, erhielt er – und zwar in Karthago – eine gediegene rhetorische Ausbildung. Während seiner sehr bewegten Studienzeit, in der der temperamentvolle junge Mann unablässig Abenteuer suchte und auch fand, kam, so erzählte er später in einem wichtigen Werk, »das Buch eines gewissen Cicero« in seine Hände, das die Aufforderung enthielt, sich ganz der Philosophie hinzugeben. »Das Buch verwandelte die Gesinnung meines Herzens und richtete auf dich, Herr, meine Gebete und änderte mein Verlangen und meine Wünsche. Plötzlich welkten mir alle eitlen Hoffnungen, mit unglaublicher Glut des Herzens begehrte ich nach unsterblicher Weisheit, und ich begann, mich zu erheben, um zu dir zurückzukehren ... Wie brannte ich, mein Gott, wie brannte ich, das Irdische zu verlassen und zu dir zurückzufliehen...« Nach diesem Damaskus-Erlebnis ließ sich der junge Mann, den man heute den »Lehrer des Abendlandes« nennt, nicht etwa taufen, sondern er schloß sich den Manichäern an. Lange schlug er sich mit dem Gegensatz zweier kosmischer Prinzipien – Gott und Materie, Licht und Dunkel – herum, und er litt darunter, daß er seine persönliche Freiheit durch das Ausgeliefert-Sein an kosmische Mächte (und somit an das Böse) aufgehoben sah. Denn das war die einzige Erklärung dafür, daß er auch bei bestem Willen von seinem Lotterleben nicht lassen konnte.

Als der Sünder 30 Jahre zählte, schickte ihn ein heidnischer Gönner nach Mailand, wo er dem Bischof Ambrosius begegnete, der damals großes Ansehen genoß. Der Kirchenfürst verfocht die allgemeine Neuordnung der Gemeinden, die durchaus dem Geiste Manis entsprach: Ausschluß der Frauen vom Priesteramt, Trennung von Klerikern und Laien sowie Vorrangstellung der Bischöfe. Bei Mani war eine elitäre Gruppe von »Auserwählten« dazu ausersehen, sich durch radikale Askese aus der Umklammerung des bösen Fleisches zu befreien, während die niederen Anhänger, die »Hörer«, den Predigten der »Auserwählten« zu lauschen und diese um Vergebung ihrer Sünden zu bitten hatten.

Der Punier war von dem Bischof sehr beeindruckt, wandte sich jedoch zunächst mit der ihm eigenen Intensität den Schriften der Platoniker zu, wurde also noch immer kein Christ. Erst weitere zwei Jahre später erreichte ihn ein zweiter Ruf. Diesmal hörte er an einem schönen Sommertag im Nachbargarten eine Kinderstimme sagen: »Tolle, lege – nimm, lies!« Er nahm die Bibel, schlug sie auf und las im 13. Kapitel der Epistel des Heiligen Paulus an die Römer: »Lasset uns ehrbarlich wandeln als am Tage; nicht in Fressen und Saufen, nicht in Kammern und Unzucht, nicht in Hader und Neid; Sondern ziehet an den Herrn Jesum Christ, und wartet des Leibes, doch also, daß er nicht geil werde.«

Zu Ostern des nun folgenden Jahres, im Alter von 33 Jahren, wurde er von Ambrosius auf den Namen Augustinus getauft. Er entschloß sich, nach Afrika zurückzukehren, um sich fortan in seiner Heimatstadt in einer halbmönchischen Gemeinschaft mit Freunden der Meditation hinzugeben, wurde jedoch zum Priester berufen und bald darauf zum Bischof geweiht.

Offiziell hatte Augustinus den Manichäismus zu diesem Zeitpunkt natürlich aufgegeben; zeitlebens behielt er jedoch eine ganz und gar manichäische Auffassung von der »schlechten Natur« des Menschen bei, die eine Folge der Erbsünde sei und durch die Sexualität übertragen werde. Als Christ, sagt Eliade[5], sei Augustinus bemüht gewesen, den Menschen als Einheit von Leib und Seele darzustellen, »weil die Kirche ihm das zu glauben befahl«. Wann immer er aber zu philosophieren begann, fiel er in dualistische Definitionen zurück.

Augustinus gilt mit gutem Grund bis heute als größter und einflußreichster Theologe des Westens. In der Ostkirche jedoch ist er so gut wie unbekannt. Dies bestätigt nur einmal mehr, wie recht Arno Borst[6] mit der Behauptung hat, der Dualismus gehe nicht aus einer bestimmten historischen Tradition, sondern aus einer allgemeinen Rebellion gegen die Welt hervor, die überall dort ausbrechen kann, wo große Spannungen auszuhalten sind. Je nach den Umständen von Zeit und Raum verändert sich ihre äußere Form. Gemeinsam ist allen dualistischen Bewegungen aber die Abkehr von, ja die Flucht aus der als schlecht erkannten Welt.

In Bulgarien – wir erinnern uns – fielen zur Zeit des Bogumil nacheinander die Truppen des damals noch nicht christlichen Swjatoslaw von Kiew und des »Bulgarentöters« Basileios II. ein und richteten großes Unheil an. Am meisten zu leiden hatten die Bauern, deren Vieh geschlachtet, deren Vorräte geplündert und deren Behausungen niedergebrannt wurden. Die Botschaft von der Schlechtigkeit der Welt überzeugte sie auf den ersten Blick. Auch im Westen waren es vor allem Landarbeiter, die die neue Lehre aufnahmen, welche vom Balkan zu ihnen herüberkam. Unmittelbar nach der Jahrtausendwende kehrte in der Champagne eines Tages ein Bauer namens Leuthard von der Feldarbeit heim, verjagte seine Frau, zerschlug die Kruzifixe der Dorfkirche, verfluchte die Propheten des Alten Testamentes und verweigerte die Kirchensteuer. Da er schnell viele Anhänger um sich versammeln konnte, wurde er vor seinen Bischof gebracht, der ihn verhöhnte und einen Narren schalt, worauf der Bauer sich in einen Brunnen stürzte.

Leuthard blieb kein Einzelfall. Schnell griff im Süden Frankreichs, im Westen Deutschlands und in Italien die neue Bewegung auch auf die höheren Schichten des Adels und der Kleriker über; bald schon loderte ganz Westeuropa in einem einzigen Massenwahn. Der französische König Robert II. »der Fromme« (996–1031) sah sich schließlich genötigt, ein Gegenfeuer anzuzünden und verurteilte die Häretiker zum Scheiterhaufen.

Lachend zogen bald die ersten Opfer erster Ketzerprozesse in den Tod. Denn sie waren überzeugt, daß diese letzte Prüfung auf Erden ihnen die ewige Glückseligkeit garantiere: Durch das Martyrium geheiligt und durch das Feuer gereinigt, würden sie ohne weitere Umwege ins Paradies einziehen. Die Idee eines Fegefeuers als Reinigungsprozeß für alle jene, die in ihrem Leben nicht gut genug für den Himmel und nicht schlecht genug für die Hölle gewesen waren, tauchte genau in dieser Zeit überhaupt zum ersten Mal in den Köpfen der Theologen auf. Und wieder beriefen sie sich auf den Apostel Paulus, welcher in seinem ersten Brief an die Korinther schrieb: »So wird eines jeglichen Werk offenbar werden; der Tag wird's klar machen, denn es wird durchs Feuer offenbar werden, und welcherlei eines jeden Werk sei, wird das Feuer bewähren.« Vor der Wende zum 13. Jahrhundert hat es den Begriff des Purgatoriums nicht gegeben.[7] In der Ostkirche kennt man ihn bis heute nicht.

In einer zweiten gewaltigen Welle schwappten die bogomilischen Ideen mit den vom Balkan heimkehrenden Kreuzfahrern über die westlichen Gestade hinweg. Erneut war das äußere Erscheinungsbild der Ketzerei nicht identisch mit seinem östlichen Pendant, sondern es hatte sich schon bald den materiellen Bedingungen von Zeit und Umgebung angepaßt. Und schon fünf Jahre nach der Zerstörung Konstantinopels rief Innozenz III. zum längsten und grausamsten aller Kreuzzüge auf, der nur deshalb offiziell nicht mitgezählt wird, weil er christliche Abtrünnige diesmal nicht im Osten, sondern im Westen heimsuchte: die dualistischen katharischen Albingenser, die sich vor allem im Süden Frankreichs ausgebreitet hatten. Der eigentliche Krieg, den zunächst der Abt des Klosters von Cîteaux mit, wie wir schon gesehen haben, ausdrücklicher päpstlicher Vollmacht, »zu zerstören, zu vertilgen und auszureißen«, und anschließend der nicht minder blutrünstige Graf von Monfort führte, dauerte über 35 Jahre lang; so lange nämlich, bis die französische Krone den bis dahin unabhängigen Süden, in dem Katholiken und Katharer völlig friedlich zusammengelebt hatten, für immer unterworfen hatte. In den nun folgenden fünf Generationen setzte eine eigens geschaffene päpstliche Institution zur »Aufspürung häretischer Verderbtheit« das »heilige« heiße Werk in eiserner und eisiger Kälte fort; die »inquisitio haereticae pravitatis«, kurz: die Heilige Inquisition. Eine vergleichbare Einrichtung hat es in der Ostkirche niemals gegeben.

Es wird wohl immer ein Rätsel bleiben, wie just in dieser Zeit der wohl reinste Prediger der evangelischen Moral des Apostels Paulus und des Kirchenvaters Augustinus, Franziskus von Assisi, von der Verfolgung durch die etablierte Kirche verschont bleiben konnte. »Der Leib ist der Feind«, war das Motto seines Lebens. Keine der gängigen Erklärungen kann völlig überzeugen: weder, daß er als Sohn eines reichen Tuchhändlers hinreichend Protektion genossen habe, noch daß er – wenn auch erst auf gehörigen Druck hin und offensichtlich widerwillig – nach einem dritten Gespräch mit Innozenz III. päpstliche Ordensregeln für seine Brudergemeinschaft akzeptierte, noch auch, daß in Italien ganz allgemein die dialektische Zuspitzung und Schärfe der Ketzerei niemals französische Ausmaße angenommen habe. Genau das Gegenteil trifft nämlich zu. Denn es war in der Lombardei, daß eines Tages – vermutlich schon im Jahre 1167 – der Bischof der radikaldualistischen »dragovitischen« Gemeinde von Konstantinopel (sie hatte ihren Namen von einem slawischen Stamm in Thrakien und Südmakedonien) aufgetaucht war, der gegen die gemäßigten »bulgarischen« Bogomilen wetterte. Zunächst war er auf starke Zweifel gestoßen, allmählich war es diesem wortgewandten Bischof Niketas jedoch gelungen, die italienischen Katharer von der Existenz des zweiten Gottes, Satan, zu überzeugen. Von hier aus hatte die radikale Idee, die mit dem Christentum tatsächlich kaum mehr vereinbar war, auf Südfrankreich übergegriffen. Und auch hier wurden, von Genua bis Venedig und Ravenna, zahlreiche Häretiker verbrannt, die zum Teil dem reichen Bürgertum, zum Teil sogar dem hohen Adel angehörten.

Der Legende zufolge hatte der Heilige Vater einen schrecklichen Traum: das Gebäude der Kirche drohte einzustürzen, und er wußte weder ein noch aus. Doch da sah er einen seltsamen Mönch in erdbraunem Büßergewand vor sich stehen und lässig mit nur einer Hand die Seitenwand des Lateran abstützen. Als er bald darauf den Franziskus traf, wußte er, daß er auf diesen Mann angewiesen war und ihn gewähren lassen mußte. In der Tat blieb seine Kirche stehen. Und noch bei dem schweren Erdbeben, das im Herbst 1997 die Franziskusbasilika von Assisi mit ihren wertvollen Cimabue- und Giotto-Fresken teils irreparabel beschädigt hat, blieb diese Szene aus dem Leben des Heiligen wie durch ein Wunder unversehrt.

Dennoch wird es weniger an einem Traum als an machtpolitischen Gründen gelegen haben, daß kein italienischer Kreuzzug angeordnet wurde, sondern daß Rom sich dazu entschloß, dem verbreiteten Unmut über die Verweltlichung, ja Verrohung der Kirche, über die Gier der Kleriker und den Reichtum der Klöster in Umbrien ein Ventil zu lassen, das man beliebig regulieren zu können glaubte. Denn den barfüßigen Bettler aus wohlhabendem Hause, der sich Wort für Wort an das Evangelium klammerte und der bis hin zur Stigmatisierung dem Leidenswege Christi nacheiferte, hielt man schlicht für einfältig.

Ganz anders beurteilte der Sultan von Babylon, Melek el-Kamil, den »seltsamen Heiligen«, als dieser ausgerechnet während des Kampfes um die Schlüsselstellung am Nildelta, Damiette, plötzlich in seiner zerschlissenen erdbraunen Kutte vor ihm stand. (Dies muß in den ersten Septembertagen 1219, also im zweiten Jahr des fünften Kreuzzuges gewesen sein.) Noch nie hatte er in seinem Palast einen Fremden empfangen, der äußerlich so schmutzig, innerlich aber so rein erschien. Jemand, der derart furchtlos, fromm und friedliebend auftrat, mußte von der Hand Allahs berührt worden sein. Natürlich lächelte der Sultan nur still über das Vorhaben des naiven Narren, ihn zum Christentum und somit zum Frieden zu bekehren. Denn er zählte längst zu den friedliebendsten und kultiviertesten Männern seiner Zeit. El-Kamil hatte sich mit Dichtern und Denkern umgeben und genoß nichts so sehr wie ein ungestörtes philosophisches Gespräch. Die Brutalität des Krieges aber verabscheute er. Und so begegnete er dem sanften Gast mit ungeheuchelter Sympathie. Am liebsten hätte er ihn mit Geschenken überhäuft, aber der Bettelmönch nahm nichts an. Er versprach vielmehr dem Sultan, fortan fleißig für ihn zu beten.

Franziskus selber war entsetzt über den himmelschreienden Unterschied zwischen dem wilden Haufen raffgieriger Galgenvögel, Verrückter, Seher und Gotteslästerer, die im Namen des Kreuzes sündigten, und den vergleichsweise zivilisierten Sarazenen, die ihr Land verteidigten. Seine Befürchtungen wurden bestätigt, als der Sultan gegen Ende Oktober, um weiteres Blutvergießen und eine bevorstehende Hungersnot zu verhindern, einen Frieden anbot, der den Christen nicht nur das ersehnte Wahre Kreuz, sondern ganz Jerusalem, Mittelpalästina und Galiläa überließ, wenn sie nur Ägypten räumten. Alle Könige und Barone stimmten diesem Vorschlag zu. Er scheiterte jedoch am Starrsinn des päpstlichen Legaten, des Kardinals Pelagius Galvao, eines eitlen Spaniers, der nicht nur in Kardinalsrot gekleidet, sondern auf einem Pferd mit purpurroter Satteldecke und blutrotem Zaumzeug in den christlichen Krieg gezogen und nun auf keinen Fall bereit war, mit den »Ungläubigen« irgendeinen Vertrag einzugehen.[8] Und er scheiterte am Widerspruch des Patriarchen von Jerusalem.

Gegen den Wunsch des Anführers der Kreuzfahrer, Johann von Brienne, der den Titel eines »Königs von Jerusalem« trug, setzte der rote Papstlegat mit Hilfe eines ausdrücklichen päpstlichen Befehles schließlich durch, daß Damiette gestürmt wurde. Der Sultan war zuvor geflohen, die meisten anderen Bewohner der Festung aber wurden niedergemetzelt, einige wenige wurden gefangengenommen und gewaltsam »christianisiert« oder später als Sklaven verkauft. Monatelang war die »Stadt der Toten« nicht zu betreten, weil die Pest dort ausgebrochen war. Kardinal Pelagius aber badete förmlich in seiner Lieblingsfarbe: ROT. Angewidert trat der König von Jerusalem den Heimweg an und nahm den zutiefst erschütterten Landstreicher Gottes, den heiligen Franz von Assisi, gleich mit.

Als dieser nach etlichen Monaten in der Ferne, seelisch wie physisch krank und erschöpft, wieder nach Hause zurückkehrte, erlebte er eine zweite schwere Enttäuschung. Sein Orden war in größte Unordnung geraten. Einige seiner Brüder schienen nur auf seine Abwesenheit gewartet zu haben, um in die eine oder andere Richtung auszubrechen. Die einen hatten es den etablierten Klöstern gleichgetan und möglichst viel weltlichen Besitz zusammengerafft. Die anderen aber, die das Ideal des »neuen«, das heißt des von seinen materiellen Bedürfnissen befreiten, Menschen nicht aufgegeben hatten, wurden verdächtigt, Katharer, also Ketzer, zu sein. Ihnen drohte jetzt Gefahr für Leib und Leben.

Noch einmal sollte es dem todgeweihten Heiligen gelingen, eine Regel auszuarbeiten und durchzusetzen, die einerseits das urchristliche Ideal nicht verriet, andererseits von der Kurie akzeptiert werden konnte. Papst Honorius III. bestätigte am 29. November 1223 den Franziskanerorden. Drei Jahre später war sein Gründer, der seine letzten Jahre als einfacher »Minderbruder« in der Einöde verbracht hatte, tot.

Erneut brach, wie kaum anders zu erwarten, zwischen den Fratres der Bruderzwist aus. Eine gemilderte Fassung der franziskanischen Ordensregel setzte sich vor allem in den größeren Klöstern durch. Für eine strenge Observation der Vorschriften traten zunächst die sogenannten Spiritualen, später die Observanten ein, von denen sich im 16. Jahrhundert die noch einmal strengere Richtung der Kapuziner abspalten sollte. Die Spiritualen, die man verächtlich Fraticelli, das heißt Brüderlein oder Mönchlein, nannte, waren erneut Verfolgungen ausgesetzt. Viele von ihnen entflohen der Folter ans andere Ufer der Adria und ließen sich in jenen Landen nieder, die man in Rom Slavonia oder auch Sclavonia nannte, und die sich von Bosnien bis Bulgarien erstrecken.

Der Patriarch von Nikaia hatte inzwischen den dualistischen Irrglauben als eine »stinkende Giftschlange« am reinen Leib der Orthodoxie verdammt. Der Patriarch von Rom, Gregor IX., beschuldigte seinerseits den bulgarischen Zaren Ivan Asen II. (1218–41), den Ketzern Unterschlupf zu gewähren. Und als der Zar schließlich, auf der Höhe seiner Macht, das gesamte Lateinertum herausforderte, gewann der Papst den König von Ungarn für einen Kreuzzug gegen das bulgarische Reich. Nur dank wahrhaft byzantinischem diplomatischem Geschick verhinderte Ivan Asen den geplanten Angriff. Statt dessen zog das magyarische Kreuzfahrerheer 1235 gegen den Ban von Bosnien.

Dieser hatte zwar, wie schon sein Vorgänger, offen der dualistischen Häresie abgeschworen, war offiziell der katholischen Kirche beigetreten und hatte versprochen, die Ketzer zu verfolgen; aber der Sohn des ungarischen Königs Andreas, Koloman, Herzog von Kroatien, fiel mit seinen Truppen dennoch in Bosnien ein. Der als Unrecht empfundene Überfall brachte nicht nur den bosnischen Adel gegen Rom wie Ungarn auf, sondern er einte das gesamte Volk hinter der eigenen »ecclesia Sclavoniae«, die man ab jetzt die Bosnische Kirche nannte. Religiöses und nationales Selbstbewußtsein wurden auch hier durch den Druck von außen geeint.

Der Verlauf des Kreuzzugs ist nicht näher bekannt. Fest steht lediglich, daß nach drei Jahren Krieges Papst Gregor IX. seinen Sieg erklärte und den Bau einer Kathedrale in Zentralbosnien nahe Vrhbosna, also dem heutigen Sarajevo, befahl. Ende 1238 befand der Papst, der bosnische Ban habe den wahren Glauben verraten und sei zur Häresie zurückgekehrt. Deshalb ordnete er die Vernichtung des gesamten bosnischen Adels an. Er schickte Dominikaner auf den Balkan, um die dualistische Ketzerei mit allen Mitteln zu verfolgen. Ihre Tätigkeit blieb zum Glück für die Gläubigen auf einen kleinen Teil Bosniens beschränkt und dauerte nicht länger als drei Jahre an. Denn 1241 fielen Tartaren mit ihren Reiterhorden in Ungarn ein und töteten die beiden Stellvertreter des Papstes, Herzog Koloman und den ungarischen Erzbischof Ugrin, im Kampf.

Zu völligem Stillstand kam der Bosnienkreuzzug allerdings erst sieben Jahre später, als feststand, daß er nicht zu gewinnen war. Um ein Ende des Leidens zu ermöglichen, erklärte der bosnische Ban Ninoslav erneut seine Zugehörigkeit zum Katholizismus, wenngleich ihm jedes Denken in engen konfessionellen Bahnen und Kasten völlig fremd gewesen sein muß. Durch das gesamte Mittelalter bestimmte im zentralen Balkan, also vor allem in Bosnien, religiöse Toleranz das geistige Klima. Sie wurde – und sie wird bis heute – immer nur von außen gestört.

Nach dem Tode Ninoslavs, also etwa im Jahre 1250, fiel Bosnien, seinem tapferen Widerstand und diplomatischen Geschick zum Trotz, unter ungarische Oberherrschaft und wurde in neue Verwaltungsbezirke unterteilt. Doch wehe dem Land, dessen

König ein Kind ist: Der ungarische Herrscher Ladislaus war viel zu jung und unerfahren, um seine bosnischen Untertanen und deren religiöse Eigenheiten ernstlich kontrollieren zu können. Die Königinmutter versprach jedoch dem Papst, die Häretiker weiterhin zu verfolgen.

1282 wurde der orthodoxe König von Serbien, Stefan Dragutin, entmachtet, zugleich jedoch mit der Verwaltung einiger Banate Bosniens betraut. Umgehend wandte er sich an Rom, man möge ihm Hilfe gegen die Ketzer schicken, die in ihrer Ablehnung weltlicher Macht auch ihm nichts als Ärger bereiteten. Der Vatikan entsandte ausgerechnet Franziskaner, allerdings von der konventualen, also der Rom gefügigen Art. Dragutins Tochter heiratete Stjepan Kotroman, einen Bosnier aus der Familie des Ninoslav. Dragutins Enkel, Stjepan Kotromanić (d.h. Sohn des Kotroman), der, obwohl er orthodox war, vom ungarischen König unterstützt wurde, gelang es nicht nur, alle kroatischen Ansprüche abzublocken, sondern sein Reich bis Dalmatien auszudehnen. Die heutige Hercegovina, damals nannte man sie Hum, deren Bevölkerung überwiegend orthodox war, gehörte ab jetzt zum bosnischen Reich.

Die bosnische Kirche aber mit ihren dualistischen Zügen, mit denen die Fraticelli kaum Schwierigkeiten hatten, blieb für Rom ein großes Problem. Bis zum Ende des Mittelalters bildete sie ein Zentrum ketzerischer Diaspora – für viele von der Inquisition Verfolgte Das gelobte Land schlechthin. Noch 1337 beschwor Papst Bonifaz XII. etliche starke kroatische Fürsten, seine Franziskaner in Bosnien militärisch zu unterstützen. Der bosnische Ban wehrte deren Angriffe ab, stimmte aber um des Friedens willen der Gründung römischer Franziskaner-Klöster zu, ja er wurde sogar offiziell selber Katholik.

Sein gleichfalls katholischer Nachfolger, Tvrtko I., sah sich 1357 gezwungen, dem ungarischen König Ludwig dem Großen (einem Sohne Karl Roberts von Anjou) zu huldigen. Zugleich wurde er von seinem eigenen Bruder beschuldigt, die Häretiker zu begünstigen; aber dies alles focht den selbstbewußten Herrscher nicht an. Er dehnte sein Reich in aller Stille nach Osten und nach Süden aus, heiratete eine orthodoxe bulgarische Prinzessin und erhob, kaum daß das Haus der Nemajiden ausgestorben war, als Nachkomme des Dragutin Anspruch auf den serbischen Thron. 1377 wurde er von einem serbisch-orthodoxen Metropoliten im serbischen Kloster Mileševa zum König Serbiens, Bosniens und der dalmatinischen Küstenlande gesalbt.

Obwohl der König katholisch war, blieb die bosnische Kirche in seiner regio dominant. Empört berichteten die konventualen Franziskaner dem Papst, Konvertiten könnten sich nicht öffentlich zu ihrem Glauben bekennen, sondern seien gezwungen, an ketzerischen Anbetungsriten teilzunehmen. Tvrtko selber aber demonstrierte Toleranz: zwar besuchte er gelegentlich katholische Messen, aber stets in Begleitung praktizierender Bogomilen.[9]

Sein Reich überdauerte den Tod des Herrschers (1391) nur um einige wenige Jahre. Schon das buntgemischte christliche Balkanheer, das am Vidovdan 1389 auf dem Amselfeld in einer letzten verzweifelten Anstrengung den Türken Einhalt zu gebieten versuchte, war nicht mehr von ihm, sondern von dem südserbischen Fürsten Lazar Hrebeljanović zusammengetrommelt worden. 1428 wurde auch Bosnien den Türken tributpflichtig, und 1463 erlag es deren Ansturm völlig. Zwanzig Jahre später war schließlich die Hercegovina unterworfen. Die Mehrheit des bosnischen Adels – also vermutlich die gesamte bosnische Kirche – trat geschlossen zum Islam über, mit dem sie mehr Gemeinsames verband (oder zu verbinden schien) als mit den unitarischen Auffassungen des römischen Katholizismus oder der byzantinischen Orthodoxie.

Was blieb, war ein eigentümliches, von außen gesehen völlig unverständliches, wie in einem Kaleidoskop immer zu neuen Mustern sich ordnendes Freund- und Feindbild, das bis auf den heutigen Tag lebendig ist. Zwischen den katholischen Kroaten in Bosnien und jenen in Kroatien oder auch in der Hercegovina bestehen Unterschiede, ja Spannungen, wie sie größer innerhalb ein und derselben Konfession überhaupt nicht denkbar sind. Es gibt inzwischen eine ganze Reihe von wissenschaftlichen Untersuchungen (so von Vjenceslav Mijo Batinić, Julianus Jelinić, Dominik Mandić und zuletzt Jožo Džambo) zur Rolle der Franziskaner im mittelalterlichen Bosnien, doch dieses Phänomen befriedigend erklärt haben bisher alle nicht. Die einen treten als

Apologeten der nationalen Komponente, andere als Anwälte ihres Ordens auf; dritte versuchen, diese Standpunkte zu relativieren, ändern aber die Fragestellung nicht. Daß die einen Franziskaner Häretiker waren, die anderen Werkzeuge der Inquisition, ist ihnen zwar in der Theorie, nicht aber in seiner Bedeutung bewußt.

Zunächst hatten die Türken in Bosnien jegliche christliche Seelsorge verbieten wollen, wohl in der Hoffnung, dadurch die von den Bogomilen begonnene Übertrittsbewegung noch verbreitern, vertiefen und beschleunigen zu können. Den bosnischen Fraticelli jedoch gelang es, den Türken einzureden, zum Übertritt gezwungene Bosnier würden unzuverlässige Untertanen abgeben. Gestatte man ihnen jedoch, ihren Glauben zu bewahren, dann würden sie, die Franziskaner, für ihre Loyalität geradestehen. Auf diese Weise sicherten sich die Franziskaner für alle Katholiken in Bosnien und auch in der Hercegovina das Seelsorgemonopol (so Reißmüller[10]).

Über 400 Jahre lang gab es dort ausschließlich Franziskaner-Priester. Der in Provinzen organisierte Orden besetzte nicht nur sämtliche Pfarreien, sondern in Bosnien auch die Bischofssitze. Die Mönche lebten möglichst unauffällig, paßten sich ihrer Umgebung an; sie aßen, tranken, liebten und lebten schließlich wie alle Bauern auf dem Balkan. Aber sie bewahrten die katholische Kirche vor dem völligen Untergang. Und sie lehrten die Kinder Lesen und Schreiben und erhielten somit ein gewisses kukturelles Niveau.

Noch in den 70er Jahren unseres Jahrhunderts sah sich der Franziskaner-Pater Jerko Mihaljević genötigt, seinen Orden in einem 55 Seiten langen Pamphlet[11], das erst nach seinem Tode veröffentlicht wurde, gegen Anschuldigungen der offiziellen römischen Kirche in Schutz zu nehmen. In einem Brief an Kardinal Döpfner hatte der Bischof von Mostar, Dr. Petar Čule, den Franziskanern vorgeworfen, sie hätten sich damals, als die Türken kamen, auf Kosten Roms auf dem Balkan breitgemacht, ja sie hätten die römischen Priester mit osmanischer Hilfe gewaltsam aus Bosnien und der Hercegovina vertrieben. Damit hätten sie jedes Recht verwirkt, die Pfarrämter mit ihren Leuten zu besetzen.

Und noch im Jahre 1981 mußte in der Hercegovina, in der Nähe des Klosters Medjugorje, als dea ex machina die Muttergottes höchstselbst erscheinen, um den Landesbischof daran zu hindern, einen beliebten Franziskaner-Pater zu versetzen: Am 24. Juni, dem Johannestag, erschien die Jungfrau einigen Dorfkindern, die Schafe und Ziegen hüteten, in strahlendem Glanz und forderte nichts als Frieden auf Erden. Medjugorje wurde ein weltberühmter wundertätiger Wallfahrtsort, und der Priester blieb unbehelligt dort.

Weit weniger glanzvoll stellt sich die Geschichte der bosnischen Franziskaner in den 40er Jahren unseres Jahrhunderts dar. Am 18. September 1941 schrieb der italienische Journalist Conrado Soli in der Zeitschrift »Il Resto di Carlino« unter dem Titel »Gli Uccellini di Graciaz« (Die Vögel von Gračac) einen seltsamen Text: »Der erste Franziskaner aus Assisi machte die Vögel und Fische zu Brüdern und Schwestern, aber seine Schüler und geistigen Nachfahren im NDH (dem Unabhängigen Staat Kroatien der klerofaschistischen Ustaša unter Ante Pavelić, d. Verf.) schlachten voller Haß unschuldige Menschen hin, Brüder durch den Vater im Himmel, Brüder durch dieselbe Sprache, Brüder durch dasselbe Blut und Brüder, die auf derselben Muttererde leben, die sie alle gleichermaßen ernährt: Sie schlachten, töten, begraben lebendige Menschen in Gruben, stürzen Tote in Flüsse und Meere oder werfen sie in Schluchten... Es gab Mörderbanden, die von katholischen Priestern und Ordensbrüdern angeführt und aufgehetzt waren und es wahrscheinlich noch sind.« (»... capeggiate ed infiammate da sacerdoti e da monaci cattolici.«) Sie blieben es bis zum Ende des Kriegs.

Gračac liegt nicht in Bosnien, sondern in jenem Teil Kroatiens, in dem christliche Serben auf der Flucht vor Türkenverfolgungen Aufnahme gefunden und unter Garantie ihrer Konfessionsfreiheit im Auftrag des Kriegsministeriums in Wien durch Jahrhunderte als freie Wehrbauern die Südostgrenze des christlichen Abendlandes verteidigt hatten; nämlich in der Krajina, der sogenannten Militärgrenze. Mit der Konfessionsfreiheit war unter Ante Pavelić Schluß. Bosnien aber war nach dem Zusammenbruch des Königreiches Jugoslawien im April 1941 Kroatien zugeschlagen worden und unterlag den dort gültigen neuen Gesetzen religiöser Intoleranz. »Grundlage für die Bewegung der Ustasche ist die Religion« hatte der erste kroatische Minister für Erziehung und Kultur, Mile Budak, am 22. Juli 1941 bei einer Parteiversammlung erklärt; »für Minderheiten wie Serben, Juden und Zigeuner haben wir drei Millionen Kugeln. Wir werden einen Teil der Serben umbringen. Den anderen werden wir abtransportieren, und den Rest werden wir zwingen, die römisch-katholische Religion anzunehmen. So wird das neue Kroatien alle Serben in seiner Mitte loswerden, um innerhalb von zehn Jahren zu hundert Prozent katholisch zu werden.« Hunderttausende von »Griechisch-Östlichen«, sprich Serben, wurden in Konzentrationslager getrieben, die sie nur dann lebend zu verlassen überhaupt eine Chance hatten, wenn sie sich »umtaufen« ließen. Im Kinemathek-Museum in Belgrad sind unter der Archiv-Nummer 5047 Filmaufnahmen von den damaligen Massentaufen längst getaufter Christen aufbewahrt. Besonders aktiv war das Lager Nr. 3 an der kroatisch-bosnischen Grenze, Jasenovac, in dessen Verwaltung, wie inzwischen in einer ganzen Reihe von Dokumentationen[12] belegt worden ist, Priester und Franziskanermönche saßen.

Selbst der in Fragen der katholischen Kirche befangene FAZ-Herausgeber Reißmüller fand deutliche Worte in seinem Jugoslawienbuch: »... die verhängnisvollste Verirrung der Ustaschen war, daß sie die auf ihrem Territorium lebenden Serben und Juden verfolgten. In der Judenverfolgung ahmten sie Hitler nach, gehorchten zum Teil auch seinen Befehlen. Der blutige Feldzug gegen die Serben jedoch war ihr eigenes Werk, auf das sie jahrelang ihre Energie konzentrierten ... Mit dem Machtantritt der Ustaschen begann die planmäßige Verfolgung der Serben. Zum einen in den stark von Serben bevölkerten Landschaften des eigentlichen Kroatien, zum anderen in Bosnien und der Hercegovina. Die Mittel waren Enteignung, Vertreibung, Demütigung, Polizeiwillkür und Mord. Zu Hunderten trieben an manchem Tag die Leichen ermordeter Serben die Save und die Drina hinab ... Die durchweg orthodoxen Serben wurden aufgefordert, zum Katholizismus überzuwechseln. Die Konversion rettete dem Konvertiten meist das Leben, Heimat sowie Hab und Gut. Durch Bekenntniswechsel konnte man also zum Kroaten werden. Hier kam die vom Großkroatentum des 19. Jahrhunderts verfochtene Lehre zum Vorschein, nach der alle Serben eigentlich im Mittelalter zur Orthodoxie abgedrängte oder von ihr abgeworbene Kroaten seien. Welche Rolle die katholische Kirche bei der gewaltsamen Katholisierungskampagne spielte, darüber gehen die Darstellungen auseinander. Es ist erwiesen, daß eine Anzahl katholischer Priester nicht nur bei ›Bekehrungsaktionen‹ mitwirkte, sondern sich auch an grausamen Gewalttätigkeiten gegen Serben beteiligte.«

Der wohl letzte überlebende Kommandant des Konzentrationslagers Nr. III, Jasenovac, der inzwischen 76jährige Kroate Dinko Sakić, ist erst im Juni 1998 von Argentinien an Kroatien ausgeliefert worden. Im April hatte er in einem Gespräch mit Fernsehreportern zugegeben, daß er das KZ die letzten 100 Tage des tausendjährigen Ustaša-Reiches selbständig geleitet habe. Er bestritt jedoch, jemals Hand an die Gefangenen gelegt zu haben. Diese seien alle »eines natürlichen Todes«, zum Beispiel an Typhus, gestorben. Nach der Ausstrahlung des Interviews hatten Ustašaopfer die Festnahme des Verbrechers gefordert. Er war aber zunächst untergetaucht und wurde in der kroatischen Botschaft vermutet. Dort hatte er angeblich bereits vier Jahre zuvor den kroatischen Präsidenten Franjo Tudjman getroffen, der von sich zu sagen pflegt, er sei stolz, daß seine Ehefrau weder eine Serbin noch eine Jüdin sei. Tudjman zählt überdies zu jenen wenigen Historikern, die von »nur« 35 000 in Ustascha-KZs getöteten Serben, Roma, Juden und antifaschistischen Kroaten sprechen – das sind nur fünf Prozent der in Serbien behaupteten Zahlen. Dort wird überdies angenommen, daß die kroatische Regierung erst dann einen Auslieferungsantrag gestellt habe, als das serbische Staatspräsidium einen solchen angekündigt hatte; sie habe diesem unbedingt zuvorkommen wollen, um Sakić zu schützen, wird gesagt. Ein Gerichtsverfahren gegen Sakić lief bei Drucklegung dieses Manuskriptes erst schleppend an.

Im Nachkriegsjugoslawien Titos war nach anfänglichen Vergeltungsgreueln das Thema der kroatischen KZs mit einem strikten Tabu belegt worden. Zwar wurde in Jasenovac ein Denkmal errichtet, es sollte aber vor allem an den Heldentod seiner antifaschistischen Partisanen erinnern. Erst ein Manöver im Herbst 1971 brachte die tiefsitzenden Ängste und auch Rachegelüste der Überlebenden ans Tageslicht. Für die »allumfassende« Übung regulärer Truppen gemeinsam mit Gruppen territorialer Verteidigungsorganisationen, der Miliz, des Zivilschutzes, der Jugendbrigaden, der Sozialistischen Frauenorganisationen, des Verbandes für Körperkultur und anderer Vereine – insgesamt mehr als 320 000 Zivilpersonen und 80 000 Soldaten – hatte sich das weise Oberkommando ausgerechnet eine serbische Enklave in der Krajina ausgesucht. Zu ihrer nicht geringen Überraschung spielte die Bevölkerung derart leidenschaftlich mit, daß Schulkinder wie Bürger und Bauern sich nicht damit begnügen wollten, die »vernichteten« oder »beschädigten« Objekte lediglich mit Farbe zu markieren, sondern daß sie tatsächlich die Reifen der »feindlichen« Fahrzeuge zerstachen, die Telephonleitungen zerschnitten, das Brunnenwasser vergifteten, den Boden verminten, gefährliche Fallgruben aushoben, Unfallverletzte unversorgt liegen ließen, einander denunzierten und die Soldaten nach Strich und Faden verprügelten; gerade so, als hätten sie seit Jahren auf diese Gelegenheit zum Losschlagen gewartet.[13] »Tatsächlich war die Tendenz zum permanenten Bürgerkrieg einmal wieder klar zutage getreten«, wie die Autorin dieses Buches damals kommentierte.

Nur wer die gesamte Vorgeschichte nicht kannte oder kennt, konnte von der Heftigkeit, ja Brutalität wirklich überrascht sein, mit der die Völker Bosniens übereinander herfielen, nachdem diesem in Wahrheit unteilbaren Gebilde durch das erzwungene Referendum und die folgende Unabhängigkeitserklärung von außenstehenden Ignoranten das Programm ethnischer Aufteilung nach in Genf, Brüssel oder New York entworfenen Plänen und Landkarten auferlegt worden war.

Staunen mußte aber auch der Kenner über den eisernen Vernichtungswillen, mit welchem die katholischen Bewohner der Hercegovina schließlich über ihre muslimischen Landsleute herfielen und allein in Mostar 80 Moscheen, eine schöner und wertvoller als die andere, dem Boden gleichmachten. Von den Ustaše waren die Muslime kaum beachtet worden. Jetzt aber stand die

Gefahr vor Augen, daß katholische Kroaten plötzlich in einem muslimisch dominierten Staat zu Untertanen von Muslimen werden sollten. Angesichts der schrecklichen Erfahrungen, die ihre serbischen Kompatrioten mit der einzigen kroatischen Regierung, der sie je ausgeliefert waren, hatten machen müssen, waren nun die Katholiken in der Hercegovina ihrerseits zutiefst besorgt. Ging man den Ursachen dieser Sorge auf den Grund, so mußte man erneut weit hinabsteigen in die Tiefe der Jahrhunderte: In der Hercegovina hatten, im Gegensatz zu Bosnien, nicht die Fraticelli die Oberhand behalten, sondern die Konventualen und andere Römer, die immer auch von Rom beeinflußt blieben. Hier hatten niemals die Franziskaner den gesamten Klerus gestellt. Hier, westlich von Bosnien, hielt sich durch 800 Jahre die rein westliche Kreuzzugsidee. Zwei Erbfeinde also: für die katholischen Bosnier die bosnischen Serben, als Verräter am wahren Glauben, für die Bewohner der Hercegovina aber die zu Muslimen gewordenen Landsleute, die Verräter am Christentum. Deshalb konnte eine dauerhafte Allianz zwischen Muslimen und Kroaten in der gesamten umkämpften Region selbst unter allergrößtem Druck von außen auch im dritten Balkankrieg in den 90er Jahren unseres Jahrhunderts – genau wie zwischen Serben und Kroaten oder Serben und Albanern – nicht zustande kommen. Natürlich wider jegliche Vernunft.

Die Macht des Schicksals und der Erinnerung

Es war in diesen Ländern Sitte, daß niemand außer dem Zaren, dem König und den Fürsten rote Stiefel trug. Diese Sitte stammte, wie wir wissen, aus Byzanz. Der serbische Zar Uroš (1355–1371) aber, den sie den Verrückten nannten, gab zwei Brüdern, welche bereits unter seinem Vorgänger hohe Stellungen bekleidet hatten, rote Stiefelchen, und er überantwortete ihnen das Bulgarenreich. Bald lehnten sie sich gegen den Zaren auf. »Du hast uns rote Stiefel gegeben, und aus diesen wirst du uns nicht so leicht herausziehen«, ließen sie ihm melden, als er sie zur Ordnung rief. Nur wenig später drang die Kunde ins Raitzenland (Serbien), daß Adrianopel von den Türken belagert werde. Da rüstete Zar Uroš eine große Streitmacht, um der Stadt Kaiser Hadrians zu Hilfe zu eilen. Als er mit seinem Heer nur noch vier Meilen von Adrianopel entfernt war, da gingen jene beiden Brüder, denen er das bulgarische Zarenreich anvertraut hatte, gegen ihren Herrn zum türkischen Sultan über und unterwarfen sich ihm. Zar Uroš verfügte zwar über eine große Streitmacht, aber Gott hatte ihm den Verstand genommen, so daß seine Befehle völlig verworren waren. Als der Sultan die gewaltige Unordnung der Balkantruppen sah, rückte er aus und trat dem Serben mit seinem ganzen Heere entgegen. Er drang bis ins Zelt des Zaren vor und ließ diesen töten. »Danach wurden jene beiden Brüder, die sich gegen ihren Herrn gestellt hatten, vom türkischen Sultan gemäß ihrem Verdienst belohnt: Er ließ ihnen die Köpfe abschlagen. Nachdem er Adrianopel auf diese Weise erobert hatte, besetzte der türkische Sultan das ganze bulgarische Land.«

So beschreibt etwa hundert Jahre später ein serbischer Janitschare namens Konstantin in seinen Memoiren die erste Phase der türkischen Landnahme auf dem Balkan.[1] Auch über die Schicksalsschlacht auf dem Amselfeld berichtet er naturgemäß nicht als Augenzeuge, sondern er gibt, allerdings mit recht bewegten Worten, wieder, was an den Lagerfeuern der türkischen Heere oder am Roštil der serbischen Heime über dieses für das serbische Selbstverständnis so überaus bedeutsame Ereignis erzählt worden ist:

»Nach König Uroš ging das serbische Königtum in ein Fürstentum über, denn sie hatten sich den Fürsten Lazar … zum Herrscher gewählt. Die einen nun waren ihm zugetan, die anderen aber nicht, wie es auch heute noch überall vorkommt, nicht nur bei weltlichen, sondern auch bei geistlichen Herren; wenn aber keine Einigkeit herrscht, dann kann es nimmer gut sein! … Die Herren, die dem Fürsten Lazar zugetan waren, kämpften mannhaft und ausdauernd an seiner Seite, die anderen aber sahen durch die Finger und schauten dem Kampfe tatenlos zu. Wegen dieser Untreue und Zwietracht wurde die Schlacht verloren. Und dort hat Miloš Kobilić, ein Ritter des Fürsten Lazar, den Sultan Murad getötet.«

In späteren Überlieferungen heißt der junge Mann, der sich tatsächlich dem Sultan zu Füßen warf, um ihn urplötzlich zu erdolchen, Miloš Obilić. Unter diesem Namen wird der Meuchelmörder in Serbien und Montenegro bis auf den heutigen Tag als nationaler Held verehrt. Der Verräter aber, den Konstantin nicht namentlich erwähnt, jener Serbenführer, der angeblich »durch die Finger sah« und sich mit seinen Truppen vom Schlachtfeld entfernte, der Gospodar Vuk Branković, ist noch immer der Inbegriff alles Verächtlichen. Verrat und Heldentum in Gestalt dieser beiden Männer durchziehen wie Leitmotive die Geschichte Serbiens und Montenegros. Das Hauptmotiv aber bildet bei allen Volkssängern, welche die Legende in zehnsilbigen Versen mit hoher Kopfstimme zur einsaitigen Gusla – einer Kniegeige, die nur kleine, enge Tonstufen innerhalb einer Quarte erlaubt – vorzutragen pflegen, das tragische Schicksal des serbischen Volkes schlechthin.

»Ich würde sagen, daß dieses Motiv … seine Wurzeln nicht nur in der jahrhundertelangen Sklaverei der Serben unter den Türken und in den konkreten Verhältnissen hat …, sondern daß sie vor diese Zeit zurückgehen, auf serbische Legenden von der Zwietracht der Magnaten, auf östliche und altslawische Mythen von der Unversöhnlichkeit des Lichtes und der Finsternis, die die slawischen Stämme aus den unendlichen Sümpfen und großen Flußgebieten – des Pripet, Dnjepr, Don – mit sich brachten, und die sich auch in der herrlichen Dichtung aus dem 12. Jahrhundert, dem Igorlied, finden«, schrieb der montenegrinische Partisanenführer – Titogefährte und Titogegner – Milovan Djilas in seinem wohl persönlichsten Buch über den dichtenden Fürstbischof Njegoš[2], der der Welt kurz nach der Goethezeit den epischen Zyklus »Der Bergkranz« schenkte: eine grandiose Verherrlichung rächender Gewalt. »Die Rache wurde zum sublimsten Genuß, eine kosmische Versöhnung: ›Wer sich rächt, der heiligt sich‹, sagen die Montenegriner. ›Die Wunden von Kosovo schmerzen ihn nicht länger‹, bestätigte Njegoš«:

Gott der Herr ergrimmte ob der Serben,
Da sie todeswürdig sich versündigt.
Unsre Zaren traten das Gesetz mit Füßen,
Mörderisch einander sie verfolgten,
Blendeten das Augenlicht einander.
Sie verwarfen Staat und Herrscherpflichten
Und erkoren Torheit sich zur Richtschnur.
Untreu wurden ihnen ihre Knechte,
Tauchten ihre Hand ins Blut der Herrscher.

So sang das Volk bei der »Versammlung am kleinen Liebfrauentag« (Mariä Geburt) in Cetinje (der alten Hauptstadt Montenegros) unter dem »Vorwand der Blutsühne« in diesem »Bergkranz«[3], und so denkt und fühlt es nicht nur in seinen bäuerlichen Kreisen bis auf den heutigen Tag:

O prokleta kosovska večera!
Verfluchtes Nachtmahl auf Kosovo!
Hätte es doch die verruchten Führer
Allvergiftet, ihr Geschlecht vernichtet,
Daß nur Miloš auf dem Plan geblieben …
Alsdann wär' der Serbe heut noch Serbe.
Branković, du ehrvergeßne Sippschaft,
Dient man solcherart dem Vaterlande,

Hält man solcherart auf Mannesehre?
O wer sollte, Miloš, dir nicht neiden,
Opfer du des hochgemuten Fühlens,
Du allmächtiger Genius des Krieges,
Schreckensblitz, der Kronen schlägt in Stücke!
Deiner Heldenseele hehrer Adel
Überstrahlt die unsterblichen Taten
Des berühmten Sparta, Roms des großen ...

Oder, 1600 Zeilen später, in einem montenegrinischen »svat« (dem Gesang eines Hochzeitszuges):

Obilić, du feuergleicher Drache,
wer dich ansieht, ist von Glanz geblendet.
Allzeit werden dich die Helden feiern ...
Was wird werden, wer das beßre Los ziehn?
Türk und Serbe nimmer sich vertragen,
Eher könnte süß das Meer noch werden ...

Die Adria blieb ewig blau und salzig, doch ihre Zuflüsse färbten sich immer wieder blutrot, purpurrot wie das Sattelzeug des Kardinals Pelagius und wie die kaiserlichen Stiefelchen. Getötet wurde im Gedenken an Miloš Obilić, der für das Serbentum getötet hatte und für das Serbentum getötet worden war. Längst war bedeutungslos geworden, daß der Held am Vorabend seiner großen Tat selbst ehrlos geworden, nämlich der Untreue bezichtigt worden war, weil er zu jenen Rittern zählte, die dem Kampf untätig, »durch die Finger«, zugesehen hatten. Vergessen war sogar sein wahrer Name. Die Tat selbst wird jedoch auch von osmanischen Chronisten bestätigt, allerdings ohne Angabe genauerer Details.[4]

Schon zur Zeit des Janitscharen Konstantin hatten Volkslied und Legenden den historischen Hergang derart umgeformt, daß von den wirklichen Geschehnissen nur noch wenig übrig war. Auf dem Amselfeld sei auch der Sultanssohn Mustafa umgekommen, heißt es beispielsweise in den »Memoiren« Konstantins. Ein Osmanprinz dieses Namens wird jedoch sonst nirgendwo erwähnt. Sollte allerdings mit Mustafa ein anderer potentieller Erbe Murads gemeint sein, so starb dieser höchstwahrscheinlich nicht in einer Schlacht, sondern er wurde bei der Thronbesteigung seines Bruders quasi-automatisch umgebracht, wie das am Hofe der Osmanen üblich war, um alle Eifersüchteleien, Ränke und Intrigen von vorneherein auszuschalten. Konstantin fährt aber richtig fort: »... sein anderer Sohn Yildirim Bayezid gelangte auf den Sultansthron.« Gemeint ist Bayezid I., der von 1389 bis 1402 herrschte. »Die Untreuen, die dem Kampfe zugesehen hatten, wurden zu Verrätern, doch das sollte ihnen nicht zum Guten ausschlagen. Denn nach einer Weile ließ sie der Sultan, einen nach dem anderen auswählend, hinrichten, indem er sprach: ›So wie ihr eurem Herrn in der Not Untreue erwiesen habt, werdet ihr es auch mit mir tun.‹« Der Leser wird folglich in den Glauben versetzt, auch »der Verräter« Vuk Branković sei hingerichtet worden. In Wahrheit hatte dieser Gospodar, der unter dem Fürsten Lazar über das Amselfeld und die angrenzenden Gebiete regiert hatte, sehr wohl an der Schlacht gegen Murad teilgenommen. Und er tat auch weiterhin alles in seiner Kraft stehende, das serbische Reich gegen die Osmanen zu verteidigen, verlor jedoch 1392 Skopje, das künftig türkisch Üsküb hieß, und vier Jahre später den Rest seines Herrschaftsgebietes. Schließlich unterwarf er sich dem Sultan. Seine beiden Söhne Djurdje (Georg) und Grgur (Gregor) kämpften auf der Seite der Osmanen gegen die Mongolen und wurden schließlich mit dem Despoten-Titel ausgezeichnet. Darin erst bestand für orthodoxe Serben der unverzeihliche »Verrat der ehrvergeßnen Sippschaft« Branković.

Der Janitschare Konstantin aber fährt in seiner Chronik fort: »Dann wurden Fürst Lazar und der Woiwode Krajmir (der Herrscher über Toplica) vor Bayezid hingeführt. Sultan Murad, sein Vater, und desgleichen sein Bruder Mustafa lagen auf Bahren. Und da sprach Bayezid zum Fürsten Lazar: ›Dort siehst du meinen Vater und meinen Bruder auf Bahren liegen. Wie konntest du dich erdreisten, ihnen zu trotzen?‹ Fürst Lazar aber schwieg. Da sprach der Woiwode Krajmir: ›Mein lieber Fürst, steh' dem Sultan Rede und Antwort, denn ein Kopf ist nicht wie ein Weidenbaum, daß er ein zweites Mal wachsen könnte.‹ Da sagte Fürst Lazar zum Sultan: ›Verwunderlicher ist es, daß dein Vater sich erkühnte, das serbische Königreich anzugreifen. Und ich sage dir, Sultan Bayezid: Wenn ich früher gewußt hätte, was ich jetzt mit eigenen Augen sehe, dann müßtest du auf einer dritten Bahre liegen. Doch der Herrgott hat es so zu fügen geruht wegen unserer Sünden. Der Wille Gottes geschehe.‹ Daraufhin ließ Sultan Bayezid Befehl ergehen, den Fürsten Lazar zu köpfen. Und Krajmir kniete, nachdem er den Sultan darum gebeten hatte, nieder und hielt den Saum seines Gewandes unter das Haupt des Fürsten Lazar, damit es nicht zu Boden falle. Und als es in den Saum fiel, schmiegte er das Haupt an sein Gesicht und sagte: ›Ich habe Gott dem Herrn gelobt, wo das Haupt des Fürsten Lazar ruht, dort soll auch das meine ruhen.‹ Und da wurde auch er enthauptet. Und beide Häupter fielen gemeinsam zu Boden.«

In einer ganzen Reihe von »junačke pjesme« (Heldenliedern) ist diese Szene in vielen phantasievollen Variationen überliefert worden. Besonders interessant ist jene »Störtebeker-Story«, in der der vom Rumpf getrennte Kopf 40 Jahre lang unermüdlich über ein weites Feld wandert, um sich erst nach Ablauf dieser biblischen Frist wieder mit dem Körper des Fürsten zu vereinen.

Ein Janitschar brachte nun auch noch das Haupt des Murad-Mörders Miloš Obilić herbei und warf es dem Sultan vor die Füße. »Da baten sich die Raitzen oder Serben den Leichnam des Fürsten Lazar aus und brachten ihn in ein Kloster mit Namen Ravanica, wo sie ihn zu Grabe trugen.« In Wahrheit wurde der Fürst jedoch zunächst in Priština beerdigt. Acht Jahre später erst wurde seine sterbliche Hülle in das von ihm gegründete Kloster Ravanica am Unterlauf der Morava überführt. Wieder dreihundert Jahre danach wurden seine Gebeine im Kloster Vrdnik beigesetzt, das seitdem gleichfalls den Namen Ravanica tragen durfte. Und noch einmal dreihundert Jahre später wurde der goldverzierte Reliquienschrein erneut aus seiner Nische hervorgeholt und mit großem rituellem Pomp in allen größeren Kirchen und Klöstern ganz Serbiens zur Schau gestellt. Denn im Jahr 1989, sechshundert Jahre nach der Schlacht auf dem Amselfeld, die im serbischen Fernsehen – äußerst dramatisch, aber historisch natürlich gemäß der gängigen Legende gründlich verfälscht – nachgestellt wurde, sollten Haupt und Glieder des längst heiliggesprochenen Herrschers möglichst viele Serben aus ihrer Apathie der Tito-Zeit erwecken und dazu inspirieren, Serbiens alte Größe, Glanz und Glorie wieder einzuklagen. »Serbien muß seine Rechte in der gesamten Republik wahren können«, erklärte der serbische Präsident Milošević damals, angesichts der sterblichen Überreste des größten Sohnes Großserbiens, sichtlich erregt. Jeder serbische Politiker, der sich in dieser Zeit gegen die Verdrängung der Serben durch die Albaner aus der urserbischen Provinz Kosovo, die der Kroate Tito durch die Verfassung des Jahres 1974 ihren angestammten Besitzern genommen hatte, wendete, konnte nur ein Volksheld werden, wie der letzte Vorsitzende der Nationalversammlung der Bundesrepublik Jugoslawien, der Serbe Borisav Jović, später sagte. Wollte er nicht als Verräter abgestempelt werden, hatte Milošević zunächst keine andere Wahl. Dann aber gab es keinen Weg zurück.

Denn die Wunden des Kosovo sind bis heute nicht verheilt. Und noch immer steht ein jeder Führer Serbiens vor der Alternative, als Volksheld oder als Verräter in die serbische Legende einzugehen: »Ili-ili, treće ne postoji«. (Entweder-oder, ein Drittes gibt es nicht.)

»Sultan Bayezid aber, der den Sieg davongetragen hatte, blieb auf dem Amselfeld und errichtete auf dem Schlachtplatz, an der Stelle, wo sein Vater getötet worden war, ein Denkmal: auf vier Säulen wurde ein Gewölbe aufgeführt, mit Blei bedeckt. Und dieses steht bis auf den heutigen Tag«, schrieb Konstantin vor jetzt fünfhundert Jahren in seiner Chronik. Tatsächlich steht es auch heute noch immer dort und wird von muslimischen Albanern Tag und Nacht bewacht. Denn auch sie, die bis in die zweite Hälfte des 17. Jahrhunderts katholische Christen geblieben waren, pflegen mit Hingabe ihr selektives Gedächtnis, nämlich ihre Legenden, nicht aber die historische Wirklichkeit, die infolgedessen immer schwerer zu rekonstruieren ist.

Bis wann beruht zum Beispiel unsere Türkische Chronik ausschließlich auf Hörensagen, ab wann ist sie ein echter Augenzeugenbericht? Hat etwa der Janitschare Konstantin bei der Eroberung Konstantinopels 1453 schon persönlich mitgekämpft oder war er, dessen Geburt für das Jahr 1435 angenommen wird, damals für den Kriegsdienst noch zu jung? Oder aber beginnt seine Zeit in türkischen Diensten ohnedies erst zwei Jahre später, nämlich mit dem Fall des serbischen Bergbaustädtchens Novo Brdo, in dessen Nähe er offenbar als Sohn eines Mihail Konstantinović in einem der zahlreichen serbischen Dörfer namens Ostrovica geboren wurde?

Der türkische Sultan Mehmed (Mohammed) II. »der Eroberer« (1451–1481) hatte mit dem serbischen Despoten Djurdje (Georg) Branković einen Waffenstillstand geschlossen, »damit er leichter sein Ziel erreichen konnte, Konstantinopel zu erobern«. Sobald dieses Ziel jedoch erreicht war, fiel er mit seiner gesamten Streitmacht in das Land der Raitzen ein. Nach heftigen Kämpfen (ja, »die Türken erzählten hernach, daß sie zeit ihres Lebens von keiner Schlacht gehört hätten, bei der eine so kleine Mannschaft mit so viel Heftigkeit gekämpft habe«) zog das Heer des Sultans vor das Bergbaustädtchen Novo Brdo (von den sächsischen Bergleuten Nyenberge, von den Italienern Novomonte genannt), wo es Gold- und Silberminen gab. Nach 40 Tagen Belagerung übermannte der Sultan das reiche Anwesen mit einer List: Er gelobte den Stadtvätern, falls sie sich unterwürfen, werde er »alle Männer auf ihren Besitzen belassen und ihnen weder die jungen Weiber noch die Knaben rauben«. Als sich daraufhin die Stadt ergeben hatte, befahl der Sultan, alle Tore zu schließen und nur eine Pforte offen zu lassen. Dann drangen die Türken in die Stadt ein und trieben alle Einwohner durch die offene Pforte hinaus. Draußen mußten sie sich aufstellen, die Knaben auf der einen Seite, Frauen und Männer auf der anderen Seite des Laufgrabens. Die vornehmsten Männer ließ der Sultan enthaupten, siebenhundert Frauen verteilte er unter seinem Gefolge, alle anderen durften in die Stadt zurückkehren. Bis auf 320 Knaben; diese zog der Sieger zu seinen Janitscharen ein. Unter ihnen war Konstantin mit seinen beiden Brüdern.

»Ja, auch ich wurde damals aus jener Stadt mit meinen zwei Brüdern in die Gefangenschaft geschleppt, ich, der dies alles aufgeschrieben hat,« betont Konstantin in seinen Erinnerungen. Doch man weiß bis heute nicht, welcher Sprache er sich bei der Niederschrift bediente. Erhalten sind nur Kopien in lateinischer Schrift, und zwar eine frühere tschechische (aus der ersten Hälfte des 16. Jahrhunderts) und mehrere spätere, polnische Versionen, die allesamt von ihren Schreibern redigiert und nach dem jeweiligen Interessen- und Wissensstand ihrer Zeit, nämlich jener Jahre, in denen die Türken bis an Wien heranrückten, ergänzt worden sind.[5]

Dennoch ist der Quellenwert dieser Memoiren unbestritten. Vor allem aber verfügen wir über kein glaubwürdigeres Zeugnis von den tiefen Umwälzungen, die sich im 15. Jahrhundert auf dem Rücken der griechisch-christlichen Balkanvölker vollzogen und die bis heute das Schicksal dieser Nationen mitbestimmen; und zwar jeweils zumindest in dem Maße, in dem die Erinnerung an sie ihren politischen Führern als Instrument der Machtgewinnung oder auch der Machterhaltung gelegen kommt.

»Man wende sich den Balkanvölkern zu; da hört man bei jeder Gelegenheit Schicksal, Schicksal ... Völker, die ihren Ursprüngen noch zu nahe sind, wollen damit ihre erbärmliche Erfolglosigkeit tarnen. Dies ist die discrétion der Höhlenbewohner«, schrieb einer von ihnen, nämlich der rumänische Philosoph Cioran, der nach eigenem Zeugnis am liebsten ein Deutscher oder ein Spanier gewesen wäre, durch sein Schicksal aber zum Franzosen wurde, in seinen »Syllogismen der Bitterkeit«: Schicksal, Schicksal ...

Die Knaben wurden zu Fuß über Land bis zur Küste getrieben und von dort per Schiff nach Anatolien gebracht, wo sie als Muslime erzogen und zum Dienst bei Hofe, in der Verwaltung und im Militär ausgebildet werden sollten. Vom Ende des 14. bis zum Beginn des 18. Jahrhunderts war es nämlich im osmanischen Reiche Brauch, einen bestimmten Prozentsatz der unverheirateten Söhne christlicher Familien zum Glaubenswechsel zu zwingen und zum Dienst zu verpflichten. Viele bedeutende Verwaltungsbeamte und Heerführer gingen aus dieser Kaste der Janitscharen (von jeni tscheri, »neue Truppe«), die fast ausnahmslos vom Balkan stammten, hervor.

»Immer, wenn sie (die türkischen Heere) in ein Land einfallen und sich die Bevölkerung untertan machen, reitet sogleich der Schreiber des Sultans hinter ihnen her, der alle Knaben, so viele es auch sein mögen, zu den Janitscharen einzieht. Für jeden zahlt er fünf Goldstücke ... Von diesen Knaben gibt es gewöhnlich an die 2000. Wenn man von einem feindlichen Volk nicht so viele hat herausbekommen können, nimmt man sie von den Christen im eigenen Land, sofern diese Knaben besitzen. In jedem Dorf werden die Knaben gesammelt. Es wird festgesetzt, wie viele Knaben jedes Dorf mindestens zu geben hat, damit die Zahl stets voll sei«, so beschreibt Konstantin den Brauch der »Knabenlese« (türkisch »devsirme«, griechisch »paideumozoma«).[6] Die Zahl der Janitscharen war jedoch erheblich größer: Sie wuchs von 40000 im 15. Jahrhundert bis zum 17. Jahrhundert auf über 100000 Mann an; und erst, nachdem sie zu einer Art Staat im Staate geworden waren und so manchen Sultan aus dem Wege geräumt hatten, wurden diese Sondereinheiten im Rahmen der Heeresreform Mahmuds II. 1826 aufgelöst.

Nur widerwillig zogen natürlich die christlichen Knaben mit ihren heidnischen Häschern mit. Immer wieder sannen sie auf Flucht, vor allem in den Wäldern und Bergen, in denen sie sich besser auskannten als ihre ausländischen Aufseher. »Aber dann fehlte uns doch der Mut dazu, denn wir waren noch arg jung«, schreibt Konstantin, der wahrscheinlich zu den älteren gehörte; die jüngsten Knaben waren gerade 13 Jahre alt. »Einmal allerdings gelang es mir, mit 19 anderen eines Nachts aus einem Dorf zu entspringen. Aber sie jagten durch die ganze Gegend hinter uns her. Und als sie uns wieder ergriffen hatten, banden und quälten sie uns sehr und schleiften uns hinter ihren Pferden her, so daß es ein Wunder war, daß uns die Seele im Leib blieb. Andere Gefangene, darunter meine beiden Brüder, bürgten dafür, daß wir so etwas nicht wieder tun würden. Dann führte man uns ruhig weiter bis über das Meer.«

Dort angekommen, wurden die jungen christlichen Serben zunächst einmal gründlich umerzogen. Von ihren älteren Schicksalsgenossen, die schon zwei Jahre oder mehr unter den Janitscharen dienten, erfuhren sie in allen Einzelheiten, wie die einst unbezwingbare Kaiserstadt Konstantinopel im Jahr 1453 mit List und Trug zu Fall gebracht worden war: Der Eroberer Mehmed habe unter dem Vorwand, gegen ein starkes Emirat in Anatolien ziehen zu wollen, ein Heer gesammelt, aber zum Staunen aller nicht nur Soldaten, sondern auch Baumeister, Schreiner, Maurer, Schmiede, Kalkbrenner und andere Handwerker mit all ihrem Gerät eingezogen. Mit dieser eigentümlichen Mannschaft marschierte der Sultan zum Bosporus. Nur wenige Meilen nördlich von Konstantinopel begann er im April 1452 eine Festung zu bauen, die schon bald fertiggestellt war. »Niemand aber erkannte, was er mit dieser Festung im Sinne hatte.«

Die Byzantiner waren natürlich besorgt, aber Mehmed schickte Boten zum Kaiser, die ihn beruhigen sollten: »Diese Festung errichte ich zu eurem und zu unserem Nutzen«, ließ er ihm sagen, »denn groß ist die Klage der Kaufleute, daß ihnen von den Katalonen auf dem Weißen und dem Schwarzen Meere schreckliche Unbill widerfahre. Und das möchte ich unterbinden, damit die Kaufleute ungestört ihrem Gewerbe nachgehen können.« (Mit dem Weißen Meere war vermutlich die Ägäis, vielleicht aber auch das Marmarameer gemeint.)

Wir werden nie wissen, ob »die Griechen« diese Erklärung wirklich glaubten. Sie hätten sich so fest auf den bestehenden Waffenstillstand verlassen, ja ihre Sorglosigkeit sei derart groß gewesen, daß sie die Türken in ihrer Stadt ein- und ausgehen ließen, schreibt unser Chronist. In Wahrheit war die Lage aber klar: Konstantinopel lag mittlerweile isoliert, verarmt und erschöpft mitten in osmanischem Gebiet, und es war zu einem Ärgernis geworden, weil es die neuerworbenen europäischen Besitzungen des Sultans von den asiatischen trennte. Die Byzantiner hatten gar keine andere Wahl, als ihr Vertrauen in den Waffenstillstand zu bekunden und sich auf die strategisch günstige Lage Konstantinopels und die bewährten Mauern ihrer Stadt zu verlassen, denn sie verfügten nur über etwa 5000 griechische und 2000 fremde Verteidiger gegenüber einer wenigstens zehnfachen Übermacht, die sehr viel besser gerüstet war. Zahlreiche, bis heute erhaltene Hilferufe an Venedig, Neapel, Ragusa, Rom, Kaiser Friedrich III. und an Ungarn blieben fast gänzlich unerhört.

Kaiser Konstantin, der elfte und letzte, den man nach seiner serbischen Mutter Helene aus dem Fürstenhaus der Dragas in Ostmakedonien Dragases nannte, hatte in seiner Not sogar versucht, erneut die Vereinigung mit Rom zu betreiben, zu der bereits sein Vorgänger, Johannes VIII. Palaeolog, 1439 genötigt worden war. Am 12. Dezember 1452, fünf Monate vor dem

Untergang der Kaiserstadt und bevor die orthodoxe Kathedrale in eine Moschee umgewandelt wurde, zelebrierte der päpstliche Legat Kardinal Isidoros in der Hagia Sophia die lateinische Messe und verkündete die Kirchen-Union. Die Bevölkerung, in der die Erinnerung an den Verrat von 1204 noch überaus lebendig war, und die sich gerade in der Not fester denn je an ihren Glauben klammerte, reagierte entsetzt. Damals soll einer der höchsten Beamten des Kaisers in seiner Verzweiflung ausgerufen haben, lieber sehe er einen türkischen Turban als die lateinische Mitra in seiner Stadt.

Doch diese heftige Reaktion war gewiß nicht der alleinige Grund für die geringe Bereitschaft des Westens, Ostrom zu helfen. Der damals mächtigste Herrscher am Mittelmeer, der König von Neapel, Alfons V. von Aragon, betrieb die Politik seiner Vorgänger: Er träumte von der Erneuerung des lateinischen Kaiserreiches im Osten, und er wollte dort selber Kaiser sein. Alle Gelder, die der Papst für den Kampf gegen die Türken bewilligte – und das war ohnedies nicht mehr allzuviel –, verwendete Alfons zu diesem Ziel, nicht aber zur Rettung des griechischen Reichs. Ein letzter Kreuzzug, den Papst Eugen IV. im Jahre 1443 unzureichend finanzierte, endete aus diesem Grund mit einer verheerenden Niederlage bei Varna in Bulgarien.

Es hieße, der Wahrheit die Ehre zu verweigern, wollte man an dieser Stelle nicht jener weisen Westler gedenken, welche die Entwicklung zutiefst bedauerten. Allen voran der Universalgelehrte Nikolaus von Kues (Cusanus), der als Legat Papst Eugens IV. im November 1437 persönlich nach Konstantinopel gereist war, um den Patriarchen und den Kaiser des Ostens zum Konzil nach Florenz einzuladen. Dieser kluge Kardinal strebte nicht etwa die Unterwerfung des Ostens, sondern tiefgreifende Reformen an, die eine Einigung im Sinne einer »concordantia universalis« nicht nur zwischen Papst, Gegenpapst und Konzil im Westen (es war schließlich die Zeit der Gegenpäpste) oder zwischen den christlichen Kirchen in West und Ost, sondern auch zwischen dem Christentum und allen anderen historischen Religionen ermöglichen sollten. Nicht nur umfasse Gott in seiner unendlichen Einfachheit alle Dinge (complicatio), sondern zugleich existiere er auch in allen Dingen (explicatio). Mit anderen Worten: in Gott falle die »complicatio« mit der »explicatio« zusammen, und zwar in der Unendlichkeit. Sobald man dieses Prinzip der »coincidentia oppositorum« verstanden habe, werde man in seiner Ignoranz »weise«. (Daher der Titel eines der cusanischen Hauptwerke, »Docta ignorantia«, die gelehrte Unwissenheit.) Diese revolutionäre Auffassung vom Zusammenfall aller Gegensätzlichkeiten war in der Tat geeignet, die christliche Philosophie radikal zu erweitern, neue Horizonte zu öffnen, ja mit allen anderen Religionen in einen fruchtbaren Dialog zu treten. Nicht nur »zum Unglück für das Christentum des Westens«, wie der Rumäne Eliade schreibt, sondern zum Unglück ganz Europas, wenn nicht der Menschheit, blieben die Überlegungen des Cusanus folgenlos. Noch 1453, also unmittelbar nach dem Fall der christlichen Metropole Konstantinopel, den Nikolaus von Kues ganz bewußt als epochale Katastrophe sah, nahm er in seiner Schrift »De pace fidei« das Thema der universalen Einheit aller Religionen wieder auf. Dieses wichtigste seiner Werke fand kaum Beachtung. Es wurde erst gegen Ende des 18.Jahrhunderts von Gotthold Ephraim Lessing wiederentdeckt und wohl auch erst von ihm verstanden. Damals aber nahm die ungelehrte Torheit ihren Lauf.

»Als der Sultan den Bau der Burg vollendet hatte, sagte er niemandem, weder einem seiner Leute noch einem Fremden, von seiner Absicht und schickte, ohne den Waffenstillstand aufzukündigen, Berittene nach Konstantinopel, damit sie dort töteten und mordeten, wen auch immer sie anträfen«, berichtet der Janitschare Konstantin. Anschließend sei Mehmed mit seiner ganzen Streitmacht herangezogen und habe Konstantinopel belagert, zu Wasser und zu Land.

Drei Überraschungen hielt der Fatih (der »Eroberer«) bereit, die große Verwirrung stiften sollten. Zum einen hatte er an einem Hang im Wald wenigstens dreißig Schiffe bauen lassen, die nun auf nie gesehene Weise zu Wasser gelassen werden sollten. »Bergaufwärts wurde ein Graben angelegt, der mit Balken ausgeschlagen und dick mit Fett eingeschmiert war; darüber hinaus wurden für jedes Schiff richtige Segel hergestellt. Als man die Windsegel hochgezogen hatte, glitten alle 30 Schiffe eins nach dem anderen wie über Wasser hinweg, bei Fahnenschwingen und Trommelwirbel, die Kanonen feuerten.« So etwas hatte man noch nie gesehen: »Schiffe, die von Menschen zu Fuß über das trockene Land und von Büffeln bis zum Meer gezogen wurden.« Zum zweiten ließ er am Goldenen Horn aus Booten eine Brücke bauen, über die seine Reiter hinwegreiten konnten. Und drittens hatte der Sultan mit abendländischer Hilfe eine starke Artillerie geschaffen, die nun in bisher unbekanntem Maße gegen die massiven Mauern eingesetzt wurde. »Die Kanonen entschieden alles«, urteilte ein griechischer Chronist.[7]

Als die Mauern durchbrochen waren, drang das Fußvolk der Janitscharen ein. Der griechische Kaiser verteidigte sich tapfer, doch das Schicksal nahm seinen Lauf. Als Konstantin Dragases längst nicht mehr lebte, hieb ein Janitschare ihm den Schädel ab, um diesen dem Sultan vor die Füße zu werfen: »Glücklicher Herr, da hast du den Kopf deines ärgsten Feindes«, rief er. Als Mehmed erfuhr, wessen Haupt das war, beschenkte er den Janitscharen reichlich und gab ihm ein eigenes Emirat. »So wurde Konstantinopel genommen, durch ruchlose Untreue und den falschen heidnischen Waffenstillstand«, schreibt der Serbe Konstantin.

Der Armenier Abraham von Ankyra (heute Ankara) aber, der ein Zeitgenosse war, ja nach eigener Aussage kurz vor Zerstörung des Zentrums der orthodoxen Welt drei Monate als Pilger in Konstantinopel verbracht hatte (er war wohl ein niederer Geistlicher oder ein monophysitischer Mönch), verfaßte ein 400 Zeilen langes Klagelied[8]:

In der zweiten Woche der Fastenzeit
zogen sie aus und kamen zur Stadt.
Unzählige sammelten sich hoch zu Roß –
siebenhunderttausend waren es.

Alle stellten sich auf und schlossen die Stadt ein,
vom Meer und vom Land her bedrängten sie sie.
Die Streitmacht der Türken vermehrte sich noch,
die der Christen jedoch nahm ständig ab.

Der Kaiser sei schließlich ohnmächtig gewesen. All seine Hoffnung habe er in seiner Not auf »das Volk der Franken«, nämlich auf den Westen gesetzt:

> Doch das unbarmherzige Volk der Lateiner
> stellte ganz unerhörte Bedingungen:
> Bekehre dich zu unserer Tradition
> und übergib uns deine Stadt!

Der verzweifelte Kaiser habe schließlich selbst solch »unerhörten« Forderungen zugestimmt. Doch das Glück wandte sich ihm trotz allem nicht zu. Der »arglistige Sultan Mahamat« habe eine schreckliche Kanone gehabt, »alle, die sie sahen, bewunderten sie, und die davon hörten, staunten«.

> In Trümmer legte er fünf Türme der Stadt
> und machte sie dem Erdboden gleich.
> Über die Meeresenge baute er einen Weg,
> so daß sie wie zu Land marschierten.

Wie eine gewaltige Sintflut seien die Türken (Abraham gebraucht den Ausdruck Taciken, der für Türken wie für Perser galt) über die Stadt hereingebrochen und hätten alle Männer umgebracht, alle Frauen und Schätze an sich gerissen und alle Heiligtümer zerstört. Danach seien sie sogar in die Hagia Sophia eingedrungen, der böse Sultan allen voran, »voll Freude, daß sein Wunsch in Erfüllung gegangen war«, und hätten das Heiligtum für immer entehrt.

> Die Kirchen, zur Ehre Gottes geschmückt,
> unbarmherzig wurden sie geplündert;
> die ehrwürdigen, heiligen Gefäße
> und jegliches Schmuckstück wurden geraubt.
>
> Der Märtyrer heilige Reliquien,
> die dort in Ehren aufbewahrt waren,
> alle hat man am Boden zerstreut,
> mit den Füßen getreten und zermalmt.

Und so sei es auch den Gebeinen der Kaiser ergangen, die nicht einmal Marmor schützen konnte.

Von all den vielen Heiligtümern
wirkte kein einziges ein Wunder –
wegen unserer vielen Sünden
blieben sie alle ganz und gar stumm …

Wir aber rufen mit großem Wehklagen
und schluchzen unter Tränen,
in tiefem Schmerz trauern wir
in Mitleid mit dieser großen Stadt.

Kommt, ihr gläubigen Brüder,
ihr Väter und geliebten Auserwählten,
laßt uns weinend die Klage abfassen
über das, was eben geschah.

Es war mehr als der Untergang einer Stadt, den Abraham in seiner Elegie beklagte. Es war das Ende des Mittelalters, das im europäischen Osten alles andere als finster gewesen war, denn elf Jahrhunderte lang war Konstantinopel »der Mittelpunkt einer Welt des Lichts« (Runciman) gewesen, und eine finstere Neuzeit begann. Es war das Ende einer Epoche: Nach dem Fall der Metropole war der Untergang der letzten freien Gebiete auf dem Balkan besiegelte Sache. Die Gewichte in Europa sollten sich von nun an für immer verschieben: »In dem Maße, als Konstantinopel durch das beständige Anstürmen der Türken an Ansehen, Macht und Einfluß verloren hatte, stieg das Ansehen und die Macht Moskaus, um so mehr als der Gegner, der Konstantinopel besiegte, von Moskau besiegt wurde«, schrieb der spätere Präsident der Tschechoslowakischen Republik, Thomas Garrigue Masaryk, während des Zweiten Balkankrieges 1913 in seiner »Russischen Geistes- und Religionsgeschichte«; »der endgültige Sieg Moskaus über die tatarischen Mohammedaner bald nach dem Falle Byzanz' erschien dem christlichen Osten um so großartiger … Für das geistige Leben des dritten Roms war die Schwächung und schließlich der Fall des byzantinischen Reiches dadurch wichtig, daß der kulturelle Einfluß Byzanz' reduziert wurde. Moskau wurde auf sich allein angewiesen.«[9]

Durch geschicktes Lavieren zwischen dem ungarischen und dem türkischen Herrschaftsbereich gelang es zwar dem Despoten Djurdje Branković, einen Rest des Serbenreiches im Norden mit Hilfe des siebenbürgischen Kriegshelden Johannes Hunyadi aus Hermannstadt (Sibiu), den die Serben als »Sibinjanin Jako« bis heute besingen, vorübergehend vor dem Türkenjoch zu bewahren; doch schon drei Jahre später war der Widerstand gebrochen, und Mehmed nahm nahezu kampflos Djurdjes Festung Smederevo an der Donau ein.

»Die Raitzen wünschten, daß Smederevo lieber in die Hände der Türken als in die der Ungarn falle, weil sie an der Niedertracht des Statthalters Ärgernis genommen hatten«, schreibt unser Gewährsmann, der Janitschare Konstantin. »Jeder Herrscher erreicht für sich selber mehr durch edle Güte als durch Bosheit und Drohungen. Nehmt nur den König Matthias zum Beispiel« – gemeint ist Matthias I. Corvinus Hunyadi, 1458–90 König von Ungarn, ein Sohn des Johannes Hunyadi –: »Was hat er schon mit seinem harten Kampf und seinen großen Ausgaben zustande gebracht? Hätte er die Hälfte an Geldern, die er im Kampfe gegen die Christen vertan hat, für den Kampf gegen die Heiden aufgewandt, hätte er alle Heiden bis über das Meer zurücktreiben können und sich einen großen Namen erworben ... Daher habt acht, wenn ihr Christen miteinander Krieg führt, denn alles wird vor Gott und allen Heiligen und vor den Menschen gewogen und gemessen. Und wisset, daß diese Heiden nicht von sich aus so wagemutig und tapfer sind, sondern nur weil bei uns Zwietracht herrscht. Wir verhelfen ihnen durch unseren Haß zu ihren Siegen.«

Nicht viel länger hielt der bosnische König Stefan Tomašević den Untergang seines längst reduzierten Reiches auf. Auch eine Kehrtwendung in der Kirchenpolitik, mit der er sich, genau wie der Kaiser von Byzanz, in letzter Stunde westliche Hilfe erkaufen wollte, brachte nicht den gewünschten Effekt: der bosnische Adel spielte nicht mehr mit. Denn der Haß der bosnischen Bogumilen auf die katholischen Ungarn und Kroaten hatte längst dazu geführt, daß auch sie (wie die Byzantiner) »lieber einen türkischen Turban als die lateinische Mitra« in ihrer Mitte sehen wollten, so daß schon 1463 auch Bosnien einem plötzlichen Ansturm türkischer Truppen erlag. Bei dieser Gelegenheit wurden auch noch die letzten halbfreien südlichen Gebiete zum Aufmarschgebiet gegen Bosnien und blieben fortan unter osmanischer Macht.

Nein, »nicht so sollte man es machen wie König Matthias, der die Heiden ungeschoren ließ, dafür aber mit den Christen im Krieg lag«, faßt Konstantin aus Ostrovica die Erfahrungen eines langen Lebens zusammen, nachdem er, etwa 65jährig, in seine serbische Heimat zurückgekehrt war, zusammen: »Sündigerweise waren der hl. Vater, Papst Paul II., und der römische Kaiser Friedrich, beide rühmlichen Angedenkens, der Grund dazu. Sie nämlich brachten es dahin, daß König Matthias die Böhmen bekriegte und sie Ketzer nannte ... Und so war Krieg unter den Christen, und die Heiden vermehrten indessen ihre Macht. Unter dem Schleier des Glaubens verführten Genußsucht und leerer Ruhm die Christen zu vielen üblen Dingen.«

Die wahre Geschichte des Dracula

Es war einmal ein Christenprinz griechischen Glaubens, der lebte in der Walachei, und die Menschen nannten ihn Dracula, weil er so teuflisch schlau und grausam wie der Drache Satan war. Eines Tages kamen von Ungarn her zwei römisch-katholische Mönche zu ihm, die um eine milde Gabe baten. Dracula ließ sie mit allen Ehren empfangen. Dann rief er zunächst den einen der Mönche zu sich in den Vorhof, wo ungezählte Menschen auf Pfählen staken, und fragte ihn: »Habe ich recht getan?« Der Mönch antwortete: »Nein, Herr, du hast schlecht getan. Du strafst alle ohne Gnade. Ein Herrscher sollte gnädig sein, so aber sind alle diese unglücklichen Menschen, die du gepfählt hast, Märtyrer.« Da ließ Dracula den zweiten Mönch kommen und stellte ihm dieselbe Frage. Der zweite Mönch antwortete: »Du, Herr, wurdest von Gott dazu auserkoren, als Herrscher jene zu bestrafen, die Verbrechen begehen, und jene zu belohnen, die Gutes tun. Sicher haben diese Menschen irgendein Verbrechen begangen und sind angemessen bestraft worden.« Daraufhin ließ Dracula erneut den ersten Mönch zu sich kommen und sprach zu ihm: »Warum hast du nur dein Kloster und deine Zelle verlassen, um die Höfe großer Herrscher aufzusuchen? Du weißt gar nichts. Gerade eben noch hast du mir gesagt, daß diese Menschen hier Märtyrer seien. Jetzt will ich auch aus dir einen Märtyrer machen ...« Und er befahl, den Mönch zu pfählen. Den anderen aber ließ er reich beschenkt in einer schönen Kutsche zurück zur ungarischen Grenze bringen.

Dies ist die russische Version einer der ungezählten Greuelmärchen, die im 15. Jahrhundert und später in fast allen Teilen Europas über den Schreckensherrscher aus Siebenbürgen, den Fürsten Vlad, genannt Tepeš (das heißt: der Pfähler) oder Dracula (der Drachensohn) verbreitet wurden. Kein westlicher Kommentator hat es je versäumt, ausdrücklich auf den despotiefreundlichen Charakter dieser ostslawischen Variante hinzuweisen. In der rumänischen Fassung klingt die Episode in der Tat ein wenig anders: Hier sind die Mönche unterschiedlicher Herkunft, nämlich ein geschmeidiger Grieche und ein geradliniger Romanier. Und hier wird der ehrliche Landsmann belohnt, der diplomatische Byzantiner jedoch, der dem Despoten zu schmeicheln versucht, wird hingerichtet.

In einer dritten, siebenbürgendeutschen Variante ist überhaupt nur von einem Geistlichen die Rede, der behauptet hat, ausschließlich dem könne eine Missetat vergeben werden, der das Unrecht wiedergutgemacht habe. Dracula läßt ihn eine Suppe auslöffeln, in die er Brot gebrockt hat, behauptet dann aber, das Brot sei sein Eigentum gewesen, der Priester also ein Dieb, der seine Untat keinesfalls ungeschehen machen könne. Und läßt ihn pfählen.[1]

Allen drei Fassungen ist die Methode der Hinrichtung gemein: das Pfählen. Pfählen jedoch nicht in jenem etwa im Brockhaus definierten Sinne einer »Strafe im Mittelalter für Notzucht, Hexerei und Kindesmord, bei der dem Verbrecher ein spitzer Pfahl durch das Herz getrieben wurde«, sondern als qualvolle Exekution, bei der der gesamte Körper des Delinquenten, vom Gesäße bis zum Kopf, auf einen langen Pfahl gespießt wurde, den man anschließend, mal mit dem Kopf nach oben, mal nach unten, senkrecht in die Erde rammte.

Daß solch barbarisches Vorgehen keinesfalls europäischen Ursprungs sein könne, davon war man im christlichen Abendland überzeugt. »Europäer verbrannten und folterten ihre Gegner und machten sie zu Krüppeln – aber nur die Türken kannten das Pfählen, indem sie einen spitzen Pfahl durch den Anus nach oben trieben und zwischen den Schlüsselbeinen wieder hinausrammten, ganz gleich, welchen Alters und Geschlechts das Opfer war, das sie dann aufgespießt auf dem in den Boden gepflanzten Pfahl als Warnung stehenließen«, behauptete noch 1993 der angesehene britische Historiker Sir John Hale in seinem Buch zur europäischen Renaissance.[2] Doch schon 1400 Jahre zuvor hatte Prokop von Kaisarea in seiner Chronik der Gotenkriege diese Hinrichtungsmethode beschrieben: »Sie (nämlich die Barbaren) töteten ... die Gefangenen nicht mit dem Schwert oder Speer oder sonstwie auf herkömmliche Weise, sondern steckten scharf gespitzte Pfähle fest in den Boden, setzten ihre Opfer mit aller Gewalt darauf, und indem sie ihnen die Pfahlspitze mitten durch das Gesäß bis in die Eingeweide bohrten, glaubten sie die rechte Todesart anzuwenden. Auch gruben diese Barbaren vier starke Holzpflöcke tief in die Erde ein und banden daran Hände und Füße der Gefangenen fest, worauf sie diese durch wiederholte Keulenschläge gegen die Schläfen töteten, so wie sie es auch bei Hunden, Schlangen und anderen Tieren machten. Wieder andere, die sie nicht mit sich in ihre Heimat verschleppen konnten, sperrten sie mit Rindern und Schafen zusammen in die Häuser ein und verbrannten sie dort ohne Erbarmen. Auf solche Art und Weise brachten die Sklavenier jeden um, der in ihre Gewalt kam.«[3]

Lassen wir einmal die Frage beseite, ob Prokop solche Schrecklichkeiten wirklich mit eigenen Augen gesehen hat – »die Seestadt« Toperos, von der er hier berichtet, liegt jedenfalls an keinerlei Meer, sondern westlich von Konstantinopel im Rhodopengebirge, und die Zahl der Todesopfer, die er nennt, ist mit Sicherheit übertrieben. Vermutlich kannte er nur mündliche Berichte. Wichtiger ist in unserem Zusammenhang, daß er die grausamen Barbaren ausdrücklich Sklavenier, also Slaven und nicht Türken nennt.

Der walachische Woiwode Vlad jedoch, den sie »Sohn des Drachen« nannten, war weder Türke noch war er Slave. Sein Vater, der den gleichen Namen trug, stammte in direkter Linie von jenem Prinzen Basarab ab, nach dem noch heute Basarabia, zu deutsch Bessarabien, nämlich jene Landschaft heißt, die zwischen Pruth, Dnjestr, Donau und dem Schwarzen Meer gelegen ist und heute politisch größtenteils zur Republik Moldavien gehört. Eine lokale Chronik aus dem 16. Jahrhundert[4] gibt 1290 als Gründungsjahr eines eigenen walachischen Staates an. Etwa zu dieser Zeit jedenfalls kamen Walachen, die sich selbst als Nachfahren der Dako-Romanen betrachteten (was unter Historikern nicht ganz unbestritten ist) aus Muntenia, dem Bergland, – das es ihnen in der Tat ermöglicht haben könnte, allen Völkerwanderungen zum Trotz, ihre romanische Eigenart und Sprache zu bewahren – über die Südkarpaten ins Donautal, wo sie sich dauernd niederließen. Als Ursache dieser erneuten Wanderbewegung kommen gleich mehrere Faktoren in Betracht: die Ausbreitung deutscher Siedler, der sogenannten Siebenbürger Sachsen, welche von den ungarischen Königen für den Bergbau herbeigerufen worden waren, die Willkür ungarischer Feudalherren sowie die Verfolgung Andersgläubiger durch die Magyaren, die zu dieser Zeit ergebene Diener des Papstes waren. Die Walachen hatten sich unter bulgarischem Einfluß der byzantinischen Ostkirche angeschlossen.

Auch in ihrer neuen Heimat, der Ţara Romaneasca oder Walachei, also dem Süden des heutigen Staates Rumänien, unterstanden sie zunächst dem ungarischen König, doch schon Prinz Basarab I. erfocht im Jahre 1330 die Unabhängigkeit seines Fürstentums. Ungarn blieb der gefährlichste Gegner, gegen den sich die Walachen mit den Slawen südlich der Donau, mit Serbien und Bulgarien und im Norden mit Polen verbündeten. Ein walachisches Kontingent kämpfte höchstwahrscheinlich in der Schlacht von Kosovo an der Seite des serbischen Zaren. Die türkischen Truppen jedenfalls überfielen anschließend die Walachei, die ab 1391 der Hohen Pforte tributpflichtig wurde. Und nachdem, wieder zwei Jahre später, auch Bulgarien gefallen war, stand die Ebene am Unterlauf der Donau für die türkischen Truppen offen. Mircea der Alte, der 1386 den walachischen Thron bestiegen hatte, sah sich gezwungen, beim nördlichen Nachbarn Schutz zu suchen und das bis dahin bestehende Bündnis mit Polen dem Erbfeind Ungarn zu opfern.

Kurz zuvor (1370–82) war Polen mit Ungarn noch durch den gemeinsamen Landesherrn, Ludwig I. von Ungarn, verbunden gewesen; dessen Tochter Hedwig hatte jedoch 1386 den bis dahin heidnischen litauischen Großfürsten Jagiello geheiratet. Sie hatte in der Folge alle Bande zu ihrem Vaterlande durchtrennt, sich ganz vom Westen ab- und dem Osten und Südosten zugewandt. So war ihr das Fürstentum Moldau (nach seinem Gründer Bogdan (1359–65) auch Bogdania genannt) durch viele Jahre tributpflichtig.

Die Rache Polens blieb nicht aus: Kaum waren die christlichen Truppen von den muslimischen (1396 bei Nikopolis) geschlagen worden, erreichte Hedwig durch eine fein gesponnene Intrige, daß Mircea zugunsten seines Sohnes auf den Thron verzichten mußte.

Auch in den folgenden Jahren blieb dies eine unvorstellbar unsichere, eine immer wieder von Seuchen gequälte, von Raubzügen überfallene, ja von Dämonen besessene und zerrissene Region, in die im Jahre 1430 oder 1431 der kleine Vlad hineingeboren wurde. Sie war zum Aufmarschgebiet der Türken gegen Zentraleuropa geworden, und hätte nicht der geniale ungarische Heerführer und Reichsverweser Johannes (oder Janos) Hunyadi, der seinerseits wahrscheinlich der Sohn eines rumänischen Adligen aus Siebenbürgen war, die Türken noch einmal zurückgedrängt, die Walachei wäre wahrscheinlich längst ein osmanisches Paschalyk gewesen, eine von einem türkischen Pascha direkt verwaltete Provinz.

So aber steht das Geburtsgebäude Vlads, ein typisches deutsches Bürgerhaus, mitten in dem hügeligen Siebenbürger Städtchen Schäßburg, das die Rumänen Sighisoara und die Ungarn Segesvár nennen, an einem schattigen kleinen Platz unweit der Kirche, zu Füßen der Burg, zu der man über viele Stufen hinaufsteigen kann. Es ist mit einer Tafel verziert, auf der seines Vaters, des Herrschers Vlad II. Dracul, gedacht wird, seiner aber nicht. Denn Vlad, der Vater, wird bis heute als Beschützer Rumäniens verehrt, während man noch immer nur mit Schaudern an Vlad Dracula, den Sohn, zurückdenken kann.

Es war ziemlich genau zur Zeit der Geburt des kleinen Dracula, daß der Vater vom Kaiser des Heiligen Römischen Reiches, Sigismund (oder Siegmund), dem Sohn Karls IV., nach Nürnberg gerufen und dort zum Ritter des Drachenordens geschlagen wurde, einer halbmonastischen, halbmilitärischen Organisation, die sich dem Kampf gegen die Ungläubigen verschrieben hatte. Fortan trug er einen Drachen am Bande um den Hals, was ihm schon bald den Beinamen Dracul, rumänisch für Drache, aber auch für Teufel, eintrug. Abergläubische Bauern mögen schon damals in dem Kreuzritter-Emblem des Drachens ein satanisches Symbol gesehen und gedacht haben, Vlad habe in Nürnberg einen Pakt mit dem Teufel geschlossen.

Fünf Jahre nach seiner Auszeichnung hatte Vlad II. als Kandidat des Kaisers und mit Hilfe seines Landsmannes Hunyadi seinen Halbbruder, den Fürsten Alexandru Aldea, aus der Walachei verjagt und dort die Macht übernommen. Da er jedoch keineswegs unumstritten war, ließ er sich unmittelbar an der Grenze zu Siebenbürgen nieder, das ihm zu dieser Zeit noch den Rücken stärkte. Schon bald jedoch begann er, unter dem Druck der Türken, ein verräterisches Doppelspiel. Dieses sollte schließlich dazu führen, daß er mit seinen beiden älteren Söhnen Mircea und Vlad den Sultan bei einem Einfall in Siebenbürgen begleitete, also als Feind in die eigene Heimat kam.

Vlad junior war zu dieser Zeit erst sieben, allerhöchstens acht Jahre alt. Am Anfang war Erziehung: Die Unterrichtsfächer seiner Grundschule bestanden nicht etwa aus Schreiben, Rechnen und Lesen, sondern – so kann man ohne Übertreibung sagen – aus Morden, Plündern und Brandschatzen.

Immerhin gelang es Vlad dem Drachen, der sein Leben dem Schutz der Christenheit geweiht hatte, einige Dörfer und Städte vor der völligen Zerstörung und deren Einwohner vor der Ermordung oder Deportation zu bewahren; die Folge aber war Mißtrauen auf Seiten des Sultans, Murad II. Dieser stellte ihm schließlich eine Falle. Um Kopf und Krone zu retten, schwor der Kreuzritter dem Muslim unverbrüchliche Treue und ließ seine beiden jüngeren Söhne, den jetzt dreizehnjährigen Vlad und den hübschen kleinen Radu, als Geiseln in der Gewalt der Osmanen. Die beiden Buben wurden nach Kleinasien verschleppt. Vier Jahre lang war Vlad Dracula türkischer Gefangener, sein kleiner Bruder Radu jedoch, der dem Sultan ganz besonders gefiel, blieb sehr viel länger in türkischer Gewalt, stieg aber bald zum Günstling Murads auf und wurde schließlich, in den 1460er Jahren – als Nachfolger seines Bruders Vlad – vom Sultanat auf den walachischen Thron gebracht, den er nach Bukarest verlegte.

Zunächst jedoch kam ein ganz anderer walachischer Prinz aus dem Hause Daneşti an die Macht, denn Vlad Dracul, der Vater, wurde im Dezember 1447 von Gefolgsleuten des Johannes Hunyadi, der das Doppelspiel seines ehemaligen Protegés ein für allemal beenden wollte, in einen Hinterhalt gelockt und umgebracht. Vlad Dracul war durch den Papst ausdrücklich von seinem türkischen Treueeid entbunden worden und hatte, gemeinsam mit seinem ältesten Sohne Mircea, an zwei Kreuzzügen auf dem Balkan teilgenommen, von denen der erste aus walachischer Sicht recht erfolgreich, der zweite jedoch ein fataler Fehlschlag gewesen war. Die beiden bessarabischen Prinzen, der Vater, vor allem aber der Sohn, schoben die Verantwortung für den Fehlschlag bei Varna ausschließlich ihrem Landsmann zu, ja sie verurteilten den Woiwoden Hunyadi kurzerhand zum Tode. Dessen hohes Ansehen als Verteidiger Belgrads rettete indes den erfahrenen Mann, der nun seinerseits für den baldigen Tod der beiden »Verräter« sorgte.

Es ist nicht ganz klar, wie es Dracula im folgenden Jahr, jetzt 17- oder 18jährig, gelingen konnte, aus der türkischen Gefangenschaft zu entkommen. Denkbar ist, daß ihm dabei geholfen wurde, denn in Istanbul, dem früheren Konstantinopel, sah man in dem Daneşti-Clan Marionetten der ungarischen Krone, deren Fäden es durchzuschneiden galt. Für wenige Wochen gelang es dem Flüchtling, sich als Vlad III. auf dem väterlichen Thron zu etablieren, doch schon mußte er weiter fliehen. Wohin hätte er sich wenden können, er, dem in der transsilvanischen Heimat Hunyadis Häscher, im Süden die Janitscharen des Sultans nach der Freiheit, wenn nicht nach dem Leben trachteten? Drei Jahre lang gelang es ihm, sich in seinem ursprünglichen Stammland Moldavien bei seinem Onkel, dem Fürsten Bogdan II., zu verkriechen, mit dessen Sohn Stephan er etwa gleichaltrig war.

Dies müssen die schönsten und friedlichsten Jahre seines wild bewegten Lebens gewesen sein. Mit Stephan verband ihn bald eine tiefe Freundschaft, der der sonst wankelmütige, mißtrauische und rachsüchtige Mann zeitlebens die Treue hielt. Und es war der mit Moskau verbündete Moldauer Prinz, der eines jetzt noch fernen Tages den brüderlichen Treueschwur höher hielt als alle politischen und konfessionellen Allianzen, und der seinem Vetter, obwohl dieser der Orthodoxie abgeschworen und sich mit Ungarn zusammengetan hatte, mit seinen Truppen 1474 den Weg zurück auf den lange verlorenen walachischen Thron ebnete. Mit Stephan gemeinsam genoß der junge Vlad in den kultivierten Moldauklöstern eine gründliche Ausbildung, an deren Ende er eine ganze Reihe sehr verschiedener Sprachen beherrschte: neben der rumänischen ganz sicher die deutsche, aus der Gefangenschaft die türkische, sowie jetzt auch noch die griechische und die südslawische des Balkanraums.

Doch, wie gesagt, die Idylle währte kurz. 1451 wurde Bogdan von Rivalen aufs brutalste umgebracht. Vlad und Stephan mußten fliehen. Dracula ging kein geringes Risiko ein, als er sich jetzt nach Siebenbürgen wandte. Sein Glück wollte es jedoch, daß Johannes Hunyadi just zu dieser Zeit nach einer Alternative zu den Daneşti-Prinzen Ausschau hielt, die ihrerseits, unter dem Druck der Verhältnisse, eine für die christliche Interessenlage allzu protürkische Politik zu betreiben begonnen hatten.

So kam es, daß Vlad fünf Jahre später, nach intensiver militärischer Ausbildung durch seinen neuen Mentor, den Mörder seines Vaters wie seines Bruders, von ebendiesem auf den Thron gehoben wurde. Die einzige Bedingung bestand darin, daß die Walachei auf einen Teil ihrer Souveranität verzichtete und Ungarn als Suzerain anerkannte. Hunyadi starb noch im gleichen Jahr auf einem seiner Feldzüge in Semlin (Zemun) bei Belgrad an der Pest.

Vlad III. Dracula residierte zunächst in Hermannstadt (Sibiu) in Siebenbürgen, sobald jedoch seine Herrschaft gesichert schien, ließ er sich im Süden nieder. In seinen ersten Regierungsjahren scheint er sich brav an die Abmachungen mit Ungarn gehalten und seine außergewöhnliche Energie ausschließlich dem Kampf gegen die Türken gewidmet zu haben. Doch etwa ab 1459 mehrten sich die Symptome einer psychischen Störung, die wir heutzutage Paranoia nennen: Sein Verhalten wurde immer mißtrauischer und aggressiver, bis es schließlich völlig unberechenbar geworden war.

500 Jahre später wurde in Rumänien Kritik an Präsident Ceauşescu nicht selten in Dracula-Anekdoten versteckt: »Die Selbstinszenierung des Fürsten, seine Herrschaftssucht, seine fanatische Angst, den überall lauernden Feinden zum Opfer zu fallen, bevor sein Ziel erreicht ist, sowie die Tatsache, daß seine Untertanen ihren besessenen Woiwoden insgeheim verspotten«, erinnerten an eine Karikatur des rumänischen Diktators, schrieb Katja Wegner in ihrer aufschlußreichen Untersuchung zur literarischen Rezeption des Dracula in Rumänien.[5] Eindeutig, würden wir wohl heute sagen, litten beide an Verfolgungswahn.

Aber war das im Falle Draculas wirklich nur ein Wahn? Wurde er nicht wirklich von allen Seiten verfolgt? Ja, war vielleicht nicht er »verrückt«, sondern vielmehr das moralische Koordinatensystem, in dem zu denken und zu fühlen, also zu leben, er von Kindesbeinen an gezwungen gewesen war? War es vielleicht völlig »normal«, ja geradezu ein Gebot, sich an einer derart verschobenen Norm zu orientieren, sich ihr anzupassen, um überhaupt überleben zu können? Leidet etwa Jerry an Verfolgungswahn, wenn er sein Verhalten danach richtet, daß hinter jeder nur denkbaren Ecke ein gefräßiger Tom auf ihn lauert? Oder, um mit Dostojewskijs einfühlsamem Helden, Fürst Myschkin, zu sprechen: War Vlad vielleicht nur ein ganz ungewöhnlich unglücklicher Mensch? »Meiner Meinung nach war er überhaupt nicht geisteskrank, sondern hatte nur entsetzlich gelitten – das war seine ganze Krankheit«, heißt es in »Schuld und Sühne«.

Wie dem auch sei, Vlads angeblicher Wahnsinn hatte jedenfalls Methode: Ein Großteil jener Greueltaten, derer er in den verschiedensten Varianten kollektiver Erinnerung bis zum heutigen Tag beschuldigt wird, hatten unbestreitbar die Funktion, Angst und Schrecken zu verbreiten und schon dadurch jeden Feind auf Distanz zu halten. Selbst der von vielen Feldzügen abgehärtete Sultan Mehmed II. sei von Übelkeit übermannt worden, wird berichtet, als er die sich allmählich auflösenden Leichen der etwa 20000 schon vor Monaten gefangenen Feinde auf ihren Pfählen vor den Toren von Targovişte, Draculas neuer Hauptstadt, verrotten sah.

Man dürfe es sich keinesfalls so leicht machen, nur einen Teil seines komplizierten Charakters zu sehen, meint auch Draculas Biograph McNally.[6] Eine Seite sei fraglos die eines verrückten Psychopathen, eines Folterers und Inquisitors. Hinter der anderen verberge sich jedoch ein schlauer Schüler Machiavellis, ein erstaunlich moderner Staatsmann, der alle seine Taten mit der gebotenen Staatsraison zu rechtfertigen vermochte. Vor allem aber, müssen wir hinzufügen, besaß er eine herausragende Eigenschaft, die Wahnideen im allgemeinen fehlt: einen wenn auch finsteren, mitunter geradezu aberwitzigen Humor.

In allen drei nationalen Varianten finden wir beispielsweise die Geschichte vom unerträglichen Gestank. In der rumänischen

Fassung sind es aufsässige Bojaren des rivalisierenden Daneşti-Clans, die da vor aller Augen aufgespießt werden. Einige Zeit später lädt Dracula andere Bojaren, denen er gleichfalls nicht traut und deren Reaktion er beobachten will, zu einem Spaziergang in einem ganzen Wald von aufgepflanzten Pfählen ein. Einer der Gäste, der vielleicht Freunde unter den Toten entdeckt hat, aber seine Gefühle zu verbergen sucht, richtet das Wort an Dracula: »Edler Gebieter, du bist von deinem Palast heruntergestiegen. Dort oben ist die Luft rein und gesund. Die schlechte Luft hier unten aber könnte schädlich für dich sein ...« »Willst du damit sagen, daß es stinkt? Leute, bringt mir umgehend einen Pfahl, der dreimal so lang ist wie die anderen. Auf den wollen wir den Bojaren spießen, damit er dort oben den Gestank nicht ertragen muß.«

In der deutschen Variante ist es ein Adliger, dessen Herkunft nicht genauer beschrieben wird, den ein identisches Schicksal ereilt. In der russischen Fassung, die womöglich noch um einiges geschmackloser ist, läßt Dracula es sich nicht nehmen, mit Gästen in selbigem Wald zu speisen. Ein Diener hält sich die Nase zu und wendet angewidert den Kopf beiseite. »Warum tust du das?«, fragt ihn Dracula. Gleiche Antwort, gleiches Resultat.

Bei anderer Gelegenheit lud Vlad den Botschafter des ungarischen Königs Matthias I. Corvinus (ungarisch Hollo, der Rabe, nach der Familie Hollos, die einmal den Adelssitz Hunyad in Siebenbürgen besessen hatte), der ein Sohn des Johannes Hunyadi war, angesichts aufgespießter Leichen zum Essen ein. Unmittelbar dem Tisch gegenüber war ein besonders hoher und dicker goldener Pfahl aufgerichtet. Dracula forderte seinen Gast heraus: »Nun, sagt mir, warum ich diesen Pfahl dort aufgestellt habe!« Furchterfüllt antwortete der Diplomat: »Es sieht so aus, mein Herr, als hätte ein Edelmann ein Verbrechen begangen und Ihr hieltet einen besonders ehrenvollen Tod für ihn bereit.« »Gut gesprochen«, sagte Dracula. »Ihr seid in der Tat der Gesandte eines großer Herrschers und selbst von königlichem Geblüt. Dieser Pfahl wurde für Euch gemacht.« Der Botschafter antwortete: »Mein Herr, sollte ich ein Verbrechen begangen haben, das den Tod verdient, so tut, was Ihr wollt, denn Ihr seid ein gerechter Herrscher, und nicht Ihr wäret schuld an meinem

Tod, sondern ich.« Dracula brach in Gelächter aus und sagte: »Hättet Ihr mir weniger klug geantwortet, stecktet Ihr tatsächlich jetzt auf diesem Pfahl.« So aber ehrte und beschenkte er ihn reichlich und ließ ihn mit den Worten gehen: »Ihr vermögt wahrlich als Gesandter an den Höfen großer Herren aufzutreten, weil Ihr zu ihnen zu sprechen versteht. Andere aber sollten besser nicht das Wort an mich richten ...«

In der Folge habe Dracula tatsächlich so manchen Botschafter, ganz gleich, ob er vom Sultan oder von einem westlichen König geschickt worden war, pfählen lassen, wenn ihm dessen Sprache oder aber auch nur dessen Benehmen und Kleidung nicht gefielen, behaupten russische Chronisten. An den jeweiligen Dienstherren des Diplomaten habe er in solchem Fall geschrieben: »Ihr selbst seid schuld an seinem Tod, denn Ihr solltet zu einem weisen Fürsten keine Männer mit derart schwachem Verstand und unkultivierten Manieren schicken!«

In diesen Bereich gehört auch die in allen drei Kulturkreisen mit den üblichen nationalen Abweichungen erzählte Episode von den Mützen. In der deutschen Version sind es westliche, in den beiden anderen türkische Gesandte, die sich weigern, ihre Kappen oder Fese abzulegen, mit der Begründung, bei ihnen sei es Sitte, mit bedecktem Haupt vor den Herrscher zu treten. Daraufhin habe Dracula Nägel kommen und die jeweiligen Kopfbedeckungen an den Köpfen seiner Gäste festnageln lassen, um sie – so die deutsche Fassung – »in ihren Sitten zu bestärken« oder aber, um sie mit der Botschaft nach Hause zu schicken, sie sollten ihre neuen, schlechten Manieren bei sich behalten und sie nicht anderen aufzuzwingen versuchen.

Wenn auch etliche Dracula-Geschichten von gerechten Taten, von Belohnung für Ehrlichkeit und von Strafen für Diebstahl, Ehebruch, Faulheit, Lug und Trug erzählen, so nimmt es doch den Leser nicht besonders wunder, daß Vlad, der mit seinem wuchernden Größenwahn in ein dauerhaftes Bündnis nicht mehr einzubinden war und schließlich allen ihm Wege stand, eines Tages zwischen den vielen Fronten die Orientierung verlor und in ungarische Gefangenschaft geriet.

Gerade von Ungarn war Dracula jedoch bis zuletzt gestützt worden, weil man den unabhängigen Mann als Bollwerk gegen die unablässige türkische Bedrohung zu schätzen wußte. Und an König Matthias von Ungarn hatte er sich in letzter Not um Hilfe gewandt. Heute weiß man, daß deutsche Bürger von Hermannstadt, welche die Launen des Tyrannen, der auch ihre Stadt immer wieder überfallen hatte, nicht länger zu ertragen gewillt waren, damals wenigstens drei Briefe gefälscht hatten, in denen der Walachenfürst angeblich dem Sultan seine Dienste anbot. Plangemäß waren diese Briefe von Gefolgsleuten des ungarischen Königs abgefangen worden, und sie hatten ihre Wirkung nicht verfehlt.

Wie weit die Fäden reichten, die damals gesponnen wurden, läßt sich noch immer daran erkennen, daß diese Briefe im Vatikan – und zwar im Konvolut der Korrespondenz Papst Pius' II.[7] – zu finden sind. Schon unmittelbar nach seiner Wahl (1458) hatte dieser literarisch hochbegabte Günstling des letzten in Rom gekrönten deutschen Kaisers, Friedrichs III., Enea Silvio Piccolomini, in einer eindrucksvollen Bulle zu einem neuen Kreuzzug aufgerufen, für den die europäischen Fürsten allerdings kaum mehr zu begeistern waren. 1460 oder 61 verfaßte er dann einen bis heute umstrittenen, jedenfalls nie abgeschickten Brief an Mehmed (Mohammed) II., in welchem er ausführlich den Koran widerlegte, das Christentum pries und schließlich den Sultan beschwor, sich taufen zu lassen und die Krone des Byzantinischen Reiches anzunehmen.

Vlad Dracula aber geriet 1462 als orthodoxer Christ in ungarische Gefangenschaft und kehrte zwölf Jahre später als Katholik auf den walachischen Thron zurück. Begleitet wurde er von seiner ihm frisch angetrauten zweiten Ehefrau, einer Schwester des ungarischen Königs. Die erste Frau war nicht mehr am Leben – es wird angenommen, daß sie sich von einem Turm herabstürzte, als sich türkische Truppen Targovişte näherten. Seine Haft verbrachte Dracula fast ausschließlich in der damals neuen Burg von Višegrad an der Donau, etwa 60 km von Pest und Buda, aber nur wenige Dutzend Meter von jenem mit der Burg durch unterirdische Gänge verbundenen Renaissanceschloß entfernt, in dem die königliche Familie residierte.

»Es wurde berichtet, daß er selbst im Gefängnis seine schlechten Gewohnheiten nicht ablegen konnte«, ist ausschließlich in den Berichten des russischen Botschafters, Kurytsin, nicht aber in den ausführlichen Depeschen der päpstlichen Diplomaten zu lesen: Er habe Mäuse gefangen und auf dem Markt Vögel gekauft, die er entweder gepfählt oder geköpft oder lebend gerupft habe, wie dies vielleicht in den Krankengeschichten psychotisch veranlagter Kinder vorkommen mag. Es ist jedoch mehr als unwahrscheinlich, daß es sich wirklich so zugetragen hat, denn schließlich ließ König Matthias diesen angeblich vollkommen irren Menschen 1476 nicht nur erneut den walachischen Thron besteigen, sondern er gab ihm auch noch seine Schwester zur Frau.

Vor die Wahl gestellt, den Glauben zu wechseln und erneut zu herrschen oder aber nach weiteren langen Jahren im Gefängnis zu sterben, hatte Dracula nicht lange gezögert: »er liebte die Süße der irdischen Welt so viel mehr als die der Ewigkeit, daß er die Orthodoxie verleugnete, der Wahrheit und dem Licht entsagte und dafür die Dunkelheit empfing ... Er muß bereit gewesen sein, die endlosen Qualen der Hölle zu ertragen, um imstande zu sein, unseren orthodoxen Glauben zu verraten und den betrügerischen lateinischen Glauben anzunehmen ...« Die Wut des russischen Chronisten wird erst verständlich, wenn man bedenkt, welch schweren Schlag dieser Seitenwechsel einer strategisch wichtigen Region für die Diplomatie des Großfürsten von Moskau bedeutete.

Was heute jedoch selbst mit scharfem Verstand und mit allen Hilfsmitteln moderner historischer Wissenschaft nicht mehr zu leisten ist, das ist die sichere Unterscheidung zwischen tatsächlich Ereignetem, politischer Propaganda und falscher Projektion. »Wenn Mimesis sich der Umwelt ähnlich macht, so macht falsche Projektion die Umwelt sich ähnlich. Wird für jene das Außen zum Modell, dem das Innen sich anschmiegt, das Fremde zum Vertrauten, so versetzt diese das sprungbereite Innen ins Äußere und prägt noch das Vertrauteste als Feind. Regungen, die vom Subjekt als dessen eigene nicht durchgelassen werden und ihm doch eigen sind, werden dem Objekt zugeschrieben: dem prospektiven Opfer«, schrieben Horkheimer und Adorno in ihrer Untersuchung einiger Elemente des Antisemitismus im Rahmen der »Dialektik der Aufklärung«.[8] Und weiter: »Stets hat der blind Mordlustige im Opfer den Verfolger gesehen, von dem er verzweifelt sich zur Notwehr treiben ließ, und die mächtigsten Reiche haben den schwächsten Nachbarn als unerträgliche Bedrohung empfunden, ehe sie über ihn herfielen.«

Inwieweit also Vlad Dracula, dem Pfähler, sämtliche zur damaligen Zeit nur denkbaren Greueltaten angedichtet wurden, um ihn anschließend aus dem Weg räumen zu können, und inwieweit er sie tatsächlich beging, das werden wir wohl nie mit Sicherheit sagen können. Was wir wissen, ist, daß das 15. Jahrhundert vom Tode fasziniert war, wie keine Zeit davor oder auch danach. »Keine Zeit hat mit solcher Eindringlichkeit jedermann fort und fort den Todesgedanken eingeprägt wie das 15. Jahrhundert«, befand bereits vor mehr als 70 Jahren der große holländische Kulturhistoriker Johan Huizinga.[9] »Unaufhörlich hallt durch das Leben der Ruf des Memento mori.« Schon gegen Ende des 14. Jahrhunderts sei das wunderliche Wort »macabre« aufgekommen, das erst über die Verwendung in dem Begriff »La danse macabre« zum Eigenschaftswort geworden sei, das schließlich die gesamte spätmittelalterliche Vision des Todes bezeichnet habe. »Gegen Ende des Mittelalters ist diese Auffassung ein großer Kulturgedanke gewesen. Hier geriet in die Vorstellung des Todes ein neues, ergreifend phantastisches Element hinein, ein Schauder, der aus dem grausigen Bewußtseinsgebiet von Gespensterfurcht und feuchtkaltem Schreck emporstieg. Der alles beherrschende religiöse Gedanke setzte es sofort in Moral um, führte es auf ein memento mori zurück, machte aber gern Gebrauch von der ganzen schauerlichen Suggestion, die der gespenstische Charakter der Vorstellung mit sich brachte.« Makabre Totentänze wurden als Mysterienspiele aufgeführt, an Kirchenwände gemalt oder in Holz geschnitzt. Ja, der Holzschnitt wurde zum Ausdrucksmittel der gesamten Epoche und erreichte mit seinen fast schon mechanischen Möglichkeiten der Reproduktion wesentlich weitere Kreise als jede Kunst zuvor.

Holzschnitte, welche »die Grausamkeiten der Türken dokumentieren«, sind in großer Zahl erhalten. Bei der Verteidigung Wiens trugen sie immer wieder entscheidend zum Durchhaltewillen der kämpfenden Truppen bei. Gleichzeitig gingen jedoch viele fähige Christen nach Konstantinopel, um den dortigen Lebensstandard zu genießen, wurden Moslems, um Karriere zu machen und erreichten oft hohe Positionen in der osmanischen Verwaltung oder Armee. Beeindruckt berichteten sie vom hohen Stand der Hygiene, vom Wissensdurst, von der Toleranz und vor allem von der Frömmigkeit ihrer neuen Landsleute. Etwa zur Zeit der Reformation ließ »der aufrührerische Geist«, wie Luther den revolutionären Bauern- und Glaubenskrieger Thomas Müntzer nannte, sich sogar in seiner Schrift »Ausgedrückte Entblößung des falschen Glaubens der ungetreuen Welt«[10] zu der Behauptung hinreißen, wenn ein frommer Türke im christlichen Europa »durch den Glauben, den wir zur Zeit noch haben, gebessert werden sollte, hätte er davon so viel Gewinn, wie eine Mücke auf ihrem Schwanz wegführen könnte, ja noch viel weniger.«

Besonders eindrucksvoll zeigt ein sehr fein ausgeführter Nürnberger Holzschnitt des Meisters Erhard Schoen aus dem Jahre 1530, wie grausam die Türken mit ihren Feinden umzugehen pflegten.

»Ach Herre Gott in dem höchsten thron
Schaw disen grossen jamer an
So der Thürckisch wütend Thyran
Im Wiener walde hat gethan
Ellendt ermort junckfraw und frawen
Die kindt mitten entzwey gehawen
Zertretten und entzwey gerissen
An spitzig pfäl thet er sie spissen
O unser hyrte Jhesu Christ
Der du gnedig barmhertzig bist
Deyn zoren von dem volck ab wendt
Errett es auß des Thürken hendt.«

So hat Hanns Guldenwundt zu Nürnberg zu diesem beachtlichen Bild gereimt, auf dem winzige Kinder auf spitze Pfähle gespießt und mit krummen Säbeln zerhackt werden. 1530, wie gesagt. Im selben Jahr jedoch schrieb Erasmus von Rotterdam in seinem Buch »Züchtiger Sitten zierlichen wandels / und höfflicher Geberden der Jugent«, das der sittlichen Entwicklung der Jugend dienen sollte, ausdrücklich: »So der Türck (da Gott vor sey) unserer Oberer were / so sündeten wir / so wir jm die gebuehrliche ehr der Oberkeyt / nit theten«.

Ein Pamphlet, das 31 Jahre früher, nämlich 1499, gleichfalls in Nürnberg gedruckt wurde, zeigt auf seinem Titelblatt »den wilden Wüterich«, den Woiwoden Dracula, wie er angesichts aufgespießter und zerhackter Körper genüßlich speist. Im neunzeiligen Titel wird dem Leser versprochen, er werde in dem Traktat erfahren, wie der Berserker Babies gebraten und deren Mütter gezwungen habe, sie aufzuessen. Merkwürdigerweise sind die Opfer dieser Darstellung jedoch auf völlig andere Weise gepfählt als das angeblich Draculas Verfahren war. Als das Pamphlet gedruckt wurde, war Dracula bereits seit 23 Jahren tot.

Von seinem Kopf sind mehrere Holzschnitt-Portraits erhalten. Sie zeigen einen sehr ernsten Mann mit großen dunklen Augen unter düsteren Brauen, einer markanten, leicht gebogenen Nase, einem kräftigen Kinn unter einem strengen Mund. Aber nicht ein einziges von ihnen entstand zu seiner Lebenszeit. Das einzige Ölbild hängt im Schloß Ambras, unweit Innsbrucks, in Tirol. Es wurde im Auftrag Ferdinands II. (1619–37) entweder erworben oder überhaupt erst angefertigt, denn dieser Kaiser sammelte neben schönen Helden- und Liederbüchern Gemälde von besonders monströsen Erscheinungen der Vergangenheit.

Draculas Ende kam folgendermaßen: aus eitler Lust am Töten sei er bei einem Kampf mit den Türken auf einen Hügel gestiegen, um seinen Leuten beim Schlachten zuzusehen, behauptet ein russischer Chronist. Um nicht aufzufallen, habe er sich als Türke verkleidet und sei daraufhin irrtümlich von seinen eigenen Soldaten angegriffen und nach blutigen Gemetzel, in dem er fünf von ihnen tötete, umgebracht worden.

Nirgends sonst wird diese Geschichte vom Ende des Tyrannen erzählt. Auch daß er in einem ehemaligen Klosterkirchlein auf Snagov, einer Insel in einem See in der Nähe Bukarests, begraben worden sei, wie in Rumänien angenommen wird, ist bis heute nicht sicher nachgewiesen. Fest steht, daß sein Kopf vom Körper abgetrennt, im Triumph nach Istanbul gebracht und dort auf einem Pfahl zur Schau gestellt worden war, daß er also den Feinden und nicht den eigenen Leuten in die Hände gefallen war. Fest steht aber vor allem, daß sich schon bald eine derartige Menge von Sagen um seinen Namen bildete, daß es niemals mehr möglich sein wird, zwischen Horrormärchen und historischer Wahrheit zu unterscheiden. Allein durch die Vorstellungskraft von Menschen, die in weiteren bewegten Zeiten ihre Alpträume dadurch zu bannen hofften, daß sie ihnen unverwechselbare Namen gaben, wurde aus dem Woiwoden und Fürsten Vlad Ţepeš Dracula, dem Drachensohn und Pfähler, im Laufe der Jahrhunderte Graf Dracula, das scheintote anämische Monster, das wir aus Bram Stokers Roman und zahllosen Filmen kennen. Nachts verläßt es im eleganten Frack oder auch in Gestalt einer Fledermaus ruhelos sein Grab, um seine langen scharfen Eckzähne in einen schönen Hals zu versenken und menschliches Blut zu saugen.

Der Glaube an Vampire war im 18. Jahrhundert über ganz Europa und weite Teile Asiens verbreitet, wird jedoch auf frühere Legenden auf dem Balkan, vor allem im südslawischen und im ungarischen Raum, zurückgeführt. Ganz sicher hatte seine Verbreitung mit der geradezu epidemisch wachsenden Angst der Menschen zu tun, irrtümlich für tot gehalten und lebendig begraben zu werden. Um vor dem Wiedererwachen im Grabe sicher zu sein, verlangten viele testamentarisch für den Fall ihres Ablebens einen sogenannten Herzstich. Bis zur Einführung von Leichenhäusern gehörte schließlich das Herzstichmesser zur Grundausstattung eines ordentlichen Medizinerbestecks. Vampire aber kann man nur dadurch für immer zur Ruhe bringen, daß man sie pfählt. Pfählen, das heißt, man treibt ihnen einen hölzernen Pflock durch das Herz; wie das im Brockhaus beschrieben ist.

Schleier muß Europa tragen

»Niemals zu Beginn einer Fahrt hatte man Hadschi Milet so oft glückliche Reise gewünscht wie in jenen Tagen Anfang September, da er im Begriff war, in die Länder des Balkans aufzubrechen. Seit Jahren schon war er als Karawanenführer im Versorgungsamt des Scheich-ul-Islam tätig, und Reisen in entfernteste Winkel des Osmanischen Reiches waren für ihn etwas ganz Normales.« Diese Reise aber sollte etwas Besonderes sein, und das lag weniger an der vorgesehenen Route, als an der Ware, die Milet mit seinen Maultieren transportieren sollte: eine halbe Million Schleier, mit denen einem »Ferace ferman«, einem amtlichen Schleier-Erlaß, des Sultans gemäß alle Frauen und Mädchen im westlichen Teil des Reiches, alle Albanerinnen und Griechinnen, alle Serbinnen und Rumäninnen, alle Bosniakinnen, Bulgarinnen und Bulgareskinnen von nun an ihr Antlitz zu verhüllen hatten. »Eine halbe Million«, sagte der Hadschi bei sich, »und dabei spürte er, daß er im Innersten ergriffen war von der Macht des Staates, dem er als Beamter diente. Und man mußte bedenken, daß dies nur die erste Schleierlieferung war!« Weitere und immer weitere würden folgen ...

Anfang September habe die Reise Hadschi Milets in den fernen Westen begonnen, berichtet der Autor, doch das Jahr verrät er nicht. Vielmehr erzählt er uns in bewegenden Worten, ja in mitreißendem Redestrom, von den ungekannten Gefühlen, die seinen Helden übermannen, als er auf dieser beschwerlichen Reise zum ersten Mal in seinem Leben unverhüllte Frauen erblickt: »O allmächtiger Gott, dachte er bei sich, und dieser innere Stoßseufzer bedeutete gleichzeitig Bewunderung und Furcht und die Reue des Sünders. Frauenaugen, murmelte er ein paarmal, als wolle er sich bewußt machen, was er da sah. Augen von Frauen und Mädchen ... Mit solchen Augen sah die Welt ganz anders aus ...«

Kein Zweifel, er, der seit Jahren verheiratet war, hatte sich auf den allerersten erlaubten Blick in eine ganze Schar Balkanesinnen verliebt. »Wenn ihr wüßtet, was diese Maultiere mit sich führen! Schmerzhaft, wie ein schwarzer Blitz, durchzuckte dieser Gedanke sein Hirn …« Und je weiter seine Reise ging, desto verwirrter wurden seine Gefühle; bald war ihm, als hätte er all die schönen Augen zugleich zu lieben und zu hassen gelernt. »Ihr Ärmsten, ihr Bejammernswerten, ihr Unglücksvögelchen, so pflegte er – ganz Mitleid – Selbstgespräche zu führen, wenn er sie sah. Doch oftmals quoll im gleichen Moment aus seinem Innersten eine blinde, stumme Aufwallung hervor, die seinen Blick verdunkelte. Keine wird verschont, keine einzige, dachte er voller Wut, dreizehn Jahre und älter, alle, ohne Ausnahme, werdet ihr euch verhüllen müssen.«

Es kommt folglich, wie es kommen muß: die schlaflosen, verweinten Nächte, die nachlassende Arbeitskraft, kurz, das ganz und gar verrückte Verhalten des Hadschi werden auffällig. Er wird in einen Kerker geworfen, wo er, weil er nicht gestehen will, was er in Worte nicht fassen kann, unter Folterqualen stirbt. Als man seine Leiche findet, hat er um den Kopf und einen Teil des Gesichts ein schwarzes Tuch geschlungen, »so, wie die Frauen den Schleier anlegen«. Bald triumphiert der Scheich-ul-Islam: nach Milets Reise hätten weitere Karawanen insgesamt über zwanzig Millionen Schleier in die Länder des Balkans und darüber hinaus gebracht. So sei nunmehr mit Allahs Hilfe »eine der glorreichsten Wohltaten, die während des letzten Jahrhunderts im unsterblichen Osmanischen Reich in Angriff genommen worden waren, erfolgreich beendet.«

Welchen Jahrhunderts? Auch das erfahren wir nicht. Weil diese vollendet erzählte Geschichte jeder historischen Grundlage entbehrt. Sie ist allein der Phantasie eines Dichters entsprungen, der zu Recht in aller Welt ob seines Einfallsreichtums und seiner griffigen Sprache gefeiert und bewundert wird. Dieser Schriftsteller, Ismail Kadaré, wurde 1936 in Gjirokastra, der Heimatstadt seines Freundes und Gönners Enver Hoxha, im orthodoxen und muslimischen Süden Albaniens geboren. Er studierte in Tirana und Moskau Literaturwissenschaft, arbeitete zunächst als Parteijournalist, wurde aber schon mit seinem ersten Roman »Der General der toten Armee« 1970 zunächst im französischsprachigen Raum und dann bald in aller Welt berühmt. »Bei dem skipetarischen Dichter«, schrieb die Süddeutsche Zeitung, »läßt sich wieder entdecken, was gute Literatur ausmacht: Realismus und magische Kraft, wuchtige geschichtliche Themen und feinnervige literarische Gestaltung. Ismail Kadare verknüpft die orientalische Bilderfülle seiner Heimat und ihrer Mythen mit den besten europäischen Erzähltraditionen.«

Heute leidet Albanien unter dem Bild, das er von dem geistigen Zustand seines Landes, das unter dem kommunistischen Diktator Hoxha für objektive Betrachter nicht zugänglich war, in schwungvollen Strichen und finsteren Farben nach Lust und Laune gepinselt hat. Sein unbezweifelbares Talent hatte er in schlechte Dienste gestellt: Um den Tyrannen Hoxha zu stützen, schilderte er sein hochkultiviertes Land als Hort jahrhundertealten (und nicht erst neuen) menschenverachtenden Unrechts, der Blutrache und der Barbarei, und das halbe Jahrtausend osmanischer Herrschaft zeigte er als Ausgeburt der Intoleranz und Rechtlosigkeit, kurz als »typisch asiatische Despotie«.

Es ist sicher nicht weiter verwunderlich, daß die erstaunliche staatsmännische Leistung der osmanischen Türken, das erworbene Balkangebiet – mit seinen vielen nationalen Traditionen, Sprachen, Sekten und Religionen – durch Jahrhunderte friedlich zusammengehalten zu haben, von den betroffenen Völkern so wenig gewürdigt wird wie später Marschall Titos Werk. In ihrem Gedächtnis sind vielmehr vor allem die Greuelpropagandamärchen der Befreiungskriege des 19. Jahrhunderts haftengeblieben. Bis dahin hatte sich jedoch die streng militaristische, ja absolutistische Regierungsform der Osmanen gerade dadurch ausgezeichnet, daß sie der unterworfenen Bevölkerung eine sehr weitreichende Kultur- und Verwaltungsautonomie gewährte. »Gewaltsame Bekehrungsversuche blieben dem islamischen Recht wesensfremd«, betont unser Gewährsmann Edgar Hösch[1].

Vollends undenkbar war die Idee, den christlichen Frauen Schleier aufzuzwingen. Die politischen Einheiten des osmanischen Reiches umfaßten ländliche Stammessiedlungen, Dörfer, Städte, im Falle großer Städte auch Stadtteile, und in diesen waren die Handwerker und Kaufleute in Verbänden organisiert, die den Zünften Zentraleuropas entsprachen. Den Andersgläubigen, Christen wie Juden, war völlige Religionsfreiheit, einschließlich eigener Schulen, Krankenhäuser, Ortsgerichte und Steuerämter, zugesichert. Sie mußten eine Art Kopfsteuer zahlen, von der die muslimischen Bürger ausgenommen waren, dafür blieben sie aber über Jahrhunderte hinweg vom Militärdienst befreit. Noch im Jahre 1910, als das Reich schon längst zerfiel, waren nur etwa die Hälfte aller Untertanen des Sultans Muslime, 41% waren orthodoxe Christen, 6% römische Katholiken, während sich die restlichen drei Prozent aus Nestorianern, Drusen (einer schiitisch-islamischen Sekte) und Juden zusammensetzten.[2]

Dieses System verlangte von seinen Untertanen jederzeit Steuern und auch Gehorsam, aber niemals geistige Unterwerfung, also keinerlei Bekehrung, weder ideologischer noch religiöser Art. »Die Organisation und Tätigkeit der Regierung spiegelte das persische Ideal des Königtums, dem zufolge der gerechte und kluge Herrscher sich von den verschiedenen Gesellschaftsordnungen fernhalten sollte, damit er deren Tätigkeiten steuern und die Harmonie des Ganzen wahren konnte«, befand der Oxford-Historiker Albert Hourani in seiner »Geschichte der arabischen Völker«[3]. »Diese Trennung zeigte sich im Leben des Herrschers«, der, wie wir hinzufügen sollten, weniger als Individuum denn als Vertreter seiner Dynastie, also des Hauses Osman, regierte. »Er lebte zurückgezogen in seinem Topkapi-Palast auf einem Hügel über dem Bosporus, umgeben von seinen Sklaven und Harems und ging – nach der Herrschaft von Süleyman dem Prächtigen (1520–1566) – keine Ehen mit osmanischen Familien mehr ein, die sonst auf diesem Wege zu viel Einfluß gewonnen hätten. Und sie zeigte sich ferner im Bestehen einer höfischen Kultur: in einem raffinierten Verhaltenskodex, in der osmanisch-türkischen Sprache, die durch Anleihen aus dem Persischen und Arabischen bereichert wurde, sowie in einer Erziehung, die sowohl die höfische Literatur Persiens als auch die religiöse Literatur Arabiens umfaßte.«

Selbst Mitglieder des Herrscherhauses waren nominell »Sklaven«, ob der Begriff nun auf sie wirklich zutraf oder nicht. Die vielen Nachkommen all jener jungen Männer, die über den Knabenzoll oder als Geiseln an den Hof gekommen waren, sowie aller anderen Renegaten, welche freiwillig nach Istanbul gegangen waren, um dort Karriere zu machen, waren tatsächlich Sklaven zu nennen. Aber auch ihnen standen gelegentlich Türen offen, hinter denen höchste Würden auf sie warteten. So wurden mit der Aufsicht über die Regionalverwaltung häufig Militärs nichttürkischer Abstammung betraut, die auf diese Weise osmanisch-muslimischen Lehensherren übergeordnet sein konnten. Jedem Sandschak (von »Fahne« für die Einsteckmale im Boden, mit denen die Grenzen markiert wurden), der die Lehensgüter eines Gaues umfaßte, stand ein Sandschak-Bey (oder Beg) vor. Die Bezeichnung Sandschak ist bis heute für einige Gebiete erhalten, wie zum Beispiel für den Sandžak Novi Pazar im Kerngebiet des mittelalterlichen Raszien, der nach der Unabhängigkeit Zentral-Serbiens bis 1912 als letzte Verbindung Bosniens zum Osmanischen Reich und als Keil zwischen Montenegro und Serbien große strategische Bedeutung gewann.

Über einem Bey oder Beg stand, wie schon der Titel andeutet, der Beylerbey oder Beglerbeg, und zwar gab es zunächst deren zwei: den Beglerbeg von Anadolu (Anatolien) für den asiatischen und den Beglerbeg von Rum (von Rom, womit natürlich die oströmischen Besitzungen, also die des ehemaligen byzantinischen Reiches, gemeint waren) für den europäischen Raum. Im Laufe der Zeit wurden in dieses Gerüst Zwischenschichten eingezogen, sogenannte Paschalyks (von Pascha) oder auch Wilayets (eine Art Generalgouvernements).[4]

Wenn im 15. Jahrhundert ein Mann »Beg« genannt wurde, dann war er das auch, nämlich ein aus der Offizierskaste hervorgegangener Beamter, dem die Verwaltung eines Sandschaks anvertraut war. Erst später wurde dieser Titel zu einer Form der höflichen Anrede für Angehörige der Oberschicht und schließlich zum Teil so manchen Namens, bis hin zu Begović (Sohn eines Beg) oder Izetbegović. Folglich muß auch der albanische Nationalheld Skanderbeg, türkisch Iskender-Beg, von dem all unsere Nachschlagewerke und Schulbücher behaupten, er sei nach dem Sieg Johannes Hunyadis bei Niš (1443) mit einigen wenigen Anhängern aus der Gefangenschaft des Sultans in seine

Heimat geflohen und habe diese aus den Fängen der Ungläubigen befreit, in Wahrheit längst ein avancierter türkischer Beamter gewesen sein, dem der Sultan voll vertraute.

Und genau so verhielt es sich. Schon unmittelbar nach der Schlacht auf dem Amselfeld (Kosovo polje) wäre das albanische Stammesgebiet höchstwahrscheinlich zwischen Venedig und den Osmanen aufgeteilt worden, hätte nicht der Eroberer Mittelasiens, der türkisierte Mongolenführer Timur, genannt Lenk (der Lahme), mit seinen unerhört beweglichen und angriffslustigen Reiterhorden, der schließlich den Truppen des Sultans Bayezid 1402 bei Ankara eine schwere Niederlage beibrachte, im Osten eine breite Front eröffnet. Und wären nicht in Folge dieser Niederlage dynastische Zwiste sowie erhebliche Wirren an der ungarischen Grenze ausgebrochen, die noch auf längere Zeit das Gros der türkischen Truppen im Osten banden. So aber hatten sich die Venezianer einigermaßen unbehelligt die wichtigsten Küstenplätze an der Adria sichern können. Der dalmatinische Küstenstreifen war landschaftlich geradewegs dazu geschaffen, von einer starken Seemacht gegen ein übermächtiges Binnenreich behauptet zu werden. Denn vom Land her war er kaum zugänglich, von der See her jedoch mit kleineren Schiffen, im Schutz der vorgelagerten Inseln, fast überall zu erreichen.

So kam es, daß erst ab 1410 die Türken sich mit größerem militärischem Einsatz um die Eroberung Albaniens bemühten. Erst nachdem er mit Ungarn einen Waffenstillstand abgeschlossen hatte, habe der Sultan die albanischen Fürsten angegriffen und einen nach dem anderen besiegt, schreibt unser Janitschare Konstantin in seiner (anti-)Türkischen Chronik[5]. »Und das wurde ihm nicht schwer, denn der eine sah zu, wie der andere überwältigt wurde. Nur einer widersetzte sich ihm, dieser hieß Skender Iwanowicz.« Zu deutsch: Alexander, Sohn des Iwan oder Johann.

Laut Konstantin war Skender als Jüngling unter die Janitscharen geraten. Er hatte alles getan, um sich beim Sultan beliebt zu machen. Schließlich habe der Sultan zu ihm gesagt: »Skender, verlange von mir eine Woiwodschaft, welche immer du willst, und ich werde sie dir geben.« Da habe Skender um das Land Iwans gebeten, ohne zu verraten, daß er ein Sohn dieses Iwan war. Deshalb habe der Sultan ihm den albanischen Sandschak gegeben, mit Ausnahme der Burgen, auf denen Janitscharen saßen. Skender aber habe die Janitscharen hintergangen und sie von den Burgen verjagt. »Danach hat sie Sultan Murad wieder zurückerobert, doch ihm hat er nichts anhaben können. Desgleichen mußte ihn der Sohn Murads, Mehmed, bis zu seinem Tode in Frieden lassen. Derjenige nämlich, der ihre Kriegsordnung kennt, vermag die Türken mit Leichtigkeit abzuwehren. Und so kehrte Mehmed, nachdem er das gesamte albanische Land, ausgenommen das des Skender, unterworfen hatte, nach Adrianopel zurück ...«

In Wahrheit war schon Johann Kastriota, der Vater des Skender, 1428, während des türkisch-venezianischen Krieges um die Adriaküste, zwar besiegt, aber als türkischer Vasall auf seinen Besitzungen belassen worden. Drei seiner vier Söhne hatte er jedoch dem Sultan als Geiseln übergeben müssen. Sie wurden nach Adrianopel gebracht, in die damalige sultanische Residenz. Einem von ihnen, Georg Kastriota, vertraute der Sultan 1438 die albanische Bergfeste Kruja an; und schon zwei Jahre später ernannte er ihn zum Beg des albanischen Sandschaks, unter seinem neuen Namen Skender (Alexander, nach dem großen Makedonier), daher die Bezeichnung Skanderbeg.

Als 1443 die osmanischen Truppen bei Niš von Johannes Hunyadi geschlagen wurden, ließ Georg Kastriota Skanderbeg seine muslimische Maske fallen, rief die Albaner zum Widerstand auf und verkündete schon im November die Unabhängigkeit seines Landes. Im folgenden Jahr gelang es ihm, die albanischen Stammesfürsten in Alessio zu einem Bündnis zu bewegen, nachdem er sie davon überzeugt hatte, daß die Seemächte Venedig und Neapel sowie der ungarische König heimlich an ihrer Seite stünden. Erfolgreich wehrte Skanderbeg mehre Feldzüge der Türken ab, 1461/62 kämpfte er als Söldnerführer für die aragonesische Partei im Königreich Neapel, sodann brach er auf Bitten des Papstes Pius II. (des Piccolomini, wir erinnern uns), der trotz des Widerstands sämtlicher Fürsten unermüdlich die Idee eines neuen Kreuzzugs verfolgte, einen mit Mehmed II. geschlossenen Waffenstillstand und verteidigte, mit massiver venezianischer Unterstützung, bis an sein Lebensende die albanische Autonomie.

Die große Befreiungstat des Skanderbeg wird nicht nur in albanischen Heldenliedern bis auf den heutigen Tag besungen. Niemand fragt lange nach dem Verrat, den er an seinem Herrn beging. Niemand scheint auch je der Frage nachgegangen zu sein, was aus seinen Brüdern wurde, die er als Geiseln ungeschützt in den Händen seiner neuen Feinde zurückgelassen hatte. Er, der jeweils nach Bedarf seinen Glauben wechselte, ging vielmehr als untadeliger Held des Christentums in die Weltgeschichte ein. Calixtus III., der erste Pontifex maximus aus Spanien, der schon 1456 einen kleinen, ebenso erfolgreichen wie – wegen des Todes Johann Hunyadis – folgenlosen Kreuzzug bis vor die Tore Belgrads gesandt hatte, hatte ihn zum Generalhauptmann des Heiligen Stuhles ernannt. 1585 und 1606, widmeten ihm die Italiener Scarmelli und Sarrochi je ein Epos, 1644 der Franzose Chevreau einen Roman. Als Liebeshelden feierten ihn zahlreiche Novellen und Erzählungen des 17. und 18. Jahrhunderts, die wiederholt dramatisiert worden sind; im 19. Jahrundert trugen Versepen und Balladen eines Krug von Nidda, des albanischen Nationaldichters Naim Frasheri sowie des Amerikaners Longfellow den Ruhm des Helden in alle Welt. Und noch in den 40er Jahren des 20. Jahrhunderts zierte sein Name unterm Totenkopf die Uniformen einer Division der Waffen-SS.

Auch noch nach dem Tode des Skanderbeg im Januar 1468 blieben, ähnlich wie im benachbarten Montenegro, die schwer zugänglichen Bergregionen frei, weil die türkischen Besatzer sich auf die Kontrolle der strategisch wie wirtschaftlich wichtigen Straßen und Siedlungen, vor allem natürlich der Häfen, beschränkten. Um diese Berge nicht nur zu besetzen, sondern dauerhaft zu halten, wäre eine kleine Armee zu schwach, eine große aber zu schwer zu versorgen gewesen, d. h. der Nutzen hätte keinesfalls den hohen Dauerkosten entsprochen. So aber wurden die durch Abholzung wegen des venezianischen Schiffsbaus verkarsteten Höhen zum Zufluchtsziel all jener stolzen Menschen, die sich dem neuen Regime nicht unterwerfen wollten. »Es ist dies ein Gebiet von extremer Kargheit und zehrender Stille«, schrieb der Montenegriner Milovan Djilas in seiner Njegoš-Biographie[6],«in seinen steinigen Höhen verliert sich alles

Lebendige und alles, was Menschenhand erschaffen hat … Alles ist Stein. Auch alles Menschliche ist aus Stein. Der Mensch selbst scheint daraus geschaffen zu sein – ohne die geringste Spur von Weichheit und mit seiner scharfen Seite den Dingen zugekehrt. Jedes Übel sucht ihn heim, und mit dem Bösen schützt er sich gegen das Böse …«

So kamen die hageren Hirten nur gelegentlich von ihren Bergfesten in die fruchtbaren Ebenen heruntergeschlichen, um den türkischen Truppen in räuberischen Streifzügen einen möglichst großen Teil der Ernte und möglichst viele Köpfe abzunehmen, welche letztere sie zu Hause triumphierend auf Latten spießten, jedem Feind zur Warnung, der ihnen nachstellen wollte.

Es ist unschwer vorstellbar, wie die ständige Unruhe und Unsicherheit durch Raubzüge und Truppeneinfälle der Volkswirtschaft schadeten und jede Bereitschaft zu längerfristiger Vorratshaltung oder gar kostspieligen Investitionen lähmten. Zudem war man nicht ohne Grund besorgt, daß sichtbarer Wohlstand die Steuerbeamten der Pforte nur zu höheren Forderungen reizen würde. Deshalb lebte man ein halbes Jahrtausend lang auf dem gesamten Balkan ganz bewußt buchstäblich von der Hand in den Mund, wodurch natürlich jeder technische und wirtschaftliche Fortschritt behindert, wenn nicht gar verhindert, wurde. Hierin, aber nicht in Glaubensfragen, erwies sich das System als schädlich und hart.

Allmählich verlor sich ohnedies der Kreuzzugscharakter der Abwehrkriege Europas gegen die »Ungläubigen«; zunehmend traten weltlich-politische Motive, vor allem das Streben nach Landgewinn, hervor, das bis weit ins 20. Jahrhundert hinein fast alle Kriege bestimmen sollte. Erst gegen Ende des zweiten Jahrtausends, nämlich in unserer »fortgeschrittenen« Zeit, finden von den weltweit durchschnittlich 50 Konflikten im Jahr, die mit Waffen ausgetragen werden, nur noch jeweils zwei bis drei zwischen Staaten statt. Bei allen anderen haben wir es mit Auseinandersetzungen zwischen verschiedenen, heute wieder auffallend häufig religiös definierten Bevölkerungsgruppen innerhalb der ihnen gemeinsamen staatlichen Grenzen zu tun. Die Opfer solcher »modernen« Konflikte sind zu 80 Prozent Zivilpersonen, all den vielen zu deren Schutz ausgearbeiteten Haager und Genfer Konventionen zum Trotz.

Damals aber traten Glaubensfragen immer mehr in den Hintergrund. Schon bei der ersten Belagerung Wiens nehmen sich die Beschimpfungen der Gegner nurmehr wie verspielte Rituale aus. »Als Süleyman, der großmächtige Chan, um an den unseligen Ungarn sowie an den Giauren (den Ungläubigen) deutschen Blutes Rache zu nehmen, im Jahre 936 (d.h. zwischen September 1529 und August 1530, genau: im Oktober und November 1529, d. Verf.) die Festung Wien höchstpersönlich belagerte, da ließ er sie von neun Fronten her aus unzähligen Donnergeschützen unausgesetzt unter Feuer nehmen und ihre Widerstandskraft zermürben; es wurde mehrfach Sturm gelaufen, und schon war man in die Mauern eingebrochen, auf den Wällen erscholl bereits der muslimische Gebetsruf, und schon war auch ein kühner Haudegen namens Cerkes durch eine Bresche, die die Geschütze gerissen hatten, auf seinem Rosse bis mitten in die Festung vorgedrungen, aber da fiel der tapfere Cerkes samt seinem Pferde als Blutzeuge des Glaubens, die Giauren schlugen den Sturmangriff des muslimischen Heeres zurück, und so wurde also der Hauptsturm auf den kommenden Tag verschoben.« Allzu fanatisch klingt das nicht, was der türkische Weltenbummler Evliya Celebi in seinem lebhaften Reisebericht über den »Goldenen Apfel der Deutschen«, nämlich Wien, 135 Jahre später aufgeschrieben hat.[7]

Der Mensch denkt, jedoch durch Gottes oder Allahs Fügung gelenkt – je nachdem, zu welcher Seite der Berichterstatter gehörte –, wurde Wien am folgenden Tag keineswegs von den Belagerern eingenommen; denn über Nacht war ein Schneesturm ausgebrochen, Hagel und scharfer Frost hatten den leicht bekleideten Angreifern derart grausam zugesetzt, daß »ein Wirrwarr entstand wie am Jüngsten Tag ... Wie nun die Giauren merkten, daß die Streitmacht des Islams vom Winter überrascht worden war, schlossen die Soldaten der sieben irrgläubigen Könige (gemeint sind die sieben Kurfürsten des Deutschen Reiches, d. Verf.), diese unheilstiftenden Giauren, das türkische Heer auf allen Seiten ein«. Und so kam es, daß Süleyman der Prächtige, dessen erklärte Absicht es gewesen war, König Ferdinand in seine Schranken zu verweisen, die »großherrliche« Zeltburg, die seine Leute vor Wien errichtet hatten, stehen und viele Kostbarkeiten liegen ließ, um die Fahne des Propheten und sein eigenes Leben in Sicherheit zu bringen.

Zwei Fehler hatte er nach Meinung des Chronisten gemacht: Zum einen hatte er den Chan der Krim mit seinen 150 000 Tataren selbstherrlich in seine Heimat zurückgeschickt und damit seine Krieger vor den Kopf gestoßen, »denn die Truppen der Tataren sind eben unentbehrlich für die Streitmacht des Hauses Osman«. Zum anderen hatte er sich nicht minder großspurig über den eigenen Fluch hinweggesetzt, den er höchstselbst an die Markierungen der äußersten Grenze seines Reiches geheftet hatte: wer immer diese Grenze überschreite, um in das Land der Giauren zu ziehen, der solle kein Glück haben und eine Niederlage erleiden, hatte er erklärt. »Und in der Tat«, schreibt Evliya, »ist das eine fluchbeladene Grenze: Weil wir die Grenze beim Raab-Fluß überschritten haben, sind vierzig- bis fünfzigtausend Muslims zugrunde gegangen. Den islamischen Kriegern, die seither gegen die Festung Raab zogen, ist es übel ergangen, und die, die gegen Wien zogen, sind elend zugrunde gegangen, die gegen Prag zogen, mußten sich zurückziehen. Allah bewahre uns davor!«

Schon ab 1536 stand Frankreich mit den »ungläubigen« Türken im Bund, um dadurch ein Gegengewicht gegen die habsburgische Umklammerung – durch das Reich, Spanien und die spanischen Niederlande – zu schaffen. Österreich wiederum versuchte sogar, sich mit den zwölfer-schiitischen Safawiden in Persien gegen den Sultan zu verbünden. Allerdings ohne bleibenden Erfolg. 1526 war Belgrad, 15 Jahre später Ofen (alter deutscher Name Budas, des westlichen Teils von Budapest) in die Hände Süleymans gefallen. Damit war Ungarn dreigeteilt: während das jetzt magyarische Siebenbürgen unter dem starken Fürsten Johann Zapolya, einem der reichsten Grundbesitzer der Region, als Schützling des Sultans zum Garanten ungarischer Unabhängigkeit von Österreich wurde, verkam der Nordwesten zu einer bedeutungslosen österreichischen Provinz. Der Habsburger Ferdinand, der infolge eines Erbvertrages als Nachfolger der Jagellonen sowohl die Stephanskrone als auch den böhmischen Thron beanspruchte, hatte mit starker Opposition zu kämpfen und blieb infolgedessen schwach. Nur eine kleine Gruppe des ungarischen Adels gab seiner Wahl ihre Zustimmung. Gekrönt wurde er erst elf Monate später, im November 1527 in Stuhlweißenburg, nachdem auch die bedrängten Kroaten ihn zu ihrem König gewählt hatten. Das türkische Besatzungsgebiet aber diente den Osmanen vor allem als Aufmarschraum gegen den »Goldenen Apfel der Deutschen«, und wurde durch ständige Grenzkämpfe, schwere Steuerlasten und rücksichtslose Raubwirtschaft weitgehend entvölkert. Zu den Problemen der territorialen Teilung gesellten sich die Folgen der Reformation. Die Ungarn schlossen sich mehrheitlich dem Calvinismus, die Deutschen dem Luthertum an. Im Habsburger Raum jedoch sicherte die Gegenreformation die Seelen der Untertanen Rom, was noch lange Zeit zu Verschwörungen des ungarischen Adels führte.

Erst nach dem Wunder des Westfälischen Friedens, mit dem das Reich zur Ruhe kam und auch hier der Konfessionsstreit zweitrangig wurde, hatte Wien die Hände frei, in Südosteuropa aufzuräumen. Es kam zum Großen Türkenkrieg, in dem zwar Wien, unter Kara Mustafa, im Sommer 1683 acht Wochen lang belagert wurde; aber noch immer wirkte offenbar der von Süleyman verhängte Fluch: Nach dem dramatischen Sieg am Kahlenberg durch die vereinten kaiserlichen, sächsischen, bayerischen und polnischen Truppen wendete sich für immer das Geschick. Das gierige Großreich hatte sich überfressen und mußte die fette Beute nach und nach widerwillig wieder von sich geben. »O unersättlicher Drang der Fürsten nach Ausbreitung und blinder Bereicherung! Je mehr hinzugefügt wird, umso mehr wird begehrt! Der Fürsten und Kaiser Gelüste kennen keine Grenzen! Besitzen sie noch soviel, erscheint es ihnen stets, als ob sie nichts besäßen. Wieviel ihnen auch Gott geben mag, satt werden sie nie. Einmal im Besitz einer Herrschaft, gelüstet es sie nach größeren Ehren und nach ausgedehnteren Ländern. Haben sie einmal ein Land, strecken sie die Hand nach dem Land eines anderen aus, und indem sie das Land des anderen begehren, verlieren sie zuletzt auch das eigene. Viele Kaiserreiche richteten sich selbst zugrunde, weil sie andere Länder erobern wollten…«, schrieb kurz zuvor in weiser Voraussicht der moldauische Großbojar Miron Costin, der erste Geschichtsschreiber Rumäniens, in seiner wunderbaren »Moldauischen Chronik«.[8]

»Von Gnaden des im Himmel waltenden Gottes verpfänden Wir, Mehmed, glorreicher und ganz allgewaltiger Kaiser von Babylonien und Judäa, vom Orient und Okzident, König aller irdischen und himmlischen Könige, Großkönig des heiligen Arabien und Mauretanien, geborener und ruhmgekrönter König Jerusalems, Gebieter und Herr des Grabes des gekreuzigten Gottes der Ungläubigen, Dir, Cäsar Roms, und Dir, König von Polen, Unser heiligstes Wort, ebenso allen Deinen Anhängern, daß Wir im Begriffe sind, Dein Ländchen mit Krieg zu überziehen, und führen Wir mit Uns 13 Könige mit 1300000 Kriegern, Fußvolk und Reiterei, und werden Dein Ländchen mit diesem Heer, von dem weder Du noch Deine Anhänger eine Ahnung hatten, ohne Gnade und Barmherzigkeit mit Hufeisen zertreten und dem Feuer und Schwert überliefern. Vor allem befehlen wir Dir, Uns in Deiner Residenzstadt Wien zu erwarten, damit Wir Dich köpfen können; auch Du, kleines Königlein von Polen, tu dasselbe.«

Durch Jahrhunderte geisterten mehrere derart großmäulige »Kriegserklärungen« Sultan Mehmeds IV. an Kaiser Leopold I. und dessen Verbündete, vor allem den Wahlkönig von Polen, Johann Sobieski, durch die historische Fachliteratur. Dank dem unbefangenen österreichischen Forscher Richard F. Kreutel, der in seinem letzten Dienstjahr als Diplomat 1981 in Afghanistan starb, werden sie heutzutage nurmehr als zeitgenössische Flugblätter angesehen, die vor allem dazu dienen sollten, den »da und dort nicht übermäßig entschiedenen Widerstandswillen« zu stärken.[9] »Wir werden Dich sowie alle Deine Anhänger vertilgen«, fährt das Pamphlet bedrohlich fort, »und das allerletzte Geschöpf Gottes, wie es nur ein Giaur ist, von der Erde verschwinden lassen; Wir werden groß und klein zuerst den grausamsten Qualen aussetzen und dann dem schändlichsten Tod übergeben. Dein kleines Reich will ich Dir nehmen und dessen ganze Bevölkerung von der Erde fegen. Dich und den König von Polen werden Wir so lange leben lassen, bis Ihr Euch überzeugt habt, daß Wir alles Angekündigte erfüllt ...«

Das Imperium schlug zurück: unter dem »Türkenlouis«, dem Markgrafen Ludwig Wilhelm I. von Baden, sowie dem »edlen Ritter«, dem vielbesungenen Prinzen Eugen von Savoyen, stießen die kaiserlichen Truppen immer tiefer nach Süden vor. 1686 eroberten sie Ofen, 1688 Belgrad; 1687 siegten sie bei Mohacs, 1689 bei Niš. Unterdessen eroberten die Venezianer die Peloponnes und Athen und zerstörten dort die Akropolis. Nach dem großen Sieg von Niš zog der kaiserliche General Graf Johann Norbert Piccolomini, der aus Siena stammte, mit 6000 Mann in das Amselfeld weiter und drang schließlich bis Üsküp (Skopje) vor. Er erreichte, daß die vom orthodoxen Patriarchen von Ipek (Peć) geführten Serben »sich unter kaiserlichen Schutz begaben«, wie das in unseren Nachschlagwerken beschönigend steht.

In Wahrheit wiegelte er die Bewohner des Kosovo genau 300 Jahre nach ihrer schicksalsträchtigen Niederlage zur Erhebung gegen die Türken auf. Und als der Aufruhr brodelte, ließ der Westen die Serben im Stich.

Zunächst riefen die bedrängten Türken die sogenannten Arnauten, nämlich jene benachbarten Albaner, zu Hilfe, die bereits muslimisch geworden waren. Mit ihrer Unterstützung gelang es eine Weile, die Aufständischen in Schach zu halten. Als diese jedoch die stärkere Kampfeskraft und größere Ausdauer bewiesen und den Sieg schon in ihren Händen wähnten, wendete sich das Blatt:

Piccolomini starb am 9. November in Prizren an der Pest. Wien schickte nicht nur keinerlei Ersatz, sondern zog alle Truppen eilends zurück, weil sie nun gegen Frankreich gebraucht wurden.

Im Grunde stand das Reich bereits seit 1674 mit Frankreich im Krieg. Doch der Sonnenkönig hatte lange unentschlossen zwischen reiner Machtpolitik und christlicher Solidarität geschwankt. Als die kaiserlichen Truppen nun entlang der Donau offensichtlich unaufhaltsam vorwärts drangen, also dem erklärten Gegner eine Fülle neuer Macht zuzuwachsen schien, überwand der »rex christianissimus« seine christlichen Skrupel, ließ seine Truppen in die Rheinlande einmarschieren und zwang damit Österreich einen kräfteverschleißenden Zweifrontenkrieg auf.

Die allein gelassenen Rebellen, unter denen sich übrigens auch katholische Albaner befanden, sahen sich nun der Rache der staatlichen Ordnungshüter ausgesetzt. Steuern und Gehorsam waren es, wie wir schon früher gesehen haben, die den Untertanen abverlangt wurden. Wurden diese elementaren Pflichten verletzt, bedeutete das jedoch auch das Ende jeglicher Toleranz. Im Falle des Patriarchen von Peć kam der Vorwurf groben Undanks hinzu.

Denn nach der Schlacht am Amselfeld hatten die Türken das traditionelle Zentrum der orthodoxen Kirche zunächst unangetastet gelassen. Erst später, nämlich zu Beginn des 16. Jahrhunderts, hatten sie es aufgehoben und alle serbischen Christen der Jurisdiktion von Ohrid unterstellt. Da dort jedoch die meisten Geistlichen Griechen waren, war es immer wieder zu Konflikten gekommen. Möglicherweise war das für die Hohe Pforte der Anlaß gewesen, bereits 1557 das Patriarchat von Peć zu erneuern. Wahrscheinlicher ist allerdings, daß die zentrale Lage für die alte serbische Patrijaršija sprach, von der aus jetzt ein Riesengebiet – nämlich Serbien, Bosnien, das nördliche Makedonien, ein Teil Bulgariens, das türkische Dalmatien, ja sogar ein Zipfel Ungarns – verwaltet werden sollte. Zum neuen Patriarchen wurde Erzbischof Makarje Sokolović ernannt, ein zu Hause und infolgedessen christlich gebliebener Bruder jenes berühmten Mehmet Sokolović, der als 18jähriger durch die Knabenlese nach Istanbul gekommen, dort wegen seines guten Aussehens und seiner auffallenden Intelligenz besonders gefördert worden und schließlich zum Großwesir, also Regierungschef, dreier bedeutender Sultane aufgestiegen war.

Die Rachefeldzüge der Türken und Arnauten kannten keine Gnade. Für die orthodoxen Serben wie die katholischen Albaner blieb die Alternative, sich vollkommen zu unterwerfen, also auch die Religion der Landesherren anzunehmen, oder aber fluchtartig das Land zu verlassen. Eine dritte Möglichkeit gab es nicht. Die Albaner wählten den ersten, die Serben den zweiten Weg, und so zogen im Jahre 1690 wenigstens 100 000, manchen Quellen zufolge sogar 300 000 orthodoxe Christen unter der Führung ihres Patriarchen Arsen Crnojević mit Sack und Pack aus dem Kosovo gen Norden. Auch heute noch gibt es in Serbien kaum eine Wohnung, in der nicht in der guten Stube über dem Kanapee eine Kopie des eindrucksvollen Gemäldes Jovanovićs von dem traumatischen Exodus aus dem Kosovo hinge; im Zentrum des Bildes der stolze Kirchenfürst hoch zu Roß, mit flatternder Fahne und wehendem weißen Bart.

Ein Teil der Flüchtlinge ließ sich in den damals zu Ungarn gehörenden Gebieten des Banates und der Vojvodina sowie in Sirmien und in den Bergen westlich von Belgrad, der Fruška Gora, nieder. Der größere Teil wurde auf kaiserlichen Erlaß nordwestlich der Flußlinie Save-Donau in den befreiten Grenzregionen angesiedelt; als freie Wehrbauern, die ihre Konfession und eine gewisse Verwaltungsautonomie beibehalten durften. Während sie von den meisten Abgaben befreit waren, unterstanden diese Grenzschutz-Einheiten fortan nicht etwa ihren magyarischen Landesherren, sondern – 1849–66 sogar als eigenes Kronland – direkt dem Kriegsministerium in Wien. Denn in den Händen dieser Menschen, die für ihren Glauben die Heimat aufgegeben hatten, lag von nun an die Verteidigung des christlichen Abendlandes in jenem breiten Grenzsstreifen von der Adria bis Transsylvanien, der »Militärgrenze« oder »confinium militare« (kurz: Konfin – in den südslawischen Sprachen »vojna krajina« oder nur Krajina bzw. Kraina).[10]

Schon die Anfänge dieser Militärgrenze gingen auf die Ansiedlung von Flüchtlingen aus türkisch besetztem Gebiet zurück, den sogenannten Uškoken, die ihren Namen nicht etwa einem eigenen Volksstamm, sondern einfach dem südslawischen Wort für Überläufer oder Flüchtling, uškok, verdanken. Zunächst hatten sich diese Uškoken, sehr zum Ärger der Venezianer, an der dalmatinischen Küste als Seeräuber über Wasser gehalten. Von dort waren sie nach langjährigen kriegerischen Auseinandersetzungen ins Hinterland verdrängt worden und hatten sich im Gebiet von Karlovac (Karlstadt), an der Kupa und an den Plitvicer Seen niedergelassen. Aus einzelnen Befestigungsanlagen war durch gezielte weitere Ansiedlungen allmählich ein geschlossenes Siedlungsgebiet entlang der osmanischen Grenze entstanden, das schon ab 1553 einem eigenen militärischen Kommando unterstellt war und schließlich, wegen seiner Ausdehnung, in vier voneinander unabhängige Militärbezirke (ein kroatisches, ein slawonisches, ein ungarisches und ein siebenbürger »Generalat«) unterteilt wurde.

Unbestreitbar hat die habsburgische Militärgrenze bei der Abwehr osmanisch-türkischer Angriffe sowie später bei der Eingliederung all jener Gebiete, die zurückerobert wurden, Großartiges geleistet. Sie hat überdies, wie Hösch hervorhebt, durch ihre besondere Organisationsform, welche gleichzeitig Selbstverwaltung, religiöse Toleranz und weitreichende Privilegien garantierte, eine selbstbewußte militärische Führungskaste herangebildet. Wie ihre ungetauften Brüder in osmanischen Diensten erreichten viele Serben in österreichischen Uniformen beachtliche Ränge. Die strikte Trennung der Krajina von ihrem jeweiligen Hinterland hat jedoch zwischen den verschiedenen Nationalitäten auf die Dauer zu schweren Spannungen geführt. Die freien Wehrbauern des Konfins blickten verächtlich auf ihre den magyarischen Landesherren mit Haut und Haaren ausgelieferten Nachbarn hinab, und diese sollten sich für diese Verachtung bitter rächen, sobald ihnen die historische Entwicklung hierfür Gelegenheit bot.

In das entvölkerte Kosovo strömten landhungrige Albaner ein und nahmen davon Besitz. Sie seien lediglich in die Heimat ihrer illyrischen Vorfahren zurückgekehrt, behaupten ihre nationalistischen Führer heute, während deren serbische Gegenspieler darauf bestehen, daß das Kosovo serbisches Urland und nur durch deren Kollaboration mit dem jeweiligen Feind – vom osmanischen Sultan bis zum kroatischen Präsidenten – in die Hände der Skipetaren geraten sei. Fest steht, daß die damaligen Bevölkerungsverschiebungen bis heute nicht beendet sind: als die Serben im Ersten Balkankrieg 1912 das Kosovo zurückeroberten, verfolgten sie die dort lebenden Albaner unerbittlich, weil sie diese wegen ihres muslimischen Glaubens mit den Türken gleichsetzten. Viele flohen, und zahlreiche Serben und Montenegriner rückten nach. Während des Zweiten Weltkrieges wiederum wurde der größte Teil des Kosovo dem neuen Groß-Albanien zugeteilt, in dem Nicht-Albaner bestenfalls nichts zu lachen hatten. In der ersten Phase nach dem Krieg wiederum standen die Serben im Kosovo zunächst unter dem Schutz ihres Landsmannes, des berüchtigten Sicherheitsministers Alexander Ranković, eines Onkels des späteren Präsidenten Milošević; nach Rankovićs Sturz 1966 jedoch wurde das Kosovo (wie auch die Vojvodina) den Serben entzogen und zur autonomen Provinz erklärt. Doch davon später mehr.

In seinem ausgeklügelten System des Austarierens nationaler Gewichte, durch das er immerhin 35 Jahre lang den inneren Frieden Jugoslawiens zu bewahren verstand, hatte Tito jedenfalls gar keine andere Wahl, als das größte Volk, nämlich die mehr als acht Millionen Serben, bewußt zu schwächen. Sollte er jedoch geglaubt haben, damit für immer das Kosovo-Problem gelöst zu haben, so irrte er sich. Es blieb vorrangig ein serbisches und erst an zweiter Stelle ein albanisches Problem und damit wesentlich für den Fortbestand der Föderation.

Deshalb ist es kaum verwunderlich, daß nach dem Tode des kroatischen Diktators die mörderische Auseinandersetzung über die Neuaufteilung Jugoslawiens zwischen den einzelnen Völkern und Stämmen der Region just in diesem Gebiet begann, das durch die extrem hohe Geburtenrate der Albaner und eine entsprechend astronomische Arbeitslosigkeit ohnehin längst zum Krisenherd geworden war. Und nicht in Bosnien.

Aber nicht nur das Kosovo, sondern die gesamte Region ist infolge der wiederholten Verschiebungen, Faltungen und Bruchbildungen ihrer Bevölkerungsschichten ein typisches Bebengebiet geblieben, dessen kaum je präzise vorhersagbaren Ausbrüche sich von geringfügiger lokaler Erschütterung bis zu erdumfassender Wirkung steigern können.

Ein potentielles Epizentrum blieb auch immer die Krajina – und zwar vor allem jener Teil, der bis heute diesen Namen trägt. Das ist der Grenzstreifen zur Hercegovina und zum nördlichen Bosnien, das alte kroatische Generalat. Nach dem Ersten Welkrieg, im Vertrag von Trianon, war diese Krajina mit ihrer überwiegend serbischen Bevölkerung Kroatien zugefallen, was im gemeinsamen Königreich der Serben, Kroaten und Slowenen unter einem serbischen Herrscher, im späteren Königreich Jugoslawien, ohne große Bedeutung blieb. Die Unzufriedenheit der Kroaten mit dem neuen System führte jedoch in den vierziger Jahren unter deutscher wie italienischer Protektion zu einem eigenen kroatischen Staat, der klerikal-faschistische Züge trug.

Vielen Serben gelang es damals nur deshalb, aus den kroatischen Konzentrationslagern zu entkommen, weil sie sich (wieder)taufen ließen. Abertausende wurden umgebracht.

Nach 1945 wurde Kroatien erneut zum Teil Jugoslawiens. Mit Rücksicht auf den inneren Frieden des ausgebluteten Vielvölkerstaates war das Thema der KZs tabu. Das Denkmal für die Opfer des Todeslagers Jasenovac beispielsweise wurde weder den christlichen Serben und Roma noch den mosaischen Juden, die dort ums Leben gekommen waren, gewidmet, sondern den agnostischen Partisanen des siegreichen Marschalls der Komintern. Als 1990/91 die unter Tito verbotene kroatische Fahne mit dem rotweißroten Schachbrettmuster über der Krajina zu wehen begann, bekamen es die Serben dort spürbar mit der Angst zu tun. In einem unabhängigen Staat Kroatien wollten sie nach den Erfahrungen des Ustaša-Regimes keinesfalls je wieder leben müssen. Deshalb forderten sie das von Zagreb reklamierte Recht auf Selbstbestimmung auch für sich und riefen einen eigenen Staat, die »Republika Srpska Krajina« mit Knin als Hauptstadt aus, die sie mit Hilfe einiger Einheiten der Jugoslawischen Volksarmee (JNA) viereinhalb Jahre lang verteidigten.

Die Rückeroberung der Krajina bedeutete für die kroatische Führung einen wichtigen Schritt auf dem Weg zur vollen Souveränität über das – in weitgehender Unkenntnis der historischen Zusammenhänge und ohne jede Garantie für nationale Minderheiten – zunächst von Deutschland, später international völkerrechtlich anerkannte Staatsgebiet Kroatiens. Deshalb blies die kroatische Armeeführung am 4. August 1995, sechs Uhr morgens, zum »Sturm« (Oluja) auf Knin und konnte nach nur 84 Stunden den totalen Sieg verkünden. Unter dem Applaus der westlichen Völkergemeinschaft flohen innerhalb nur weniger Tage 150000 bis 200000 Serben (Zahlen des Internationalen Komitees vom Roten Kreuz[11]) gen Osten. »Na dann gute Reise!«, rief ihnen der kroatische Staatspräsident, Titos Exgeneral Franjo Tudjman, nach, obwohl sie rechtlich Bürger seines Staates, also seine Schutzbefohlenen, waren.

Es ist uns nicht bekannt, ob jemand diesen zweiten traumatischen Exodus der Serben – es war bei weitem der größte zusammenhängende Flüchtlingsstrom aller Einzelkriege im ehemaligen Jugoslawien vor der Kosovo-Tragödie 1999 – auf einem Ölgemälde verewigt hat. Die Bilder, die das Fernsehen übertrug, haben auf dem Balkan einen tiefen Eindruck hinterlassen. Die internationale Staatengemeinschaft nahm vom serbischen Flüchtlingselend 1995 kaum Notiz. Und man wird sich nicht weiter wundern müssen, wenn einige westliche Staatsmänner dort heute ähnlich kritisch gesehen werden wie damals, vom türkischen Weltenbummler Evliya Celebi[12], der selige Kaiser Leopold: »Man möchte fast bezweifeln, daß mit ihm der Herrgott wirklich einen Menschen hat erschaffen wollen ... Nach Allahs Ratschluß hat er einen Flaschenkopf, oben zugespitzt wie die Mütze eines Derwisches oder wie ein Birnenkürbis, mit einer Stirne, flach wie ein Brett, und dichten schwarzen Augenbrauen, die aber weit auseianderstehen ... Sein Gesicht ist lang und spitz wie das des Meisters Reineke, mit Ohren, groß wie Kinderpantoffel, und einer roten Nase, die wie eine unreife Weinbeere leuchtet. Aus den weiten Nasenlöchern, in die er je drei Finger auf einmal hineinstecken könnte, hängen ihm Haare, lang wie die vom Schnurrbart eines dreißigjährigen Haudegens, heraus und vermischen sich in dichtem Wirrwarr mit dem Bart auf seiner Oberlippe und mit seinem schwarzen Backenbart ... Seine Lippen sind wulstig wie die eines Kamels, und in seinen Mund würde ein ganzer Laib Brot auf einmal passen ... Immer wenn er spricht, spritzt und trieft ihm der Speichel aus seinem Mund und von seinen Kamellippen, als ob er erbrechen würde. Da wischen ihm dann die strahlend schönen Pagen, die ihm zur Seite stehen, mit riesigen roten Mundtüchern ständig den Geifer ab ... Während die Pagen dieses armen Teufels von einem Kaiser allesamt lieblich und schön sind wie die Strahlen der hellen Sonne, ist also dieser irrgläubige und Unfug stiftende Herrscher, dieser zum Martergrund und Feuerschlund der Hölle verdammte Giaur mit dem ominösen Titel eines Kaisers und Imperators derartig garstig anzusehen. Nichtsdestoweniger betrachtet er sich aber als den Auserkorenen des messianischen Volkes und als die Perle des Reiches der Christenheit ...«

Vom Bau der Brücken und ihrer Zerstörung

In einem der schönen Zaubermärchen, die der serbische Sprachschöpfer und Freund Goethes, Vuk Stefanović Karadžić, auf Anregung der Brüder Grimm niederschrieb, begibt ein junger Mann sich auf die weite Reise zu Gott, zum Glück oder zum Schicksal – je nachdem, welche Fassung man gerade liest.[1] Unterwegs begegnet er einer ganzen Reihe von Menschen, die gleichfalls vom Schicksal erfahren wollen, warum es ihnen so und nicht anders mitspiele. Ein reicher Bauer etwa klagt, seine Leute würden niemals satt, während seine greisen Eltern, schwarz und ausgetrocknet wie Gespenster, sich vom Leben nicht lösen könnten, als ob sie daran angeschmiedet wären. Ein anderer will von ihm wissen, warum seine Rinder nicht gedeihen, sondern alles nur im Krebsgang geht. Schließlich kommt der Mann an einen Fluß. Er bittet das Wasser, ihn ans andere Ufer zu tragen. Der Fluß jedoch will zunächst wissen, wohin des Wegs der Mann wohl sei. Und als der ihm die Wahrheit sagt, bittet ihn das stille Wasser, das Schicksal zu fragen, warum in ihm kein Leben sei.

Die Antworten, die das Schicksal schließlich dem Manne erteilt, entsprechen in allen Einzelheiten traditionellem serbischem Brauchtum, wie es auch heute noch gültig ist. Im ersten Fall hat der Bauer seine alten Eltern nicht gebührend versorgt und geehrt. Statt sie an die Spitze des Tisches zu setzen und ihnen den ersten Trunk zu reichen, hat er ihnen ein paar trokkene Brocken auf den Boden hinter dem Ofen geworfen. Deshalb können ihre armen Seelen die darbenden Körper nicht verlassen, während sich alle anderen zuviel einverleiben. Der zweite Bauer aber hat zur »Slava«, dem Tag des Schutzheiligen der Großfamilie, der von orthodoxen Serben statt der jeweiligen Namenstage gefeiert wird, nicht das beste, sondern das schlechteste Tier seiner Herde geschlachtet. Folglich kann es ihm auch nicht besser ergehen, besagt die christliche Moral.

Im Falle des toten Wassers jedoch begegnen wir vorchristlichem Gedankengut. »Woran könnte es denn liegen, daß in diesem Wasser gar nichts lebt?«, fragt der Mann das Schicksal seinem Auftrag gemäß. Das komme davon, erklärt das Schicksal, daß der Fluß noch nie ein Leben genommen, nämlich noch keinen Menschen ertränkt habe. »Aber sei vorsichtig, sag ihm das nicht, bevor es dich hinübergetragen hat!« Also schweigt der kluge Mann, bis er am anderen Ufer und dort sicher in einiger Entfernung steht. Kaum hat er nämlich die Antwort verraten, schnellt das Wasser über den Uferrand und stürzt hinter dem wackeren Manne her, der gerade noch entkommen kann.

Goethe, der überzeugt davon war, daß »es eine allgemeine Weltpoesie gebe und sich nach Umständen hervortue«, wie er 1825 in einem Vergleich französicher und serbischer Lieder schrieb, zeigte sich besonders fasziniert von jenen serbischen Trauergesängen und Balladen, die die unmittelbare Nähe, ja direkte Verflochtenheit von Haß und Liebe, Verrat und Treue, Satan und Gottheit, Tod und Leben zum Thema haben, die also Ausdruck jenes Dualismus sind, den wir bereits kennengelernt haben. Einige von ihnen, wie den Klagegesang der edlen Frauen Asan Agas, hat er sogar ins Deutsche übertragen, obwohl er keine einzige slawische Sprache, »ohnerachtet mehrer Gelegenheiten«, sich jemals »eigengemacht noch studiert und also von aller Originalliteratur dieser großen Vöklkerschaften völlig abgeschlossen blieb, ohne jedoch den Wert ihrer Dichtungen jemals zu verkennen«. Was allerdings nicht heißen soll, daß er vom Inhalt dieser Erzählungen, Lieder und Balladen vorbehaltlos begeistert gewesen wäre: »Die ältesten zeichnen sich bei schon bedeutender Kultur durch abergläubisch-barbarische Gesinnungen aus; es finden sich Menschenopfer, und zwar von der widerwärtigsten Art.«[2]

Die häufigste Form der Weitergabe von Leben an bis dahin leblose Empfänger (wie in unserem Beispiel das Wasser), ist das sogenannte Bauopfer, bei dem ein Mensch, fast immer eine Frau, das Leben dafür lassen muß, daß ein Bauwerk nicht in sich zusammenfällt. Dieser Topos findet sich jedoch nicht nur bei den Serben, sondern ausnahmslos bei allen Balkanvölkern, während vergleichbare Legenden bei den Russen, Polen oder Ukrainern erstens seltener sind und sich zweitens in der Volksdichtung kaum niedergeschlagen haben. Der Fachmann[3] geht folglich weniger von einem slawischen als von einem geto-thrakischen, also einem vorslawischen und natürlich vorchristlichen Ursprung aus.

Die bekannteste und wohl auch schönste Bauopfer-Ballade ist die rumänische Geschichte von der Errichtung des Klosters Arges, die wiederholt in andere Sprachen, vor allem ins Französische, übertragen worden ist: In das schöne Tal des Arges kommt der schwarze Prinz geritten. Mit neun Maurern und deren Meister namens Manole ist er auf der Suche nach einem Platz, auf dem er ein Kloster erbauen lassen will. Einen Schäfer, der – auf seiner Hirtenflöte spielend – vorüberzieht, fragt der Prinz: »Hast du nicht auf deinem Weg verlassene Mauern gesehen, die nicht zu Ende gebaut sind?« Der Schäfer zeigt dem Prinzen einen solchen Platz, bei dessen Anblick seine Hunde heulen, »als ob sie den Tod fühlten, der sie verfolgt«. Dort befiehlt der Prinz den Maurern, ein unvergleichlich schönes Kloster zu errichten. Er verspricht ihnen das Blaue vom Himmel herunter, Reichtümer und Adelstitel ohne Ende, sollte ihnen der Bau gelingen. Bei Mißlingen des Unternehmens jedoch würden sie allesamt lebend eingemauert.

Sie arbeiten ohne Unterlaß und nach allen Regeln ihrer Kunst. Was sie jedoch am Tag getan, bricht nachts wieder polternd in sich zusammen. »Die Maurermeister und die Gesellen zittern bei der Arbeit und arbeiten zitternd«, so sehr beutelt sie die Angst. Da hat Meister Manole einen Traum: vom Himmel herab hört er eine Stimme, die ihm verrät, daß alles immer wieder zerfallen werde, bis man sich dazu entschließe, des Morgens früh diejenige Ehefrau oder Schwester einzumauern, die als erste kommt, dem Gatten oder Bruder das Essen zu bringen.

Im Morgengrauen klettert Manole auf die erneut in sich zusammengebrochene Mauer hinauf und sieht zu seinem Entsetzen in der Ferne seine eigene geliebte Gefährtin nahen. Er stürzt auf die Knie, bekreuzigt sich und fleht Gott unter Tränen um Regen, Wind und Wetter an. Doch die Frau trotzt allen Unbilden der Natur, weil sie ihren Manole gar so innig liebt.

Manole umarmt und küßt sie, völlig verstört. Dann trägt er

sie die Leiter hinauf. »Fürchte nichts, mein Schatz, wir wollen scherzen und dich dort oben einmauern«, raunt er ihr zu. Die Mauer wächst, die Geliebte lächelt, bis ihr das Lächeln langsam vergeht. »Manole, lieber Manole«, stöhnt sie, »die große Mauer erdrücket mich«; doch Manole arbeitet stumm. Die Mauer wächst und hüllt sie ein, von den Füßen zu den Hüften, zu den Brüsten, bis zum Kinn. Schließlich ist gar nichts mehr von ihr zu sehen, nur die stattliche Mauer stöhnt.

In das schöne Tal des Arges kommt der schwarze Prinz geritten, um dort seine Gebete zu sprechen, in dem schönsten Kloster aller Welt. »Sagt mir«, fragt er die Meister und Gesellen, sechs von ihnen im Dachgebälk, »ob ihr mit eurer Kunstfertigkeit ein noch schöneres Kloster bauen könnt?!« Sie entgegnen ihm frohgemut und stolz, ja, das könnten sie wohl mit ihrer Kunst.

Da packt den Prinzen heftige Wut, und er befiehlt, das Gerüst zu entfernen, damit sie nimmermehr herunter kämen und sein Kloster für immer das schönste sei. Aber die Maurer sind geschickt und basteln sich Flügel aus Dachschindeln, mit denen fliegen sie davon. Als aber Meister Manole Schwung nehmen will, hört er eine geliebte Stimme: »Manole, lieber Manole mein, die Mauer erdrückt mich, preßt meine Brüste ein. Mein Leben erlischt.« Manole zögert verwirrt, stolpert und stürzt. Dort, wo sein Körper auf den Boden schlägt, entspringt klares Wasser, salzig und bitter wie das Leben selbst.

Das Motiv eines komplizierten Baus oder Werks, dessen Gelingen ein menschliches Opfer erfordert, ist natürlich nicht nur auf dem Balkan, sondern in den Sagen ganz Europas zu finden, in Skandinavien, bei den Esten, den Letten und Finnen, bei den Russen und den Ukrainern, bei den Bretonen, ja bei allen Germanen. Auf dem Balkan aber hat es größeres Gewicht. Nicht immer allerdings ist der opfernde Meister über den Verlust seiner Gattin gebührend betrübt. In Trapezunt fragt den Bauherrn eine Stimme, welche Frau er denn herzugeben bereit sei. Mutter und Tochter seien unersetzlich, aber eine bessere Ehegefährtin könne er sicher noch finden, antwortet der nüchtern kalkulierende Mann.

Sehr ähnlich wie in Rumänien wird die dramatische Geschichte von Manole vor allem in Ungarn, aber auch auf Korfu und in Griechenland, also immer auf dem Balkan, wiedergegeben. Sterbend beklagt da beispielsweise unter dem Viadukt von Arta die Gattin eines Baumeisters ihr Geschick, deren beide ältere Schwestern schon auf gleiche Weise umgekommen seien; die eine unter einer Donaubrücke, die andere in den Mauern einer Stadt. In den serbokroatischen Balladen, die Vuk Karadžić zusammengetragen hat, wird von drei fürstlichen Brüdern erzählt, die die Stadt Skutari (albanisch Shkoder) im heutigen Nordalbanien befestigen wollen. Nachts zerstört eine böse Fee, die Vila, alles, was sie tagsüber geschaffen hatten. Schließlich verrät sie einem der Brüder, daß es gelte, ein Zwillingspärchen namens Stojan und Stojana («der und die da stehenbleibt«) zu finden und in die Festung einzumauern. Vergeblich wird nach den beiden Kindern gefahndet, bis sich schließlich die Vila mit dem Leben einer jungen Mutter begnügt, welche fleht, man möge wenigstens ein kleines Fenster für ihre Brüste offenlassen, damit sie ihren Säugling stillen könne.

Diese bewegende Ballade liegt zweifellos der »Wischegrader Chronik« zugrunde, die der großartige serbisch-bosnische Erzähler Ivo Andrić in seinem Roman »Die Brücke über die Drina« verwendet hat. Auf diesem Bauwerk spielt sich, wie der Leser schon nach wenigen Seiten erfährt, das Leben der Menschen von Višegrad ab: »Auf der Drinabrücke tun die Kinder ihre ersten Schritte, spielen die Jungen ihre ersten Spiele. Die christlichen Kinder, geboren auf dem linken Drinaufer, gehen schon in den ersten Tagen ihres Lebens über die Brücke, denn schon in der ersten Woche bringt man sie zur Taufe in die Kirche. Aber auch alle anderen Kinder, auch die auf dem rechten Ufer geborenen und die mohammedanischen Kinder, die überhaupt nicht getauft werden, haben, genau wie einst ihre Väter und Großväter, den größten Teil ihrer Kindheit in der Nähe der Brücke verbracht... Von ihren jüngsten Jahren an haben sich ihre Augen an die harmonischen Linien dieses großen Bauwerkes aus hellem, porösem, genau und makellos behauenem Stein gewöhnt.«

Und so haben sie auch alle Legenden kennengelernt, die sich mit dem Entstehen und dem Bestehen ihrer geliebten Brücke verbinden. »Sie wissen, daß die Wassernixe, die Vila, den Bau gestört hatte, so wie schon immer und überall irgendwer jeden

Bau stört, und nachts hatte sie das abgerissen, was am Tage aufgebaut worden war.« Eine Stimme aus dem Wasser hatte geraten, Zwillingsgeschwister namens Stoja und Ostoja (Halte und Bleibe) zu suchen und in den Mittelpfeiler der Brücke einzumauern. Man hatte die Kinder gefunden, sie der Mutter von der Brust gerissen, nach Višegrad gebracht und eingemauert, »denn es konnte nicht anders sein.« Der Baumeister aber hatte sich von den Tränen der Mutter rühren lassen und zwei Fensterlein gefertigt, durch welche die unglückselige Frau ihre Säuglinge noch eine Weile hatte stillen können. Auch heute noch träufelt Muttermilch aus dem Gemäuer, wird aufgetupft und abgeschabt und als Heilmittel verkauft an alle Frauen, die nicht genug Milch haben nach einer Niederkunft. Wenn man dem Erzähler Ivo Andrić glaubt.

Aber auch wenn man weiß, daß Andrić Phantasie und Wirklichkeit, Wachsein und Traum zu einem undurchsichtigen Gewebe verflochten und verdichtet hat, muß man angesichts des realen Bauwerks eingestehen, daß der Dichter die Verwurzelung des schlichten Viadukts in den Mythen der Menschen, die ihn geschaffen haben und derer, die damit leben, kaum wahrhaftiger hätte beschreiben können. Diese Brücke, »die nicht ihresgleichen hat auf der Welt«, wie es auf ihrer Inschrift heißt, ist etwas ganz anderes als ein reiner Zweckbau zur Überwindung eines Wasserlaufs. Sie ist weder gerade noch symmetrisch, folgt nicht den Regeln der Geometrie, sondern allein den Gesetzen großer Kunst.

Der schwarze Prinz, für den Sinan, der Baumeister Süleymans des Prächtigen, 1571 dieses schöne Bauwerk geschaffen hat, war kein anderer als jener serbische Großwesir Mehmet Pascha Sokolović, der drei Sultanen gedient und 14 Jahre lang die Geschicke des osmanischen Reiches gelenkt hat.[4] Sein Leben, sein Wirken über die Grenzen seines Volkes und seines Glaubens hinaus, sind durch diese Brücke nicht nur verherrlicht, sondern über Jahrhunderte erhalten worden. Durch sie hat er seinen Tod überlebt.

Dieses Sinnbild der Überbrückung aller Unterschiede und Zeiten ist aber auch tatsächlich immer ein Ort der Begegnung gewesen. An seiner höchsterhabenen Stelle, die nicht in seiner Mitte liegt, steht die sogenannte Kapija, ein Denkmal etwa in der Form eines Tors, und dort ist die Brücke zu beiden Seiten zu je einer Art Balkon oder Loge ausgebuchtet, wo verwitterte steinerne Bänke stehen, auf denen sich durch Jahrhunderte die Alten der Stadt allabendlich trafen, um miteinander zu rauchen und zu reden.

Solche Gespräche waren oft bedeutender als nachbarschaftliches Geplauder das zu sein pflegt: hier wurde von den Alten Rat eingeholt, hier wurden Ehen abgesprochen, hier wurden Verträge unterzeichnet, und vor allem wurde hier Streit geschlichtet, wie es ihn zwischen Nachbarn immer wieder gibt. Denn diese abendliche Zusammenkunft war gleichsam Ortsgericht und Magistrat.

Über Glaubensfragen gab es keinen Streit, da konnte es nur Gewißheit geben. Wie nicht nur Andrić wiederholt betont, ist auch kein einziges Beispiel dafür erhalten, daß es »jemals irgendwem gelungen wäre, einem anderen seinen Glauben zu nehmen, oder daß einer seine Meinung geändert hätte«. Weder die orthodoxe Kirche noch der Islam kennen nämlich den apostolischen Auftrag der Mission.

So waren die tiefen Kuhlen im Stein, die oberhalb der Brücke begannen, zum Wasser hinabführten und sich erst am anderen Ufer in der braunen Erde verloren, unbestritten die Spuren riesiger Rosse rasender Recken, die da mit gewaltigen Sätzen über den Fluß gesprungen waren, ehe es diese Brücke gab. Nur war es für die sogenannten Türken, die Bosnier muslimischen Glaubens, ohne jeden Zweifel ihr Held Alija Dscherseles gewesen, der mit seiner geflügelten Araberstute solch gewaltigen Abdruck hinterlassen hatte, während die orthodoxen Christen niemals daran zweifelten, daß nur ihr sagenumwobener Königssohn Marko mit seinem schnellen Schecken Sarac (Scharatz) solche Spuren verursacht haben konnte.

Historisches Vorbild dieses Marko Kraljević (bulgarisch Krali Marko) ist der Sohn des Königs Vukašin, der 1371 an der Marica in Bulgarien im Kampf gegen die Türken gefallen war. Nach dem Tode seines Vaters hatte dieser Marko noch eine Weile heldenmütig die Freiheit seiner Herrschaft Prilep (in der heutigen Republik Makedonien gelegen) verteidigt, mußte aber dennoch bald Vasall des Sultans werden, in dessen Heer er schon 1395 während eines Feldzugs in der Walachei heldenhaft ums Leben kam. Marko wird in der gesamten südslawischen Volksepik als Beschützer gegen die osmanischen Unterdrücker, zugleich aber auch als treuer Gefolgsmann des osmanischen Herrschers gefeiert, als gäbe es da keinerlei Widerspruch. Ihm werden gewaltige Kräfte zugeschrieben, die in manchen Gesängen auf seine Wahlverwandtschaft mit der Vila zurückgeführt werden, sich in anderen aber erst im Kampf mit eben dieser bösen Fee entfalten.[5]

In einer besonders schönen Marko-Sage, die jeden Komponisten reizen müßte, bittet der Held während eines Rittes seinen Begleiter Miloš, ihm vorzusingen, damit der Schlaf ihn nicht übermanne. Miloš weigert sich zunächst, denn die Vila hat es ihm verboten; dann aber fängt er zu singen an. Verärgert erhebt auch die Vila ihre Stimme zu immer strahlenderem Gegengesang, kommt aber nicht gegen Miloš an. Zornbebend schießt sie ihm einen Pfeil in die Kehle und einen anderen in die Brust. Daraufhin verfolgt Marko die Vila mit seinem schnellen Schecken bis in den hohen Himmel hinauf, zerrt sie aus den Wolken herunter und drischt so lange auf sie ein, bis sie verspricht, den Miloš zu heilen. Sie bringt Kräuter aus den Bergen, die bald ihre Wirkung tun. Nun ist Miloš gesünder als er je gewesen war, und seine Stimme noch süßer als zuvor.[6]

Spielt anderer Glaube kaum eine Rolle, so gilt das für andere Rassen nicht. Mehrere Sagen zeugen davon. So fragt eines Tages die Mutter ihren Marko, warum er so viele Kirchen und Klöster stifte, habe er denn ein großes Unrecht getan? Marko erzählt, er sei im Mohrenland gewesen. Als er sein Pferd zur Tränke geführt habe, seien zwölf Mohren über ihn hergefallen. Sechs von ihnen habe er erschlagen, die anderen sechs aber hätten ihn festgenommen und in einen tiefen Kerker geworfen. Die Mädchen hätten ihm im Winter Schneebälle hereingeworfen, im Sommer je einen Stengel Basilikum, daran habe er den Wechsel der Jahreszeiten erkannt und gewußt, daß er sieben Jahre eingesperrt war. Im achten Lenz habe ihn die Tochter des Königs nachts ans Fenster gerufen und ihm versprochen, ihn zu befreien, falls er sich von seinem Glauben loszusagen und sie zu heiraten bereit finden könne. Zwar habe er diesen Handel abgelehnt, sie habe ihn aber dennoch eines Abends nach Einbruch der Dunkelheit entführt. Sein Roß Sarac hatte sie mit Dukaten beladen, und auch seinen Säbel hatte sie mitgebracht. Als es Tag wurde, entdeckte Marko ebenso überrascht wie entsetzt, daß die Tochter des Mohrenkönigs dunkelhäutig war. Mit seinem Säbel schlug er sie entzwei, schwang sich aufs Pferd und ritt davon. Und mit den Dukaten stiftete er Klöster und Kirchen in großer Zahl.

Wie schon die Tradition der Slava bezeugt, die sich auch in den offiziell atheistischen Jahren des Tito-Regimes gehalten hat, definierte sich die Bevölkerung entlang den Trennungslinien der sogenannten Zadruga, der Großfamilie im Sinne einer gemeinsamen Bluts-, Wohn- aber auch bäuerlichen Produktionsgemeinschaft. Noch heute ist es in Serbien üblich, bei Nennung eines verbreiteten Nachnamens – wie etwa Milošević oder Karadžić – zu fragen, welchem Schutzpatron sich die Familie zuordne, um den Genannten identifizieren zu können. In der kommunistischen Sprachregelung stand Zadruga für Genossenschaft. Die nächstgrößere Einheit war die Župa, ein Bezirk oder Gau oder auch ein Kirchensprengel, mit einem Župan als Oberhaupt. Der Begriff Župa war keineswegs auf Serbien beschränkt, sondern gerade in Slowenien und Kroatien wie auch in Ungarn (dort wurde der Leiter eines Komitats nicht nur Comes, sondern auch Ispan, deutsch Gespan, genannt) entwickelte sich daraus eine territoriale Verwaltungseinheit, die bis zum Ende des 20. Jahrhunderts erhalten blieb. Kroatien ist noch heute in 21 Gespanschaften oder Županja eingeteilt, die ihre Vertreter in den županski dom, eine Art Bezirkskammer, delegieren. Daß die Angehörigen ein und derselben Großfamilie dem jeweils gleichen Glauben anhingen, war kein Thema. Das verstand sich schlicht von selbst.

Erst in Zeiten radikaler Veränderung war die herkömmliche soziale Ordnung bedroht. Solch tiefgreifender Wandel kündete sich allerdings nicht vor dem Ende des 18. Jahrhunderts an. Bulgarische Historiker neigen zwar dazu, den Beginn bulgarischen nationalen Auflehnens gegen die Fremdherrschaft um einige Jahrzehnte zurückzuverlegen – nämlich bis ins Jahr 1762, als, erstmals in bulgarischer Sprache, die Schrift des Vizeabtes des Klosters Hilendar auf dem Berge Athos, Paisij, »Istoria slavjanobalgarska« erschien –, aber genauerer Prüfung hält diese Theorie kaum stand.[7] Zunächst einmal richtete sich Paisijs Werk weit weniger gegen die weltlichen Herrscher als gegen seine eigenen griechischen, serbischen und vor allem russischen Klosterbrüder, die angeblich den armen Bulgaren verachteten, weil er keinem anerkannt eigenständigen Volke angehörte. »Eifersucht und Mitleid mit meinem bulgarischen Stamm haben mich ständig zerfressen, weil er keine zusammengefaßte Geschichte über die ruhmreichsten Taten aus den frühesten Zeiten unseres Stammes, von unseren Heiligen und Zaren hat. So haben uns die Serben und Griechen oftmals geschmäht, daß wir keine eigene Geschichte haben ...«, mit diesen Worten wird der in seinem Stolz gekränkte Mönch zitiert.[8]

Zudem war Paisij, den die Bulgaren nach seinem Athoskloster Chilendarski nennen, in Wahrheit gar kein Bulgare, sondern er entstammte einer alten Priester-Familie aus Poltawa, einer Gebietshauptstadt der Ukraine, die damals Verwaltungszentrum der Zaporoger Kosaken war. Seine Vorfahren gehörten der Starschyna, also der Oberschicht der Kosaken, an. In seiner Heimat wird der ehemalige Student der Kiewer Mohyla Akademie bis heute unter dem Namen seines Vaters Paisij Velyčkovskyj verehrt. Als Mönch lebte er in verschiedenen ukrainischen Klöstern, darunter in den Kiewer Höhlen, in Moldawien und in der Walachei, und nur ein Viertel seines 72jährigen Lebens verbrachte er in Griechenland auf dem Heiligen Berg. Dort allerdings sammelte sich eine große moldawisch-slawische Bruderschaft aus aller Herren Länder um den großen Theologen, der die kontemplative Gebetspraxis des Hesychasmus – einer vor allem auf dem Berge Athos verbreiteten mystisch-asketischen Bewegung – vertrat.[9]

Der zentrale Begriff in seinem Werk ist das Wort »rod« (serbisch: narod). Es steht für Volksstamm oder auch Nation, aber nicht in dem heute gebräuchlichen Sinne. Der gemeinsame Stamm als Vater und die gemeinsame Sprache als Mutter, das sind nach dieser Theorie die Eltern eines Volkes, die es zu achten und zu ehren gilt. Die Großfamilie ist dadurch nur noch größer und auch umfassender geworden; sie schließt jetzt alle Menschen ein, welche der gleichen Geburtengemeinschaft (natio) angehören und die gleiche Sprache sprechen, wobei wir uns unter der Sprache ein dem Kirchenslawischen verwandtes, durch lokale Besonderheiten bereichertes Idiom in verschiedenen Varianten vorzustellen haben. Die Regeln aber sind dieselben geblieben: Wer die Gemeinschaft verläßt, gilt als Verräter; sich zu ihr zu bekennen, ist eine heilige Pflicht.

Die Idee eines spezifisch balkanslawischen Nationalbewußtseins im Sinne der Abgrenzung gegen alle anderen Völker war damit in der Tat geboren. Es sollte allerdings noch mehrere Dezennien dauern, bis diese Idee aus der Abgeschiedenheit der Klöster in die Laienwelt einsickerte und diese schließlich so weit durchdrang, daß sie Schulen in slawischer statt in griechischer Sprache wie Schrift und schließlich politische Selbstbestimmung verlangte. Von diesem Zeitpunkt an probten Serben wie Griechen den nationalen Aufstand.

Ursache für das Bedürfnis, sich als über den Familienverband hinausgehende größere Einheit neu zu definieren, in dieser Einheit aufzugehen und darin Schutz zu finden, war fraglos die soziale Umschichtung dieser Zeit. Immer mehr Menschen ergriffen Berufe wie Handwerker oder Händler, immer mehr Menschen zogen in die Städte und verloren die Geborgenheit, die der Familienverband geboten hatte. Gleichzeitig traten auch ausländische Konkurrenten auf den Plan: allein in dem halben Jahrhundert zwischen 1735 und 1785 schlossen 20 europäische Staaten mit der Türkei Handelsverträge; England, Frankreich und Österreich eröffneten im gesamten Balkanraum Konsulate, die in Wahrheit Handelsniederlassungen waren und den Wettbewerb verschärften. Als schließlich 1809, nach dem Frieden von Schönbrunn, napoleonische Truppen und Verwaltungsbeamte ihre revolutionierenden Gedanken auf den Balkan brachten, war dort der Boden dafür längst bereit.

Österreich wurde 1809 gezwungen, einen guten Teil seiner südslawischen Besitzungen an Frankreich abzutreten, und nun formte Napoleon aus den überlassenen Ländern Westkärnten, Krain, Görz (Gorica), Triest, Istrien, Fiume (Rijeka), Dalmatien sowie einem Teil Kroatiens eine neue politische Einheit, die »Illyrischen Provinzen«, wobei er von der Fiktion ausging, es hier mit den Nachkommen des alten illyrischen Reiches zu tun zu haben, das im dritten und zweiten Jahrhundert vor Christi

Geburt als Seemacht eine bedeutende Rolle gespielt hatte, dann aber niedergeschlagen und als Provinz Illyricum dem römischen Reich eingegliedert worden war. Doch allenfalls Albanien kann illyrisches Erbe beanspruchen, wenn auch so manche Frage bisher ungeklärt bleibt.

Napoleons Interesse an diesem Gebiet war natürlich weit weniger historisch als strategisch begründet: es sollte Österreich jeden Zugriff auf Italien und den Zugang zum Mittelmeer verwehren. Unter dem fähigen Marschall Viesse de Marmont wurden die Verwaltungsstrukturen der Illyrischen Provinzen völlig verändert, der Code Napoléon wurde eingeführt, Straßen und Schulen wurden gebaut, die ortsansässige Bevölkerung erhielt Verwaltungsposten, ihre Sprachen wurden vor Gericht zugelassen, leibeigene Bauern wurden befreit und durften fortan Grund und Boden ihr eigen nennen, den sie bislang bearbeitet hatten. Als nur fünf Jahre später Frankreich die »Illyrischen Provinzen« an Österreich zurückgeben mußte, waren diese gründlich verändert. Sie hatten ökonomisch wie kulturell einen großen Satz nach vorne gemacht. Vor allem aber war so etwas wie ein südslawisches Zusammengehörigkeitsgefühl entstanden, das sich über die gemeinsame slawische Sprache definierte und zu einer nationalen und kulturellen Wiedergeburtsbewegung vor allem der Kroaten führte, dem sogenannten Illyrismus. Ziel der »Illyrier« war zunächst eine einheitliche Schriftsprache für alle Südslawen, von Villach in Kärnten bis Varna in Bulgarien, gemäß Humboldts Ansicht, daß »die wahre Heimat eigentlich die Sprache« sei. Erst später trat das Verlangen nach politischer Selbstbestimmung hinzu. Zwar fanden die Slowenen sich nicht bereit, ihre eigentlich westslawische Sprache aufzugeben, und die Serben weigerten sich, das lateinische Alphabet zu übernehmen, weil ihre Priester hinter diesem Ansinnen teuflische römische Machenschaften witterten, aber dennoch entstand in einem großzügigen Prozeß des Gebens und Nehmens die gemeinsame serbokroatische Sprache, die in beiderlei Schriften geschrieben wurde. Vorübergehenden Verboten zum Trotz wurde sie schon 1847 in Kroatien zur Amtssprache erhoben und hatte als solche fast 150 Jahre Bestand.

Unheilbar war durch diesen Vorgang das multinationale Habsburg-Imperium mit einem Spaltpilz infiziert worden, gegen den es, wie die Entwicklung in Ungarn schon ein Jahr später zeigte, kein wirksames Antibiotikum besaß. Nach und nach forderten alle von dem Bakterium befallenen Organismen zunächst kulturelle und schließlich auch politische Autonomie. Aus Sorge, als Nicht-Illyrier von der neuen Bewegung ausgeschlossen zu bleiben, schuf der Slowake Herkel 1826 den umfassenderen Begriff des »Panslawismus«, der nach 1830 zur politischen Parole der gesamten westslawischen Intelligenz für eine allslawische Einigungsbewegung wurde. Dieser Begriff bot wiederum Rußland die willkommene Gelegenheit, sich in die inneren Angelegenheiten Mittel- und Südosteuropas einzumischen. Auf dem Prager Slawenkongreß, der im Revolutionsjahr 1848 zustande kam, wurde folglich nicht nur der Wunsch nach kultureller »Wechselseitigkeit zwischen den verschiedenen Stämmen und Mundarten slawischer Nation« (so der slowakische Romantiker Jan Kollar) zur Stärkung aller kleinen slawischen Völker im germanisch-romanischen Kulturbereich beteuert, sondern auch eine tiefsitzende Angst vor russischen Vormachtgelüsten offen ausgesprochen.

Der Panslawismus, der sich gleichzeitig in Rußland entwikkelte, trug nämlich zunächst etwas andere Züge: dort spielte die Zugehörigkeit zur orthodoxen Kirche eine gewichtige Rolle, weil sie es ermöglichte, als Schutzmacht der slawischen Balkanvölker gegenüber dem Reich der Ungläubigen, nämlich der Türken, aufzutreten. 1782 hatten Kaiser Joseph II. und Zarin Katharina II. ein Geheimabkommen mit dem Ziel einer Teilung der Balkanhalbinsel geschlossen, wobei der russische Plan auf die Wiedererrichtung eines christlichen Byzantinischen Reiches mit Konstantinopel als Hauptstadt, aber unter russischer Herrschaft, hinauslief. Die deutsche Prinzessin auf dem Zarenthron hatte sehr genaue Vorstellungen von diesem »griechischen Projekt«: Hatte Byzanz einst das Christentum nach Rußland gebracht, so würde jetzt Rußland es in das wiedererstandene Byzanz zurücktragen. Katharina ließ einen ihrer Enkel auf den Namen Konstantin taufen und schrieb noch 1792 in ihrem Testament: »Es ist mein Wunsch, Konstantin auf den Thron des Oströmischen Reiches zu bringen ...«

Zu dieser Zeit hatte Moskau die orthodoxen Balkanslawen bereits wiederholt zu Aufständen angestiftet. Entsprechende Aufrufe richteten sich vor allem an die Serben. Wir haben es seit 1690 allerdings immer mit zweierlei Volksgruppen der Serben zu tun: jenen, die sich aus politischen, religiösen oder auch ökonomischen Gründen, der osmanischen Herrschaft entzogen und sich in Österreich-Ungarn niedergelassen hatten – das waren zumeist die Wohlhabenderen gewesen – und jenen, die südlich der Donau-Save-Linie geblieben waren. Ihr Zentrum bildete das Belgrader Paschalik.

Die serbischen Dörfer dort waren, wie wir bereits gesehen haben, weitgehend autonom. Sie wurden durch eine Dorfversammlung, den sabor oder zbor, verwaltet, an deren Spitze ein Dorfvorsteher stand, der in all jenen Fällen entscheiden durfte, in die keine Osmanen verwickelt waren. Nach und nach wurde auch die Eintreibung der Steuern – zunächst in Naturalien, später in Geld – Sache der Dorfvorsteher, die sich bisweilen rücksichtslos bereicherten. Gelegentlich besetzten auch Janitscharen einzelne Dörfer, erklärten sie zu ihrem persönlichen Eigentum und führten sich dann dort wie alteingesessene Feudalherren auf.[10] Während der Ackerbau mit hohen Abgaben belastet war, konnten Handel und Viehzucht sich frei entfalten. Bald gab es eine Schicht reicher Viehhändler, die von einem 1784 zwischen Österreich und der Türkei abgeschlossenen Handelsvertrag zusätzlich begünstigt wurden. Um die Jahrhundertwende konnten von Belgrad aus etwa 200 000 Schweine jährlich ins nördliche Nachbarland geliefert werden.[11]

Die serbischen Händler kamen auf ihren Reisen, auf den Märkten und Messen Mitteleuropas mit vielen neuen Ideen in Berührung; bisweilen brachten sie sogar neuerschienene Bücher mit, die von ihren Landsleuten in der Monarchie unter oft erheblichen Anstrengungen herausgebracht worden waren. Lesen konnten natürlich nur die wenigen Besucher von Klosterschulen, in denen überdies, wie Karadžić in seiner »Geographisch-statistischen Beschreibung Serbiens« hervorhebt, jeweils nur wenige Stunden im Winter dem eigentlichen Unterricht gewidmet waren: »Viele vergessen im Sommer, was sie im Winter gelernt haben; und so lernt mancher vier bis fünf Jahre und kann immer noch nicht lesen!« Nicht wenige Lehrer kamen aus

Rußland, weil »die des Schreibens Kundigen auch unter den Priestern und Mönchen selten« waren. Wer die Jahrbücher und Psalter zu lesen verstand, galt schon als ein Gebildeter.

Angesichts dieser Umstände nimmt es kaum wunder, daß jene Serie von Aufständen zwischen 1804 und 1815, die Leopold von Ranke ausdrücklich »die serbische Revolution« (als Gegenstück zur französischen) genannt hat, von einem erfolgreichen Schweinehändler angeführt wurde. Es handelte sich um den ebenso mutigen wie schlauen schwarzhaarigen Riesen Georg (Djordje) Petrović, dem man den Spitznamen Kara Djordje (schwarzer Georg) gab, den Stammvater des Herrscherhauses Karadjordjević. Einige Jahre lang konnte »der schwarze Georg« sich der russischen Unterstützung sicher sein, dann aber schloß Rußland aus begründeter Angst vor einem französischen Angriff Frieden mit der Türkei und überließ die serbischen Glaubensbrüder ihrem Schicksal. Ihr Anführer konnte nur mit knapper Not zunächst über die Donau und später weiter nach Rußland entkommen.

Zurück blieb Miloš Obrenović, ein persönlicher Feind des Kara Djordje, der, als die Strafaktionen und Plündereien durch die Janitscharen unerträglich wurden, im April 1815 erneut zum Aufstand rief. In Wien tanzte unterdessen der Kongreß, Napoleon war besiegt, und Rußland konnte Serbien wieder unterstützen. Als darum Kara Djordje 1817 aus dem russischen Exil zurückkehrte, beeilte sich Miloš, den Konkurrenten zu beseitigen. Südlich von Smederevo wurde er ermordet. Anschließend ließ Miloš sich von der Skupština (einer Art Parlament) in Belgrad zum Fürsten wählen.

Von nun an spielte sich die Geschichte Serbiens nicht nur im Spannungsfeld zwischen den Großmächten, sondern auch zwischen den Machenschaften zweier Clans ab, die einander für immer Blutrache geschworen hatten: der Karadjordjevići und der Obrenovići. Von den zehn Herrschern Serbiens in der Neuzeit wurden vier umgebracht und so gut wie alle irgendwann einmal zur Abdankung oder Emigration gezwungen. Unzählig waren die Pläne zur Ermordung eines jeden von ihnen; immer wieder verbündeten sich gerade die engsten Mitarbeiter des jeweils Regierenden mit dem potentiellen Nachfolger aus dem anderen Lager. Die Geschichte Serbiens im 19. Jahrhundert ist von der tödlichen Rivalität der beiden »Fürsten«-Häuser vollkommen vergiftet, weil der jeweils exilierte Herrscher oder Prätendent nie davon ließ, von außen gegen die Machthaber zu intrigieren und die internationale Situation für sich und seine Ziele zu nutzen. So spielte Knez Miloš im Exil so geschickt mit der Unzufriedenheit der Serben in der Vojvodina (die nach der Revolution von 1848 den Ungarn hilflos ausgeliefert waren), daß er damit die Basis für seine spätere Rückkehr zur Macht schuf. Ein halbes Jahrhundert lang erwiesen sich die Mordanschläge der Karadjordjevići fast ausnahmslos als ebenso erfolgwie folgenlos: Die Obrenovići blieben bis 1903 an der Macht; bis der letzte von ihnen eines Nachts in Belgrad gemeinsam mit seiner Geliebten erschlagen wurde. Während des letzten Abschnitts ihrer Herrschaft wurde Serbien von den Türken gänzlich freigegeben und sogar noch um den Streifen zwischen Niš und der mazedonischen Grenze – als Belohnung für die Teilnahme am Russisch-Türkischen Krieg von 1877, der als bosnischer Aufstand begonnen hatte – vergrößert. Österreich jedoch wachte scharf darüber, daß Serbien nicht zu mächtig wurde und vor allem auch weiterhin von jedem Zugang zum Mittelmeer abgeschnitten blieb.

Die serbischen Bauern waren freie Besitzer des von ihnen bearbeiteten Bodens geworden, die Rajah (Herde), wie die Masse der andersgläubigen Untertanen zur Türkenzeit genannt worden war, hatte sich zur Nation erhoben. Untrennbar vermischte sich das Erbe der vergangenen feudalen Epoche mit den Merkmalen einer neuen, bürgerlich-frühkapitalistischen Welt.

Und ebenso dicht aufeinander bezogen, oft sogar ineinander verwoben, blieben die kulturellen Elemente aus Orient und Okzident nebeneinander bestehen. 1831 veröffentlichte Vuk Stefanović Karadžić, der inzwischen Ehrendoktor der Jenaer Universität und Mitglied der Gelehrtengesellschaft in Göttingen geworden war, der im Osten wie im Westen gelebt und gelehrt hatte und 1928 nach Belgrad zurückgekehrt war, seine Übersetzung des Napoleonischen Code Civil ins Serbische, und er wurde Vorsitzender des Belgrader Gerichts.

Hätten Karadžić oder auch Andrić je ein eigenes Wappen besessen, so hätten sie sicherlich Brücken zu ihrem Symbol gewählt. Denn beide verstanden sie sich als Übersetzer im eigentlichen Sinne, als Vermittler zwischen beiden Ufern einer nicht nur durch lebhafte Flüsse und Ströme vielfach zerstückelten Landschaft und Kultur. Als Ivo Andrić 1961 den Nobelpreis entgegennahm, sagte er schlicht: »Alles im Leben ist eine Brükke ... Ich wäre sehr glücklich, könnte ich durch meine Arbeit ein Brückenbauer zwischen Ost und West sein.« Gegen Ende seines Romanes von der »Brücke über die Drina« beschießen Serben von den Bergen herunter österreichische Stellungen, und sie zielen auf die Häuser ihrer muslimischen Nachbarn in Višegrad. Der Erste Weltkrieg ist ausgebrochen, und die Brücke soll sein erstes Opfer sein.

80 Jahre später werden weiter westlich Kroaten viele Dutzend Moscheen und die schöne krumme alte Brücke von Mostar über die Neretva, den 1566 von Hayrettın Pascha erbauten Stari Most, vernichten. Damit wird ein weiteres Symbol dieser einst so reichen Welt, eine weitere Begegnungsstätte zweier Kulturen und zweier Religionen, wohl unwiederbringlich zerstört. »An das Festeste und Dauerhafteste haben sie gerührt und von dem genommen, was Gottes ist«, denkt bei Andrić der von einem Granatsplitter getroffene Hodscha, während er sich mit letzter Kraft über die berstende Brücke ans andere Ufer schleppt. »Wer weiß, wo das noch enden wird. Nun hat auch die Brücke des Wesirs begonnen, zu zerreißen, und wenn es einmal beginnt, kann niemand mehr Einhalt tun ... Wer weiß, vielleicht werden diese Unmenschen, die mit ihrem Tun alles ordnen, säubern, ändern und zurechtmachen, um es sofort danach zu verschlingen und zu zerstören, sich über die ganze Erde verbreiten, vielleicht werden sie aus der ganzen weiten Welt ein wüstes Feld für ihr sinnloses Bauen und henkerisches Vernichten machen ...? Alles kann sein, eines aber kann nicht sein: es kann nicht sein, daß die großen, mitfühlenden Menschen ganz und für immer verschwinden, die nach Gottes Gebot dauerhafte Bauwerke errichten, auf daß die Erde schöner sei und der Mensch auf ihr leichter und besser lebe.« Wenn die Vila das will.

Die Vampire tanzen – von Wien nach Berlin

Wenn die Vila das will, und wenn die Interessen der jeweiligen Großmächte den Menschen in Europa ihren Frieden wirklich lassen. Im Abwehrkampf gegen Napoleon hatten sich nach dessen Feldzug gegen das eben noch verbündete Zarenreich die vier wirklich Mächtigen der Zeit – England, Rußland, Österreich und Preußen – zu einer Allianz zusammengefunden, die ihnen angeblich heilig war. Doch schon am Vorabend des Wiener Kongresses, der auf der Basis dieser Allianz den Frieden Europas sichern sollte, drohte Metternich mit einem neuen Krieg wegen des »Warschauer Staates«, den »Polen« zu nennen er sich eisern weigerte. (Für Europa, sagte er, sei schon dieses Wort gefährlich.) Daraufhin schloß Zar Alexander I. mit dem preußischen König Friedrich Wilhelm III. ein Geheimabkommen über gegenseitige Hilfe, das nur wenig später, nicht minder »geheim«, mit einem Vertrag zwischen Österreich, England und Frankreich beantwortet wurde. »Jetzt, Sire, ist die Koalition zerfallen, und zwar für immer«, meldete Talleyrand, dessen ebenso geschicktes wie stolzes Auftreten das eben erst besiegte Bourbonenreich erneut als fünfte Großmacht etabliert hatte, am 4. Januar glücklich seinem König. »Frankreich ist nicht länger isoliert.«[1]

Talleyrands Triumph währte freilich nur zwei Monate, denn schon am 1. März 1815 landete Napoleon in der Nähe von Cannes. Die neuerliche Bedrohung ließ die Gegner noch einmal für einige Zeit ihre divergierenden Interessen vergessen. Um des lieben Friedens willen einigten sie sich auf das Prinzip des Erhaltes jeder bestehenden monarchischen Staatsordnung und der Abwehr aller revolutionären Tendenzen. Die tiefer liegenden Widersprüche blieben ungelöst. »Wir wollten einen stabilen Frieden garantieren«, soll der russische Zar dem preußischen König damals anvertraut haben[2], »aber leider glimmt die Flamme des Krieges noch immer unter der Asche; sie wird bald aufflammen und das politische Gebäude, das in Paris ausgedacht und in Wien errichtet wurde, zum Einsturz bringen.«

Um den Friedenszustand in Europa allen Spannungen zum Trotz zu sichern, wurden regelmäßige, »den gemeinsamen Interessen« gewidmete Konferenzen der vier (bald natürlich wieder fünf) Monarchen verabredet, auf denen Maßnahmen zur Aufrechterhaltung der »Ruhe und Wohlfahrt der Völker« ausgehandelt werden sollten. Zur Vorbereitung der ersten derartigen Konferenz, des Kongresses von Aachen, gab Zar Alexander Anfang April 1818 seinem Kabinett den Befehl, einen Entwurf für die zukünftige Ordnung Europas auszuarbeiten, der den übrigen Allianzpartnern als Memorandum vorgelegt werden sollte. Der Frieden, hieß es in diesem Schriftstück, sei auch weiterhin vor allem von zwei Gefahren bedroht: »durch die Wiederkehr von Revolutionen und durch das Recht des Stärkeren«.[3] Die um Frankreich zu einer »alliance générale« erweiterte Vierer-Allianz sollte den durch die Verträge von 1815 geschaffenen territorialen Besitzstand ebenso sichern wie grundsätzlich jede legitime Staatsordnung garantieren. Alexander I. sah in dieser neuen »unauflöslichen« Fünfer-Allianz den Kern (le moyen de concentration) einer künftigen Europa-Union.

Die »orientalische Frage« jedoch, das Problem nämlich, was aus dem europäischen Besitz des Osmanischen Reiches – also vor allem aus dem Balkan – werden sollte, den junge nationale Bewegungen immer ungeduldiger für sich verlangten, blieb einstweilen unberührt. Zunächst beanspruchte die fraglos von der »französischen Krankheit« infizierte Entwicklung sowohl in Spanien als auch in Neapel die volle Aufmerksamkeit der Großmächte, weil die revolutionären Umtriebe die »öffentliche Ordnung Europas« gefährdeten. Alexander forderte alle Allianzpartner dazu auf, in einer weiteren Konferenz den Zusammenhang zwischen der inneren Ordnung ihrer eigenen Staaten und der internationalen Ordnung ausdrücklich festzustellen und daraus ein Interventionsrecht abzuleiten. Er stieß mit diesem Vorschlag allerdings auf den entschiedenen Unwillen Metternichs und, was Spanien betraf, auf den entscheidenden Widerspruch Englands.

Da durch die Entwicklung in Neapel jedoch plötzlich auch österreichische Interessen in Italien auf dem Spiel standen, änderte Metternich entsprechend plötzlich seine Einstellung, ja er fand sich sogar dazu bereit, als »mandataire de l'Europe« militärisch dort einzuschreiten und die »legitime« Ordnung wiederherzustellen. Im Protokoll eines weiteren Allianzkongresses in Troppau wurde schließlich – im November 1820 – das von Rußland geforderte Interventionsrecht vereinbart, doch Frankreich unterzeichnete das Schriftstück nicht, und England protestierte schon wenige Wochen später in einem Memorandum gegen dessen Inhalt.

Vielleicht hatte man in London nicht ganz vergessen, daß noch im Februar 1815 die russische Vertretung in Wien dem tanzenden Kongreß eine ganz andere Musik vorgespielt hatte. In ihren Noten hatte sie auf Hilfe für die aufständischen Serben gedrungen, mit der Begründung, alle christlichen Staaten Europas seien verpflichtet, die christlichen Untertanen des Osmanischen Reiches zu schützen und in ihrem Freiheitsstreben zu unterstützen. Seit dem russisch-türkischen Friedensvertrag von Kütschük-Kainardsche in der Dobrudscha, mit dem 1774 der erste russisch-türkische Krieg zu Ende gegangen war, welcher der tatkräftigen Zarin Katharina II. die Kolonisierung großer Teile der Ukraine und des Kaukasus ermöglicht, ja Rußland zur Vormacht am Schwarzen Meer hatte aufsteigen lassen, beanspruchten die Zaren das Recht, als Schirmherrrn aller Christen im türkischen Herrschaftsraum aufzutreten. Die Türken ihrerseits begannen, ihren Sultan (es war Abdul-Hamid I.) den Europäern als Protektor aller Muslime zu präsentieren, obwohl das ihrem Glauben keineswegs entsprach. Es half ihnen aber, die bisher lose Verbindung zwischen Konstantinopel/Istanbul und den Gläubigen in fernen Landstrichen zu festigen.

Für Alexander I., der jede Idee eines isolierten und eigenmächtigen Vorgehens eines der Allianzpartner immer ausdrücklich abgelehnt hatte, schlug im März 1821 die Stunde der Wahrheit: Während einer weiteren Allianz-Konferenz in Laibach (Ljubljana) trafen kurz nacheinander Nachrichten von weiteren revolutionären Erhebungen auf dem Balkan ein, die klare Stellungnahmen erforderten. Vom ersten Aufstand, dem in der Walachei, hatte die russische Seite durch ihren Generalkonsul in Bukarest schon recht früh erfahren, und sie hatte bereits mit der Hohen Pforte Verhandlungen über dessen Niederschlagung aufgenommen. Die zweite Nachricht jedoch schlug wie eine Granate ein: Der griechische Freiheitskämpfer Alexandros Ypsilantis war, aus der erst 1793 gegründeten Schwarzmeer-Hafenstadt Odessa, also aus der »neu-russischen« Ukraine kommend, in Moldavien eingefallen. Kaum jemand hielt es für möglich, daß die sonst so gewitzte russische Diplomatie von diesem Schlag überrascht worden wäre, ja daß sie nicht gar dahinter steckte.

Zumal die beiden Donaufürstentümer seit 1774 de facto russischem Protektorat unterstanden. Denn Rußland hatte sie sowohl damals als auch 1791 (nach dem zweiten Türkenkrieg Katharinas) nur unter der Bedingung wieder herausgerückt, daß es fortan die Interessen der griechisch-orthodoxen Kirche dort wahrnehmen und notfalls verteidigen dürfte. Außerdem war Alexandros Ypsilantis nicht nur ein Enkel jenes legendären Hospodaren zunächst der Moldau und dann der Walachei gleichen Namens, der 1806 abgesetzt und ein Jahr später in Konstantinopel als angeblich prorussischer Verräter hingerichtet worden war; sondern er war auch selbst russischer Offizier und hatte zunächst als Adjutant des Zaren, später als Divisionskommandant im Range eines Generalmajors im russischen Heer gedient. Seit 1820 stand er an der Spitze der Philiki Etaireia, eines sechs Jahre zuvor in Odessa gegründeten verschwörerischen Bruderbundes griechischer Patrioten, der dem russischen Geheimdienst mit Sicherheit nicht ganz unbekannt geblieben war.

Die Ypsilantis gehörten zu den sogenannten Fanarioten (türkisch: fenerliler), jenen angesehenen griechischen Familien im Stadtteil Fanar (auch Phanar) von Konstantinopel, die meist schon in Byzanz eine große Rolle gespielt hatten und später in türkische Dienste getreten waren. Zu ihnen gehörten die Kantakuzini, die Paläologi, die Kallimachi, die Mavrokordati, die Argyropouli und einige andere altbekannte Geschlechter. Seit der Mitte des 17. Jahrhunderts nahmen sie hohe Positionen im osmanischen Hof- und Verwaltungsdienst ein. Viele von ihnen wirkten als Dragomanen, das heißt als Übersetzer, die zugleich Berater in auswärtigen Angelegenheiten waren und zum Teil als Regenten (Hospodare) in den Vasallenstaaten wie den

Donau-Fürstentümern eingesetzt wurden; seit 1711 in der Moldauregion und seit 1716 in der Walachei. Sie nahmen aber zugleich auch Führungsrollen in der orthodoxen Kirche wahr, in der kaum etwas ohne ihre Zustimmung geschah, einschließlich der Wahl des Patriarchen, des Ehrenprimas der Ostkirche, der seit dem Beginn des 17. Jahrhunderts gleichfalls im Fanar residierte und dort, in einem bescheidenen Backsteingebäude, bis heute seinen Amtssitz hat.

Am 6. März 1821 war Alexandros Ypsilantis mit einem nur 500 Mann starken Freiwilligenkorps – später nannte man es die Heilige Schar – in Moldavien eingedrungen. Er kam nicht weit, sondern wurde schon nach dreizehn Tagen bei Dragasani von den Türken geschlagen, verlor fast alle Anhänger und mußte nach Östereich fliehen, wo er interniert wurde und sechs Jahre lang unter Hausarrest stand. Sein zunächst erfolgloser Handstreich hatte jedoch Folgen, denn schon eine Woche nach seiner Niederlage brachen im nördlichen Griechenland sowie auf einigen Inseln und vor allem auf der Peloponnes vereinzelte Aufstände aus, die sich allmählich zu einem Flächenbrand verdichteten. Nach Jahresfrist war die Halbinsel unter der Kontrolle der Aufständischen, und sie erklärten die Unabhängigkeit Griechenlands, die allerdings erst 1830 international anerkannt wurde. Dreimal versuchten die Türken unterdessen, die Peloponnes zurückzuerobern, doch jedesmal ohne Erfolg.

Nach 1821 büßten die Fanarioten alle Privilegien ein, weil sie für die Revolution verantwortlich gemacht wurden, die sie mit Unterstützung ihrer Kirche, welche auch in Griechenland den Rest nationalen Selbstbewußtseins repräsentierte, tatsächlich zumindest gefördert hatten. Ein weiterer Ypsilantis namens Demetrios, wie sein älterer Bruder Alexandros ein russischer Offizier, hatte sich gleich nach Ausbruch der Aufstände auf die Insel Hydra begeben, war dort zum ersten Präsidenten der Legislative gewählt worden, aber schon bald wieder von allen politischen Ämtern zurückgetreten, um ausschließlich als militärischer Befehlshaber der Sache seines Volkes zu dienen. Die meisten Fanarioten zogen jedoch erst 100 Jahre später, 1923, nach dem griechisch-türkischen Austauschvertrag, endgültig von Konstantinopel fort.

Der Verdacht der Allianzpartner, daß die russische Seite von dem Einfall der »Heiligen Schar« in der Moldau ebenso wenig überrascht worden sein könnte wie von der Erhebung Tudor Vladimirescus in der Walachei, sollte sich später als begründet herausstellen, denn in einem Brief an den Zaren hatte Ypsilantis schon Ende Februar seinen Namensvetter um Unterstützung angefleht: »Retten Sie uns, Sire, retten Sie die Religion vor ihren Verfolgern ...!«[4] Der weitergehende Verdacht jedoch, daß Alexander die griechische Sache unterstütze, erwies sich bald als falsch. Vor die Entscheidung gestellt, als Befreier der Balkanchristen aufzutreten oder den Prinzipien der Allianz treu zu bleiben und weiterhin als verläßlicher Bündnispartner angesehen zu werden, wählte er den zweiten Weg. Einen dritten gab es nicht.

In vertraulichen Verhandlungen mit Metternich stellte Alexander I. die griechische Befreiungsbewegung auf eine Stufe mit den Revolutionen in Südeuropa – sie sei keineswegs durch die besonderen Zustände innerhalb des Osmanischen Reiches bedingt und verdiene deshalb auch nicht, unterstützt zu werden, erklärte er. Allerdings könne auch die Hohe Pforte nicht mit Hilfe rechnen, denn sie stehe weiterhin außerhalb des Allianzsystems.

Ausgerechnet ein Grieche wurde mit der heiklen Aufgabe betraut, dem griechischen Freiheitsdrang einen deutlichen Dämpfer zu verpassen. 1809 war er in den diplomatischen Dienst Rußlands eingetreten, hatte 1814/15 den Zaren auf dem Wiener Kongreß vertreten, war anschließend zum Staatssekretär im Außenministerium aufgerückt und damit einer der beiden maßgeblichen Berater des Zaren in Fragen der Außenpolitik geworden – neben dem Deutschen aus dem Rheinischen Bergland, dem Grafen Karl Robert von Nesselrode, der unter Alexanders Nachfolger Nikolaus I. zum Vize- und schließlich Reichskanzler aufstieg. Im Unterschied zu Nesselrode, der die machtpolitischen Tendenzen seiner Herrscher vorbehaltlos vertrat, hatte dieser Mann schon früh Zweifel an der Allianzpolitik Alexanders angemeldet, der Unterdrückung der südeuropäischen Revolten durch Österreich seine Zustimmung verweigert und sich damit den Haß Metternichs zugezogen.

Als Sohn des venezianischen Conte Antonio Capo d'Istria war Giovanni Antonio 1776 auf der Insel Korfu auf eine Welt gekommen, die damals noch »Venedig« hieß. 1797 war Korfu mit den anderen Ionischen Inseln von den Franzosen und zwei Jahre später von den Russen erobert worden. Durch einen Vertrag mit der Hohen Pforte hatte Paul I. aus dieser Inselgruppe vor der Westküste Griechenlands die »Republik der Sieben Vereinigten Inseln« geschaffen, die 1807 erneut von Frankreich, 1809/10 von den Briten besetzt und schließlich, während des Wiener Kongresses, in einen selbständigen Staat unter britischer Protektion verwandelt worden war. In der griechischen Bevölkerung wuchs nach diesem Hin und Her begreiflicherweise die Sehnsucht nach friedlicher Vereinigung mit dem griechischen Mutterland.

Wer einen italienischen Namen getragen hatte, gräzisierte ihn in dieser Zeit. Aus dem Conte Giovanni Antonio Capo d' Istria wurde mithin ein Komis Ioannis Antonios Kapodistrias. Er studierte in Padua die Rechte, wurde Experte für den Balkan und als solcher zunächst vom russischen Militär als Berater für Probleme an der unteren Donau angeworben, dann, nach dem Überfall Napoleons 1812, dem Generalstab zugeteilt und später vom Zaren als Sonderbotschafter für heikle Missionen verwendet. Und so ließ Alexander I. denn diesen bewährten Mann das Hilfsgesuch seiner griechischen Landsleute mit einer ablehnenden Botschaft beantworten. Mehr noch: Kapodistrias legte eine Kopie dieses Antwortschreibens ausführlichen Instruktionen bei, die er an Grigorij A. Stroganow, den russischen Gesandten in Konstantinopel, richtete. Eine revolutionäre Erhebung sei – genau wie jede andere Gewaltanwendung – mit der grundsätzlichen russischen Vertragstreue, also auch mit dem vertraglich gesicherten Protektionsanspruch Rußlands, unvereinbar, hieß es in dieser Note. 18 Tage waren die Depeschen unterwegs, am 15. April informierte Stroganow die Hohe Pforte von der Stellungnahme seines Zaren, die mit großer Erleichterung aufgenommen wurde.

Doch die Freude währte nur einen einzigen Tag. Denn schon am folgenden Mittag traf die Nachricht ein, daß das Feuer der Erhebung von den fernen Donaufürstentümern auf das griechische Festland übergesprungen war, also die osmanische Herrschaft unmittelbar zu bedrohen begann. Da half es auch nicht mehr, daß Ypsilantis den Rückzug der kläglichen Reste seiner Heiligen Schar ankündigte – jetzt ging es um den Fortbestand des Reichs. Erbarmungslos schlug die Hohe Pforte zu: bewaffnete Einheiten durchkämmten den Fanar, nahmen viele griechische Würdenträger fest und führten schließlich den Patriarchen von Konstantinopel nebst drei seiner Metropoliten zur öffentlichen Hinrichtung. Darüber hinaus zogen türkische Truppen, die, dem vertraglich vereinbarten Autonomiestatus der Provinzen zum Trotz, nicht den dortigen Hospodaren, sondern türkischen Befehlshabern unterstellt wurden, in die Donaufürstentümer ein und erklärten, sie würden keine Selbstverwaltung zulassen und sich nicht zurückziehen, bevor nicht die nach Südrußland geflohenen Aufständischen ausgeliefert worden seien. Selbst das Durchfahrtsrecht für russische Handelsschiffe aus dem Schwarzen Meer durch den Bosporus und die Dardanellen in die Ägäis wurde schließlich zum Opfer der griechischen Rebellion. Obwohl es den Aufstand ausdrücklich nicht unterstützt hatte, trug Rußland somit den größten Schaden davon.

Alexander I. sah sich gezwungen, seine Laibacher Entscheidung noch einmal zu überprüfen. Hatte er, als er zum Beweis seiner Bündnistreue die bedrohten Glaubensbrüder ihrem Schicksal überließ, wirklich den richtigen Weg gewählt? Einer seiner engsten Berater, nämlich Kapodistrias, redete ihm Zweifel ein: was war gewonnen und wieviel verloren? Gestört war vor allem das Vertrauen der orthodoxen Balkanchristen in ihre Schutzmacht Moskau, das dritte Rom. Eine Welle der Betroffenheit und schließlich Empörung überschwemmte zudem das gesamte christliche Abendland, als die Nachricht von der Hinrichtung des Patriarchen und seiner Metropoliten die westlichen Metropolen erreichte. Welcher Gefahr war nun größeres Gewicht beizumessen: dem weiteren Vertrauensverlust auf dem Balkan oder den Folgen eines übereilten Auseinanderbrechens des seit den Türkenkriegen Katharinas ohnedies geschwächten Nachbarimperiums im Süden? Alexander hatte den Herzenswunsch seiner ehrgeizigen deutschen Großmutter keineswegs vergessen, die für seinen Bruder Konstantin den Thron von Byzanz vorgesehen hatte. Doch was wäre der noch wert, wenn das Reich erst einmal in seine vielen ethnischen Bestandteile zerfallen wäre?

Ein letztes Mal ließ der Zar Ende Juni 1821 seinen griechischen Berater eine Note an die Adresse der Hohen Pforte formulieren, ohne diese mit den europäischen Allianzpartnern vorher abzustimmen. Sie kam einem Ultimatum gleich: Wenn die zerstörten Kirchen nicht umgehend wieder aufgebaut und die Rechte der christlichen Konfessionen nicht sofort wiederhergestellt, wenn die Vergeltungsmaßnahmen gegen die griechische Nation nicht auf die wirklich für den Aufstand Verantwortlichen beschränkt würden und wenn Rußland nicht vertragsgemäß an der Lösung des Konfliktes beteiligt werde, dann müsse formell festgestellt werden, daß die Pforte sich im Zustand offener Feindseligkeit gegenüber dem gesamten christlichen Abendland befinde; daß folglich die griechische Erhebung ein Akt der Notwehr sei, der die Unterstützung aller christlichen Staaten verdiene.[5]

Rußland habe mit dieser ultimativen Note die Pforte möglichst schnell zur Mäßigung zwingen wollen, ließ Kapodistrias die Allianzmächte wissen. Jedes weitere Vorgehen sei nun aber ihre Sache.

Nach und nach votierten alle vier Regierungen für den Vorrang der Allianz und der von ihr garantierten europäischen Friedensordnung vor allen anderen denkbaren Regelungen, also für Solidarität in der Orientfrage, mit anderen Worten: für das Nichtstun. Um den Frieden Europas nicht zu gefährden, müsse auch zwischen dem Osmanischen Reich und seinen Nachbarstaaten – gemeint war damit natürlich ausschließlich Rußland – der Friede gewahrt werden, argumentierte die englische Seite umgehend, während die französische etwas zögerlicher reagierte, bis sie ganz sicher war, daß Rußland keinen Alleingang riskieren und deshalb auch kein Sonderbündnis mit Frankreich anstreben würde. Preußen hielt sich vollends zurück, denn an der nicht nur geographisch fernen Krise konnte man in Berlin noch wenig Interesse aufbringen. Natürlich erkannte man die Gefahr, Alexander könnte sich von der Entwicklung dazu gezwungen sehen, die Allianzpolitik der Nichteinmischung aufzugeben und direkt zu intervenieren. Österreich jedoch, das sich im Falle Neapels auf Wunsch Alexanders der Allianzordnung unterworfen hatte, verlangte nun von Rußland rundheraus ein gleiches Maß an Solidarität und Bündnistreue. Den Verräter an der gemeinsamen Sache sah Metternich, voreingenommen wie er bereits war, in Alexanders griechischem Berater Kapodistrias, dessen Einfluß auf den Zaren er fortan mit allen Mitteln der Geheimdiplomatie bekämpfte. »Lokalisierung des Streites, nicht Intervention, hieß Metternichs Politik«, wie dessen Biograph Heinrich Ritter von Srbik zutreffend die Ideen des in Wien herrschenden Rheinländers zusammenfaßte.[6]

In der Tat bedrängte Kapodistrias vor allem die Franzosen, gemeinsam mit Rußland für »die Sache der Religion und der Zivilisation« in den Krieg zu ziehen. Und als er damit erfolglos blieb, steigerte er sich derart in seine Verbitterung hinein, daß er allmählich für seine eigene Umgebung untragbar wurde. Das Ende seiner Karriere als russischer Staatssekretär war abzusehen. Metternich triumphierte: »Ich erwarte Nachrichten aus Petersburg, sie werden mir das Einzige bringen, was ich noch zu wissen brauche, d. h. sie werden mir den Tag sagen, an welchem ich den Kaiser Alexander sehen werde«, notierte er am 25. Juli 1822.[7] »Eine andere Frage hätte scheinbar auch ein gewisses Interesse«, fuhr er fort: »Werde ich mit Capodistria zusammenkommen? Mich kümmert es wenig. Der Mann ist todt, und ich fürchte weder die Todten noch die Gespenster.«

Metternich verstand nicht, daß das ein großer Fehler war. Denn wenn Alexander sich auch allmählich von seinem allzu einseitig engagierten griechischen Berater löste, so dachte er doch nicht eine Sekunde daran, auf eine aktive Orientpolitik für alle Zukunft zu verzichten. Großmütterchens Traum war keineswegs vergessen.

Aber auch Kapodistrias hielt an seinen Träumen fest. Im Herbst 1822 ließ er sich beurlauben und zog sich in die Schweiz zurück, von wo aus er weltweite Unterstützung für den griechischen Befreiungskampf organisierte. Dieser kam nur deshalb langsam voran, weil die machtgierigen Guerillaführer ihre Kräfte mehr im Kampf untereinander als in der Auseinandersetzung mit dem eigentlichen Gegner vergeudeten. Als nach zwei Bürgerkriegen endlich Ruhe einzukehren schien, trafen ägyptische Kriegsschiffe ein, die den osmanischen Truppen die Rückkehr auf die Peloponnes ermöglichten. Im Juni 1827 wehte erneut die grüne Fahne des Propheten von der Akropolis.

Romantische Begeisterung für den Freiheitskampf der kleinen Völker erfaßte Europa, und die Stimmung schlug nun völlig um: die Allianzmächte boten Hilfe bei Verhandlungen zur Schaffung eines autonomen griechischen Staates an, den sie unter dem Druck der öffentlichen Meinung plötzlich alle für erstrebenswert hielten. Als die Türken Verhandlungen ablehnten, schickten England, Frankreich und Rußland gemeinsam Schiffe, welche die ägyptische Flotte vernichteten. Eine provisorische griechische Regierung wurde gebildet, und die neue Nationalversammlung wählte zum Präsidenten ganz Griechenlands den inzwischen über 50jährigen Kapodistrias.

Auf dem Throne Rußlands saß jetzt der jüngste der drei Enkel Katharinas, Nikolaus I.; Alexander I. war Ende 1825 gestorben. Für seine Untertanen freilich lebte der beliebte Herrscher, der zwar die Bauernbefreiung aus Furcht vor einer großen Revolution schnell wieder abgebrochen, doch gegen die Verschwörung der adligen Jugend, der Dekabristen, nichts Durchgreifendes unternommen hatte, in der Legende fort: Enttäuscht habe er sich von der Welt zurückgezogen und lebe als Eremit in Sibirien, hieß es 20 Jahre lang, bis man den Einsiedler Fjodor Kusmitsch, den man für den Zaren hielt, 1846 in Tomsk begrub.

Die kriegerischen Auseinandersetzungen um das Schicksal Griechenlands ließen auch weiterhin nicht wirklich nach. 1828–29 trat ein erneuter russisch-türkischer Krieg erschwerend hinzu. 1830 endlich kam unter dem Druck der Allianzmächte ein griechisch-türkisches Abkommen zustande, das im sogenannten Londoner Protokoll festgehalten wurde. Die christlichen Großmächte erklärten Griechenland zu einer unabhängigen Monarchie unter ihrem Schutz. König sollte ein Deutscher werden: der für die heikle Aufgabe völlig unvorbereitete zweite Sohn König Ludwigs I., Prinz Otto von Bayern. Er war gerade 17 Jahre jung.

Kapodistrias steuerte trotz all den herben Enttäuschungen, die er als russischer Beamter hatte hinnehmen müssen, zuletzt einen eindeutig pro-russischen Kurs. Mit großer Energie etablierte er einen einigermaßen funktionstüchtigen Regierungsapparat und brachte die allzu selbstherrlichen regionalen Führer und politischen Splittergruppen allmählich dazu, die Autorität der Zentralmacht anzuerkennen. Im Laufe dieses Vorgangs hat er sich naturgemäß, vor allem unter den Liberalen, viele Feinde geschaffen. Zwei von diesen, die Brüder Konstantin und Georg Mavromichalis, ermordeten ihn, als er am 9. Oktober 1831 in seiner Haupstadt Nauplion eine Kirche betrat.

Selbst im Klerus hatte Kapodistrias zu dieser Zeit bereits mit Anfeindungen zu rechnen, weil dieser längst gespalten war: War der neuerwachte Nationalismus auf dem Balkan ein Produkt der französischen Revolution und somit ein grundsätzlich kirchenfeindliches Element der Aufklärung, das es zu bekämpfen galt, oder drückte sich in ihm der Überlebenswille jener Völker aus, deren Selbstbewußtsein mit ihrer religiösen Überzeugung identisch war? Und war diese heftige neue Bewegung nicht ihrem Wesen nach darauf gerichtet, das kirchliche Erbe von Byzanz, die Einheit der Ostkirche, vollends zu zerstören, indem es viele neue nationale Einzelkirchen schuf, die bald Anspruch auf eigene Patriarchen erheben würden? Diese Fragen sind – wie sich im gesamten Raum der Orthodoxie, vom Ostseeraum über die Schwarzmeerregion bis hinunter zum Ohridsee, seit dem Ende des verordneten Atheismus immer wieder zeigt – bis heute nicht endgültig beantwortet.

So auch in Bulgarien. Die bulgarische Kirche hatte schon früh ihre anfängliche Eigenständigkeit verloren. Seit dem Ende des 14. Jahrhunderts hatte sie nur noch zu einem Teil dem Erzbistum Ohrid, zum anderen aber der serbischen Patriarchie in Peć (Ipek) unterstanden. Beide wurden im Laufe des 18. Jahrhunderts aufgelöst, und von dieser Zeit an gehörten die bulgarischen Christen zum Hoheitsgebiet des griechischen Patriarchen von Konstantinopel, den die türkische Administration als Alleinvertreter des »Rum millet«, der »römischen Nation«, nämlich sämtlicher christlichen Untertanen, anerkannte. Nach und nach waren die einheimischen Geistlichen gegen Griechen ausgetauscht und die kirchenslawische Liturgie durch die griechische ersetzt worden, und da die meisten Schulen kirchlich waren, hatten auch hier die griechische Sprache und Kultur gesiegt. Berufungen in höhere Positionen der kirchlichen Hierarchie waren käuflich, und so füllten sich die Reihen der geistlichen Würdenträger nach und nach mit gierigen, bisweilen völlig unzureichend gebildeten weltlichen Herren, meist aus den Reihen der Fanarioten, die es vor allem auf die Kirchensteuern abgesehen hatten. Zunächst forderten die bulgarischen Gläubigen Priester, die ihre Beichten verstehen konnten, dann Bischöfe, die keine Fremdherren wären, und erst zuletzt den völligen Bruch mit der griechischen Patriarchie. Naturgemäß tobte der Kultur- und Kirchenkampf dort am heftigsten, wo inzwischen eine Schicht selbstbewußter bulgarischer Kaufleute und Handwerker herangewachsen war: in den Städten.

Typisch für diesen zunächst noch kleinen Kreis einer bewußt bulgarischen Bourgeoisie war die Kaufmanns-Familie Rakovsky, deren vielversprechender Sprößling Georgi Stojkov während der ersten Tage des griechischen Aufstandes im Frühjahr 1821 in der mittelbulgarischen Stadt Kotel zur Welt gekommen war. Bereits als 16jähriger Schüler schloß Georgi sich revolutionär-nationalistischen Zirkeln an, und als Student im Alter von 20 Jahren nahm er aktiv an einer Revolte gegen die Türken teil, wurde zum Tode verurteilt und floh nach Marseille. Anschließend ließ er sich als Anwalt und Kaufmann im Zentrum der Freiheit, nämlich zu Füßen der Akropolis, nieder.

Vielleicht wäre der leidenschaftliche junge Mann dort in Ruhe reich und reif geworden, wäre nicht der Krimkrieg ausgebrochen. Anlaß dieses ersten Stellungskrieges der Neuzeit war ein erneutes Ultimatum des Zaren an die Hohe Pforte. Genau wie sein ältester Bruder mehr als 30 Jahre zuvor, wollte auch Nikolaus I. die Anerkennung Rußlands als Schutzmacht der Balkanchristen auf solche Weise erzwingen. Aus Furcht vor einem weiteren Machtzuwachs Rußlands nahmen die Westmächte diesmal jedoch eilends für die türkische Seite Partei. Ein russisches Korps rückte dennoch in die Donaufürstentümer ein, die Türkei erklärte den Krieg, und nachdem die türkischen Schiffe im Schwarzen Meer versenkt worden waren, entsandten die Westmächte ein Expeditionskorps zur Belagerung des Kriegshafens von Sewastopol. Mangels Infrastruktur gelang es den Russen nicht, ihren Nachschub zu organisieren, und sie mußten die

Festung räumen. Im Frieden von Paris verzichtete Rußland nun ausdrücklich auf das Protektorat über die Donaufürstentümer, ja alle orthodoxen Christen im Osmanischen Reich, trat das südliche Bessarabien sowie die Donaumündungen ab und stimmte überdies einer internationalen Kontrolle der Donauschiffahrt zu. Südosteuropa beruhigte sich infolgedessen, nur im Kaukasus wurde weitergekämpft.

Im europäischen Westen wurde der Pariser Frieden als Sieg des Liberalismus über die Autokratie gefeiert; während in Rußland Reformen vorbereitet wurden, vor allem die Befreiung der Leibeigenen; während in Frankreich Napoleon III. alles daran setzte, mit durchaus autokratischen Mitteln seinem Second Empire die Führungsrolle auf dem Kontinent zu sichern; und während in Konstantinopel vorerst alles beim Alten blieb. Zwischen Rußland und Österreich, das während des Krimkrieges neutral, aber keineswegs parteilos geblieben war, ist in dieser Zeit eine Feindschaft entstanden, die später Bismarck nicht nur die Rückendeckung Rußlands sicherte, sondern ihn überhaupt erst sein kompliziertes Netzwerk von Verteidigungsbündnissen in Friedenszeiten knüpfen ließ, das der internationalen Sicherheitspolitik bis in unsere Zeiten zum Vorbild werden sollte – wenngleich es spätestens 1914 längst sichtbar gescheitert war.

Rakovsky hatte damals die Wirren des Krieges genutzt, war in die Berge gegangen und hatte heimlich brauchbare Strukturen eines bewaffneten Widerstands aufgebaut. Statt vereinzelten Raubüberfällen und Racheakten sollten sie sich fortan der nationalen Befreiung widmen, machte er seinen Haiduken klar. Es galt, den Kampf von außen vorzubereiten, größere Banden zu organisieren und diese nach Bulgarien einzuschleusen, möglichst in die Städte hinein. In Bukarest verfaßte er, ganz im romantischen Pathos seiner Zeit, das bulgarische Pendant zum montenegrinischen »gorski venac«, den »gorski putnik«, also »Bergwanderer«. Nach dem Pariser Friedenskongreß ließ er sich in Neusatz nieder, das damals zu Österreich-Ungarn gehörte (ungarisch Ujvidek, heute serbisch Novi Sad in der Vojvodina) und durch die »matica srpska«[8] bald zum geistigen Sammelpunkt aller Serben innerhalb der Doppelmonarchie werden sollte. Dort gab er eine revolutionäre Zeitschrift heraus: »Dunavski lebed«, den »Donauschwan«. Auf türkischen Druck hin wurde er jedoch bald ausgewiesen, ging nach Odessa am schwarzen Meer, sammelte bulgarische Volkslieder und schrieb eine ganze Reihe von Büchern zu den verschiedenartigsten Themen. Nach außen hin lebte er zurückgezogen, und er wäre wohl in Odessa geblieben, hätte nicht der Heilige Synod der russisch-orthodoxen Kirche jeden einzelnen Satz zensuriert, den er zur bulgarischen Kirchenfrage schrieb. Folglich zog er wieder fort, in den zwar tributpflichtigen, doch freien Teil Serbiens, und organisierte von Belgrad aus eine bulgarische Befreiungslegion.

Rakovsky war überzeugt davon, daß es genügen würde, mit einer einzigen gut ausgebildeten »četa« (einer Einheit von etwa 1000 Soldaten) in Bulgarien einzumarschieren, und schon würde sich das ganze Volk erheben, wenigstens 150000 Mann auf dem Weg zur Hauptstadt Trnovo hin und bis zum Schwarzen Meer dann schon eine halbe Million. Die europäischen Großmächte würden nicht helfen, so viel stand für Rakovsky von vorneherein fest. Sie waren ausschließlich auf ihren eigenen Vorteil und auf den eigenen Machtgewinn bedacht. Die kleinen Balkanvölker mußten sich selber helfen und sie mußten zusammenhalten, also bot er der serbischen Regierung unter Fürst Michael Obrenović seine Hilfe gegen die Türken an, vergaß den antigriechischen Kulturkampf und richtete in Belgrad eine bulgarische Exilregierung ein. Als die Spannungen zwischen Serbien und der Türkei sich zur Kriegsgefahr gesteigert hatten, verfaßte Rakovsky einen Aufruf an sein unterdrücktes Volk, der mit folgenden Worten endete:

»Niemand sollte denken, daß die Freiheit ohne Blut und schwere Opfer gewonnen werden kann! Niemand sollte erwarten, von anderen befreit zu werden! Unsere Freiheit hängt ganz alleine von uns selber ab! Ein jeder muß tief in sein Herz hinein als heiliges Gelübde die erregenden Worte meißeln: ›Freiheit oder Tod‹, und mit flammendem Schwert muß er dann zum Schlachtfeld marschieren, unter dem Banner des unbesiegbaren Löwen von Bulgarien.«[9]

Der Krieg, den Rakovsky erwartet hatte, blieb aber aus. Mit Hilfe der Großmächte wurde der Streit zwischen Belgrad und der Hohen Pforte auf dem Verhandlungswege beigelegt. Eine der Bedingungen, welche die Engländer stellten, war, daß die bulgarischen Legionäre umgehend aus Serbien ausgewiesen würden. Was natürlich prompt geschah. Und wieder mußte Rakovsky weiterziehen.

Innerhalb Bulgariens wartete unterdessen eine kleine Einheit zum Kriege entschlossener junger Kämpen auf Nachricht aus dem Kampfgebiet. Die weisen Kaufleute warnten sie, nur ja ihre Ungeduld zu zähmen; doch als kein Startschuß zu hören war, zogen sie alleine los, selbstverständlich in ihr Verderben.

Rakovsky blieb dennoch überzeugt, daß die kleinen Balkanstaaten sich zusammenfinden mußten, wenn sie unabhängig werden wollten, und als das Schicksal seiner Legion eindeutig besiegelt war, reiste er erneut nach Athen, um für eine Union zwischen Griechen und Südslawen zu werben. Sehr optimistisch war er nicht, denn er sah sehr wohl, daß seine Ideen weder den Briten noch den Fanarioten gefielen. Auf dem Umweg über Montenegro kehrte er nach Belgrad zurück, um mit dem Fürsten Michael das weitere Vorgehen abzustimmen. Zu seinem Entsetzen merkte er jedoch, daß die Begeisterung in Serbien in wilden Chauvinismus umgeschlagen war: statt Bulgarien befreien zu wollen, sah man es bereits als Beute an. Doch Rakovsky ließ sich nicht beirren. Irgendein Krieg zwischen der Türkei und irgendeinem der kleinen Balkanvölker mußte die Russen zwingen, zu intervenieren, und dann wäre die Stunde Bulgariens da. Also begab er sich nach Rumänien und begann dort, eine Zeitung mit dem Titel »Die Zukunft« herauszugeben, in der er die traditionelle Freundschaft zwischen Rumänen und Bulgaren pries. Bald kehrte er auch zu seinem alten Thema zurück, dem Kampf gegen den Einfluß der griechischen Kirche, aber auch der reichen Kaufleute, die mit dem Sultanat Geschäfte machten. Und damit verärgerte er eben diese, seine Landsleute in Rumänien.

Also mußte er bald wieder sein Bündel schnüren und weiterziehen von Land zu Land. Alles, was er auf die Beine stellte, schien von Mißgeschick verfolgt. Auch die rumänischen Liberalen hatten Rakovskys Ideen benutzt, um ihn alsbald im Stich zu lassen. In Bukarest hatten sie ein Geheimes Zentralkomitee gegründet, hatten sich innenpolitischer Wirren bedient und den rumänischen Fürsten Alexandru Ioan I. Cuza, der seit Januar

1859 erster gewählter Fürst der Moldau und seit Februar des gleichen Jahres auch Fürst der Walachei gewesen war, sich aber durch eine Bodenreform die Gunst der Bojaren verscherzt hatte, gestürzt. Nach dem Beispiel Griechenlands holten sie sich 1866 einen deutschen Prinzen und preußischen Offizier, Karl von Hohenzollern-Sigmaringen, auf den Thron. Carol I., wie er sich fortan nannte, war der zweite Sohn jenes früheren preußischen Ministerpräsidenten Fürst Karl Anton, der bei seinem Rücktritt 1862 Bismarck als Nachfolger empfohlen hatte.

In Rußland sah man dieser Entwicklung mit allergrößtem Argwohn zu. Und bald schon kursierten auch Gerüchte, türkische Truppen stünden an der Donau, um den Vasallen des Sultans, den Fürsten Cuza, wieder an die Macht zurückzubringen. Rakovsky versprach den Rumänen, er werde zu ihrer Entlastung einen Aufstand inszenieren, stellte allerdings Gegenforderungen. Daraufhin überwachte ihn die Fremdenpolizei, und er floh erneut in Richtung Odessa. Die Rumänen wandten sich an Ivan Kasabov, einen Bulgaren, der immer noch in Belgrad lebte, obwohl er Mitglied der Legion gewesen war. Ein weiteres Geheimes Zentralkomitee entstand, weitere geheime Sitzungen wurden gehalten, doch die geplante »coalitiunea sacra« kam auch diesmal nicht zustande. Die Westmächte, welche zu dieser Zeit hinreichend Probleme miteinander hatten, anerkannten den Coup der Liberalen, die Gefahr für Rumänien war somit verzogen, und die Bulgaren wurden nicht mehr gebraucht.

Die Situation in ihrem Land, vor allem die Lage der kleinen Bauern, hatte sich um keinen Deut gebessert. Viele zogen auf Arbeitsuche in die Städte, zu den Häfen, zu den Eisenbahnunternehmen, wenn nicht gar in ein anderes Land. Aus jedem Rückschlag gewann die Befreiungsbewegung jeweils neuen Antrieb und neue Anhänger, allerdings auch von neuer Art: Sie wurden deutlich radikaler als die liberalen Nationalisten vom Schlage eines Rakovsky. Und hatte früher auch das Bürgertum mit den Freiheitsideen sympathisiert, so sah es jetzt zunehmend die in der Tat heranziehende Gefahr einer auch seine Besitzstände gefährdenden sozialen Revolution. Deshalb gelang es Rakovsky ein letztes Mal, bei den Kaufleuten Unterstützung zu finden, doch ehe er mit seinem neugegründeten »Vurchovno narodno bulgarsko taino graždansko natschalstvo« (einem obersten nationalbulgarischen Bürgerkommando) die Bewegung wieder ganz unter seine Kontrolle bringen konnte, wurde er krank und starb in Bukarest an Tuberkulose.

Das Zentrum des bulgarischen Widerstandes verlagerte sich in der folgenden Zeit aus den Städten in die Provinz. Dort hörte man mit großer Freude, daß zwischen Österreich und Ungarn ein Ausgleich zustande gekommen war und daß auch eine Revolte in Bosnien-Hercegovina den Sultan zu Zugeständnissen hatte bewegen können. Als nun eines Tages im April 1876 türkische Polizeitruppen in das Städtchen Koprivschitsa eindrangen, in dem die Rebellen Fuß gefaßt hatten, entwickelte sich eine Schießerei. Die überlegenen Aufständischen ließen im Glücksgefühl ihres »Sieges« umgehend alle Glocken läuten, holten ihre weißen Legions-Uniformen aus den diversen Verstecken hervor, ihr Anführer sprang auf seines Vaters Pferd, und los ging es zum Rathaus, dem Konak. Diesen umstellten die Rebellen, und nur mit Not konnten die türkischen Beamten entkommen. Daraufhin verfaßten die verwegenen Burschen einen nicht minder verwegenen Brief und riefen das ganze Land zum Kampfe auf: Tod oder Freiheit? Freiheit oder Tod!

In Wahrheit blieb ihnen natürlich keine solche Wahl, und das Strafgericht wurde fürchterlich. Alten Männern habe man die Augen herausgerissen und die Gliedmaßen abgehackt, um sie dann einfach so liegen zu lassen, meldete der amerikanische Konsul nach Hause. Schwangere Frauen habe man aufgeschlitzt und die ungeborenen Kinder triumphierend auf Säbel gespießt, während man kleine Kinder gezwungen habe, die bluttriefenden Köpfe der Opfer fortzutragen. Andere ortsansässige Diplomaten drückten sich weniger drastisch aus, doch auch sie wußten von Tausenden, die oft einen grausigen Tod gestorben waren, zu berichten.

Wir werden wohl nie mit Sicherheit wissen, was damals in Bulgarien geschah, denn aus emotionsgeladenen Beschreibungen und kalt kalkulierter Propaganda wurde schon damals jener Cocktail rücksichtslos zusammengebraut, der die Sinne benebelt und die Urteilskraft schwächt,wie wir das auch heute aus Fernsehberichten kennen. Die sensationsdurstige Weltöffentlichkeit begann diesen gierig aufzusaugen, bis sie geradezu süchtig geworden war. In aller Welt wurde zu Protesten aufgerufen, Demonstrationen fanden statt, die sich gegen die jeweiligen Regierungen richteten, welche solches in Ruhe geschehen ließen, während sie sich in Indien, am Suezkanal oder in Korea engagierten, wo immer gerade ihre Interessen lagen.

Sollen diese Wilden auf dem Balkan das doch unter sich ausmachen, lautete die erste offizielle Reaktion. Doch dann waren diese Fremden gemäß der Willkür der sogenannten öffentlichen Meinung plötzlich unterschiedlich zu bewerten, wie die Cowboys in einem Western-Film: fortan galten die einen als primitiv, die anderen als zivilisiert, die einen als böse, die anderen als gut. Staunend erfuhr etwa der Londoner Leser der »Daily News« am 22. August 1876 beim Frühstück, daß diese exotischen Bulgaren gar keine »Barbaren« waren, wie er bisher vermutet hatte, wenn er überhaupt von diesem Volk je zuvor gehört haben sollte. »Ich war erstaunt«, schrieb der zum Balkan entsandte Sonderkorrespondent, der zum ersten Mal dort war, »wie wohl auch die meisten meiner Leser erstaunt sein werden, zu erfahren, daß es kaum ein bulgarisches Dorf ohne Schule gibt; daß diese Schulen, soweit sie nicht von den Türken verbrannt worden sind, sich in einem sehr gesunden Zustand befinden; daß sie durch freiwillige Abgaben der Bulgaren unterstützt werden, nicht nur ohne Zwang seitens der Regierung, sondern im Gegenteil allen Widerständen zum Trotz, die ihnen von den abartigen türkischen Behörden in den Weg gelegt werden; daß die Erziehung in diesen Schulen kostenlos ist; und daß alle gleichermaßen davon profitieren, Arme wie Reiche; daß es kaum ein bulgarisches Kind gibt, das nicht lesen und schreiben kann; und schließlich, daß der Anteil derer, die lesen und schreiben können, in Bulgarien genauso groß ist wie in England oder Frankreich ... Die Wahrheit ist, daß diese Bulgaren – statt die Wilden zu sein, für die wir sie gehalten hatten – in Wirklichkeit ein arbeitsames, fleißiges, ehrliches, zivilisiertes und friedfertiges Volk sind.«[10]

Auf türkischer Seite regierte die Angst. Nicht nur das Großreich war in Gefahr, sondern das persönliche Eigentum jedes einzelnen Verwaltungsbeamten in den europäischen Provinzen. Und da diese dort immer in der Minderheit waren, zitterten sie oft noch mehr um ihr Leben als um ihr oft beträchtliches Hab und Gut. 500 Jahre friedlicher Herrschaft, 500 Jahre religiöser Toleranz waren über Nacht vergessen, als es ums Überleben ging. Besonders die Kirchen mußten daran glauben. Soweit sie nicht ohnedies in Moscheen umgewandelt worden waren, wurden sie zum größten Teil zerstört, vor allem, wenn sie zu hoch in den Himmel ragten, höher als das nächststehende Minarett. Bei einem Spaziergang durch Sofia kann man das Schicksal der bulgarischen Kirche durch die Jahrhunderte noch heute so genau studieren, als blätterte man in einem Bilderbuch: alle Schläge überlebt – darunter mehrere Erdbeben – haben nur die winzige Georgskirche aus der Zeit Justinians mit ihren mittelalterlichen Fresken und nahebei, am Nordende des Sofienplatzes, die kleine Kirche »Sveta Petka Samardzijska« (der Sattler) mit ihren ungezählten Fresken, welche halb im Boden versunken und derart diskret in die Häuserwände eingefügt ist, daß man sie kaum als Gotteshaus erkennt.

Wie weit das Machtgefüge erschüttert war, zeigt allein die Tatsache, daß innerhalb dieses einen Jahres 1876 gleich zwei Sultane abgesetzt wurden – einer im Mai, der andere im August –, und daß erst dem dritten, Abdul Hamid II., mittels einer Verfassungsänderung, die Festigung seiner Macht gelang. Unterdessen hatte Serbien der Türkei den Krieg erklärt, und Montenegro schloß sich an. Dieser Feldzug sollte zwar erfolglos sein, verwandelte sich aber dennoch in einen Sieg. Denn Ende 1877 fand auch Rußland sich erneut zum Eingriff auf dem Balkan bereit, und russische Truppen fielen in Rumänien ein, zogen weiter südwärts über die Donau, stürmten im Vorüberziehen Kars in Anatolien und eroberten Plevna in Bulgarien. Bismarck wurde gebeten, zu intervenieren, um Rußland in seine Grenzen zu verweisen, lehnte jedoch jede Teilnahme ab. Er war entschlossen, die Spannungen zu nutzen und in der orientalischen Frage konsequent »den Freunden nützlich und den Gegnern schädlich« zu sein, ohne durch direkte eigene Interessen wesentlich gehemmt zu werden, wie er später schrieb.[11]

Also war der russische Sieg nicht aufzuhalten, und die türkische Armee ergab sich schließlich am Schipka-Paß. Selbst britische Schiffe, die, von einer Woge bisher ungekannten Hasses auf

»die Russen« umbrandet, dem Sultan zu Hilfe geeilt waren, konnten das Schicksal nicht mehr wenden. Inbrünstig stimmten die englischen Matrosen damals ein neues Kampflied an, das jenes Wort kreierte, das im englischsprachigen Raum bis heute für überhitzten Patriotismus steht: Jingoismus – von einer verstümmelten Form für Jesus –, denn sein Refrain lautete:

> We don't want to fight, yet by jingo, if we do,
> We've got the ships, we've got the men,
> And got the money, too!

Kurz bevor ein Waffenstillstand unterzeichnet war, traten zunächst Rumänien und schließlich Griechenland in die Kampfhandlungen ein; letzteres in der Absicht, sich Thessalien zu sichern. (In Athen regierte bereits seit 1862 ein dänischer Prinz namens Wilhelm unter dem neuen Namen Georg I., denn den außenpolitisch erfolglosen Bayern hatte das Volk im Zorn verjagt.) Da hatten die britischen Seefahrer endlich eine lohnende Aufgabe gefunden und, by Jingo, sie erfüllten sie: das östliche Makedonien blieb infolge ihres Einsatzes noch fünf Jahre lang Teil des osmanischen Reichs. Alles war besser als weiterer Landgewinn für das gefräßige Zarenreich – so dachte man nicht nur in London, wo man ein Abkommen mit der Türkei unterschrieb; so dachte man auch in Wien, wo man mit aller Energie eine neue Regelung in der Orientfrage betrieb.

Die Ergebnisse des Friedensvertrages von San Stefano wurden deshalb vor allem in Österreich mit Schrecken registriert: Serbien und Griechenland waren bei der Verteilung der Landgewinne nahezu übergangen worden, und Rumänien hatte sogar Bessarabien an Rußland verloren. Nur das kleine Montenegro mit seinem russophilen Fürsten Nikola (genannt Nikita), der in zweiter Generation nicht mehr zugleich auch Bischof war, hatte für seinen frühen Einsatz fürstlichen Lohn davongetragen. Vor allem aber bestand der Zar auf der Schaffung eines großbulgarischen Reiches in den Grenzen des Mittelalters, also fast die Hälfte des Balkans umfassend. Wenn ein solches slawisches Imperium in unmittelbarer Nachbarschaft und unter dem Schutz russischer Truppen Wirklichkeit würde – davon war man in der Donaumonarchie überzeugt –, dann würde sich die ohnedies wachsende panslawistische Bewegung innerhalb der eigenen Reichsgrenzen unaufhaltsam zum Sturme steigern und das eben erst mühsam errichtete und nur mit großer Anstrengung aufrecht erhaltene Konstrukt des nationalen Ausgleichs hinwegfegen, als stünde es nicht auf einem festen Fundament, sondern lediglich auf Papier.

Die Schrecken des Jahres 1848 waren keineswegs vergessen. Damals war es so weit gekommen, daß Wien seine slawischen Untertanen gegen die aufständischen ungarischen Nationalisten hatte ins Feld führen müssen. Der österreichische General Joseph Freiherr Jellačić von Bužim war als Statthalter (Ban) von Kroatien und Slawonien mit starken Verbänden seiner überwiegend serbischen Grenztruppen in Ungarn eingefallen, um Recht und Ordnung wiederherzustellen. Zum Dank war er nicht nur in den Grafenstand erhoben, sondern überdies zum Gouverneur von Fiume (Rijeka) und ganz Dalmatien ernannt worden. Kaiser Ferdinand I. hatte abgedankt, sein erst 18jähriger Neffe Franz Joseph I. war ihm auf dem Thron gefolgt und hatte umgehend den ungarischen Reichstag aufgelöst. Dieser wiederum hatte den Thronwechsel nicht anerkannt und, nach zahlreichen Kämpfen mit wechselnden Erfolgen, bei denen die ungarischen Truppen zum Teil von polnischen Offizieren geführt worden waren, das Haus Habsburg-Lothringen in Ungarn schlicht für abgesetzt erklärt und den bisherigen Finanzminister Ludwig Kossuth zum Reichsverweser gewählt.

Die Regierung Kossuth war nicht zimperlich gewesen. Wer, etwa unter den Siebenbürger Sachsen, offen als Gegner der Magyarisierung aufgetreten war, hatte von Glück reden können, wenn er nicht vor ein Kriegsgericht gezerrt und hingerichtet worden war. Noch erbarmungsloser aber war der Vergeltungsschlag gewesen: Kaum, daß mit russischer Hilfe das Blatt gewendet war, hatte der österreichische Befehlshaber, General Julius Freiherr von Haynau (ein unehelicher Sohn des Kurfürsten von Hessen-Kassel), ein fürchterliches Strafgericht verhängt und die ungarischen Generale reihenweise aufgehängt.

Sankt Petersburg hatte sich auch im Falle Ungarns an die Wiener Verträge von 1815 gehalten, sich also gegen die nationalistischen Revolutionäre und für den Erhalt der bestehenden Ordnung entschieden, zumal man in der neuen Freundschaft zwischen Ungarn und Polen eine für Rußland bedrohliche Entwicklung sah. Nun aber, nach dem Krimkrieg und nach der deutlichen Revanche für Sewastopol am wichtigsten Paß über das Balkangebirge, stellte sich die Lage ganz anders dar. Noch im Frühjahr 1877 war man übereingekommen, die jeweiligen Einflußzonen auf der Balkanhalbinsel zu begrenzen und wechselseitig zu respektieren; das heißt, Österreich sollte über Bosnien-Hercegovina, Rußland über die Gebiete weiter östlich verfügen, allerdings ohne dort einen größeren slawischen Staat zu errichten. Und gegen diesen Teil des Abkommens verstieß eindeutig der russische Bulgarienplan.

Deshalb konnte Kaiser Franz Joseph die anderen Potentaten Westeuropas ohne weiteres davon überzeugen, daß eine neue Konferenz vonnöten war. Bismarck bot sich als »ehrlicher Makler« an, lud die Großmächte inklusive Türkei zum großen Kongreß nach Berlin und erntete dort die Früchte seiner bisherigen Zurückhaltung in der Balkanpolitik. Sein Interesse galt noch immer vorrangig Frankreich, das sich mit der Niederlage von 1871 keineswegs abgefunden zu haben schien, sondern im Gegenteil offensichtlich zum Gegenschlag rüstete. Generalfeldmarschall von Moltke war sogar so weit gegangen, einen Präventivschlag zu empfehlen.

Bismarck hatte sich darauf beschränkt, durch die deutsche Presse Drohungen zu lancieren, welche die ohnedies labile Regierung Mac-Mahons einschüchtern sollten. Ein Leitartikel in der Berliner »Post« unter dem Titel »Ist der Krieg in Sicht?« hatte weltweit Aufsehen erregt und zu jener Krise geführt, die man später »Krieg-in-Sicht-Affäre« nannte. Diese Krise wiederum hatte dem russischen Zaren (das war inzwischen Alexander II.) und dessen außenpolitischem Berater Gortschakow die Gelegenheit geboten, großartig als Vermittler aufzutreten – ein Prestigeerfolg, der Bismarck nicht nur erzürnt, sondern die Gefahr eines französisch-russischen Bündnisses hatte ahnen lassen.

Bismarcks Erbitterung über diese Schlappe bestimmte die Richtung der Berliner Konferenz, und es war gewiß nicht bar jeder Ironie, wenn auch die Engländer ihren Gastgeber einen »honest broker« nannten. Bis auf Frankreich verfolgten alle Kongreßteilnehmer gemeinsam nur ein einziges Ziel: die Eindämmung der Rolle Rußlands in Europa.

Rußland konnte in der Tat zum Verzicht auf ein unter seinem Schutz stehendes Großbulgarien bewegt werden. Es wurde in ein Fürstentum unter türkischer Oberhoheit und in eine türkische Provinz namens Ostrumelien unterteilt. Rußland wurde für diesen Verlust durch einen Teil Bessarabiens entschädigt, auf den Rumänien verzichten mußte, wofür es die Dobrudscha bekam. Vor allem aber wurde es, gemeinsam mit Serbien und Montenegro, als unabhängig anerkannt. Österreich erhielt das Recht, Bosnien und die Hercegovina zu verwalten und zog sich im Laufe der folgenden Jahre die Feindschaft vieler der dort lebenden Serben zu. Nach der gewaltsamen Annexion von 1908 wurde aus der Feindschaft Haß.

Denn all die Menschen in diesen Gebieten, die da willkürlich hin- und hergeschoben, von neuen Mächten überstülpt, von fremden Verwaltungen überzogen wurden, hatte natürlich niemand gefragt. Sie gehörten auch weiterhin zum Inventar, wie auf einem Gutshof das Vieh. (Schon die Türken hatten sie Rajah, also Herde, genannt.) Den Bulgaren wurde nun, genau wie zuvor den Griechen und Rumänen, ein geeigneter deutscher Prinz verpaßt: der 22jährige Alexander von Battenberg, der aus der morganatischen Ehe des Prinzen Alexander von Hessen-Darmstadt mit der polnischen Gräfin Julie von Haucke hervorgegangen war. Als Neffe der hessischen Zarin hatte er auf russischer Seite am letzten russisch-türkischen Krieg teilgenommen und war dann ins preußische Heer eingetreten, erfüllte also genau jene Brückenfunktion, die in diesen Tagen wünschenswert schien. Auf russischen Vorschlag hin wurde Alexander im April 1879 von der bulgarischen Nationalversammlung in Trnovo zum Fürsten gewählt.

Nur wenig später scheiterte der Plan, Alexander von Bulgarien mit Viktoria, der Tochter Kaiser Friedrichs III., zu vermählen, ausgerechnet am Widerstand Bismarcks, der die immer komplizierteren Beziehungen zu Rußland keinesfalls gefährden wollte. Jahrelang zog sich die Affäre hin, die im Sinn des Wortes unserer Tage natürlich keine Affäre war. Als Alexander 1885 dem Druck aufständischer Südbulgaren nachgab und den Anschluß Ostrumeliens an das Mutterland vollzog, war die Haltung der Großmächte plötzlich ausgetauscht.

Jetzt unterstützte Österreich-Ungarn auf einmal das neue Großbulgarien, in der Hoffnung, es werde antirussisch sein, während Rußland seine Minister und Berater umgehend nach Hause rief und Serbien mit russischer Unterstützung Bulgarien mit Krieg überzog. Zwar wurde der Angriff zurückgeschlagen, aber Alexanders Ende war jetzt nah. Seine Protektorin in St. Petersburg war 1880 gestorben, Zar Alexander II. war ein Jahr später ermordet worden, und Alexander III. mochte ihn nicht. Durch eine von Rußland aus angestiftete Verschwörung wurde der Battenberger vorübergehend gefangengesetzt und verzichtete schließlich im September 1886 resigniert auf den unbequemen Thron. Nach seiner Abdankung trat er in das vierte Heer seiner ungewöhnlichen Karriere ein, wurde österreichischer Offizier, heiratete eine Sängerin und starb mit 36 Jahren in Graz als k.u.k. Generalmajor.

Die bulgarische Nationalversammlung wählte ein knappes Jahr später den katholischen Prinzen Ferdinand von Sachsen-Coburg-Gotha-Kohary, der bis dahin österreichischer Offizier gewesen war, zu ihrem Fürsten. Er wurde freilich erst 1896, nach dem Tode Alexanders III. und dem Regierungsantritt Nikolaus' II., mit dem Segen internationaler Anerkennung bedacht. Ferdinands Regierung unter dem ehemaligen Befreiungskämpfer Stefan Nikolov Stambulow, dessen Außenpolitik ganz nach Wien ausgerichtet war, strebte gezielt die Vereinigung mit Makedonien an, was nicht nur von den Serben als Bedrohung aufgefaßt wurde. Der Friede des Balkan blieb auch weiterhin ständig gefährdet, und die Versuchung für die Großmächte war entsprechend groß, die Entwicklung jeweils in ihrem eigenen Interesse zu beeinflussen.

Österreich-Ungarn und Rußland waren auf dem Balkan zu Rivalen geworden, Deutschland wurde von russischer Seite für die Ergebnisse von Berlin verantwortlich gemacht, und so sahen Berlin und Wien sich immer enger zusammengedrängt. Bereits im Jahre 1879 hatte Bismarck gegen den Willen des rußlandfreundlichen Kaisers Wilhelm I. ein Defensivbündnis, den sogenannten Zweibund, mit Österreich unterzeichnet, der ausdrücklich gegen Rußland oder irgendeinen von Rußland unterstützten potentiellen Angreifer (etwa Frankreich) gerichtet war. Diesem Zweibund-Abkommen hatte sich drei Jahre später auch Italien angeschlossen, wodurch ein Dreibund daraus geworden war.

Veröffentlicht wurde dieser Vertrag erst im Februar 1888, also nur wenige Tage vor dem Tode des weisen Zauderers Wilhelm I. Fast automatisch einigten sich in den hierauf folgenden Jahren auch Rußland und Frankreich auf das Einverständnis (l'entente) einer gemeinsamen Außen- und Verteidigungspolitik. Für welches Bündnis sich später England entschied und was das für den Balkan und schließlich die Welt bedeuten sollte, das allerdings ist ein Kapitel für sich.

Die verbotene Liebe der Prinzessinnen

Auf dem Balkan werde erst dann Ruhe einkehren, wenn der gute alte byzantinische Doppeladler erneut seine beschwichtigenden Schwingen über Bosnien und der Hercegovina ausgebreitet haben werde, davon war Franz Joseph schon lange überzeugt. Bereits 1875 hatte er während einer ausgedehnten Dalmatienreise dem Kommandierenden der kaiserlichen Grenztruppen in Kroatien anvertraut, die Besetzung Bosniens stünde bald bevor, und er wolle ihm den Oberbefehl über die militärische Aktion übertragen. In Berlin hatte Wien nun grünes Licht bekommen für die geplante Balkaninvasion, doch aus dem gewaltigen Wappentier der Kaiser von Byzanz war inzwischen ein ziellos zappelnder Vogel geworden, dessen einer Kopf nicht mehr wußte, wie der andere dachte: das passende Symbol einer in sich nicht mehr kohärenten, aus dem Gleichgewicht geratenen Doppelmonarchie.

Und so war es denn ein Ungar, der den kaiserlichen Plänen im Wege stand, ja schließlich alles daran setzte, sie zu vereiteln, wobei er österreichische und magyarische Interessen geschickt gegeneinander auszuspielen und sich des bewährten Mittels »aktenmäßiger Erledigung«, das heißt des bewußten behördlichen Bummelstreiks, zu bedienen verstand. Dieser Ungar war nicht nur besorgt, daß eine Vermehrung des slawischen Elementes im Reich die Bedeutung seines eigenen Landes schmälern würde, sondern er empfand ganz persönlich gegenüber der Hohen Pforte aufrichtige Dankbarkeit. Nur durch Flucht war er 1848 dem Henker Haynau entkommen, in Istanbul aber gastfrei aufgenommen worden. 1857 hatte der Kaiser ihn begnadigt, seit 1861 war er Abgeordneter im ungarischen Reichstag gewesen, hatte als solcher sogar – gemeinsam mit Ferenc Deák – 1867 den Ausgleich mit Wien zustande gebracht und war zunächst ungarischer Ministerpräsident, dann aber, von 1871 bis 1879 –

also für ganz entscheidende acht Jahre – sogar Außenminister des gesamten Reiches geworden.

Von Anfang an stand dieser strahlende Held, Gyula Freiherr (später Graf) Andrássy von Csikszentkirály und Krasznahorka, in der Huld der jungen Kaiserin. Und obwohl sie selbst wiederholt betonte, daß sie für den feurigen Freiheitskämpfer nichts als treue Freundschaft empfinde, die »nicht durch Liebe vergiftet« sei, und obwohl am Wiener Hofe ein solch bedeutendes Geheimnis sicher nicht lange geheim geblieben wäre, dichtete man dem schönen Paar eine Liebesbeziehung an. In ihrer ureigensten Umgebung wurde die zutiefst enttäuschte, mager-, ja schließlich – nach dem tragischen Ende ihres einzigen Sohnes – todessüchtige Frau ob ihrer Begeisterung für die ungarische Sache, für »diese dahergelaufenen Zigeuner«, von allen »Germanen« argwöhnisch beäugt, von manchen gar geradezu gehaßt.

Um derart negative Gefühle auszulösen, bedurfte es kaum einer romantischen Affäre, keiner körperlichen Liebe zu diesem Mann, der ohnehin das höchste Gut verkörperte, das es für die seit ihrem 16. Lebensjahr in das Hofzeremoniell wie in ein Korsett eingeschnürte junge Frau geben konnte und gab. Schon vierzehn Tage nach der Märchenhochzeit mit dem vermögendsten Mann dieser Zeit klagte »der gefangene Vogel«, der »schmachtende Schmetterling«, in einem seiner Jungmädchen-Gedichte:

Oh, daß ich nie den Pfad verlassen,
Der mich zur Freiheit hätt' geführt.
Oh, daß ich auf der breiten Straßen
Der Eitelkeit mich nie verirrt!

Ich bin erwacht in einem Kerker,
Und Fesseln sind an meiner Hand.
Und meine Sehnsucht immer stärker –
Und Freiheit! Du, mir abgewandt![1]

Daß ihr das ungebundene Leben auf dem Lande ihrer Kindheit so offensichtlich liebenswerter schien als die engen Roben und Regeln der höfischen Etikette, allein das schon wurde ihr übelgenommen, weil es undankbar, ja aufsässig schien. Und sie wurde angehalten, genau jene Untertanen zu lieben, die sich zu benehmen wußten und weniger Selbstbewußtsein als Ehrerbietung zur Schau trugen. So ging die allererste Reise, die sie an der Seite ihres Mannes unternahm, nach Böhmen und Mähren, wo die kaiserliche Familie 1848 Zuflucht gefunden hatte; und die erste neue Sprache, welche die gestrenge Schwiegermutter ihrer Nichte Sisi zu lernen befahl, war dementsprechend die tschechische.

Mit nur geringem Eifer und Erfolg widmete sie sich diesem ohnedies – wie der Wiener Schriftsteller Fritz von Herzmanovsky-Orlando nachgewiesen haben will – nur zur Erheiterung einer schwermütigen Erzherzogin erfundenen Idiom, um sich alsbald mit um so größerem Schwung anderen Sprachen zuzuwenden. Doch wie viele Vokabeln hätte die bayerische Landpomeranze aus Possenhofen wohl tagtäglich büffeln müssen, um sich auch nur mit einem winzigen Teil ihrer ungezählten Untertanen in deren Sprache unterhalten zu können, nachdem sie ohne jede Vorbereitung Ehefrau des Kaisers von Österreich, des Königs von Ungarn und Böhmen, der Lombardei und Venedigs, von Dalmatien, Kroatien, Slawonien, Galizien, Lodomerien, Illyrien und Jerusalem geworden war und somit den Titel einer Erzherzogin von Österreich, einer Großherzogin der Toscana und von Krakau, einer Herzogin von Lothringen, von Salzburg, Steyer, Kärnten, Krain und der Bukowina trug und sich zudem Großfürstin von Siebenbürgen, Markgräfin von Mähren, Herzogin von Ober- und Niederschlesien, von Modena, Parma, Piacenza und Guastalla, von Auschwitz und Zator, von Teschen, Friaul, Ragusa und Zara sowie gefürstete Gräfin von Habsburg und Tirol, von Kyburg, Görz und Gradiska, Fürstin von Trient und Brixen, Markgräfin von Ober- und Niederlausitz und in Istrien, Gräfin von Hohenembs, Feldkirch, Bregenz, Sonnenberg etc., Herrin von Triest, von Cattaro (Kotor) und Herrin auf der windischen Mark nennen durfte, ja dem Namen nach sogar Großvojvodin der Vojvodschaft Serbien war.

Mit der gleichen Energie jedenfalls, mit der sie sich dem Studium des Tschechischen widersetzte, widmete sich die junge Kaiserin schon bald der ungarischen und später auch der griechischen Sprache, und in zeitgenössischen Aufzeichnungen wird wiederholt hervorgehoben, daß sie sich mit ihrem Mann bei so mancher Gelegenheit, mit ihren Kindern sogar fast ausschließlich, auf ungarisch unterhalten habe. Ob sie jedoch 1871 wirklich die Berufung Andrássys zum Außenminister betrieben und schließlich durchgesetzt hat, wie von manchen Autoren behauptet wird, ja ob sie je solch großen Einfluß auf die Entscheidungen des Kaisers gewinnen konnte, bleibt bis heute ungeklärt. Fest steht indes, daß sie die ungarische Sache seit 1867 unterstützte, wo es ging.

Und daß sie Andrássys Meinung teilte, daß es in der Balkanfrage grundsätzlich darauf ankomme, auf die Stimmungen in der jeweiligen Bevölkerung – vorrangig natürlich der ungarischen – Rücksicht zu nehmen, kann gleichfalls kaum bezweifelt werden. Es gab aber auch noch einen weiteren Grund, warum Andrássy mit der Okkupation Bosniens und der Hercegovina länger zauderte, als es aus heutiger Sicht ratsam schien: Zwei Tage vor Abschluß des Berliner Kongresses waren die türkischen Bevollmächtigten bei einem der Vertreter Wiens, einem Baron Haymerle, erschienen und hatten erklärt, sie könnten die Schlußakte nicht unterzeichnen, wenn Österreich sich nicht in einem Geheimprotokoll dazu verpflichte, die Souveränität des Sultans über die beiden Balkanprovinzen unangetastet zu lassen. Andrássy unterschrieb.

Aber auch er wollte nicht, daß Bosnien an Serbien und die Hercegovina an Montenegro fiele, daß also auch dort das orthodox-slawische Element erheblich gestärkt würde, sollte die Türkei die Kontrolle über die Balkanprovinzen verlieren. Die Folge war ein klägliches Hin und Her, eine mühsame, zögerliche und halbherzige Okkupation, die böses Blut gemacht hatte, ehe sie überhaupt begann. In Sarajevo brachen, vor allem auf islamischer Seite, Unruhen aus, die Aufständischen setzten eine neue Regionalverwaltung ein und wiesen alle Behörden an, den österreichisch-ungarischen Truppen Widerstand zu leisten.

Auch innerhalb der Monarchie hatte die »zimperliche Unsicherheit« (so der österreichische Diplomat Anton Mayr-Harting in seinem wichtigen, bemerkenswert kritischen Werk »Der Untergang«[2]), mit der die Wiener Administration an das Balkanproblem herangegangen war, zu gefährlicher Irritation geführt: der russische General Tschernajew, der die serbischen

Truppen gegen die Türken angeführt hatte und nun offen gegen Wien agitierte, wurde in Prag jubelnd empfangen, während man in Laibach den Oberkommandierenden aller kaiserlichen Kampfverbände, den Erzherzog Albrecht, provokativ mit russischen Fahnen und der Zarenhymne begrüßte.

Und auch die schließlich in planloser Hast vollzogene Okkupation ging haarscharf an einer »Blamage von unabsehbarer Tragweite« (wie der Zeitzeuge Theodor von Sosnosky[3] befand) vorbei und ließ unzählige Probleme ungelöst. Vor allem aber blieb das Geld aus, das notwendig gewesen wäre, die neu hinzugewonnenen Gebiete so zu entwickeln, daß für die Bevölkerung ein Unterschied zum »türkischen Joch« erkennbar gewesen wäre. Bald machte sich zudem der Mangel an landeskundigen, fähigen Beamten nur allzu deutlich bemerkbar, aber auch Kenner der Region, wie der Oberbefehlshaber der Okkupationsarmee, ein Kroate namens Philippović von Philippsburg, konnten mit ihren Berichten in Wien kaum Interesse, geschweige denn Verständnis, wecken. Verhandlungen mit dem Vatikan über die Organisation einer katholischen Kirchenstruktur in den besetzten Gebieten, in denen die Mehrheit der Bevölkerung orthodoxen oder muslimischen Glaubens war, wurden plötzlich abgebrochen, als die Kurie von dem Berliner Geheimprotokoll erfuhr und sich darüber klar wurde, daß sie es in Bosnien und der Hercegovina noch immer mit Untertanen des Sultans und nicht des katholischen Kaisers zu tun hatte.

Das Verhältnis zu Serbien wie auch zu Italien aber stand unverrückbar fest: Die österreichische Außenpolitik strebte ohne weitere Umschweife die Unterwerfung des gesamten Balkans, den direkten Zugang zur Ägäis wie zur Adria, die Sicherung des dalmatinischen Hinterlandes und die Kontrolle möglichst vieler Häfen an, obwohl sich sowohl die deutschnationale als auch die ungarische Bevölkerung der Donaumonarchie gegen die Einbeziehung weiterer slawisch besiedelter Gebiete wehrten, und obwohl die Tschechen und Slowenen die Unterwerfung ihrer slawischen Brüder keineswegs gutheißen konnten. Gegen den Willen der Mehrheit seiner Untertanen also war das Reich, das schon vorher machtpolitisch ungleich bedeutender hätte sein können, wenn es ethnisch homogener und geographisch überschaubarer gewesen wäre, nun auch noch zu einem Balkanstaat geworden – mit allen Problemen dieser nicht nur geographisch zutiefst zerklüfteten Region.

Der Grundsatz, daß es müßig ist, darüber zu spekulieren, was gewesen wäre, wenn ..., trifft natürlich auch auf die längst kontrovers diskutierte Frage zu, wie die Außenpolitik Österreich-Ungarns sich wohl entwickelt hätte, wäre der für die Probleme seiner zukünftigen Untertanen überaus sensible, in seinen politischen Theorien erstaunlich liberale Kronprinz nicht schon im Alter von 30 Jahren aus dem Leben geschieden. Hat man sich aber je mit der Frage beschäftigt, ob der Erste Weltkrieg vermeidbar gewesen wäre (auch dieses ist natürlich eine hypothetische Frage), so kommt man jedoch von dem ketzerischen Gedanken, die Unfähigkeit einiger weniger bornierter Beamten und ihrer kurzsichtigen Auftraggeber hätten das größte Leid über die Menschheit gebracht und man müßte sich schon deshalb mit ihnen beschäftigen, einfach nicht mehr los. Aus guten Gründen ist es in der zeitgenössischen Geschichtswissenschaft allgemein üblich geworden, sich weniger mit »den großen Gestalten der Weltgeschichte«, die jeweils an den Schaltstellen saßen, als mit den sozio-ökonomischen Bedingungen des Lebens der gesamten Bevölkerung zu befassen. (Unversehens ist die Feindin der Geschichte, die Soziologie, überspitzt ausgedrückt, zu einer historischen Hilfswissenschaft geworden: sie hat die traditionelle Geschichtsschreibung, die sich in der Tat durch Jahrhunderte auf Kaiser, Könige, Klöster, Kirchen und vor allem Kriege konzentrierte, reformiert und deckt damit einen ganz erheblichen Nachholbedarf.) Und doch sollte gelegentlich auch heute noch die simple Frage gestattet sein: hätten weisere Wächter über das Schicksal der Nationen nicht so manche Katastrophe vermeiden, manche Prüfung von diesen abwenden können, hätten sie nur ihre Sinne geschärft für die Bedürfnisse der ihnen anvertrauten Menschen?

Der Kronprinz schwatze »viel incongruentes Zeug von Freiheit und Gleichheit«, notierte Fürst Carl Khevenhüller statt dessen beunruhigt in seinem Tagebuch, das im Haus-, Hof- und Staatsarchiv zu Wien verwahrt ist, über den damals 20jährigen Thronfolger. Er schimpfe über den Adel und wünsche sich, eines

Tages Präsident einer Republik zu werden. Mit anderen Worten: der ansonsten vielversprechende junge Erzherzog entsprach mit seinen Ansichten, die man allenfalls mit seiner Jugend entschuldigen konnte, keineswegs der Tradition des Kaiserhauses. Sein innigster Wunsch, an der Universität Naturwissenschaften zu studieren, wurde ihm nicht erfüllt – er sollte Soldat werden –, und seine intensive Beschäftigung mit der Ornithologie wie mit der Schriftstellerei (er arbeitete an Brehms Tierleben mit) wurde vom strengen Vater als »Wolkenkraxelei« abgetan. Wohl aber entsprach er den Ideen seiner Mutter. Und er teilte deren Bewunderung für den verwegenen Ungarn Andrássy.

1879, ein Jahr nach dem Berliner Kongreß, wurde die liberale Reichsregierung gestürzt, und der bisherige Innenminister, Graf Eduard Taaffe, ein Jugendfreund des Kaisers, wurde Ministerpräsident. Andrássy reichte seinen Rücktritt ein, in der Hoffnung, daß er zu bleiben gebeten werde. Bismarck, der sein deutsch-österreichisches Vertragswerk gefährdet sah, kam nach Wien geeilt, um seine Unterstützung für Andrássy zu demonstrieren. Doch der Kaiser ärgerte sich nur über die öffentlichen Huldigungen, die man Bismarck vor dem Hotel Imperial, wo er abgestiegen war, darbrachte und machte den bewährten Berufsdiplomaten Haymerle zum Außenminister. Als Haymerle schon zwei Jahre später überraschend starb, war die Zeit der Liberalen endgültig vorbei: »Eine ekelhafte Strömung herrscht jetzt in Mittel-Europa, eine Zeit, in der sich Pfaffen und hohe Trotteln im Dr... ihrer eigenen Dummheit wälzen!«, schrieb Erzherzog Rudolf im Januar 1881 in einem Brief an seinen ehemaligen Erzieher aus Prag.[4] Bei ihrer langjährigen Hofdame, der ungarischen Gräfin Marie Festetics, beklagte sich auch die Kaiserin über den wachsenden Einfluß, den Taaffe gewann, zum Schaden der Popularität des Kaisers, wie sie fand: »Unantastbar war er ... und nun? nun steht ›Er‹ am Abgrund großer Complicationen und ist ein Werkzeug nur in der Hand eines leichtsinnigen Acrobaten, der oben bleiben will und ihn als Balancierstange benützt! ... Wäre ich ein Mann – ich würde hintreten und die Wahrheit sagen ...«[5]

Als Frau war ihr das nicht erlaubt. Ganz ähnlich ging es der um sechs Jahre jüngeren Königin Elisabeth von Rumänien, der

Ehefrau Carols I., jenes Herrschers von der Großmächte Gnaden, über den der Bismarck-Fresser Friedrich Stoltze 1880 in seiner »Frankfurter Latern« höhnte: »Bei dem Besuche des Fürsten Carl von Rumänien beim Fürsten Bismarck dürfte es sich auch um die Frage gehandelt haben, wer von beiden *regierender* Fürst ist.«[6] »Ich muß mit den Sozialdemokraten sympathisieren«, schrieb diese ungewöhnliche Frau, über die der europäische Hochadel sich unverhohlen lustig machte, »besonders angesichts der Nichtstuerei und Verworfenheit der Vornehmen; diese ›Leutchen‹ wollen doch schließlich nur, was die Natur gibt: Gleichheit. Die republikanische Staatsform ist die einzig rationelle; ich begreife immer die törichten Völker nicht, daß sie uns noch dulden.«[7]

Ihren rumänischen Untertanen versuchte sie, die sprichwörtlich gute Landesmutter zu sein, ganz im traditionellen Sinne tapfer getragener Christenpflicht: »Man muß nur denken, daß man Missionar ist, und so habe ich auch geheiratet wie die Herrnhuter Mädchen von Neuwied, die nur gefragt wurden, ob sie nach Labrador gehen wollen oder nach Südafrika. Den Mann kennen sie weder in dem einen noch in dem anderen Fall und werden tüchtige Frauen, die ihren Beruf mit aller Kraft erfüllen. Wir sind ja doch Fremde und Wanderer auf der Erde. Es ist beinah einerlei, in welche Gegend uns das Schicksal verschlägt, wir finden überall Arbeit und sollen helfen ...«, schrieb sie nach ihrer Verlobung in einem Brief.[8] Mit allen ihr zur Verfügung stehenden Mitteln engagierte sich die von dem liberalen Pädagogen Sauerwein in Neuwied modern erzogene rheinische Prinzessin nicht nur in standesgemäßer Wohltätigkeit, sondern sie förderte mit großem Einsatz die in diesem Randgebiet europäischer Zivilisation bisher zu kurz gekommene Bildung und Kultur. Für neue Ideen – sei es für den Kampf um gleiche Chancen im Leben der Frauen, sei es für Reformen im Bildungssystem, sei es für die frühe Friedensbewegung rund um Bertha von Suttner oder auch für den Schutz der Natur (»Umwelt« statt Welt sagte man damals noch nicht) – war sie dermaßen aufgeschlossen, daß man ihr heute recht geben muß: Sie war ihrer Zeit weit voraus. »Hundert Jahre zu früh, aber am Ende doch in allem bestätigt«, wie sie zum Schluß ihres keineswegs leichten

Lebens unter ihrem Dichter-Pseudonym Carmen Sylva in den »Briefen einer einsamen Königin« schrieb.[9]

Mögen ihre rührend romantischen Reime, ihre bisweilen exaltierten Ergüsse heute ein wenig lächerlich wirken, mögen sie auch für das bodenständige Volk von Bauern schon damals unverständlich gewesen sein, so hat sie doch auf ihrem Lebensweg beachtliche Spuren hinterlassen: Heute heißen in Rumänien nicht nur Kindergärten, Schulen, Krankenhäuser und Altenheime nach ihr, sondern jedes Schulkind weiß, daß dieser eigentümlichen Herrscherin, die alles andere als herrschsüchtig war, nicht nur so manche Sagen- und Volksliedsammlung, sondern auch weitgehend die Rettung der Flora und Fauna der Karpaten, nämlich ganz spezieller, nur dort wachsender Narzissen, des kurzstieligen Enzians, einer seltenen Gänseart sowie der Karpatenbären zu verdanken ist, und daß das Edelweiß dort lange ihren Namen trug: »floarea reginei« (Blume der Königin). Erst nach der von außen ins Land getragenen »Revolution« legten die Diktatoren des Proletariates es auf die Vernichtung der Bären an (Ceauşescu war, wie wir wissen, darin unangefochtener Schützen-König), und das harmlose, anspruchslose Pflänzchen benannten sie, sicherlich aus Sicherheitsgründen, in »floarea de piatra« (Steinblume) um.

Fraglos bot die traurige Frau, die nach dem Tod des einzigen Kindes, eines Mädchens, und nach einer lebensgefährdenden Fehlgeburt, ihre Pflicht, einen Thronfolger zu gebären, nicht hatte erfüllen können, immer wieder ein groteskes Bild, wenn sie etwa auf der Donau fahrend mit einem Leintuch »ihren Untertanen« winkte, weil sie wegen ihrer Kurzsichtigkeit weidende Schafe für Menschen hielt. Oder wenn sie in Wien bei Hofe in rumänischer Nationaltracht auftrat. »Ihre Toilette war ein wenig merkwürdig«, schrieb denn auch Kaiserin Elisabeths Lieblingstochter Valerie, die allerdings, genau wie ihre Mutter, von Carmen Sylva ansonsten begeistert war, »unter dem grossen Pelzmantel hatte die Königin ein weites, fast schlafrockartiges Gewand aus sehr dunkelrotem Samt mit bunten Stickereien geziert und mit einer strickähnlichen Seidenschnurr um die Taille befestigt. Sie trug einen geschlossenen Hut … und hatte einen Schleier, über dem sie ihren Nasenzwicker aufgesetzt …«[10]

Franz Joseph konnte die Begeisterung der Frauen in seiner unmittelbaren Umgebung für den skurrilen Blaustrumpf aus Rumänien ebensowenig teilen, wie die meisten Männer von hohem Rang. Carmen Sylva habe seine »Nerven angegriffen ... Ich wurde natürlich immer kälter, fast unhöflich«, gestand er seiner Geliebten, der Burgschauspielerin Katharina Schratt.[11] Für den ernsten, strengen Carol aber wurde sie zur schweren Hypothek. Auch als König von Rumänien war er vor allem Deutscher geblieben – er vertrat grundsätzlich die Sache der Deutschen, und mit seinen fremdländischen Untertanen machte er sich nie »gemein«.

In Kreisen jedoch, »in denen Elisabeth sich zu bewegen beliebt, spielt der fingierte Deutschen-Haß eine große Rolle«, schrieb der ihr »von ganzer Seele treu ergebene Sohn« im Mai 1895 zutiefst besorgt an seine »inniggeliebte« Schwiegermutter, die Fürstin zu Wied: »Mehr wie je treten die Erscheinungen zu Tage, die leider zu sehr zeigen, daß sie nicht normal ist. Ich bin daher auch ihr gegenüber milde und nachsichtig ...« Carol verhinderte jedoch, daß seine in ihrer Liebe zu Rumänien und den Menschen in diesem Land »nicht normale« Ehefrau Mitglied der Regierung wurde, also die Möglichkeit erhielt, ihre »verrückten egalitären Ideen« nicht nur im sozialen Bereich, sondern auch auf dem Feld der Politik, etwa in der Agrar- oder Judenfrage, zur Diskussion zu stellen oder gar durchzusetzen. Ja, er sorgte sogar dafür, daß sie in den 90er Jahren, als das 1883 mit Österreich und Deutschland geschlossene Bündnis innenpolitisch gefährdet schien (1914 wurde es tatsächlich vom Kronrat annulliert), für eine ganze Reihe von Monaten – zwischen 1891 und 1894 – »zur Erholung« das Land verlassen mußte, daß sie anschließend ausdrücklich zu »außerster Zurückhaltung« verpflichtet wurde, und daß alle ihre Kontakte, einschließlich ihrer privaten Korrespondenz, minutiös überwacht wurden; und daß sie schließlich per Dekret in ihrem eigenen Königreich keinen Grund und Boden besitzen durfte, damit sie immer Ausländerin blieb.

Noch im Januar 1898 drückte König Carol in einem weiteren, bis heute unveröffentlichten Brief anläßlich des Geburtstages seiner Schwiegermutter seine anhaltende Sorge aus, was Elisabeth wohl alles anstellen könne, sollte eines baldigen Tages seine weise Führung fehlen: »Ich blicke nun auf eine fast 32jährige Regierungszeit zurück«, schrieb er dort, eine Regierungszeit, »die reich an Arbeit und Kämpfen ist, die aber, so Gott will, etwas Bleibendes geschaffen. Ohne Überhebung kann ich mir sagen, daß ich eine reiche Erbschaft hinterlasse; möge derjenige, dem sie eines Tages zufallen wird, sie erhalten und durch Fleiß und Umsicht vermehren können, zum Besten von Rumänien. In dieser Hinsicht sehe ich nicht ohne Sorge in die Zukunft und es scheint, daß das selbe Gefühl hier in alle Schichten tief eingedrungen ist, da man von allen Seiten nur den einen Wunsch hört, ich möchte noch ungezählte Jahre das Staatsschiff lenken. Ich persönlich möchte dies besonders für Elisabeth wünschen, denn ohne mich würde sie rasch Schiffbruch leiden ... Logik fehlt ihr absolut ...«[12]

Jenes strikt lineare Denken, das kerzengerade auf ein Ziel zusteuert, ohne Seiteneffekte, neue Entwicklungen oder gar Emotionen einzubeziehen, fehlte ihr in der Tat »absolut«. Deshalb war es ihr nicht möglich, a priori alles Neue aus ihrem Denken auszuklammern, grundsätzlich in den engen Grenzen des Herkömmlichen zu verweilen und sich damit zufrieden zu geben. Das machte sie noch nicht zur Revolutionärin, aber stets zu Reformen bereit.

Und darin war sie ihrer Namensschwester in Wien, wie auch deren Sohn, tatsächlich, wie man sagte, »seelenverwandt«. Gefühle zu zeigen, sie in Worte zu fassen, ja in Gedichten auszudrücken, war beiden Frauen ständiger Bedarf: »Dichterin möchte ich wieder werden, aber nie Königin, nie wieder auf einen Thron!«, erklärte eine von ihnen – welche wohl?[13] Genau entgegengesetzt war die Haltung, die ihre Ehemänner einnahmen, ja einnehmen mußten. Monarchen wurden zum Herrschen erzogen. Das heißt, sie wurden von frühester Jugend an dazu angehalten, augenblicklich und ein ganzes Leben lang in jeder nur denkbaren Situation vor allem sich selber zu beherrschen. Daher rührt das außergewöhnliche Maß an Contenance, das starke Herrscher auszeichnet.

Um ein solcher Herrscher zu werden, war »das Krepierl«, wie der Kaiser seinen Erben abfällig nannte, war der allzu zarte und nervöse Kronprinz früh seiner Mutter weggenommen und von Experten erzogen worden. Darum durfte Rudolf keinesfalls seinen eigentlichen Neigungen frönen, sondern mußte die Offizierskarriere einschlagen, ob er wollte oder nicht. Und an diesem Konflikt ist er schließlich zugrunde gegangen, ganz gleich, was damals in Mayerling im Einzelnen geschehen sein mag. Nichts beweist dies deutlicher als das Ausbleiben jeder Reaktion des total beherrschten Herrschers auf den Tod des einzigen Sohns: Es heißt, nicht einmal seine Hand habe gezittert, als er völlig ungerührt zur alltäglichen Unterzeichnung der Akten übergegangen sei.[14] »Bekannt wurde nur, daß der Kaiser den Selbstmord als Fahnenflucht auffaßte und tiefe Scham darüber zunächst alle anderen Gefühle zurücktreten ließ«, berichtete der deutsche Diplomat Graf Monts nach Berlin. Die tiefe Kluft zwischen Kaiser und Kronprinz wurde vollends offensichtlich, als bei Hofe zu hören war, Rudolf habe eine ganze Reihe von Abschiedsbriefen hinterlassen, aber an den Vater geschrieben habe er nicht.

Das wäre denn auch ein langer Brief geworden, hätte er alle Punkte berührt, in denen die Auffassungen der beiden Männer unversöhnlich auseinanderklafften. Einen nicht unbeträchtlichen Teil dieses Schreibens hätte fraglos die Balkanfrage ausgefüllt. Rudolf hatte vor jeder offenen Konfrontation mit Rußland gewarnt und auf Verständigung mit Rumänien und vor allem mit England gedrängt: »Wir könnten dadurch die günstige Situation herstellen, daß wir die Interessen und Wünsche der Balkanvölker vertreten, eventuell verfechten, und daß wir weiter Rußland in ein Fahrwasser mit der Türkei, also gegen die Selbständigkeit und Entwicklung dieser kleinen Staaten drängen«, hatte er im Dezember 1885 in einer ebenso hell- wie weitsichtigen Notiz an den damaligen Außenminister Kálnoky geschrieben.[15] »Wir haben uns dann die Sache der Südslawen zu eigen gemacht, und wir spielen dann die viel angenehmere Rolle der Retter, als wie die leider bei uns durch Jahrzehnte übliche Rolle der Unterdrücker und Bekämpfer unausweichlicher Bestrebungen junger Völker. Was aber militärisch und daher auch für das Ganze die Hauptsache ist, besteht in der Freihaltung unseres Rückens durch diese Politik. Serbien, Bulgarien, Rumänien und Griechenland, also Montenegro ausgenommen, alle diese Balkanstaaten, wären unsere naturgemäßen Alliierten und die ganze Armee bleibt erhalten für den Fall eines Krieges mit Rußland. Wenn wir diese Politik nicht einschlagen, dann gehen wir, trotzdem eben so sicher, doch unter den denkbar ungünstigsten Verhältnissen dem Kriege mit Rußland entgegen. Bulgarien wird mit Rumelien vereinigt, doch nicht durch uns, sondern durch Rußland, was heute schon im Werden ist; und somit gelangt dieses Gebiet wieder ganz in die momentan verloren gegangene Sphäre des russischen Einflusses. Serbien zieht geschlagen, gedemütigt, ohne eine Belohnung aus dem letzten Krieg; die österreichische Partei, an der Spitze König Milan, hat sich dort blamiert, unmöglich gemacht. Ristić und Konsorten kommen an das Ruder, und eine Herrschaft des russisch-montenegrinischen Hauses Kara-Georgević oder eine ebenso schlechte, schwache ... antiösterreichisch gesinnte ... Regentschaft gestalten ein uns direkt feindliches Serbien dicht an unserer Grenze. Die Ruhe in Bosnien und der Herzegowina verdanken wir zum großen Teile der loyalen Haltung des Königs Milan und des von ihm regierten Serbiens; kommen andere Faktoren in Belgrad ans Ruder, dann werden auch die okkupierten Provinzen uns wieder zu schaffen geben ... Dieser Zustand wird uns durch seine Unerträglichkeit zum Handeln drängen, ein Einmarsch in das uns feindlich gesinnte Serbien gibt den Anlaß zum Krieg mit Rußland, den wir beginnen werden mit einem durchwegs antiösterreichischen Balkan, vom Schwarzen Meere bis zur Adria ... Nicht allein die Gegenwart steht auf dem Spiel, doch viel mehr noch die ganze Zukunft, für die man auch den kommenden Generationen verantwortlich ist.«

Drei Jahre zuvor hatte König Milan ein Geheimabkommen mit Österreich unterzeichnet, in dem er – im Tausch gegen die Unterstützung seiner wenig gefestigten Herrschaft sowie seiner Gelüste auf Bulgarien – auf eine selbständige Außenpolitik verzichtet hatte. Nun wäre es die Sache Wiens gewesen, dem gutwilligen serbischen Vasallen zu einem außenpolitischen Erfolg zu verhelfen, zur Vergrößerung seines Reiches um solche Gebiete, in denen überwiegend Serben lebten, und damit zum Zugang zur Adria. Für lange Zeit wäre dem Habsburger Haus ein verläßlicher Bundesgenosse erwachsen, auf dem Balkan wäre

Ruhe eingekehrt. Die kurzsichtige Außenpolitik Kálnokys jedoch, hinter der natürlich der Kaiser stand, welche in der Unterwerfung und staatsrechtlichen Einverleibung wirtschaftlich wertloser Regionen mehr Sinn und Gewinn zu sehen vermochte, als in einem de-facto Protektorat über ein relativ homogen besiedeltes, also vergleichsweise leicht zu befriedendes Gebiet, bewirkte genau das Gegenteil.

Die sichtbare Erfolglosigkeit seiner österreich-freundlichen Politik zwang Milan Obrenović schließlich dazu, zugunsten seines erst dreizehnjährigen Sohnes Alexander zurückzutreten. Der völlig überforderte Knabe hielt an der Linie seines Vaters fest, erklärte sich mit 17 für volljährig, ließ seine Regenten einsperren und löste die Verfassung auf. 1900, im Alter von 24 Jahren, heiratete er gegen den entschiedenen Wunsch seiner Ratgeber seine Geliebte, die wesentlich ältere und erfahrenere Hofdame Draga Mašin – als Folge einer raffiniert gesponnenen Intrige, in die der russische Konsul verwickelt war. Im Juni 1903 setzte eine Gruppe nationalistischer Offiziere unter dem Kommando eines Obersten Dimitrijević-Apis Alexanders schwankender Politik sowie den Machenschaften seiner ehrgeizigen, aber nicht mit Kindern gesegneten Frau ein brutales Ende: In einer Aktion von seltener Grausamkeit wurde das Paar in seinem Palais mitten in Belgrad buchstäblich zerhackt. Damit war das Haus Obrenović ausgelöscht.

Peter Karadjordjević, der Enkel jenes Freiheitshelden Kara Djordje, den Wien hilflos hatte scheitern lassen, und Sohn jenes Alexander, der 1859 unter russisch-türkischer Mitwirkung abgesetzt worden war, hatte sich in Genf für diesen Tag bereitgehalten. Das Hauptproblem bestand auch für ihn in seiner Abhängigkeit von Österreich. 90% der serbischen Exporte gingen an dieses Nachbarland. Als Peter sich ganz vorsichtig in Bulgarien nach einem neuen Handelspartner umsah, zeigte Österreich augenblicklich seine Macht: durch strenge Auflagen beim Schweineimport versuchte es, Belgrad in die Knie zu zwingen. Durch ein glückliches Arrangement mit der Türkei erreichte Serbien die Erlaubnis, den Hafen von Saloniki zu benutzen und sich somit aus der Zwangslage zu befreien; doch die Folge war stetig wachsender Argwohn und steigender Haß auf Österreich.

Bald sah Peter keinen Grund mehr, die Politik seiner Vorgänger fortzusetzen, die so eindeutig erfolglos war. »Hier wirkte sich natürlich auch eine so gänzlich anders geartete Psyche, ein einem Europäer westlicher Prägung ziemlich unzugängliches Gefühlsleben mit seiner Gospodarenethik der Blutrache durch Generationen und anderen fremden Elementen aus, die in der Balkanseele leichter provoziert werden können als einer ahnt, der sich da mit der gewissen Wiener Voraussetzungslosigkeit einläßt, die heute noch darüber erstaunt oder gar entrüstet ist, daß die Slawen und Italiener der Monarchie nicht gewogen waren«, befand der österreichische Berufsdiplomat Mayr-Harting in seiner kritischen Analyse[16], und er fuhr fort: »Besagtem Haß wurde im weiteren Verlauf der so ungeschickt betriebenen Beziehungen mit Serbien laufend Nahrung zugeführt, bis mit dem letzten entscheidenden Glied dieser Entwicklung, dem österreichisch-ungarischen Ultimatum vom 23. Juli 1914 an Serbien, jene Kettenreaktion ausgelöst wurde, die das Donaureich in seine Bestandteile zersprengen und so schließlich das Gesicht fast der ganzen Welt verändern sollte.«

Mayr-Harting greift der Entwicklung hier ein wenig vor. Die »Voraussetzungslosigkeit« indes, deren er seine Wiener Vorgänger bezichtigt, jene fehlende Bereitschaft, sich mit den Eigenarten anderer Völker und Kulturen vertraut zu machen, um auf deren Empfindlichkeiten Rücksicht nehmen, deren Besonderheiten respektieren und deren Würde wahren zu können, war keineswegs auf Österreich beschränkt. Friedrich Stoltze stellte in seiner »Latern« (Nr. 46/1890) Germania im Verein mit Italia, Austria und Europa dar, während La France sich zutraulich an den russischen Bären schmiegt. Darunter steht:

Germania.

Die Türken weder noch die Serben
Sie können meinen Beifall han;
Sie mögen siegen oder sterben,
Was geht's mich hier in Deutschland an?

Mit dieser Einstellung näherten sich die Potentaten in Wien wie Berlin dem Ende jener Zeit, der sie mit ihren Kongressen und Konferenzen den ewigen Frieden gebracht zu haben glaubten, und steuerten gleichsam mit verbundenen Augen auf die Katastrophe zu. Im Sommer 1908 war es fast so weit. Als ihm zu Beginn dieses Jahres sein Außenminister namens Alois Freiherr Lexa von Aehrenthal einen neuen Plan zur vollständigen Einverleibung Bosniens und der Hercegovina vorlegte, zeigte sich der damalige Regierungschef Österreich-Ungarns, Freiherr von Beck, zunächst bestürzt: »Obwohl ich die möglichen, folgenschweren Rückwirkungen der Gestaltung der Dinge auf dem Balkan nicht verkenne, überläuft mich angesichts der Aehrenthalschen Pläne doch eine Gänsehaut – nicht zum wenigsten, weil die Behandlung des Problems ebenso oberflächlich wie sorglos zu sein scheint. Es ist die Politik des Draufgehens ...«, schrieb er an seinen Vertrauten, den Ministerialsekretär in der Präsidialkanzlei des Ministerratspräsidiums, Rudolf Sieghart. Dann aber unternahm er praktisch nichts, das seinen ehrgeizigen Minister, der, wie bösartige Zeitgenossen höhnten, unbedingt Graf werden wollte wie Andrássy, an der Durchsetzung dieser unreifen Pläne gehindert hätte, die Sieghart später in seinen Erinnerungen[17] ausdrücklich die »Ouvertüre zum Weltkrieg« nannte.

Beck machte schließlich seine Zustimmung zur gewaltsamen Annexion der beiden jetzt schon seit 30 Jahren von Österreich verwalteten, aber immer noch zum Osmanischen Reich gehörenden Provinzen davon abhängig, daß eine »Zwangslage« nachzuweisen sei. Eine solche »Zwangslage« ließ sich zwanglos konstruieren. Schon auf dem Berliner Kongreß war der Doppelmonarchie der Bau einer Eisenbahnstrecke gestattet worden, welche die bestehende Verbindung von Sarajevo nach Uvac bis Mitrovica (nur 50 km westlich von Belgrad) in Serbien verlängern und damit den Anschluß an die türkische Linie nach Saloniki erreichen würde. Mit dem Bahnbau war allerdings noch immer nicht begonnen worden. Nun aber kündigte Aehrenthal ohne weitere Vorwarnung den unmittelbar bevorstehenden Baubeginn an, obwohl sich die Verhältnisse auf dem Balkan in der Zwischenzeit gründlich verändert hatten.

In dem seit 1878 international anerkannten, also allein durch Wunschdenken nicht mehr von der Landkarte zu löschenden Königreich Serbien herrschte seit der Ermordung des letzten Obrenović das immer selbstbewußtere Haus Karadjodjević; und auch in der Türkei rührten sich, nach den demütigenden Gebietsverlusten der vergangenen Jahrzehnte, frische nationale Kräfte, die sogenannten Jungtürken. Gerade eben hatten diese den Sultan Abdul-Hamid II. gestürzt. Die Gefahr einer Anstekkung der serbisch-orthodoxen (über 43%) wie auch der muslimischen (weitere 34%) Bevölkerung Bosniens mit dem aufrührerischen Gedankengut der serbischen oder türkischen Nationalisten war also durchaus ernst zu nehmen.

Gerade weil Bosnien ethnisch und konfessionell derart heterogen besiedelt sei, wurde in Wien argumentiert, könne es keinesfalls in eine autonome Eigenstaatlichkeit entlassen werden. Die Bevölkerung lechze förmlich »nach der Herstellung eines Definitivums«. Folglich müsse Bosnien-Hercegovina eine österreichische Provinz werden mit einer eigenen österreichisch-ungarischen Provinzialverfassung. Und das sei ohne vorherige Annexion nicht möglich.

Natürlich hätten staatsmännische Weit- oder zumindest Vorsicht es geboten, die Signatarmächte von Berlin, welche Österreich die Verwaltung, nicht jedoch das Eigentum der Provinzen zugesprochen hatten, in solche Pläne einzuweihen. Doch Aehrenthal erklärte das in seiner Jung-Siegfried-haften Burschikosität für überflüssig: Rußland und die Türkei seien wegen ihrer inneren Unruhen ohnedies nicht in der Lage, einen bewaffneten Konflikt zu riskieren, Deutschland komme als Gegner nicht in Frage; bleibe nur Italien, »gegen welches die Monarchie militärisch bereit« sei. Der britische König Edward VII., der mit seinem Außenminister just in diesen Tagen der Planung Franz Joseph auf dessen Sommersitz in Bad Ischl besuchte, wurde nicht einmal andeutungsweise ins Vertrauen gezogen; von Frankreich ganz zu schweigen.

Mehr noch: Schwierigkeiten mit Serbien, das doch unmittelbar betroffen war, weil Bosnien und die Hercegovina seinen einzigen Zugang zu den Weltmeeren bedeuteten, wurden gar nicht erst in Erwägung gezogen. Im Gegenteil: »Sichere Grenzen werden wir nicht erhalten, wenn wir uns nicht entschließen, das Übel an der Wurzel zu fassen und den großserbischen Zukunftsträumen ein Ende zu machen«, tönte Aehrenthal in einem »Mémoire« vom 9. August.

Auf die überraschende Ankündigung des Bahnbauprojekts reagierte lediglich der russische Außenminister Iswolskij offen verärgert. In einem Memorandum stellte er fest, daß jede Modifikation des Berliner Abkommens einer neuen Konferenz bedürfe. Schließlich handele es sich hier nicht um ein lokales, sondern um ein gesamteuropäisches Problem. Aehrenthal dankte in seiner Antwort für die wohlwollende Haltung Rußlands und regte eine bilaterale, nicht aber eine internationale Zusammenkunft an, obwohl neun Jahre zuvor in St. Petersburg vertraglich festgelegt worden war, daß Österreich-Ungarn und Rußland auf dem Balkan nichts mehr ohne vorhergehende Absprache unternehmen dürften.

Mitte September 1908 saßen deshalb die beiden Außenminister drei Tage lang auf dem mährischen Schloß des österreichischen Botschafters in Rußland, artig französisch parlierend, beisammen. Der Hausherr wurde nicht hinzugezogen, Protokoll wurde keines geführt. Iswolskij fuhr in dem Glauben nach Hause, Österreich werde schon Anfang Oktober, auf einer internationalen Seerechtskonferenz, seinen Wunsch nach einer Revision des Meerengenstatutes unterstützen – es ging um das Durchfahrtsrecht für russische Schiffe durch die Dardanellen –, wofür Rußland als Gegenleistung die Annexion werde hinnehmen müssen. Aehrenthal aber berichtete in Wien lediglich, Iswolskij habe grünes Licht gegeben, holte den Marschbefehl des Kaisers ein und ließ zum Aufbruch blasen.

Alle Welt war überrumpelt. Conrad von Hötzendorf, der Chef des österreichischen Generalstabes, habe nach der erfolgreichen militärischen Operation für die sofortige Eroberung Serbiens plädiert, sofern es nicht vorbehaltlos auf Bosnien und Hercegovina verzichte und seine feindselige Einstellung gegenüber Österreich-Ungarn aufgebe, berichtet der aus der Ukraine stammende Schweizer Geschichtsphilosoph Valentin Gitermann in seiner »Geschichte Rußlands«[18]. »Ein entsprechendes Ultimatum wurde vom Wiener Kabinett nach Belgrad geschickt. Die russische Presse brandmarkte die Annexion als Verletzung der 1878 vom Berliner Kongreß gefaßten Beschlüsse. Deutschland sicherte Österreich-Ungarn seine Bundeshilfe zu und drohte der russischen Regierung die Kriegserklärung an, falls sie Serbien nicht zum Nachgeben zwinge. Die Erpressung gelang: der Zar telegraphierte, daß er sich füge. Das russische Nationalgefühl war tief verletzt; eine heftige Empörung gegen Deutschland ging durch das Land. Der russischen Unterstützung beraubt, akzeptierte Serbien die österreichisch-ungarischen Forderungen. In Wien aber wurde die Eroberung Serbiens – die Beseitigung des ›europäischen Blinddarms‹, wie man dort zu sagen pflegte – trotzdem für eine nahe Zukunft ins Auge gefaßt.«

Iswolskij, der diese Pläne durchschaute, warnte seine Regierung vor einem nahenden europäischen Krieg. Als lästige Kassandra wurde er seines Postens enthoben und als Botschafter nach Paris versetzt. Aehrenthal aber zeichnete sich nach diesem spektakulären Erfolg, der ihm den ersehnten Grafentitel eingebracht hatte, durch bemerkenswerte Untätigkeit aus. Selbst die eben noch so dringend geforderte Balkanbahn nach Mitrovica, für die er, natürlich ohne groß nachzudenken, beinahe den europäischen Frieden geopfert hätte, wurde nie gebaut.

Im Grunde war inzwischen selbst solchen Männern, die noch weniger weit blicken konnten als er, klar geworden, daß das gesamte österreichische Engagement auf dem Balkan finanziell wie organisatorisch anstrengend und kostspielig war, ohne mehr einzubringen als Gebietsgewinn in einer mental sehr fremden Region. Von der Idee jedoch, daß jeder Zugewinn an Raum zugleich auch einen internationalen Machtzuwachs bedeute, waren in diesen Blütejahren des Imperialismus offenbar alle Machthaber berauscht. Aehrenthals Vorgänger zwischen 1895 und 1906, der galizische Graf Goluchowski, hatte es noch gewagt, an der Fähigkeit seiner eigenen multinationalen Administration zu zweifeln, der unruhigen Bevölkerung Bosniens dauerhaften Frieden zu bringen, die mit ihrem Aufstand 1875 jene große Orientkrise überhaupt erst ausgelöst hatte, an deren Ende man nun stand. »Mit einem plombierten Zahn soll man keine Nüsse knacken«, hatte er gewarnt. Doch Goluchowski war zuerst als zimperlicher Zauderer, dann als Schwächling verhöhnt und schließlich abgesetzt worden. Daß der unbedarfte Draufgänger Aehrenthal in dieser Phase österreichischer Außenminister wurde, verdankte er der Fürsprache eines hochgestellten Freundes, nämlich des neuen Thronfolgers Franz Ferdinand.

Erneut wurde in Westeuropa, wie schon 1878 in Berlin, ohne großen Sachverstand – je ahnungsloser, desto heftiger wohl – darüber gestritten, ob die muslimischen Bosnier ethnisch eher den katholischen Kroaten oder den orthodoxen Serben zuzuordnen seien. (»Bosniaken« nannte man in der k.u.k. Armee meist die bosnischen Kroaten, während die Muslime »Türken« hießen, ob sie wollten oder nicht.) Diese Frage war schon deshalb von stets wachsender Bedeutung, weil man immer ausschließlicher in nationalstaatlichen Kategorien zu denken begann. Zur Gründung eines neuen unabhängigen Staates bedurfte es nach dieser Auffassung nicht nur des erklärten Willens zur Zusammengehörigkeit, wie die umfassende Idee des Illyrismus oder des Panslawismus sie bot, sondern auch der kulturellen Eigenständigkeit einer klaren Bevölkerungsmehrheit. Wären die serbisch sprechenden Muslime dementsprechend als Serben anzusehen gewesen, dann hätten letztere über 77 Prozent aller Bewohner der Region gestellt. Bosnien wäre quasi automatisch ein serbischer Nationalstaat geworden, dessen Anschluß an das Mutterland eine ganz natürliche Folge gewesen wäre. Genau dies aber, diesen Machtzuwachs für Serbien, galt es möglichst zu verhindern. Deshalb hatten in Berlin schließlich alle Signatarstaaten der Wiener Theorie zugestimmt, daß Bosnien-Hercegovina heterogen besiedelt sei, also wegen seiner Bevölkerungsstruktur zur autonomen Eigenstaatlichkeit nicht tauge. Und deshalb wurde auch 1908 die Annexion letztlich hingenommen.

Die Beleidigung jedoch ging tief: in Rußland wuchs nicht nur die Empörung über die Selbstherrscher in Wien und Berlin, sondern auch das Mitgefühl mit den ohnmächtigen slawischen Brüdern. Schon bald traf Zar Nikolaus II. mit König Edward VII. zusammen, und die französisch-russische Entente wurde zur Triple-Entente erweitert, obwohl England auch weiterhin die Öffnung der Dardanellen für russische Kriegsschiffe verweigerte. Dem Wiener wie dem Berliner Kabinett sei wohl damals völlig entgangen, daß den Interessengegensätzen zwischen England und Rußland, nicht zuletzt wegen des deutschen Vordringens in den vorderen Orient (etwa durch die Bagdad-Bahn) und des Machtzuwachses Japans in Ostasien längst ein gutes Stück Boden entzogen war, urteilt der Schweizer Historiker Jean Rodolphe de Salis in seiner großen »Weltgeschichte«. Zwar ließ London mit Rücksicht auf die Schutzstellung Deutschlands für Österreich damals die Idee einer Bosnien-Konferenz wieder fallen, doch die Einkreisung der Mittelmächte, die zur Falle werden sollte, war von nun an vorbereitet.

Die Türkei rächte sich für die neuerliche Schmach mit handelspolitischen Schwierigkeiten, die nur durch Zahlung hoher Summen und den Verzicht auf den Sandschak Novi Pazar – jenes als Verbindung Bosniens zum Osmanischen Reich sowie als Keil zwischen Serbien und Montenegro strategisch wichtige Gebiet, das seit 1878 von österreichischen Truppen besetzt gewesen war – zu beheben waren. Serbien aber fühlte sich vollends gedemütigt, und serbische Nationalisten sannen auf Rache. Viele junge Männer im Mutterland wie auch im benachbarten Bosnien schlossen sich chauvinistischen Geheimbünden an, die wie willenlose Marionetten von Männern wie jenem Obersten Dimitrijević-Apis, der 1903 den Königsmord in Belgrad angeleitet hatte, an unsichtbaren Fäden gegängelt wurden. In den Balkankriegen 1912 und 1913 bekamen sie reichlich Gelegenheit, den Umgang mit Waffen einzuüben.

Die serbische Tradition der Verehrung räuberischer Freiheitshelden, die das Gesetz in eigene Hände nehmen, weil sie jede staatliche Ordnung ablehnen, ja grundsätzlich darüber stehen, feierte frohe Auferstehung. Vorbild der Jugend war Miloš Obilić, jener junge Meuchelmörder, der vor einem halben Jahrtausend, nach der Entscheidungsschlacht auf dem Amselfeld, den siegreichen Sultan erdolcht hatte. In den gehaßten österreichischen Schulen hörten die Kinder höchst gelangweilt von einem fremden Wilhelm Tell, zu Hause aber lasen sie erregt ihr südslawisches Nationalepos »Der Bergkranz« und träumten sich in ihn hinein. Gavrilo Princip, der 19jährige Mörder Franz Ferdinands, war Mitglied des Geheimbundes »Mlada Bosna« (junges Bosnien). Er kannte den Bergkranz auswendig. Den österreichischen Thronfolger verglich er mit dem bösen Sultan Murad. Sich selber aber identifizierte er mit dem Helden Miloš Obilić.

Ehe er just am Jahrestag der Schlacht vom Amselfeld, dem heiligen »Vidovdan«, mit seiner ahnungslosen Ehefrau durch die Straßen von Sarajevo fuhr, hatte Franz Ferdinand in Ostbosnien, dicht an der Brücke über die Drina, welche nach Serbien hinüberführt, zunächst Manöver abgenommen, die einen Angriff gen Osten durchspielten. Natürlich war er gewarnt worden, daß die Wahl des serbischen Nationalfeiertags für seinen ostentativen Auftritt in Bosnien als bewußte Demütigung der Serben aufgefaßt werden mußte. Ebenso »natürlich« hatte er, der sich selbst einen Freund der Slawen nannte, in der Tradition des Draufschlagens jede Warnung ignoriert. »Der Einzug am Vidovdan fügte sich glänzend ein in diejenige Richtung der österreich-ungarischen Politik, die Handlungen provozieren wollte, aus denen man einen Kriegsgrund gegen Serbien konstruieren konnte«, urteilt die Nachwelt in einem Gutachten deutscher Rechtsexperten, welches in den 20er Jahren verfaßt, aber erst 1967 veröffentlicht wurde, mit einem Geleitwort des späteren Bundespräsidenten Heinemann.

Das auf 48 Stunden befristete österreichische Ultimatum war für Serbien unannehmbar, »unvereinbar mit unserer Würde«, wie der serbische Regent, Alexander Karadjordjević, sich ausdrückte. Es forderte die Unterdrückung aller gegen Österreich-Ungarn gerichteten Aktionen unter Beteiligung österreichischer Ordnungskräfte, weshalb Serbien seine Souveränität gefährdet sah. Noch in derselben Nacht telegraphierte Alexander an den Zaren. Die Folgen sind nur zu gut bekannt.

Pyromanen spielen mit dem Pulverfaß

Der Balkan war durch die Schüsse von Sarajevo keineswegs aus dem Schlaf gerissen worden, weil er seit der Annexion von 1908 ohnehin nicht mehr zur Ruhe gekommen war. Am Vorabend der Aehrenthalschen Glanzleistung an Arroganz, Ignoranz und Leichtsinn hatte Fürst Ferdinand von Bulgarien den Aufstand der Jungtürken dazu genutzt, die völlige Unabhängigkeit seines Staates zu erklären und seinen Anspruch auf die Führungsrolle unter den Balkanslawen dadurch zu unterstreichen, daß er den Titel eines Zaren annahm. Der Türkei war nichts anderes übriggeblieben, als diese Änderung anzuerkennen. Anschließend hatten sich unter russischem Einfluß Serbien, Bulgarien, Griechenland und Montenegro zu einem Balkanbund zusammengeschlossen, dessen vorrangiges Ziel die gemeinsame Befreiung vom »Türkenjoch« war. Am 8. Oktober 1912 hatte ausgerechnet der schwächste dieser vier Balkanstaaten, nämlich Montenegro, dem osmanischen Riesen den Krieg erklärt, und nach zehntägiger Bedenkzeit waren die drei Verbündeten dem Beispiel des südslawischen Davids gefolgt.

In Montenegro herrschte seit 1860 Fürst Nikola, genannt Nikita, aus dem Hause Petrović, der traditonsgemäß seinem Onkel Danilo, dem letzten Erbbischof des stolzen Bergvolkes der Crna Gora, auf dem Throne gefolgt war. Bereits sein Oheim hatte den theokratischen Staat in ein zeitgemäßes Fürstentum umgewandelt, und so war der neue Landesfürst von vorneherein Laie geblieben. Nachdem die russische Regierung schon zu den Zeiten des Njegoš ihre schützenden Hände über das slawisch-orthodoxe Brudervölklein gehalten hatte, war es auch Rußland gewesen, das vor allen anderen Großmächten den neuen souveränen Fürsten anerkannt und dessen Erben gestattet hatte, das Prädikat einer königlichen Hoheit und schließlich (1910) den Königstitel anzunehmen.

Innerhalb von 25 Jahren hatten Gott und Teufel dem König Nikola und dessen Ehefrau, der schönen Montenegrinerin Milena aus dem Hause Vukotić, ein volles Dutzend Kinder geschenkt, drei Söhne und neun offenbar recht attraktive Töchter, denn schon bald hatte sich ein guter Teil des europäischen Hochadels um sie beworben. Bedenkt man jedoch, wie selten in diesen Kreisen aus Liebe geheiratet wurde und wie unbedeutend Montenegro im Vergleich zu anderen Dynastien war, dann darf, ja dann muß man davon ausgehen, daß es weniger der Liebreiz der frischgebackenen Prinzessinnen von den schwarzen Bergen, als vielmehr die geographische Lage ihrer Heimat war, welche sie derart begehrenswert erscheinen ließ, daß man ihren Vater alsbald den »Schwiegervater Europas« nennen konnte.

Die älteste Tochter, Zorka Ljubica, ehelichte 1883 mit neunzehn Jahren den russischen Kandidaten für den serbischen Thron, Peter Karadjordjević. Das fünfte Mädchen, Prinzessin Elena, wurde als Gattin Vittorio Emanueles III. Königin von Italien, während Kind Nr. 7, Tochter Anna, sich mit einem Prinzen von Battenberg vermählte. Die interessanteste Partie aber machte Anastasia (Stana genannt), die sich von ihrem ersten Mann, einem Fürsten Romanowsky, Herzog von Leuchtenberg, scheiden ließ, um im Frühling 1907 den Vetter und Generaladjutanten des russischen Zaren, den Großfürsten Nikolaj Nikolajewitsch, den späteren Vizekönig im Kaukasus, zu heiraten, der 1914/15 als Generalissimus sämtliche russischen Streitkräfte in den Ersten Weltkrieg führen sollte. Europas Schwiegervater stand infolgedessen nicht nur als oberster Kriegsherr über allen Truppen seines eigenen kleinen Reiches, sondern er war zur gleichen Zeit – zumindest dem Titel nach – nicht nur königlich serbischer General, sondern auch kaiserlich russischer Generalfeldmarschall.

Es ist verbürgt, daß der montenegrinische König unter dem Einfluß seines ebenso ehrgeizigen wie willensstarken russischen Schwiegersohnes stand, der nicht nur ihn, sondern auch den stets zögerlichen, nachgiebigen Zaren immer wieder zu drastischen Entscheidungen drängte und der in der lebensbedrohenden Erbkrankheit des russischen Thronfolgers die große Chance sah, eines baldigen Tages den Thron für sich und seine Nachkommen zu sichern.

Nicht nur Nikolaj Nikolajewitsch wollte Krieg; denn es galt – schon wegen der immer noch umstrittenen Seefahrtsrechte –, einerseits die Türken so weit wie möglich vom Balkan zu verdrängen, andererseits Österreich daran zu hindern, dort als Alleinerbe der Osmanen aufzutreten und durch erheblichen Machtgewinn das seit dem Wiener Kongreß nur mühsam gehaltene Gleichgewicht der Kräfte in Europa vollends aus dem Lot zu bringen. Nach der katastrophalen Niederlage in Japan 1905 und den folgenden revolutionären Unruhen im eigenen Land war die russische Armee aber selber nicht imstande, an solch fernem Ort die Interessen der Regierung auszufechten. Also mußten Stellvertreter diese Rolle übernehmen.

Und so waren denn die Balkanslawen 1912 in einen Krieg gezogen, den sie für den ihren hielten, um nach einem überraschend leichten Sieg zu merken, daß die Sache nicht so einfach war. Zwar mußte die Türkei in dem Friedensvertrag, der am 30. Mai 1913 in London unterzeichnet wurde, auf ihr gesamtes europäisches Territorium, mit Ausnahme einer kleinen Ecke Thrakiens, verzichten; dieses Territorium sollte aber nun unter den Balkanmächten aufgeteilt werden. Und prompt erhob sich großer Streit um die Zuteilung Makedoniens, auf dessen Boden die meisten Kampfhandlungen stattgefunden hatten und wo nun gleichzeitig drei siegreiche Armeen standen.

Die Bulgaren beschuldigten die Griechen, zu weit nach Norden vorgedrungen zu sein, Griechen und Serben wiederum vergten den Bulgaren ihren Landgewinn in Thrakien, während Griechen und Bulgaren den Serben ihre Eroberungen im mittleren Makedonien neideten. Die Großmächte machten sich diese Spannungen zunutze, ja sie steigerten sie noch. Österreich-Ungarn hatte schon während des Krieges Albanien ermuntert, die Gelegenheit zu nutzen und sich für unabhängig zu erklären, und nun bestand die Donaumonarchie darauf, daß die serbischen und montenegrinischen Truppen die in Albanien besetzten Gebiete wieder räumten, woraufhin diese als Ausgleich ein noch größeres Stück des mazedonischen Kuchens forderten, als ihnen ursprünglich zugesprochen worden war. Die Türken aber konnten mit dem stillen Einverständnis der Westeuropäer rechnen, wenn sie Bulgarien in Schranken hielten.

So kam es unmittelbar nach Beendigung des Ersten zum Zweiten Balkankrieg. Bulgarische Truppen fielen in Serbien und Griechenland ein und wurden ihrerseits von türkischen Einheiten angegriffen. Als feststand, daß niemand Bulgarien unterstützte, sicherte Rumänien sich einen Teil der Dobrudscha und damit den Zugang zum Schwarzen Meer. Am 10. August 1913 wurde in Bukarest ein neuer Balkanfrieden geschlossen. Bulgarien stand eindeutig als der große Verlierer da. Die Idee, aus Makedonien einen eigenen Staat zu machen, wurde nicht einmal erwogen – wie ein Stück leblosen Holzes wurde das Gebiet zerhackt.

»Auf dem Bankett, das am Sonntag im Königspalast zu Ehren der Bevollmächtigten stattfindet, werden viele wohlklingende Worte gesagt werden über die große Bedeutung der Bukarester Konferenz«, schrieb der Sonderkorrespondent der »Kiewskaja Mysl« in einem Bericht über die Friedensgespräche.[1] »Was ist das für eine Widerwärtigkeit, mit der das Schicksal der Völker verhöhnt wird!«, empörte sich der emotional stark engagierte Kriegsberichterstatter, der kein anderer war als der aus dem Wiener Exil angereiste russische Revolutionär Lew Dawidowitsch Bronstein, besser bekannt unter seinem Decknamen Leo Trotzki.

»Was die neuen Grenzlinien auf der Balkanhalbinsel betrifft – unabhängig davon, wie lange sie Bestand haben werden –, so muß man konstatieren, daß sie alle durch den lebendigen Körper der ausgepumpten, ausgebluteten und zerfleischten Nationen gehen. Keine einzige der Balkannationen konnte ihre verstreuten Einzelteile zusammenholen. Und umgekehrt: Jeder Balkanstaat, auch Rumänien, hat nun in seinen Grenzen eine kompakte Minderheit, die ihm feindlich gegenübersteht.« So also sähen die Früchte eines Krieges aus, der mindestens eine halbe Million Menschenleben verschlungen habe: »Von den grundlegenden Entwicklungsproblemen des Balkans wurde kein einziges gelöst.« Die Folge sei Feindschaft jedes einzelnen Landes gegen alle anderen und aller gegen jedes einzelne, sowie Feindschaft der jeweiligen Nationenelemente innerhalb der Staaten. Die national-politischen Beziehungen seien verworrener als vor dem Kriege, denn keine der offenen Grenzfragen sei endgültig geregelt. »Der Bukarester Friede besteht aus Unausgesprochenem und aus Lügen. Er ist die würdige Krönung eines Krieges der Gier und des Leichtsinns…, aber nicht dessen Ende. Dieser Krieg, der eingestellt wurde, weil die Kräfte völlig aufgebraucht waren, wird wieder aufflammen, sobald frisches Blut in den Arterien fließt.«

Und noch einmal Trotzki: »Was mit Bulgarien passiert ist, scheint völlig unbegreiflich. Aber nicht deshalb, weil etwas geschehen ist, das die Gesetze der Logik verletzt. Im Gegenteil, es ist immer genau das passiert, was sich am natürlichsten aus der Gesamtheit der Umstände ergab. Die serbische und die griechische Armee übertrafen zahlenmäßig die bulgarische, die zudem weitaus mehr geschwächt war durch den Krieg gegen die Türkei. Es war nur natürlich, eine Niederlage der Bulgaren zu erwarten… Daß sich Rumänien darauf vorbereitete, auf bulgarisches Territorium einzumarschieren; daß die geschäftige Rivalität der österreichischen und der russischen Diplomatie in ihrem Bestreben, die Gunst des Bukarester Hofes zu erlangen, den Rumänen freie Hand für ihre militärische Offensive gab; daß man in Bukarest nur auf den günstigsten Moment wartete, um Bulgarien einen Stoß in den Rücken zu versetzen – all das war absolut klar… Und wenn die bulgarische Katastrophe unbegreiflich scheint, dann ausschließlich unter dem Gesichtspunkt: Wieso hat man das in Sofia nicht vorausgesehen?… Das ist es, was unbegreiflich scheint. Und unbegreiflich erscheint es deshalb, weil sich die Menschen daran gewöhnt haben, zu denken, die Regierenden würden eine besondere Art des Regierens – das Einkalkulieren und das Vorhersehen – kennen, und dann, wenn sich zeigt, daß an oberster Stelle übereilter Leichtsinn und arrogante Dummheit herrschen, immer sehr überrascht sind.«

80 Jahre später zeigte alle Welt sich erneut völlig überrascht, mit welcher Brutalität die Balkan-»Burschen« übereinander herfielen, kaum daß die Phase künstlichen Friedens zweier Diktaturen in der »glücklichen Gemeinschaft« aller Südslawen, nämlich Jugoslawien, ausgelaufen war. Schon damals aber, 1913, staunte Trotzkij über die Ahnungslosigkeit der Entscheidungsträger in

aller Welt. Und über die jeweils einseitige, voreingenommene Berichterstattung: »Die Korrespondenten haben viel und trotzdem wenig gesehen. Sie haben alles beobachtet, was vor dem Krieg war, und sie haben die ›Produkte‹ des Krieges gesehen: Verwundete, Kriegsgefangene, den Feuerschein am Himmel; sie haben das Donnern der Kanonen gehört. Aber sie hatten keine Möglichkeit, die militärischen Operationen von innen zu betrachten ...« Deshalb ließ der stets skeptische Sonderkorrespondent in seinen Reportagen immer wieder einzelne Kriegsteilnehmer berichten, »wobei sich eine gewisse Subjektivität nicht vermeiden« ließ, wie er selbst betont.

Trotzki läßt beispielsweise einen serbischen Offizier erzählen, wie überrascht er gewesen sei, als es überhaupt zu Kämpfen kam. »Wir dachten, daß alles auf eine Kriegsdemonstration hinauslaufen würde ...« Und dann griffen nicht etwa Türken an, sondern »Arnauten«, also Albaner, die man eben noch für Verbündete gehalten hatte. »Sie hatten Martingewehre und serbische Schnellfeuerwaffen, mit denen wir sie selber während des albanischen Aufstandes ausgerüstet hatten. Auch Geld hatten sie damals von uns bekommen. Wir wollten, daß sie im Falle eines Krieges mit uns gemeinsam kämpfen würden. Das Gegenteil war der Fall. Mit unseren Gewehren in den Händen waren die Arnauten die ersten, die über unsere Wachposten herfielen ... Warum war das so? Natürlich wirkte sich die religiöse Bindung zur Türkei aus, aber die Hauptsache war: Die Albaner begriffen, daß es um die Aufteilung von Albanien zwischen Serbien und Griechenland ging und daß man seine Felder, seine Hütten und seine Herden verteidigen mußte. Die betrogenen Hoffnungen ... verbitterten unsere Armee. Das war der Hauptgrund für ihre Grausamkeit ...«

Der Bauer, bemerkte 30 Jahre später der kroatische Revolutionär Josip Broz, gehe grundsätzlich mit dem, der seine Felder, seine Familien und sein Vieh zu schützen verspreche. Und auf dieser einfachen Erkenntnis baute er als der spätere Partisanen-Marschall Tito seine erfolgreiche »Befreiungsarmee« auf.

Grausamkeiten gab es stets auf allen Seiten; aus Wut, Enttäuschung, Angst und Gier. »Daß die Gefangenen umgebracht wurden, läßt sich zum Teil damit erklären, daß man für die betrogenen Hoffnungen Rache üben wollte ..., aber vor allem, weil man rechnete: ein Feind weniger – eine Gefahr weniger«, fährt Trotzkis serbischer Gewährsmann fort. Die Schuld an den Grausamkeiten liege jedoch nur zum geringen Teil bei den regulären Truppen. In der Regel hätten sie »nur« die Häuser der Kotschaki, also der albanischen Banditen, zerstört. Danach seien die Reservetruppen gekommen und hätten das Ihrige beigetragen. Zum Schluß die Landwehr und die Komitadschi, die hätten die Sache zu Ende gebracht. »Unter ihnen gab es intelligente, denkende Leute, nationale Enthusiasten, aber das waren Einzelfälle. Die übrigen sind einfach Einbrecher und Diebe, die sich der Armee um der Plünderungen willen angeschlossen haben ... Solange sich die Einheiten bei ihren Truppenteilen befanden, ging es noch einigermaßen. Doch wenn die Operation zu Ende war, die Armee weiterzog und die Četa ohne Beaufsichtigung zurückblieb, – da begannen die Greuel ... Und Vergewaltigungen von Frauen: Wenn es sie überhaupt gab – ich weiß es nicht, halte es aber durchaus für möglich –, dann wurden sie von Četniks verübt, nicht von Soldaten.« Und zwar von Bulgaren, Serben und Griechen, die alle ihre Freischärler hatten, gleichermaßen; Gewalt auf allen Seiten, wie gesagt.

Es sei eine Schande, sich von einem Befreiungskrieg in einen Bruderkrieg zu stürzen, bemerkt an anderer Stelle ein russischer Kollege gegenüber Trotzki aufgebracht. »Eine Schande, für wen?«, fragt dieser zurück. »Für die Verbündeten natürlich: für die Serben, die Bulgaren und die Griechen ...« »Entschuldigen Sie, aber für die Serben, die Bulgaren und Griechen, d.h. für die Völker, ist das keine Schande, sondern ein neuerliches und gravierendes Unglück. Eine Schande ist es dagegen für diejenigen, die die Geschicke der Balkanvölker lenken«. Die sie von innen wie von außen lenkten, müßte man heute hinzufügen, und eine Schande war und bleibt es für all jene Berichterstatter, die Sensationen suchten, doch die Wahrheit nicht.

Viel sprach man schon damals von Schuld und Schande – doch wenig von Verantwortung. Für die Balkankriege verantwortlich waren Fürsten und Führer, die fast ausnahmslos nicht die Interessen der betroffenen Völker, sondern ihre eigenen, wenn nicht gar die Ziele vollkommen fremder Staaten, im Auge hatten. Das

Mißtrauen, das aus diesem Mißstand erwuchs, ist den meisten Menschen auf dem Balkan so zur zweiten Natur geworden, daß ihre Xenophobie fast sprichwörtlich geworden ist.

Besonders in Albanien. Als die Autorin dieser Zeilen 1978 zum ersten Mal in dem damals noch völlig verschlossenen und isolierten Land der Skipetaren reiste, verlangte sie von einem Gesprächspartner auf der Bergfeste Kruja eine Erklärung für die allgegenwärtige, in jeder Begegnung spürbare und doch nicht konkret zu fassende Angst, mit der die Menschen ihre Türen verschlossen, die Augen niederschlugen oder gar um die nächste Hausecke verschwanden, sobald sie einen Fremden gewahrten. Natürlich enthielt die Antwort Elemente nationalkommunistischer Propaganda, doch sie hatte einen wahren Kern: Albanien hätten zwischen Skanderbeg und Enver Hoxha – also 500 Jahre lang – stets nur Ausländer beherrscht, und noch nie habe seinem armen Volke irgendein Fremder Gutes gebracht. Das äußerste Ausmaß an Verhöhnung jedoch habe das Regime König Ottos dargestellt, jenes dahergelaufenen Kerls, der gleich nach dem zweiten Balkankrieg 1913 in Durres (Durazzo) die Macht ergriffen habe. Mit seinem Operettenregime habe er das wehrlose Land, das für die Großmächte ohnedies immer nur ein Spielzeug gewesen sei, vollends zum Gespött der Welt gemacht.

Meinte er etwa König Otto von Griechenland? Der war doch damals schon lange tot. Nein, wirklich, König Otto von Albanien. Einen solchen gab es in der Tat; doch erst nach monatelangen Recherchen gelang es der Verfasserin, seine Fährte aufzunehmen.

Bereits im Präliminar-Frieden von London, mit dem im Mai 1913 der militärische Konflikt beendet werden sollte, was, wie wir wissen, nicht gelang, hatten die Signatarmächte auf Drängen Österreichs beschlossen, einen unabhängigen Staat Albanien zu schaffen, der Serbien und Montenegro auch weiterhin den Weg zur Adria abschneiden, Italien zurückdrängen und zugleich Griechenland am Zugriff auf das natürlich irgendwann einmal griechische Nordepiros hindern würde. Auch an der Spitze dieses Balkanstaates sollte künftig ein geeigneter Prinz aus deutschem Fürstenhause stehen, wie sich das inzwischen gut bewährt zu haben schien.

Was lag näher, als sich in der Verwandtschaft der etablierten Importmonarchen umzusehen? So kam man auf einen Neffen der Königin Elisabeth von Rumänien alias Carmen Sylva, den zweiten Sohn des fünften Fürsten zu Wied, der allerdings nicht Otto, sondern Wilhelm Friedrich Heinrich hieß. Dieser nahm erst nach erheblichen Bedenken am 6. Febraur 1914 die ihm angetragene Krone an und bestieg am 7. März desselben Jahres den albanischen Thron als Wilhelm I. Fürst von Albanien. Schon sechs Monate später, unmittelbar nach Ausbruch des Ersten Weltkrieges, verließ er unter ausdrücklichem Vorbehalt seiner Rechte das Land, das er nie wieder betreten sollte. Der Balkan aber blieb sein Schicksal: denn Wilhelm kehrte nicht nach Deutschland zurück, sondern ging nach Rumänien, wo er Grundbesitz erwarb und erst in den letzten Tagen des Zweiten Weltkrieges 69jährig in Predeal bei Sinai starb. In einer Kirche in Bukarest wurde ein weißer Gedenkstein für ihn aufgestellt, der den Grabmälern seiner Ahnen auf dem Familien-Friedhof in Neuwied völlig gleicht. Bis heute kann sich niemand erklären, wie dieser Grabstein in jenen stürmischen Tagen wohl nach Rumänien gekommen ist.

Kaum weniger phantasieanregend nimmt sich ein anderes, nicht minder stattliches Grabmal aus, das die Erinnerung an König Otto von Albanien am Leben erhält. Hinter diesem Namen verbirgt sich ein Abenteurer namens Otto Witte, der als Zauberkünstler und Tierfänger durch die halbe Welt getingelt war, bevor ihn die Unruhen auf dem Balkan 1912 gen Süden lockten. Als Söldner zog er auf der türkischen Seite in den beuteverheißenden Krieg. Zu den Nachrichten, die seine Abenteuerlust reizten, gehörte die Kunde von Albanien, das einen König bekommen sollte. Also lieh er sich nach dem Verstummen der Waffen gemeinsam mit einem nicht minder verwegenen Weggefährten, dessen Name heute vergessen ist, bei einem Wiener Kostümverleih die Grundausstattung für »Die Entführung aus dem Serail« und ging in einer prunkvollen Phantasie-Uniform in der albanischen Hafenstadt Durazzo an Land. Kaum hatten die beiden durchblicken lassen, sie seien der künftige Herrscher und sein Adjutant, da wurde Otto auch schon in Tirana jubelnd zum König proklamiert.

Als allererste Amtshandlung gründeten die verwegenen Burschen einen königlichen Harem, der sie derart in Atem hielt, daß sie darüber völlig vergaßen, alle Meldungen zu zensieren, die das Land verlassen würden. Bald schon näherte sich ein türkisches Schiff, angeblich als Strafexpedition. »Lieber ein lebender Schausteller als ein toter König«, mag Otto Witte sich daraufhin gesagt haben. Fluchtartig verließ er jedenfalls das Land.

Nach dem Ersten Weltkrieg betrieb Otto Witte eine Abdeckerei im Taunus, 1925 gründete er in Berlin eine neue politische Partei und kandidierte sogar für das Amt des Reichspräsidenten. Als er damit erfolglos blieb, trat er in Revuen auf und stellte seine Erlebnisse als »Fünf-Tage-König« derart phantasievoll dar, daß wohl kaum ein Zuschauer den realen Hintergrund geglaubt hätte. Noch nach dem Zweiten Weltkrieg stand in seinem Flüchtlingsausweis der britischen Besatzungszone der Zusatz »König von Albanien« neben seinem bürgerlichen Namen. Als der inzwischen 81jährige 1953 bei einer Gerichtsverhandlung – es ging um seinen Wohnwagen – nicht richtig tituliert wurde, worauf er bis zu seinem Lebensende in einem Hamburger Seniorenheim bestand, wurde der alte Mann derart wütend, daß er kaum zu bändigen war; und als er schließlich im August 1958 auf dem Ohlsdorfer Friedhof beigesetzt wurde, folgten laut »Hamburger Abendblatt«[2] dreihundert Trauernde und Fans seinem blumengeschmückten Sarg. Seine letzte Ruhestätte liegt im Bereich der Kapelle I, Grabstelle Q 9, 430/433. Sie ziert ein auffallend stattlicher Stein, in den ein eindrucksvolles Portrait mit glattem Haar, prächtigem Schnauzbart über hochgeschlossenem Offizierskragen basrelief gemeißelt ist. Darunter steht in klarer Schrift »OTTO WITTE – EHEM. KÖNIG VON ALBANIEN«.

Zu Ostern 1914 fuhr der österreichische Verfassungsrechtler Joseph Redlich, der zu dieser Zeit als Abgeordneter für den Deutschen Nationalverband im Wiener Reichstag saß, nach Albanien, um sich ein Bild von der Lage des jungen Staates zu machen. In Durazzo nahm er an einer Audienz des neuen Landesfürsten Wilhelm teil, der erst wenige Tage im Amte war und infolgedessen »keine Ahnung von den Dingen und Personen in Albanien« hatte, wie der Gast in seinem Tagebuch[3] vermerkte. Angesichts der höchst delikaten außenpolitischen Situation

Albaniens und der Unwissenheit des Landesherren schien dem klugen Beobachter, der nach dem Weltkrieg in Harvard lehrte, der neue Staat kaum lebensfähig, ja er schrieb sogar ausdrücklich von einem »Todeskampf«.

Als Redlich im Juni dem Außenminister, dem Grafen Leopold Berchtold – jenem ehemaligen Botschafter in St. Petersburg, auf dessen Schloß in Mähren Aehrenthal und Iswolsky im September 1908 zusammengekommen waren –, von seinen Eindrücken berichtete, winkte dieser in der amtsüblichen Sorglosigkeit ab: »Uns ist es gleichgültig, ob sich die Albaner untereinander raufen, ob der Fürst Wied bleibt oder nicht, wir wollen nur die Londoner Beschlüsse aufrechterhalten.«[4]

Nur wenige Tage später fielen die Schüsse von Sarajevo, und derselbe eben noch so unbekümmerte Außenminister formulierte das unerbittliche Ultimatum an Serbien, das den Ersten Weltkrieg auslöste. Wie diese Nachricht am albanischen Hofe aufgenommen wurde, wissen wir nicht, weil der Fürst seine Papiere Anfang August mit nach Rumänien nahm, wo sie bis heute nicht wieder aufgetaucht sind. Der österreichische Botschafter in Bukarest aber, Graf Ottokar Czernin – der spätere Außenminister unter Kaiser Karl –, der diesen Posten seit einem knappen Jahr innehatte, beschrieb die dortige Reaktion höchst anschaulich: »Der erste Eindruck in Rumänien war der des tiefsten und aufrichtigsten Beileides und wahrhafter Konsternation. Niemals hatte Rumänien daran gedacht, daß es ihm gelingen könne, in einem Krieg den Traum seiner nationalen Wünsche zu erfüllen, stets war es nur von der Hoffnung geleitet, daß eine freundschaftliche Auseinandersetzung mit der Monarchie die Vereinigung aller Rumänen bewerkstelligen könne, und eben in dieser Hinsicht hatte man in Bukarest die größten Hoffnungen auf den Erzherzog-Thronfolger gesetzt. So schien mit seinem Tode auch Groß-Rumänien zu Grabe getragen zu sein, und aus jenem Gefühle heraus ist jene aufrichtige Trauer zu verstehen, welche damals alle Kreise Rumäniens erfaßt hatte«, schrieb er fünf Jahre später in seinen Erinnerungen[5]. »Wie mit einem Schlage änderte sich jedoch die ganze Situation bei Bekanntwerden des Ultimatums. Ich habe mich niemals Täuschungen über die rumänische Psyche hingegeben und war mir auch vollständig klar darüber, daß das aufrichtige Bedauern an der Ermordung des Erzherzogs natürlicherweise egoistischen Motiven entsprang, und zwar, wie gesagt, der Befürchtung, den nationalen Wünschen nunmehr entsagen zu müssen. Das Ultimatum und die von einer Stunde zur anderen drohend am Horizont erscheinende Kriegsgefahr stürzte die ganze rumänische Psyche um und ließ sie plötzlich erkennen, daß ihr Ziel auch auf einem anderen Wege zu erreichen sei: nicht friedlich, sondern kriegerisch, nicht *mit* der Monarchie, sondern *gegen* dieselbe. Ich hätte es nie für möglich gehalten, daß ein solcher Umschwung sich tatsächlich binnen wenigen Stunden vollziehen könne. Echte und gespielte Empörung über den Ton des Ultimatums war auf der Tagesordnung, und der allgemeine Ausspruch lautete: ›L'Autriche est devenue folle‹.«

Dieser österreichische Irrsinn hatte indes zunächst nur die Männer am Ballhausplatz erfaßt: »Die Stadt nimmt das alles sehr ruhig auf«, berichtete der britische Botschafter in Wien, Sir Maurice de Bunsen, am 29. Juni in einem privaten Brief[6]. »Das muß ein sehr apathisches Volk sein, – und natürlich war der Erzherzog sehr unpopulär.« Drei Tage später noch schrieb seine Frau an Miss de Bunsen: »Am Abend im Volksgarten schien vollkommene Gleichgültigkeit zu herrschen; alle waren recht vergnügt. Der Grund ist, daß die Menschen hier wenig für ihre Erzherzöge übrig haben und sich nur für ihren Kaiser interessieren.«

Dieser aber lebte mit seinen fast 84 Jahren derart zurückgezogen, daß sich wohl noch kaum herumgesprochen hatte, was bei Hofe alle wußten: seit dem Winter war die Gesundheit des Monarchen angegriffen. »Die Erkrankung Kaiser Franz Josephs hat in ganz Europa große Sorgen ausgelöst, weil der Thronfolger, Franz Ferdinand, und seine politische Linie, wie man sie kannte, in jeder einzelnen Provinz der Doppelmonarchie derart unpopulär war, daß allgemein gefragt wurde, ob die Einheit des Reichs den Tod des Kaisers lange würde überleben können«, hatte de Bunsen Mitte Mai seinem Außenminister gekabelt, jenem erfahrenen liberalen Diplomaten Sir Edward Grey, der bereits 1913 auf der Londoner Botschafterkonferenz durch sein Verhandlungsgeschick das Ausgreifen der Balkankriege auf ganz

Europa verhindert hatte. Den britischen Beobachtern war vollkommen klar, daß Rußland keine Anstrengung unterlassen würde, seinen alten Einfluß auf dem Balkan zurückzugewinnen, während Österreich alles daransetzen dürfte, eben dieses zu verhindern. Deutschland könne allenfalls durch seine Bündnistreue zu Österreich in diesen Konflikt hineingezogen werden, dachte man in London.

In Wien hatte gezielte Propaganda schon wenige Tage nach dem Attentat die heurigenselige Gleichgültigkeit in hitzigen Haß verwandelt: »Serbien muß sterbien, ob's da will oder net!« De Bunsen berichtete am 5. Juli von einem Gespräch mit seinem russischen Kollegen über die bittere Stimmung, die Österreich ergriffen hatte. »Er kann nicht glauben, daß das Land sich Hals über Kopf in einen Krieg stürzen wird, weil ein isolierter Konflikt mit Serbien ausgeschlossen wäre, zumal Rußland sich dann gezwungen sähe, zur Verteidigung Serbiens zu den Waffen zu greifen ... Ein serbischer Krieg würde einen allgemeinen europäischen Krieg bedeuten ... Ein Land, in dem ein Mordanschlag vorbereitet wurde, für dessen Ausführung verantwortlich zu machen, das sei eine völlig neue Doktrin, und er könne sich nicht vorstellen, daß Österreich sich von ein paar Hetzartikeln in der Presse so weit treiben lassen werde.«

De Bunsen teilte diesen Optimismus nicht: »Ich fürchte, man muß jetzt davon ausgehen, daß inzwischen fast alle Schichten der Bevölkerung blindwütig gegen die Serben aufgebracht sind, und ich habe aus zuverlässiger Quelle erfahren, daß viele Menschen, die für gewöhnlich ganz maßvolle und vernünftige Ansichten zu außenpolitischen Fragen vertreten, sich jetzt dahingehend äußern, daß Österreich letztlich gezwungen sein werde, seine Stärke dadurch zu beweisen, daß es ein und für allemal seine offenen Rechnungen mit Serbien begleicht, und daß es hart genug zuschlägt, Serbien anhaltend zu entmachten. In Militärkreisen herrschen solche Ideen mit Sicherheit vor ...«

Der britische Botschafter sprach natürlich auch mit seinem deutschen Kollegen, einem Herrn von Tschirschky. Ihm gegenüber äußerte er seine Befürchtung, daß die Beziehungen zwischen Österreich und Serbien jetzt noch schwieriger würden als je zuvor. »Er betonte nachdrücklich, daß diese Beziehungen schlecht sein müßten, und daß nichts sie reparieren könne. Er fügte hinzu, daß er vergeblich versucht habe, Berlin von dieser fundamentalen Wahrheit zu überzeugen ...« »Ich habe sogar gehört, daß Kaiser Wilhelm von Anfang an die Weisheit der österreichischen Politik bezweifelt habe, Serbien vom Zugang zur Adria abzuschneiden«, fügte de Bunsen hinzu. Bei seinem letzten Besuch in Österreich (Anfang Juni) habe Wilhelm II. ganz offen über die Kriegsvorbereitungen gesprochen, berichtete der britische Militärattaché. Er habe gesagt, er könne einfach nicht verstehen, warum Österreich mit Serbien nicht zurechtkomme, und warum es sich dem serbischen Zugang zur Adria derart vehement widersetze. Wilhelm II. habe sich damals sogar ausdrücklich gegen jeden Krieg ausgesprochen, »dessen Folgen heute nicht zu kalkulieren sind«.

Der deutsche Botschafter aber tat auch weiterhin nichts, Österreich zu mäßigen. Am 28. Juli suchte de Bunsen den Grafen Berchtold auf, der ihm eröffnete, am Nachmittag werde er Serbien den Krieg erklären. Es gehe um das Ansehen, ja um den Erhalt der Monarchie. »Woran Österreich zuerst dachte, das war seine Auseinandersetzung mit Serbien; woran wir zuerst dachten, das war der Friede in Europa ...«, notierte de Bunsen resigniert.

Alle Regierungen des Kontinents mußten sich nun entscheiden, auf welcher Seite sie stehen, gewinnen oder verlieren wollten. Bei den kleinen Balkanstaaten ging es bei dieser Frage allerdings nicht nur um Sieg oder Niederlage, sondern um ihren Fortbestand. Zunächst versuchten Bulgarien, Griechenland und Rumänien, sich aus dem Konflikt herauszuhalten. Auch die Türkei verpflichtete sich am 2. August 1914 in einem Vertrag mit dem Deutschen Reich zu strikter Neutralität im Konflikt Österreich-Ungarns mit Serbien. Für den Fall jedoch, daß Rußland gegen Deutschland in den Krieg eintreten sollte, verpflichtete sich die Türkei, gleichfalls zu den Waffen zu greifen. Nach wenigen Stunden schon war dieser Bündnisfall gegeben, die türkische Seite zog sich aber geschickt auf die Position »bewaffneter Neutralität« zurück. Erst durch deutsche Schiffe in den Meerengen wurde auch sie in Kampfhandlungen hineingezogen.

Nun aber wurde es notwendig, eine Landverbindung herzustellen, um den türkischen Verbündeten Nachschub für ihre Kämpfe in Mesopotamien und am Suezkanal zukommen lassen zu können. Britische Truppen hatten versucht, vom Persischen Golf aus gegen Bagdad vorzudringen, um in den Besitz von Erdölquellen zu gelangen, waren aber von den Türken zunächst aufgehalten worden. Am Suezkanal konnten die Türken jedoch nicht verhindern, daß die britischen Feinde das Ostufer besetzten, und so riefen sie deutsche Hilfe herbei. Deshalb entschlossen sich die Mittelmächte zur Offensive gegen Serbien, zu der die österreichisch-ungarischen Kräfte allein nicht ausgereicht hätten. Erst am 6. Oktober 1915 – also 14 Monate nach Kriegsanbruch – überschritten infolgedessen die Truppen Generalfeldmarschall von Mackensens und Generalmajor von Seeckts auf eilig gefertigten Pontons mit gewaltigen Material- und Menschenmassen die Grenzflüsse Save und Donau, und schon drei Tage später marschierten sie in Belgrad ein. Daraufhin erklärte auch Bulgarien, das erst im September ein Bündnis mit Deutschland eingegangen war und von der Türkei territoriale Zusagen erhalten hatte, an Serbien den Krieg, in der Hoffnung, auf diese Weise Makedonien zu schlucken. Deutsche, österreichische, ungarische und bulgarische Truppen eroberten gemeinsam ganz Serbien, zwangen Montenegro zur Kapitulation und vertrieben die Italiener aus Albanien.

»Weder das hochmütige, geldprotzende England, noch Rußland mit seinen unermeßlichen Scharen, noch das haßgeifernde Frankreich haben den Zorn der Deutschen so sehr erregt wie das kleine Serbien in seiner maßlosen Überheblichkeit«, schrieb der Berliner Kriegsberichterstatter Wilhelm Hegeler[7], tief beeindruckt von diesem Erlebnis und – wie nicht nur er damals glaubte – einem schicksalhaften Sieg. »Einen Zorn, man muß es gestehen, dem die Anerkennung für seine Tapferkeit nicht fehlte. Aber gerade darum mußte mit ihm abgerechnet werden. Ehre stand hier auf dem Spiel ...« Und so ging der Serbien-Feldzug, mit dem alle längst gerechnet hatten, eines Tages wirklich los.

Die serbischen Soldaten wehrten sich, doch dann flohen sie in die Berge, auch die Bauern verließen Haus und Hof, auf der Suche nach Sicherheit. Erst ein Aufruf Mackensens, in dem ihnen Schonung versprochen wurde, bewegte die meisten zur Rückkehr. »Nun kehren sie heim. Ausgemergelte Greise führen vierjährige, bloßfüßige Kinder an der Hand, gebückte Frauen tragen in buntgewebten Säcken die Reste ihrer Habseligkeiten über der Schulter. Am Straßenrand schleichen sie, denn die Mitte wird von dichten Gefangenenscharen eingenommen. Wie sie dahertrotten in ihren braunen Lumpen, auf zerfetzten Opanken durch den tiefen Schlamm, der das grellfarbige Strickwerk ihrer Strümpfe mit grauen Schmutzkrusten bedeckt hat, wie sie vom Ruf unserer Soldaten ›Ajde, Ajde‹ bald zur Eile angestachelt, bald aufgehalten werden und warten müssen eine Stunde um die andere: da erinnern sie mich in ihrer stumpfen Willenlosigkeit, ich kann mir nicht helfen, an müde Viehherden. Ein trauriger Anblick, dieser Zug eines zertrümmerten Volkes durch sein verwüstetes Land!«

Und in ihren Herzen bewegten sie, wenn man dem deutschen Berichterstatter wirklich glauben darf, ein gar böses blasphemisches Gebet: »Im Namen Peters des Vaters, Alexanders des Sohnes und des abscheulichen Pasić Amen.« (Peter war der König, Alexander der Kronprinz und Pasić der Ministerpräsident) »Vater Peter, der Du bist in Belgrad und in Niš, vernichtet werde Dein Name, zu Grunde gehe Dein Reich. Dein Wille geschehe weder in Wien noch in Berlin. Gebe Deinen Soldaten gegen Verhungern das tägliche Brot, als auch den Witwen und Waisen, welche Dir niemals vergeben können, denn Du achtest keinen Frieden, sondern Du führst Krieg und kriegsmörderische Politik. Fahre von Belgrad nach Kragujewac, Niš und zuletzt in die Hölle. Amen.«

Hegeler war auch dabei, als der Deutsche Kaiser Wilhelm II. und der aus Deutschland stammende Zar Ferdinand von Bulgarien in Niš zur Siegesfeier zusammentrafen: »Auf dem Kalbfell der silbernen Trommeln donnern Wirbel. Die Backen der Musikanten blähen sich zum Zerspringen. Aus den gelb blitzenden Trompeten schäumen schmetternde Töne. Die braunen (bulgarischen) Soldaten präsentieren das Gewehr. Der bis aufs äußerste gesteigerte Wille zu steinerner Unbeweglichkeit gibt ihren Gesichtern etwas Gewaltsames, Zorniges, beinahe Böses. Aber man merkt, wie darunter die Freude über die Erfüllung ihrer

Hoffnung lacht… Die Herzen dieser braven Jungen hüpfen, und Gesichter machen sie dazu wie Menschenfresser…« Der Kaiser verleiht dem Zaren einen Marschallstab, der Zar dem Kaiser ein Balkan-Regiment, und der Berichterstatter feiert, »die hoffentlich noch in Jahrhunderten bedeutsame Tatsache, daß der aus politischen Gründen geschlossene Bund sich an diesem Tag zu einer herzlichen Freundschaft vertiefte zwischen den beiden Herrschern und durch sie zwischen den beiden Völkern.«

Den englischen und französischen Truppen war es unterdessen gelungen, nach verlustreichen Rückzügen an der griechisch-mazedonischen Grenze nördlich von Saloniki eine Stellungsfront zu halten. Griechenland protestierte, natürlich vergeblich, gegen diese Verletzung seiner Neutralität. Wehrlos wand es sich in den Händen der Alliierten, die es mit allen Mitteln zum Kriegseintritt drängten und schließlich mit einer »Pacific blockade« die Demobilisierung der griechischen Armee sowie eine Verfassungsänderung und Umbildung der Regierung erzwangen. Im Juni 1917 gab König Konstantin I. dem Drängen nach, dankte ab, und die neue griechische Regierung trat der Entente bei, schickte aber erst 1918 eigene Truppen in den Krieg.

Mehr Glück hatte Rumänien. Nachdem man dort offenbar schon bald nach dem Attentat von Sarajevo verstanden hatte, daß es nicht geraten schien, sein Schicksal länger an das Österreichs zu binden, wartete man geduldig auf eine günstige Gelegenheit, die eigenen nationalen Träume zu verwirklichen. Erst als die Mittelmächte durch die Verluste von Verdun, durch die Sommeschlacht, durch die gescheiterte Offensive gegen Italien und schließlich durch die Brusilow-Offensive derart geschwächt worden waren, daß ihnen das Gesetz des Handelns entglitten war, und nachdem ihm nach und nach die Erfüllung aller Wünsche (Siebenbürgen, die Bukowina und das Banat) zugesagt worden war, gab König Ferdinand I. dem Drängen der Entente nach und erklärte am 27. August 1916 der Doppelmonarchie den Krieg. In den folgenden Tagen antworteten Deutschland, Bulgarien und die Türkei mit Kriegserklärungen an Rumänien.

Die großzügigen Versprechungen der Alliierten an die diversen Kriegsteilnehmer – mit einer Zusage an Bulgarien in der Makedonienfrage hatten sie vorübergehend auch diesen Staat auf ihre Seite zu ziehen versucht – gingen natürlich zu Lasten Serbiens, das sich entsprechend heftig wehrte. Ministerpräsident Pasić sprach dem russischen Botschafter gegenüber von einer Alternative zwischen Leben und Tod, und daß es besser sei, ehrenhaft unterzugehen als einen Selbstmord zu begehen. Er forderte eine klare Definition nicht nur aller Opfer, die von Serbien verlangt würden, sondern auch der Entschädigungen, mit denen es nach dem Kriege rechnen könne. »Er sagte mir, daß auf jeden Fall alles, was Serbien opfern werde, nur für Rußland geschähe«, schrieb der russische Gesandte in Niš, Fürst Grigori N. Trubetzkoy, in seinen bis heute unveröffentlichten Erinnerungen[8]. »Ihn interessierte am meisten die Frage der Abgrenzung der Küste, die in Dalmatien und Albanien an Serbien gehen werde und ebenso die Ausmessungen im Banat. Er hoffte, daß das Abkommen mit Rumänien von uns noch nicht unterschrieben worden sei, da ohne eine Sicherung Belgrads der serbische Staat seiner Sicherheit und Festigkeit beraubt sei. Er erwähnte die Batschka und Syrmien und Kroatien und beschwerte sich bitter über Italien ...«

Die Übergabe des Banats an Rumänien treffe die Serben besonders schmerzhaft: »Die ganze Geschichte ihrer Beziehungen zu Österreich stand unter der ewigen Bedrohung Belgrads, und plötzlich erschien an Stelle der alten Bedrohung eine andere von Seiten der Rumänen. Dabei war Belgrad der Mittelpunkt und die Bewahrerin der ganzen serbischen Kultur und in bedeutendem Ausmaße des materiellen Wohlstandes. Man konnte verstehen, daß eines der wesentlichsten Kriegsziele in den Augen der Serben die endgültige Durchsetzung der Sicherheit und Gefahrlosigkeit ihrer Hauptstadt war, und da sollten sie sich schon im vorhinein mit dem Gedanken zufrieden geben, daß die Grenze ganz nahe an Belgrad herangehen würde, nur durch die Donau getrennt.«

In einem Telegramm nach Petrograd hob Trubetzkoy hervor, daß es der serbischen Regierung, angesichts der Stimmung in der Armee und in breiten Kreisen der Öffentlichkeit, nicht möglich sein werde, dem Verlangen der Mächte nach Gebietsverzichten zuzustimmen, sollten diese dank dem Starrsinn Italiens nicht ihrerseits imstande sein, Serbien genau definierte Kompensationen zuzusagen. Sie könne das nicht, »selbst wenn sie das wollte«.

»Tatsächlich war die Frage sehr einfach«, kommentierte Trubetzkoy in seinen Memoiren: »Von Serbien verlangte man Abtretungen von Gebieten, die ihm gehörten und für die viel serbisches Blut vergossen worden war. Diese Abtretung war völlig real. Im Austausch dazu wurden ihm die nebelhaftesten Versprechungen von Gebieten gemacht, die erst erobert werden mußten und in denen die Interessen Italiens mit den Interessen Serbiens zusammenstießen. Dabei ging die Frage nicht nur um die Verlockung bedeutender Gebietserwerbungen, sondern auch um die der Stammesvereinigung des südlichen Slawentums.«

Damit meinte er die südslawische, also »jugoslawische«, Idee, die sich parallel zum Illyrismus der Kroaten und Slowenen im Laufe des 19. Jahrhunderts entwickelt hatte. In seinen Erinnerungen faßte Trubetzkoy zusammen: »... Die Träume der Serben von der Einigung des südlichen Slawentums, namentlich die Träume von der Angliederung Kroatiens an Serbien, waren ... ziemlich unbestimmt ... Die Mehrheit stellte sich die Vereinigung als eine Angliederung slawischer Gebiete an Serbien vor, wobei der erste Rang Serbien eingeräumt wurde. Die Serben waren nämlich große Chauvinisten. Sie waren von dem unbedingten Vorrang ihrer Kultur überzeugt. Da sie zum Optimismus neigten, schlossen sie die Augen vor den Schwierigkeiten, wollten sie die tiefen Unterschiede zwischen sich und den Kroaten nicht sehen. Und dabei erstreckten sich diese Unterschiede auf den gesamten Lebensbereich der beiden Völker. Die Serben waren orthodox – die Kroaten katholisch; bei den Serben gab es keine sozialen Unterschiede, in Kroatien gab es eine alte Aristokratie. Die Serben waren im Grund ein Volk von Siedlern, bei ihnen konnte man häufig in ein und derselben Familie einen Bruder antreffen, der Bauer war, während der andere Bruder Offizier war oder Beamter oder Parlamentarier; die Kroaten befanden sich im Laufe von Jahrhunderten unter dem Einfluß der Schwabenkultur.« (Gemeint ist hier generell die Kultur der Donaudeutschen, die etwa im Banat gar nicht aus Schwaben, sondern aus der Pfalz stammten, jedoch Schwaben genannt wurden.)

Dafür hätten die Serben den großen Vorteil einer »langwährenden Gewöhnung an die Unabhängigkeit« auf ihrer Seite: »Serbien war ein Reich, das alle notwendigen Institutionen der Macht, wenn auch vielleicht in unvollkommenem Maße, besaß, und ebenso eine prächtige Armee. Wenn die Vereinigung zustande gekommen wäre, wäre das Verdienst daran Serbien zuzuschreiben gewesen, serbisches Blut wäre ihr Ursprung gewesen. Das hätte Serbien unzweifelhaft das Recht auf den ersten Rang im künftigen Staat gegeben«, schrieb Trubetzkoy 1917, also nur kurze Zeit, bevor dieser Staat tatsächlich entstand – allerdings ohne jede Mitwirkung Rußlands.

Scharfsichtig sah der russische Diplomat die künftigen Probleme einer Föderation zwischen Serben und Kroaten voraus: Aus eigenen Kräften hätte Serbien keinesfalls ganze Teile Österreich-Ungarns erobern können. Ein vereinigtes Süd-Slawien war folglich erst am Ende eines siegreichen Krieges Rußlands und seiner Verbündeten mit den Mittelmächten denkbar. Dann aber erhielte die Frage nach dem Wunsch der Kroaten neues Gewicht: »Solange sie sich innerhalb der österreichisch-ungarischen Monarchie befunden hatten, bestand bei ihnen, ihrem Haß gegen die Schwaben entsprechend, eine Tendenz zu Serbien, aber sobald die Frage einer Änderung ihrer Existenzbedingungen aktuell geworden wäre, konnte sich die Beziehung zu Serbien ändern, besonders wenn sie eine Abhängigkeit gegen eine andere eintauschen sollten. Ungeachtet der Gleichheit ihrer Herkunft, war der oben aufgezeigte Unterschied der Lebensweise stark zu spüren.«

Und er führte gleich ein Beispiel an: »In Agram (Zagreb) gab es serbische und kroatische Kaffeehäuser, wo bei den Kroaten die Serben nicht zugelassen waren und bei den Serben nicht die Kroaten. Dann entwickelte sich die Idee des serbisch-kroatischen Blocks. Im letzten Landtag gehörte diesem die Mehrheit an. Doch bestand daneben noch die Partei der ›Frankowzen‹, d.h. die der unversöhnlichen Kroaten, der erbitterten Feinde der Serben. Mit all dem mußte unbedingt gerechnet werden. Man mußte den Besonderheiten Kroatiens Achtung erweisen und sie von den Vorteilen einer Vereinigung mit Serbien überzeugen.«

Bereits zwei Jahre zuvor hatte Trubetzkoy in einer Depesche

an seinen Außenminister[9] den gleichen Gedanken geäußert und auf die Möglichkeit separatistischer Bestrebungen der Kroaten hingewiesen, die auftauchen könnten, sobald »die verhaßte Wiener Regierung« verschwunden sei. Was aber Italien betraf, das alles daran setzte, seine Vormachtstellung an der Adria zu festigen und deshalb auch auf Küstengebiete Anspruch erhob, die von Slawen besiedelt waren, so war dem scharfsichtigen russischen Beobachter klar, daß auch die politischen Ziele seines eigenen Landes davon nicht unberührt bleiben konnten: »Unsere Interessen verlangten eigentlich eine für Serbien möglichst günstige Lösung der südslawischen Frage ... Wir konnten die Schaffung eines selbständigen kroatischen Königtums nicht wünschen, denn in diesem Fall wäre sofort ein künstlicher Interessenkonflikt zwischen ihm und Serbien entstanden; aber wenn wir die Rechtmäßigkeit der serbischen Interessen anerkannten, so konnten wir uns auch nicht ausschließlich ihren engen Gesichtspunkt zu eigen machen. Die Beziehung Italiens zu unserer Allianz war so wichtig, daß mit seinen Interessen unbedingt gerechnet werden mußte und daher einige Opfer gebracht und Einschränkungen des ethnographischen Prinzips vorgenommen werden mußten.«

Schon damals war also unschwer zu erkennen, daß die staatliche Zusammenfassung auch stammesgeschichtlich eindeutig zusammengehöriger Gebiete nicht so ohne weiteres durchzusetzen war und ist, ja nicht einmal immer sinnvoll wäre, weil ihre Grenzen erstens nicht unbedingt mit denen ihrer Kultur- und Religionszugehörigkeit identisch und zweitens nicht immer problemlos mit den machtpolitischen Interessen der jeweiligen Nachbarn in Einklang zu bringen sind. Wohin »gehört« Makedonien, wohin Siebenbürgen oder die Vojvodina, wohin gehören Dalmatien oder Istrien und wie unabhängig kann selbst ein ethnisch einigermaßen homogen besiedeltes Land wie Slowenien wirklich sein?

Damals war es gerade Slowenien, das sich als »Bollwerk gegen Deutschland«[10] verstand, waren es die slowenischen Abgeordneten, die zäh und emsig am Gebälk des Wiener Parlamentes nagten wie Biber in den Donauauen an einem alten morschen Baum, und die von der Zerstörung des »Vielvölkerkerkers«

Österreich und von der ewig innigen Umarmung mit ihren südslawischen Brüdern schwärmten. Der »Schwabenkultur« sagten ihre nationalen Erwecker in Gedichten und Traktätchen leidenschaftlich Lebewohl. Wie zum Beispiel im Jahre 1838 der romantische Nationalpoet France Prešeren, dessen Denkmal bis heute Laibach dominiert, in seinem oft zitierten Aufruf an jene Landsleute, die in deutscher Sprache dichteten:

»Ihr, die ihr entsprossen aus der Slawen Stamme,
die ihr, der eig'nen Mutter lang entzogen,
die Bildung nicht an ihrer Brust gesogen,
die man, wie mich, vertraut der deutschen Amme!

Nicht glaubet, daß ich euch deshalb verdamme,
daß dankbar der Germanin ihr gewogen,
nur daß sie wird der Mutter vorgezogen,
das ist, was in mir weckt des Zornes Flamme.«

Es gehört zu den Ironien der Weltgeschichte, daß Prešeren sich zu solch patriotischem Pathos weit weniger durch slawisches Gedankengut als vielmehr durch die Werke des deutschen Denkers Johann Gottfried von Herder hatte anregen lassen, der in seinen »Ideen zur Geschichte der Philosophie der Menschheit« (1784–91) den slawischen Völkern ihre nationale Erweckung und »alle Herrlichkeit auf dem schönsten Erdstück Europas« versprochen hatte: dann nämlich, wenn sie, »die so tief versunkenen, einst fleißigen und glücklichen Völker endlich von ihrem langen trägen Schlaf ermuntert, von ihren Sklavenketten befreit, ihre schönen Gegenden vom Adriatischen Meer bis zum karpatischen Gebirge, vom Don bis zur Moldau als Eigentum nutzen und ihre alten Feste des ruhigen Fleißes und Handels« auf ihnen feiern dürften.

Ausgerechnet die slowenischen Dichter und Denker, die sprachlich viel eher den West- als den Südslawen zuzurechnen sind, waren es, die von Anfang an deutlich zwischen einem allumfassenden Panslawismus und einem regionalen Jugoslawismus unterschieden und sich selber als »unverzichtbaren Bestandteil« des letzteren, also eines künftigen Zusammenschlusses aller Südslawen, darzustellen bemühten. Seit 1867 sahen sie sich durch die dualistische Konstruktion des Ausgleichs von ihren »kroatischen Brüdern«, die zur ungarischen Reichshälfte gehörten, künstlich getrennt, und seit 1871 zitterten sie vollends vor der Gefahr, daß eine Vereinigung der Serben und Kroaten ohne sie zustande kommen könnte und sie in der Folge zwischen den beiden Mahlsteinen eines Pangermanismus und eines Panslawismus zerrieben würden.

Deshalb werteten sie es als großen Erfolg, als sich auf dem großen Slawen-Kongreß 1908 in Prag neben den russischen, polnischen, tschechischen und bulgarischen Formationen auch eine eigene südslawische Gruppe bildete, in welche die slowenischen Delegierten widerspruchslos aufgenommen wurden. »Im vergangenen Jahrhundert hatte das Ideal des Panslawismus die Bedeutung einer jugoslawischen Einigung in den Hintergrund geschoben«, schrieb neun Jahre später einer, der dabei gewesen war, der slowenische Gelehrte Bogumil Vosnjak[11]. Als 1913 ein slowenischer Dozent in Prag die neue jugoslawische Bewegung kritisiert habe, sei er bei den slowenischen Akademikern auf einhellige Ablehnung gestoßen: »Alle verstanden, daß die Tage des slowenischen Partikularismus gezählt waren ... Was waren schon eineinhalb Millionen Slowenen – politisch wie ökonomisch schwach – in dem gigantischen Kampf zwischen Germanismus und Slawismus? Nur einem vereinigten Jugoslawien konnte in diesem Konflikt irgendeine Bedeutung zukommen.«

Den Geist der Zeit zeigt wohl am deutlichsten folgender Satz einer Resolution junger slowenischer Intellektueller aus dem Jahre 1913: »Weil es eine Tatsache ist, daß wir, Slowenen, Kroaten und Serben, eine in sich geschlossene sprachliche und ethnische Gruppe mit vergleichbaren ökonomischen Verhältnissen bilden, die durch das gemeinsame Schicksal auf gemeinsamem Boden so unauflöslich zusammengeschweißt ist, daß keiner der drei auf eine eigenständige Zukunft hoffen kann, und in Anbetracht der Tatsache, daß unter den Slowenen, Kroaten und Serben der jugoslawische Nationalgedanke inzwischen stark entwickelt ist, haben wir unsere nationale Gesinnung über unsere Grenzen hinaus auf die Kroaten und Serben ausgedehnt, genau wie unter ihnen die Idee der nationalen Wechselbeziehung mit den Slowenen längst verbreitet ist.« Nationale Verantwortung gebiete die Schaffung eines tragfähigen Fundamentes des Jugoslawentums, von dem aus allein der gezielten »Entnationalisierung« und dem ausländischen Imperialismus Widerstand geleistet werden könne.

Genau in diesem Geiste fand sich 1915 unter dem Vorsitz des Kroaten Trumbić in London ein »Jugoslawisches Komitee« zusammen – Vosnjak gehörte ihm an –, das zwei Jahre später gemeinsam mit der serbischen Regierung, die inzwischen auf der Insel Korfu Zuflucht genommen hatte, eine Erklärung herausgab, in welcher der Wille zur gemeinsamen Staatsbildung kundgetan wurde. Gleichzeitig fanden sich die südslawischen Abgeordneten im österreichischen Reichsrat zusammen und forderten die Vereinigung der österreich-ungarischen Südslawen zu einem selbständigen Staat innerhalb des Habsburger Reiches. In den allerletzten Tagen des Krieges schlossen sie sich der großserbischen Bewegung an. Am 24. November 1918 proklamierte der in Agram/Zagreb gebildete Nationalrat aller Südslawen der Donaumonarchie ihre Vereinigung mit dem Königreich Montenegro und dem Königreich Serbien. Eine Woche später verkündete Prinzregent Alexander Karadjordjević das Königreich der Serben, Kroaten und Slowenen, das erst weitere elf Jahre später Jugoslawien heißen sollte. Nach dem Attentat auf die kroatischen Bauernführer – die Brüder Radić – und nach dem folgenden Auszug der kroatischen Opposition aus dem gemeinsamen Parlament wurde dieses Königreich Jugoslawien nur noch mit diktatorischen Mitteln zusammengehalten, so daß es im April 1941 innerhalb nur weniger Stunden gleich wieder auseinanderfiel.

Der Traum vom ewigen Frieden

»Es soll kein Friedensschluß für einen solchen gelten,
der mit dem geheimen Vorbehalt des Stoffs
zu einem künftigen Kriege gemacht worden.«

Immanuel Kant, »Zum ewigen Frieden«,
1. Präliminarartikel

Nie wieder Krieg, schworen die Völker dieser Welt sich und einander, nachdem sie ihre mehr als zehn Millionen Toten begraben, ein Vielfaches an Verwundeten versorgt und sechs Millionen Gefangene ausgetauscht hatten. Ein kleines Königreich hatte für seine Hoffahrt büßen sollen, vier kolossale Kaiserreiche waren ruiniert. Was da mit Europa geschehen war, schien allen völlig unbegreiflich. Aber es war nicht etwa deshalb unfaßbar, weil es die Gesetze der Logik verletzt hätte, sondern im Gegenteil – wie Trotzkij sicher geschrieben hätte, wäre er nicht inzwischen als Kriegskommissar Lenins allzu beschäftigt gewesen –, weil es sich aus der Gesamtheit der Umstände genau so hatte ergeben müssen. Unbegreiflich war, daß die Verantwortlichen in den Hauptstädten Europas die Folgen ihrer Entscheidungen nicht vorhergesehen hatten.

Doch auch jetzt sprach man fast nur von Kriegsschuld, kaum von Verantwortung. Die schuldigen Völker sollten bestraft, ja sie sollten durch eine neue Aufteilung Europas derart geschwächt werden, daß sie den Frieden der Welt nie wieder würden bedrohen können. Ausschließlich der amerikanische Außenseiter Woodrow Wilson verfolgte eine über den Gedanken der Strafe oder gar Rache hinausreichende Idee. Bereits zehn Monate vor dem Waffenstillstand hatte er in seiner Neujahrsbotschaft vor dem amerikanischen Kongreß vierzehn Grundsätze für eine Friedensordnung vorgetragen, die später noch durch weitere Punkte – durch den Verzicht auf Annexionen und vor allem durch das Selbstbestimmungsrecht der Völker – erweitert werden sollten:

1) Keine Geheimdiplomatie, 2) freie Seeschiffahrt in Krieg und Frieden, 3) Beseitigung von Schranken und Ungleichheiten im Handelsverkehr, 4) Abrüstung, 5) unparteiische Regelung

aller kolonialen Ansprüche, 6) Räumung der besetzten russischen Gebiete durch die Mittelmächte, 7) Wiederherstellung Belgiens, 8) Räumung des besetzten französischen Territoriums und Rückgabe Elsaß-Lothringens, 9) Bereinigung der italienischen Grenzen entsprechend »klar erkennbaren Nationalitätsgrenzen«, 10) autonome Entwicklung der Völker Österreich-Ungarns, 11) Räumung und Restitution Rumäniens, Serbiens (mit Zugang zum Meer) und Montenegros; internationale Garantien für die Balkanstaaten, 12) autonome Entwicklung der nichttürkischen Völker des Osmanischen Reiches und Öffnung der Dardanellen, 13) Errichtung eines unabhängigen polnischen Staates unter Einschluß aller Gebiete mit unzweifelhaft polnischer Bevölkerung und mit freiem Zugang zur See, 14) allgemeiner Zusammenschluß der Nationen zu einem »Völkerbund« mit dem Ziel wechselseitiger Garantien für politische Unabhängigkeit und territoriale Unverletzlichkeit.

Schon der allererste der fünf Friedensschlüsse, die zwischen Juni 1919 und August 1920 rund um Paris unterzeichnet wurden – mit dem Deutschen Reich in Versailles, mit Österreich in Saint-Germain-en-Laye, mit Ungarn in Trianon, mit Bulgarien in Neuilly und schließlich mit der Türkei in Sèvres –, kam durch geheime Verhandlungen der zehn Außenminister und der Großen Vier hinter verschlossenen Türen zustande. Man war also umgehend zu den alten Methoden der Geheimdiplomatie zurückgekehrt, obwohl alle Siegermächte Wilsons »Vierzehn Punkte« widerspruchslos als Verhandlungsgrundlage angenommen hatten. Dem vierten Punkt (Abrüstung) widersetzten sich Lloyd George und Clemenceau gleichermaßen, weil England erste Seemacht, Frankreich stärkste Landmacht Europas bleiben wollte, während in Rußland Trotzkij den Aufbau der Roten Armee energisch vorantrieb. Die »unparteiische Regelung« der Kolonialfragen (Punkt 5) lief letztlich auf ein Mandatssystem – unter Aufsicht des Völkerbundes – hinaus, das die überseeischen Besitzungen den Siegern überantwortete, während auch die Neuordnung der Grenzen innerhalb Europas keineswegs immer den Wünschen und Bedürfnissen der betroffenen kleinen Völker entsprach.

Das neugefaßte italienische Staatsgebiet (Punkt 9) beispielsweise machte über Nacht eine viertel Million deutschsprachiger Menschen in Südtirol, alle Triestiner sowie die Bewohner Istriens, Südkärntens, der Krain, Dalmatiens bis auf Fjume (Rijeka) und einiger dalmatinischer Inseln ungefragt zu Italienern. Lediglich für Kärnten wurde schließlich eine Volksabstimmung zugelassen.

Clemenceau verhinderte darüber hinaus den Anschluß der allein gelassenen deutschsprachigen Österreicher an das Deutsche Reich, obwohl dieser für die Wiener Nationalversammlung längst beschlossene Sache war. (»Deutsch-Österreich ist ein Bestandteil der deutschen Republik«, lautete die Resolution vom 12. November 1918.) Das Habsburger Reich war aufgelöst, und Ungarn verlor in Trianon zwei Drittel seines Landbesitzes, worüber es bis zum heutigen Tag nicht wirklich hinweggekommen ist: die Slowakei fiel an die neue Tschechoslowakei, das Burgenland an Österreich, Kroatien mit Slawonien an das spätere Jugoslawien, das Banat teils an dieses, teils an Rumänien, Siebenbürgen wiederum an letzteres. England, Frankreich, Italien und Japan erkannten den Besitz Bessarabiens für Rumänien an, Rußland aber nicht. Bulgarien wurde wie die Mittelmächte für seine Kriegsschuld schwer bestraft. Es mußte im Norden die Friedensgrenze von 1913 anerkennen, im Süden auf seine thrakischen Besitzungen verzichten und darüber hinaus Strumica in Makedonien an Jugoslawien und das Küstengebiet an der Ägäis bis zur Marica an Griechenland abtreten.

Mit dem Selbstbestimmungrecht der anderen, zum Teil recht üppig beschenkten »siegreichen« Balkanvölker war es gleichfalls nicht weit her. Erneut zerschnitten gnadenlose Grenzen die ausgepumpten, ausgebluteten Körper der Nationen, von denen kein einziger alle seine Gliedmaßen zusammenbringen konnte. Erneut umfaßte jeder Balkanstaat wenigstens eine kompakte Minderheit, die ihm fortan feindlich gegenüberstand, weil sie sich um ihre eigene Autonomie betrogen fühlte. »Alle diese neuen Gebilde waren durch die Mischung verschiedener Völker Nationalitätenstaaten. Die führenden Nationen ... ließen sich aber auch durch das vom Völkerbund kontrollierte Minderheitenrecht nicht hindern, Nationalstaaten zu etablieren, in denen die Minderheiten zu kurz kamen«, urteilte der Berliner Historiker

Hans Herzfeld in der »Propyläen-Weltgeschichte«[1] abschließend, als er sich einmal genauer ansah, was aus dem Habsburger Reich geworden war. Von den grundlegenden Problemen des Balkans war noch immer keines gelöst.

Makedonien blieb für Bulgarien die Wiege einer eigenen Kultur, für Griechenland das Land der Väter und für Serbien ein gar kostbar Eigentum, für das viel Blut geflossen war. Siebenbürgen, das aufgrund eines Beschlusses des Landtags von Klausenburg (Cluj) aus dem Revolutionsjahr 1848 seit dem »Ausgleich« zu Ungarn gehört hatte, war nun auf einmal nach dem Willen der dort ansässigen Rumänen sowie der Siebenbürger Sachsen Teil Rumäniens geworden, mit massiver magyarischer Minderheit, die durch eine drastische Bodenreform enteignet und somit anhaltend verbittert war. Albanien war schon unmittelbar vor Kriegsausbruch, also in den Tagen des glücklosen Wied, nahezu auseinandergerissen worden – Griechenland hatte ihm Nordepiros, Montenegro hatte Skutari und aufständische Bauern hatten den inneren Frieden genommen, und obwohl es sich für neutral erklärt hatte, war das kleine Küstenland wiederholt zum Kampfgebiet geworden. Nun bestanden alle Nachbarn, vorneweg Italien, auf der Teilung dieses »Kunststaates«, den Österreich »erfunden« hatte. Jeder wollte »sein« Stück davon. Serbien vor allen Dingen hoffte erneut auf einen Zugang zum Meer, wie er ihm in Wilsons elftem Punkt ausdrücklich versprochen worden war.

Dem amerikanischen Präsidenten gelang es überraschend, den Fortbestand Albaniens durchzusetzen, doch die komplizierte albanische Frage wurde auch in Paris nicht gelöst. Sie wurde vielmehr an die sogenannte Botschafterkonferenz weitergereicht, die erst im November 1921 die Grenzen von 1913 fast unverändert als Staatsgebiet bestätigte. Schon zwei Jahre später allerdings (im Frieden von Lausanne) wurde Südalbanien erneut an Griechenland zurückgegeben.

Die Albaner hatten ihrerseits viel früher die Geduld verloren und hatten unter den Augen fremder Besatzer einen nationalen Kongreß einberufen, dort einen Regierungsrat gewählt und Tirana zu ihrer Hauptstadt erkoren. Während die Alliierten friedlich das Feld räumten, konnten die Italiener erst durch einen Aufstand vertrieben werden, und Albanien trat dem Völkerbund schon deshalb bei, um bei diesem fortan Schutz vor seinen gierigen Nachbarn zu finden.

The League of Nations, dieser internationale Staatenbund zur Sicherung des Weltfriedens, war zwar nicht Wilsons Erfindung gewesen, sondern beruhte auf wesentlich älteren Entwürfen, die den Gedanken der Haager Konferenzen konsequent fortentwikkelt hatten; die Verwirklichung dieser Pläne jedoch und ihre Festschreibung in allen fünf Pariser Friedensverträgen war Wilsons persönliches Verdienst. Alle Mitglieder dieser Weltorganisation waren fortan verpflichtet, ihre Streitigkeiten friedlich zu lösen, und wenn kein Ausweg aus einer Krise gefunden werden konnte, sollten sie den mehrmals im Jahr tagenden Völkerbundsrat anrufen, der auch ohne ihre Stimmen eine Lösung vorschlagen konnte, die bei Einstimmigkeit der anderen für beide Konfliktparteien bindend war. Diesem Rat fehlten indes, wie sich im Laufe der folgenden Jahre zeigen sollte, grundsätzlich die geeigneten Machtmittel, die in Genf gefaßten Beschlüsse auch immer und überall durchzusetzen.

Der 28. Präsident der Vereinigten Staaten hatte es sich nicht nehmen lassen, persönlich nach Europa zu reisen, um dem zerrissenen Kontinent die Segnungen ewigen Friedens zu bringen. Und dies, wenngleich er, der in zweiter Amtszeit regierte, zu Hause längst nicht mehr unangefochten war, und obwohl seine Demokratische Partei gerade die Kontrolle über den Senat verloren hatte. Der Sohn eines strengen Presbyterianer-Priesters, der selbst zunächst Hochschullehrer für Rechtswissenschaften und Politische Ökonomie in Princeton gewesen war, muß nicht nur von seiner Vision erfüllt, sondern geradezu von einer göttlichen Mission überzeugt gewesen sein, daß er in Washington alles stehen und liegen ließ, um mit seinen Ideen die alte Welt zu retten.

Die unerschütterliche Kraft seiner Überzeugungen, die Tiefe seines Glaubens an das Gute im Menschen und die Illusion, mit hehren Idealen die banalen Tatsachen der politischen Wirklichkeit hinwegfegen zu können, just jene Eigenschaften also, die ihn an die Spitze seines Staates getragen hatten, waren es, die ihn letztlich scheitern ließen. Als Woodrow Wilson unmittelbar nach Unterzeichnung des Versailler Vertrags, nach zweihundert zähen Verhandlungstagen, erschöpft sein Schiff zur Heimreise bestieg, war er, allen unleugbaren Teilerfolgen zum Trotz, ein zutiefst enttäuschter Mann. Und als er schließlich in Amerika eintraf, empfing ihn nicht etwa große Begeisterung, sondern wachsender Widerstand.

Der Friedensvertrag, den er mitgebracht hatte, stieß nicht nur bei den Republikanern, vor allem natürlich im Senat, sondern auch bei den Demokraten auf Kritik. In der Hoffnung, diesen Widerstand mit Hilfe der öffentlichen Meinung überwinden zu können, begab er sich auf eine Propagandatour durch sämtliche Staaten, die ihn seine letzten Kräfte kostete: nach 34 großen Kundgebungen, ungezählten Interviews und Hintergrundgesprächen, brach er zusammen und wurde, vorübergehend linksseitig gelähmt, nach Washington zurückgebracht. Kaum daß er sich halbwegs erholt hatte, nahm er die Vorbereitungen einer »großen und feierlichen« Volksbefragung in Angriff, die nie zustande kam. Der Senat weigerte sich weiterhin, den Vertrag in seiner Gesamtheit zu ratifizieren und setzte erhebliche Einschränkungen in Fragen der kollektiven Sicherheit durch, die dem Präsidenten besonders am Herzen lagen. Folglich sah dieser sich gezwungen, seine eigenen Anhänger zu bitten, gegen die Ratifizierung zu stimmen. Ausgerechnet er, der mehr als alle anderen für die Schaffung des Völkerbundes geleistet hatte, verhinderte mit dieser Bitte schließlich selber, daß sein Land Gründungsmitglied der ersten Weltorganisation für den Frieden wurde.

1920 folgte der Tragödie letzter Akt: Auch Wilsons letzte verzweifelte Hoffnung, die Präsidentschaftswahlen als Votum für die League of Nations nutzen zu können, blieb unerfüllt. Die Republikaner siegten allzu überlegen. Der Friedensnobelpreis war da nur ein schwacher Trost. Verbittert zog der in Europa hoch geehrte, im eigenen Land aber völlig verkannte Prophet sich ins Privatleben zurück. Schon drei Jahre später starb er in Washington.

Mit einer weniger puritanisch-perfektionistischen Persönlichkeit gesegnet, hätte Wilson wohl wenigstens genießen können, was in Paris erreicht worden war: Ein neues Lebewesen war da geschaffen worden, wie er selber am 14. Februar 1919 in Versailles sich ausgedrückt hatte, als er die frohe Botschaft des Völkerbundes verkündete:[2] »Ein Lebendiges ist geboren worden, und wir haben darüber zu wachen, daß die Kleidungsstücke, die wir ihm anlegen, es nicht beengen ... Es ist eine fest bestimmte Bürgschaft für den Frieden, es ist eine fest bestimmte Bürgschaft gegen all das, was soeben beinahe den ganzen Bau der Zivilisation in Trümmer gelegt hat. Seine Ziele sind in keiner Hinsicht verschwommen. Seine Ziele sind klar ausgesprochen, und seine Machtbefugnisse sind unzweideutig festgelegt.«

Auf eine besondere Eigentümlichkeit dieses Bundesvertrags, die seiner Auffassung nach zu den größten und erfreulichsten Fortschritten gehörte, die je erreicht worden seien, wies er ausdrücklich hin: »Es wird ein Ende gemacht mit der zwangsweisen Angliederung hilfloser Menschen, die in manchen Fällen seitens mancher Mächte nur Ausbeutungsabsichten diente.« Und Wilson beendete seine große Rede mit den bewegend bewegten Worten: »Vieles Schreckliche, meine Herren, hat uns dieser Krieg gebracht, aber auch manches sehr Schöne. Das Unrecht hat eine Niederlage erlitten, aber die übrige Welt ist sich mehr als je zuvor der Majestät des Rechtes bewußt geworden. Von nun an können Völker, die einander beargwöhnten, als Freunde und Kameraden in einer einzigen Familie zusammen leben, und sie wünschen, es zu tun. Der Dunst des Mißtrauens, der Ränke ist zerstreut worden. Die Menschen sehen einander ins Auge und sagen: Wir sind Brüder und haben ein gemeinsames Ziel. Wir haben es uns früher nicht klargemacht, jetzt aber machen wir es uns klar, und dies ist unser Bund der Brüderlichkeit und der Freundschaft.«

So hatten auch die südslawischen Völker im Namen des neuen Selbstbestimmungsrechtes endlich die Erlaubnis erhalten, ihre Anteile an der Erbmasse der zerfallenen Reiche zu jenem Bundesstaat der Brüderlichkeit und Freundschaft zusammenzufügen, von dem sie so lange geträumt hatten. Doch wer genau hatte da geträumt? Von allem Anfang an stand diese Frage, selten ausgesprochen, aber immer präsent, über allen Zusammenkünften einiger weniger Vertreter dieser Völker, die ein halbes Jahrtausend getrennt gelebt hatten. Schon im »Jugoslawischen Komitee« in London, aber auch später bei Gesprächen auf der

Insel Korfu, auf die sich die serbische Regierung 1916 zurückgezogen hatte, und wo bereits im Juli 1917 der entscheidende Pakt geschlossen wurde – immer saßen Männer beisammen, die als Schul- und Hochschullehrer oder als Berufspolitiker kaum Kontakt zur Landbevölkerung pflegten und bestenfalls wußten, was ihre eigenen Kreise dachten, bei noch kaum entwickelter Verstädterung. Und schon diese selbsternannten Vertreter ihrer Völker waren sich keineswegs immer einig über ihr Ziel.

Das Königreich der Serben, Kroaten und Slowenen, zu dem sie sich schließlich zusammenschlossen, war fraglos eine Kopfgeburt. Doch dies genau im gleichen Maße, wie staatliche Abkommen das immer sind. Sein Geburtsfehler, der nie mehr korrigiert werden sollte, bestand allein in der Tatsache, daß die unmittelbar betroffenen Menschen, knapp zwölf Millionen an der Zahl, die doch künftig loyale Staatsbürger sein sollten, nic um ihre Zustimmung gefragt worden waren. Alle anderen Probleme, mit denen der junge Bundesstaat von Anfang an belastet war und sich fortan herumschlagen mußte, waren vorgegebener Natur.

40 Prozent dieser Menschen waren Serben, die übrigen 60 Prozent setzten sich aus Kroaten, Slowenen, Makedoniern, Montenegrinern, Deutschen, Ungarn, Albanern, Rumänen, Türken, Tschechen, Slowaken, Ruthenen, Russen, Polen, Italienern, Roma, Bulgaren, Walachen, Ukrainern, Juden und Griechen zusammen. Die muslimischen Bosniaken wurden damals, 1921, als eine erste Volkszählung durchgeführt wurde, noch nicht gesondert aufgeführt. Der serbischen Bevölkerungsgruppe verlieh schon allein ihre numerische Überlegenheit von vornherein besonderes Gewicht. Darüber hinaus verfügte sie als einzige über einen vollständigen Verwaltungsapparat, über eine schon lange etablierte stabile Regierung, über ein funktionierendes Parlament, über eine kampferprobte, gut gerüstete Armee und vor allem über ein eigenes Königshaus, das nicht aus Deutschland oder Italien importiert worden war.

Und so kam es, wie es kommen mußte, und wie Kenner der Region, etwa unser Gewährsmann Trubetzkoy (s. S. 303 f.), das längst vorhergesehen hatten: Die Stimme der Serben wurde tonangebend. Aber nicht einmal diese relative serbische Mehrheit sprach unisono; nicht einmal sie war in sich so geschlossen, daß irgend jemand hätte sagen können, wie sie ihre Zukunft sah. Die Mehrheit dieses Volkes hatte die vergangenen 500 Jahre innerhalb des Osmanischen Reiches zugebracht, ein keineswegs unbeträchtlicher Teil jedoch hatte unterdes, wie wir wissen, in österreichischen Diensten an der Militärgrenze die Freiheit des christlichen Abendlandes beschützt; sei es in Kroatien, Slawonien, in Ungarn oder im Banat. Ihr ursprünglicher Lehensbesitz dort war 1850 in erbliches Eigentum übergegangen. Sie hatten auf der anderen Seite von Save und Donau ihre Heimat gefunden, hatten dort längst Wurzeln geschlagen, waren also im geteilten Europa auf der weströmischen Seite zu Hause, obwohl sie ihrem orthodoxen Glauben grundsätzlich treu geblieben waren. Für die übrigen Serben waren sie »prečani« – also »hinübergegangene« Menschen, jenseits des trennenden Flußsystems.

Was wiederum nicht heißen kann, daß dort, in deren Stammesgebiet, die nächstgroße Volksgruppe, nämlich die der Kroaten, grundsätzlich einer Meinung gewesen wäre. Selbst innerhalb der kroatischen katholischen Kirche gab es immer schon zwei Richtungen. Ihren beiden wichtigsten Repräsentanten wurde in der kroatischen Hauptstadt je ein würdiges Denkmal gesetzt: Der eine war Josip Juraj Strossmajer, 1815 geboren zu Esseg, heute Osijek, und erst 90 Jahre später in einem Kloster in Djakovo gestorben. Er war mit 23 Jahren zum Priester geweiht und schon kurz darauf, wegen seiner auffallenden Intelligenz, in Wien zum Theologiedozenten und Kaplan des Kaisers ernannt worden. Als er während der Unruhen 1848/49 offen den kroatischen Widerstand gegen die alles dominierenden Ungarn unterstützte, fiel er in Ungnade und wurde als Bischof von Djakovo nach Bosnien verbannt. Doch schon bald tauchte er wieder aus der Versenkung auf, nämlich als Abgeordneter im ungarischen Parlament. Dort setzte er sich erneut vehement für die Interessen der Südslawen ein, für deren Vereinigung er zu kämpfen begann. Anschließend half er, die Universität von Zagreb sowie eine südslawische Akademie der Wissenschaften zu gründen.

Von der kroatischen Kirche wurde Bischof Strossmajer zum Ersten Vatikanischen Konzil delegiert, das im Dezember 1869 feierlich eröffnet wurde. Mit dieser Versammlung wollte Pius IX. seine Kirche gegen die Gefährdungen der Moderne – wie Rationalismus, Pantheismus oder auch Liberalismus – festigen, ja stählen und zugleich das kirchliche Leben reformieren. Die geheimnistuerische Art der Vorbereitung durch die Kurie und andere römische Institutionen hatte jedoch in weiten Kreisen der Weltkirche längst Argwohn erregt, als auch noch durchsikkerte, es sei geplant, die Unfehlbarkeit des Papstes dogmatisch zu definieren, was gar nicht auf der offiziellen Tagesordnung stand. Nun regte sich offener Widerstand.

Angeführt wurde die »liberale« Opposition, hinter der vielleicht 20 Prozent der Konzilsteilnehmer standen, von dem Bamberger Kirchenhistoriker Ignaz von Döllinger, dem späteren Präsidenten der Bayerischen Akademie der Wissenschaften. Döllinger, der eigentlich als ausgesprochener Widersacher des Protestantismus und der Aufklärung begonnen hatte, war erst allmählich zum Gegner des absolutistischen Kirchenstaates und in der Folge zum Kritiker der kirchlichen Staatslehre geworden. Der Anspruch auf Unfehlbarkeit bedeutete in seinen Augen den endgültigen Sieg des Papalismus über die Bischöfe, den es mit allen Mitteln zu verhindern galt. Als Döllinger sich schließlich weigerte, die Konzilsbeschlüsse anzuerkennen, wurde er 1871 exkommuniziert. Nach diesem irreparablen Bruch widmete er all sein Streben der Wiedervereinigung der Westkirchen.

Strossmajer hatte ähnlich argumentiert. Ihm war es jedoch weit weniger um den Zwist zwischen Katholiken, Altkatholiken und Protestanten gegangen, als darum, daß der tiefe Riß zwischen Osten und Westen niemals mehr zu heilen wäre, sollte der Bischof von Rom sich von seinem Konzil tatsächlich zum Alleinbesitzer der christlichen Wahrheit erklären lassen. Wenn sich die Patriarchen von Konstantinopel und Rom nicht endlich brüderlich versöhnten, wenn sie die Kirchenspaltung von anno dazumal, die dogmatisch noch immer nicht zu rechtfertigen war, nicht endlich überwänden, dann stünde auch die Verbrüderung der Serben und Kroaten unter einem schlechten Stern. Allzu untrennbar waren religiöse Überzeugung und nationales Selbstbewußtsein in der Glut ständiger Anfeindung und Bedrohung von außen durch Jahrhunderte miteinander verschmolzen, zu Hause wie in der Diaspora. Daß diese Legierung gefährlich war, wußte der politisch erfahrene Mann aus seiner Zeit in der ungarischen Nationalversammlung genau.

Strossmajer hat die ersehnte Vereinigung der Südslawen zu einem Reich nicht mehr erlebt. So blieb dem streitbaren Bischof aber auch die herbe Enttäuschung erspart, die alle Träumer erleben mußten: Das Königreich der Serben, Kroaten und Slowenen entwickelte sich Schritt für Schritt zu einer serbischen Diktatur. Einer der wesentlichen Gründe für diese Fehlentwicklung war der Widerstand der kroatischen Bauernpartei der Brüder Radić, die den kroatischen Jugoslawismus nie unterstützt hatten und sich durch die Gründung eines Zentralstaates sowohl übergangen und übervorteilt als auch überfordert fühlten. Am Vidovdan 1921 wurde die neue Verfassung gegen diesen Widerstand in Abwesenheit der meisten kroatischen Abgeordneten verabschiedet; sie beruhte also von Anfang an auf dem Konsens nur eines Teiles der südslawischen Bevölkerung.

Als Strossmajer starb, war jener andere kroatische Kirchenfürst, der weit über die Grenzen seiner Diözese hinaus bekannt werden sollte und dem die Zagreber Bürger gleichfalls ein Denkmal errichtet haben – nicht außerhalb auf einem freien Platz, sondern innerhalb ihrer Kathedrale –, gerade sieben Jahre alt. Alojzije Stepinac wuchs ganz im Dunstkreis jener Kroaten auf, für die ihre katholische Konfession und ihr Kroatentum identisch waren. Und sind. In ihren Augen waren die Serben keine Brüder, sondern bestenfalls schlecht getaufte Türken, mithin Verräter am wahren Glauben. Dies galt in ganz besonderem Maße für die serbischen Wehrbauern auf kroatischem Boden, also an der Militärgrenze, der Krajina. Ihnen konnte nicht verziehen werden, daß sie in ihrem sturen Stolz an der Tradition der Orthodoxie festgehalten, und daß sie außerdem arrogant von ihrer Position als Landeigentümer und direkte Untergebene des Kriegsministeriums in Wien auf die Leibeigenen der Ungarn hinabgeblickt hatten.

Gegen sie wurde infolgedessen später, nämlich 1941, kaum daß das Königreich zerbrochen und unter dem Ustaša-Poglavnik, dem Faschisten-Führer Ante Pavelić, ein »freies« Kroatien von Hitlers und Mussolinis Gnaden gegründet worden war, zu einem regelrechten Kreuzzug aufgerufen. »Grundlage für die Bewegung der Ustaše ist die Religion«, erklärte der erste kroatische Minister für Erziehung und Kultur, der Schriftsteller Mile Budak, am 22. Juli 1941 bei einer Parteiversammlung in Gospić, und er fuhr fort: »Für Minderheiten wie Serben, Juden und Zigeuner haben wir drei Millionen Kugeln. Wir werden einen Teil der Serben umbringen. Den anderen werden wir abtransportieren, und den Rest werden wir zwingen, die römisch-katholische Religion anzunehmen. So wird das neue Kroatien alle Serben in seiner Mitte loswerden, um innerhalb von zehn Jahren zu hundert Prozent katholisch zu werden.« Und schon drei Wochen später erinnerte der »bedeutende Romancier«, nach dem 1993 in Kroatien mehrere Straßen und sogar einige Schulen benannt werden sollten, in gleichem Zusammenhang an die Kreuzzugstradition der Kirche, »die weder eine terroristische Organisation ist, noch von Schwachsinnigen geführt wird …«[3]

»Gott will es!« lautete mithin erneut der Schlachtruf, unter dem diesmal viele Tausende von »Griechisch-Östlichen«, sprich Serben, in Konzentrationslager getrieben wurden, die sie nur dann lebend zu verlassen eine Chance hatten, wenn sie sich »umtaufen« ließen. Im Belgrader Film-Museum sind Aufnahmen von den damaligen Massentaufen längst getaufter Christen aufbewahrt.[4] Besonders aktiv war das Lager Nr. 3 an der kroatisch-bosnischen Grenze, jenes berüchtigte Jasenovac, von dem bereits die Rede war, und in dessen Verwaltung Priester saßen, kaum ohne Billigung des Kardinals.

Bereits am 17. Januar 1940 hatte der ehemalige Zögling des Collegium Germanicum in Rom, Alojzije Stepinac, im dritten Band seines Tagebuchs, das im Archiv des Amtes für Innere Angelegenheiten Kroatiens in Zagreb aufbewahrt wird, folgendes notiert: »Schon im Interesse der katholischen Kirche müssen wir alles unternehmen, damit das kroatische Volk weiterhin gesund und kulturell stark bleibt. Diese Eigenschaften … werden ihm auch in Zukunft im Überlebenskampf helfen. Am besten wäre es, wenn die Serben zum Glauben ihrer Väter zurückkehrten, das heißt, wenn sie sich vor dem Stellvertreter Christi – dem Heiligen Vater – beugten. Dann könnten wir endlich auch in diesem Teil Europas aufatmen, in dessen Geschichte

Byzanz und die Türken eine schreckliche Rolle gespielt haben.« Eineinhalb Jahre später – der Ustaša-Staat war gerade drei Monate alt – gab die Heilige Vatikanische Kongregation für die »Orientalische Kirche« dem Zagreber Erzbischof folgende Anweisung: »Römisch-katholische Priester in Kroatien sollten von ihren hocherhabenen Bischöfen angespornt werden, Nichtvereinigten (Abtrünnigen) die natürliche Rückkehr zur ... katholischen Liturgie zu ermöglichen, wenn es sich um ehemalige Mitglieder der katholischen Gemeinschaft der östlichen Kirche handelt, die aufgrund von Drohungen und Druckmitteln von seiten der Orthodoxen vom katholischen Glauben abgewichen sind ...« Gezeichnet: Kardinal Eugène Tisserant, Sekretär der Kongregation und Großmeister des Kreuzritter-Ordens vom Heiligen Grab.

Noch Anfang 1942, als sich der Charakter des Regimes längst in den schrecklichsten Greueln offenbarte und gleichzeitig Hitlers Truppen Rußland verheerten, wurde Stepinac vom Heiligen Stuhl zum Militärvikar sine titulo für die Armee der Ustaše ernannt. Immer noch fand sich der Kirchenfürst zu folgenden Worten bereit: »Die gesamte zivilisierte Welt kämpft gegen die schrecklichen Gefahren des Kommunismus, der nicht nur das Christentum bedroht, sondern alle hohen Werte der Menschheit.« Als er jedoch allmählich verstand, mit welchen Mitteln das Terrorregime den Zweck längst desavouiert hatte, den sie hätte heiligen sollen, versuchte er, die Geister zu zähmen, die er zunächst gerufen hatte, nun aber nicht mehr loswerden konnte. Ende 1943 stand er zum ersten Mal offen gegen die Ustaša-Führung auf und verurteilte ihre Übergriffe. Jetzt half er verfolgten Juden – vor allem, wenn sie christlich verheiratet waren –, und versteckte sie. Von kirchlicher Hilfe für Zigeuner oder Serben ist bis heute nichts bekannt; der wirksame Einsatz des Kardinals für das jüdische Altersheim der Stiftung »Ladislav Schwarz« hingegen ist verbürgt. Er war und blieb wohl auch weiterhin, wie seine Biographin Stella Alexander nicht ohne Mitgefühl bemerkt, entschieden »nicht ganz der Rolle gewachsen, die er sich nicht ausgesucht hatte.«[5]

Ihn ausdrücklich zum »Vorbild in Wort und Tat« für alle Kroaten zu erklären, wie der Papst dies am 3. Oktober 1998 tat, indem er Stepinac »selig« sprach, war theologisch kaum zu begründen, paßte aber ins Gesamtbild der Kirchenpolitik. »Bei Kardinal Stepinac hatte Johannes Paul II. dieses Jahrhundert im Visier«, kommentierte der Vatikan-Korrespondent der Frankfurter Allgemeinen Zeitung, Heinz-Joachim Fischer, deshalb etwas verlegen die keineswegs unumstrittene Entscheidung Roms[6]: Wie der Heilige Vater in seiner Predigt in dem kroatischen Wallfahrtsort Marija Bistrica einer jubelnden Menge erklärt habe, gehe es ihm um die »irrigen Ideologien« dieser Zeit. »So bereit der Papst ist, die wirklichen Fehler der Kirche im Laufe ihrer langen Geschichte einzusehen und dafür um Verzeihung zu bitten, so hartnäckig beharrt er darauf, daß die römische Kirchenführung, daß immer wieder Bischöfe, Priester, Ordensleute, überzeugte Gläubige Widerstand geleistet haben. Diesen nur in eine Richtung, gegen den Kommunismus, geleistet zu haben, zu Faschismus und Nationalsozialismus jedoch ›aufgeschlossen‹ gewesen zu sein, wird Stepinac vorgeworfen. Mit einem faschistischen Regime habe er gemeinsame Sache gemacht und sei somit am Tod von Tausenden von Juden, Serben und Zigeunern mitschuldig. Deshalb erklärten manche ihn zum ›Faschisten‹, zum Kollaborateur, der (den) Schauprozeß, die Kerkerstrafe von 16 Jahren (es waren fünf Jahre Gefängnis, sonst Hausarrest, d. Verf.), körperliche und seelische Mißhandlungen selbst zu verantworten habe. Deshalb wurde der Vatikan gebeten, etwa vom Wiesenthal-Zentrum in Wien, die Seligsprechung zu verschieben. Was der Papst aus Altersgründen und kirchenpolitischer Zielsetzung ablehnte...« Ein »Beitrag zur Versöhnung auf dem Balkan«, wie der Papst sich ausdrückte, war diese übereilte Seligsprechung sicher nicht.

Wie viele Menschen in Jasenovac wirklich umgebracht wurden, wird wohl nie zu klären sein. Die niedrigsten Zahlen gibt der kroatische Historiker Franjo Tudjman an, der zunächst General der jugoslawischen Volksarmee, dann kommunistischer Funktionär und schließlich nationalistischer Dissident gewesen war, bevor er den goldenen Thron des höchsten Amtes im jungen Staate Kroatien bestieg. Tudjman behauptet, lediglich 28000 Menschen seien bei ihrer Einlieferung in Jasenovac registriert worden. Von diesen hätten viele das KZ überlebt, die Zahl der

Toten müsse folglich kleiner als diese Summe sein. In serbischen Veröffentlichungen hingegen ist von mehreren hunderttausend Opfern die Rede, wobei Titos Biograph und Weggefährte Vladimir Dedijer mit seiner umstrittenen Dokumentation nicht einmal den Rekord aufstellt. Einer »Auschwitz-Lüge« bezichtigt wird nicht nur er.

Entscheidend für das Problem Jasenovac ist aber gar nicht die abstrakte nackte Zahl, ist nicht die meßbare Größe des Grauens, sondern die für Außenstehende kaum verständliche Tatsache, daß über diese schrecklichen 40er Jahre bis heute nicht offen gesprochen worden ist. Der Sarkophag mit den Geistern der Toten von damals wurde zugedeckt, versiegelt und vergraben, und darüber wurde ein Denkmal aus Beton errichtet, das in seiner Geschmacklosigkeit kaum zu überbieten ist. Das Thema aber war tabu.

Nur so war es für die kommunistische Regierung unter dem Kroaten Tito möglich, in Jugoslawien nach dem maßlosen Morden des Zweiten Weltkriegs den inneren Frieden herzustellen und erstaunlich lange zu bewahren, obwohl er immer wieder gefährdet war. Nur so ist aber auch zu erklären, daß nach dem Ende der Tito-Ära die kroatischen Nationalisten ungeniert an diese Vergangenheit anknüpfen konnten: alle Parolen und Symbole der unseligen Ustaša-Zeit wurden wieder hervorgeholt, als handelte es sich um einen Sportverein oder um einen harmlosen Pfadfinderbund. Sie warben von Wänden und wehten im Winde als wäre wirklich nichts gewesen. Und die früher Verfolgten bebten vor Angst.

Was aber Angst bewirken kann, das hat die Geschichte gerade des Balkans immer wieder aufs neue gezeigt. Aus Angst vor der ungarischen und einer denkbaren habsburgischen Revisionspolitik schlossen sich Jugoslawien, die Tschechoslowakei und schließlich Rumänien 1920/21 zu einer Kleinen Entente zusammen, die durch eine Reihe weiterer Bündnisse mit Polen und Frankreich gefestigt wurde. Aus Angst vor erneuter türkischer Aggression flohen nach dem Frieden von Lausanne im Sommer 1923 eineinviertel Millionen Griechen aus Thrakien und Anatolien auf griechisches Staatsgebiet. Beschönigend wurde diese Massenflucht »Bevölkerungsaustausch« genannt. Aus Angst vor revoltierenden Bauern, kommunistischen Attentätern, putschenden Offizieren und marodierenden Banden suchte Bulgarien die Freundschaft des starken Nachbarn Jugoslawien sowie Italiens, und aus keinem anderen Grund unterdrückte König Boris III., Belgrad zuliebe, die »Innere Makedonische Revolutionäre Organisation« IMRO, die ursprünglich (1893) zur Befreiung vom osmanischen Joch gegründet worden, nun aber gegen Serbien gerichtet war. Und es war sicher weniger Liebe als vor allem Angst, plötzlich ohne Bündnispartner dazustehen, die den orthodox erzogenen bulgarischen König veranlaßte, die italienische Prinzessin Giovanna zu heiraten. Aus Angst, zwischen den Fronten zerrieben zu werden, schloß Bulgarien sich im März 1941 dem Dreimächtepakt an und erlaubte den deutschen Truppen den Durchmarsch gegen Jugoslawien und Griechenland, vermied es aber, gleichfalls aus Angst, in den Krieg gegen die Sowjetunion offen einzutreten. Und nach dem bis heute ungeklärten Tode des Königs am 28. August 1943, unmittelbar nach einer heftigen Auseinandersetzung mit Hitler, herrschte in Bulgarien nur noch Angst. Nach dem Einmarsch der Roten Armee in Rumänien versuchte der für den noch minderjährigen König Simeon II. eingesetzte Regentschaftsrat verzweifelt, sich aus den Fängen verfehlter Bündnispolitik zu befreien, um der sowjetischen Besetzung zu entgehen. Vergeblich. Bulgarien wurde vollends Opfer seiner Angst.

Kaum besser erging es Rumänien. Auch die rumänische Außenpolitik war nach dem Vertrag von Trianon allein auf den Erhalt des Erreichten, auf Sicherung der keineswegs sicheren Grenzen, vor allem mit der Sowjetunion, ausgerichtet. Alle Versuche, eine Art Pufferzone zwischen Deutschland und Rußland von der Ostsee bis zur Ägäis aufzubauen, scheiterten, so daß die Kleine Entente als einziges Schutzbündnis übrigblieb; abgesehen von dem bewährten System der dynastischen Verbindungen. So wurde in den Jahren 1921 und 1922 ungewöhnlich emsig geheiratet. Kronprinz Carol ehelichte eine Prinzessin von Griechenland, seine Schwester Elisabeth den griechischem Thronfolger und Prinzessin Maria den langjährigen Regenten Serbiens, Alexander Karadjordjević, der gerade König der Serben, Kroaten und Slowenen geworden war. Bessarabien jedoch blieb ein ständiger Unruheherd, in dem sowjetische Agitatoren unablässig zündelten und 1924 sogar eine kommunistische Republik ausriefen, die immerhin drei Tage lang bestand. Erst zehn Jahre später, als die Sowjetunion an ihrem Image polierte, um in den Völkerbund aufgenommen zu werden, besserte sich die Situation vorübergehend, ohne daß der Konflikt wirklich gelöst worden wäre. Ähnlich offen blieb die Frage der Dobrudscha.

Im Juli 1927 verschied König Ferdinand, der als ehemals preußischer Offizier im zweiten Balkankrieg die rumänischen Truppen befehligt und nach dem Tode seines Onkels Carol I., also ab 1914, nicht eben ungeschickt, sondern mit Hilfe ganz vorzüglicher Berater, das Geschick aller Rumänen gelenkt hatte. Nur wenige Monate später starb, kaum daß er zum fünften Mal zum Regierungschef bestimmt worden war, auch noch dessen stärkste Stütze, der liberale Politiker Ionel Bratianu, Sohn jenes großen Staatsmannes, der die Donaufürstentümer unter einem Dach vereinigt hatte.

Bratianu war als entschiedener Gegner der Thronansprüche des Kronprinzen Carol aufgetreten, der von frühester Jugend an nichts als Probleme geschaffen hatte. Während des Ersten Weltkrieges hatte er sich in Begleitung einer schönen Rumänin unerlaubt von den Truppen entfernt, und hätte man ihn als Deserteur vor ein Kriegsgericht gebracht, wäre die Todesstrafe fällig gewesen. Carol war zum Rücktritt gezwungen worden und still außer Landes gegangen, natürlich nicht allein. Doch schon bald hatte er auch seine Geliebte verlassen und war nach Bukarest zurückgekehrt. Daraufhin war beschlossen worden, ihn standesgemäß zu verheiraten. Von seiner Mutter, einer englischen Prinzessin, verwöhnt, von seinem Vater gefühllos gedrillt, war der charakterschwache Mann allerdings auch auf seinem weiteren Lebensweg von einem Skandal in den anderen gestolpert.

Selbst die ehelichen Bande mit der griechischen Königstochter bändigten ihn nur für kurze Zeit. Schon nach zwei Jahren nahm er sich eine Mätresse, Magda Lupescu, genannt Elena, deren größter Fehler in den Augen des Hofstaats nicht etwa in ihrem lockeren Lebenswandel, sondern allein darin bestand, daß sie aus einer jüdischen Familie stammte. Juden galten als unsichere

Kantonisten, als Freunde der Russen, wenn nicht gar Kommunisten, während die Regierung konservativ und vor allem deutschfreundlich war. Vor die Entscheidung gestellt, zur Mutter seiner Kinder zurückzukehren oder auf den Thron zu verzichten, dankte Carol ein zweites Mal ab. Doch noch einmal holte man ihn zurück.

Er hatte versprochen, sich zu fügen und zu seiner Ehefrau zurückzukehren; doch kaum war er zum König proklamiert, war er auch schon wortbrüchig geworden. Der Ministerpräsident trat aus Protest zurück, der Außenminister versuchte, ein Kabinett zu bilden, doch Carol II. setzte eigene Leute ein. Erst drei Jahre später, 1933, kamen die Liberalen erneut an die Macht. Sie wurden von einem Feind des Königs angeführt. Sein Name war Ion Duca.

Von völlig unerwarteter Seite wurde Carol zu diesem Zeitpunkt Hilfe zuteil. Im Namen des Erzengels Michael ermordete eine neue politische Gruppe den liberalen Premier. Diese Gruppe, die Legiunea Arhanghelului Mihail, die seit 1930 unter dem Namen Garda de Fier (Eiserne Garde) auftrat, setzte sich für »christliche und rassische Erneuerung« und für Freundschaft mit Hitler und Mussolini sowie später auch mit Franco ein. Der neue liberale Regierungschef verbot die Eiserne Garde sofort, doch unter einem unverfänglichen neuen Namen tauchte sie bald schon wieder auf. Bei den Wahlen im Jahre 1937 erhielt die Garde 16 Prozent der Stimmen. Ängstlich beauftragte der König daraufhin eine unverhüllt antisemitische nationalistische Partei mit der Regierungsbildung, doch nach einigen Wochen der Judenverfolgung setzte er diese wieder ab und proklamierte eine Diktatur. Eine neue Verfassung wurde erlassen und in einem Plebiszit »akzeptiert«.

Unterdessen hatte die geopolitische Entwicklung Rumänien in eine ausweglose Lage gebracht. Von Ungarn im Nordwesten, von Rußland im Nordosten und von Bulgarien im Süden bedroht, sah Carol sich, von Angst gebeutelt, nach einer verläßlichen Großmacht um, die ihm notfalls schnell zu Hilfe käme. Am 29. September 1938, nur Stunden vor dem Münchener Trauerspiel, signalisierte er Bündnisbereitschaft nach Berlin. Gleichzeitig ließ er die Westmächte wissen, daß dies nur unter

Druck geschah. Im November empfing ihn Hitler in Berchtesgaden, doch unmittelbar nach des Königs Heimkehr wurden die vierzehn wichtigsten Männer der Eisernen Garde von Polizisten »auf der Flucht« erschossen.

Mit dem Einmarsch deutscher Truppen in der Tschechoslowakei war die Kleine Entente sinnentleert. Der Balkanpakt, dem Rumänien gleichfalls angehörte, war längst nur noch ein Stück Papier. Jetzt blieb allein geschicktes Lavieren zwischen dem Teufel und dem Beelzebub. Carol II. schloß mit Deutschland Handelsverträge und erreichte dennoch von England und Frankreich eine Garantie territorialer Integrität. Je erfolgreicher Hitlerdeutschland war, desto mehr sah Carol sich jedoch genötigt, sein Schicksal diesem anzuvertrauen. Er ahnte nicht, daß der deutsche »Führer« längst Bessarabien den Russen versprochen hatte.

Sein Doppelspiel war damit aus: am 27. Juni 1940 mußte Rumänien schweigend dulden, daß sowjetische Truppen Bessarabien und die nördliche Bukowina annektierten. Frankreich war geschlagen, die Garantie nichts mehr wert. Hitler zwang darüber hinaus Carol zu Verhandlungen mit Ungarn und Bulgarien. Als diese Gespräche ergebnislos blieben, wurden plötzlich – im sogenannten Zweiten Wiener Schiedsspruch – das nördliche Siebenbürgen an Ungarn und die Dobrudscha an Bulgarien gegeben. Innerhalb von nur siebzig Tagen hatte Rumänien somit vierzig Prozent seines Staatsgebietes und fünfzig Prozent seiner Bevölkerung verloren. Nun wurde ein Sündenbock gesucht. Unter dem Druck der Eisernen Garde trat König Carol II. erneut zurück und übergab seinem 19jährigen Sohn Michael (Mihai I.) den Rest seiner einst erheblichen Macht. Was folgte, war nur noch eine Fußnote.

Vier Jahre lang herrschte General Antonescu, den der hilflose Herrscher sogleich als Conducator, also als »Führer« eingesetzt hatte. Und Antonescu herrschte absolut. Zunächst akzeptierte er den Kommandanten der Eisernen Garde als stellvertretenden Regierungschef. Dieser jedoch beschaffte sich aus Deutschland Waffen und veranstaltete ein Massenmorden, dem Dutzende von Politikern und Generalen des alten Regimes zum Opfer fielen. Antonescu beschwerte sich bei Hitler, und kaum, daß er wieder in Bukarest war, begann ein neuerliches Blutbad, in dem jetzt Tausende von Gardisten starben. Im Juni 1941 trat Rumänien in den Krieg gegen Rußland ein, im Juli wurde Bessarabien befreit, und Antonescu erhielt zum Lohn den Marschallsstab. Im August bewilligte Hitler die Schaffung einer neuen rumänischen Provinz, Transnistrien, zwischen dem Dnjestr und dem südlichen Bug. Rumänische Truppen wüteten in der Ukraine, oft schlimmer noch als die SS, zu deren Standarten viele Siebenbürger Sachsen und Banater Schwaben geeilt waren; denn nichts fürchteten sie mehr als »die jüdischen Bolschewisten«, die es zu vernichten galt, ehe man ihr Opfer wurde.[7] Und sie zogen weiter – gen Stalingrad.

Die verbliebenen Oppositionellen aus den Reihen der Bauernpartei und der Liberalen hatten sich unterdessen mit den Sozialdemokraten und schließlich sogar mit den Kommunisten verbündet und verhandelten heimlich mit den Alliierten, um einen Sonderfrieden zu erreichen. Am 23. August 1944 kam es zu einem erfolgreichen Staatsstreich, hinter dem vor allem der König stand. Am 12. September wurde in Moskau ein Waffenstillstand abgeschlossen, der allerdings bedeutungslos blieb, denn der größte Teil Rumäniens war längst von Sowjettruppen besetzt.

Das Kreuz zu tragen war ihnen bestimmt, grauenhafte Kämpfe mit Eigenen wie mit Fremden – wie der montenegrinische Dichterfürst Njegoš schon hundert Jahre zuvor in seinem »Bergkranz«[8] geschrieben hatte. Denn was der Montenegriner Milovan Djilas über seine eigenen Landsleute sagte, gilt für alle kleinen Völker des Balkans: »Was ist ihr Wesen? Das weiß keiner, und keiner wird es je ergründen. Wer kann schon das Wesen eines Menschen, geschweige denn das eines Volkes ganz erfassen? Gibt es das überhaupt? Oder ist sein Wesen einfach nur die Art einiger Stämme, sich auf kargem und unwirtlichem Boden gegen das Böse bei sich selbst und gegen die maßlose Feindlichkeit der Außenwelt zu schützen?«

In der Finsternis der Gefängnisse, in die ihn sein väterlicher Freund und Kampfgefährte Tito geworfen hatte, nachdem er mit seinem aufsehenerregenden Buch »Die neue Klasse« gegen die korrupte Selbstherrlichkeit der neuen Machthaber aufgetreten war, hatte Djilas einen Traum: er sah Wasserstrudel von strahlender Bläue, »die spülten mit ihrem klaren Wasser die ideologischen Ablagerungen aus mir heraus und kühlten mit ihrer Frische meine Bitterkeit«. Und es gab keinerlei Zweifel für ihn, daß er sich in diesem Traum in seiner Heimat Montenegro befand. Die Grenzen zwischen Gut und Böse waren dort bis zur Unkenntlichkeit verwischt. Das Gute und das Böse waren nur die beiden Extreme, zwischen denen die Menschen in ihrer Not ihr Überleben und ihr Fortkommen zu sichern suchten. Vor seinen Augen standen »Gestalten von Männern, die von Moralität besessen waren und von Frauen, welche sich ausschließlich dem Erhalt von Leben hingaben«. Aber da waren auch fanatische Kämpfer, »schöne Gestalten, deren Knochen mit Entsetzen gefüllt waren und Mütter, die ihre Söhne in den Untergang trieben«. Montenegro sei beherrscht von einer einzigen Idee, schrieb der enttäuschte Revolutionär: Mannigfaltigkeit allein im Leiden. »Das Schicksal der Welt immer im Sinn und eine Enge, daß nicht einmal ein Toter Platz hat, seine Beine auszustrecken. Das ganze Leben – eine einzige Vorbereitung auf Verluste. Ein mythisches Land, Menschen, die mit Mythen leben … Die wahre Geschichte Montenegros, die sein wirkliches Wesen enthüllt – das sind seine Mythen.«[9]

Diese Mythen sind eine Festung, in die sich der bedrohte Mensch vor den Gefahren der Welt zurückziehen kann. Dort ist er geborgen und nicht mehr allein. Diese Mythen sind wie Drogen, mit denen man die eigene Angst betäubt. Deshalb eignen sie sich so gut dazu, in Zeiten der Gefährdung und Not zur Mobilisierung finsterster Kräfte und Aggressionen mißbraucht zu werden. Aus dem eben noch befreundeten Nachbarn wird dann über Nacht ein Feind, den es umgehend zu vernichten gilt.

Diese Mythen sind aber kein Gefängnis, aus dem man nicht entkommen kann. Niemand ist dazu gezwungen, sich selber über das kollektive Gedächtnis seines Volkes oder Stammes zu definieren – es sei denn, in einer totalen Diktatur. Allein durch den wirkungsvollen Slogan »Du bist nichts, dein Volk ist alles« hatte etwa der Nationalsozialismus seinen Charakter offenbart. »Kollektive Identität ist eine Frage der Identifikation seitens der beteiligten Individuen. Es gibt sie nicht ›an sich‹, sondern immer nur in dem Maße, wie sich bestimmte Individuen zu ihr bekennen«, schrieb der Heidelberger Ägyptologe Jan Assmann in seiner wichtigen Untersuchung zu Fragen der Erinnerung und der politischen Identität.[10] »Sie«, die kollektive Identität, »ist so stark oder so schwach, wie sie im Bewußtsein der Gruppenmitglieder lebendig ist und deren Denken und Handeln zu motivieren vermag.« Und an einer anderen Stelle: »Kollektive oder Wir-Identität existiert nicht außerhalb der Individuen, die dieses ›Wir‹ konstituieren und tragen. Sie ist eine Sache individuellen Wissens und Bewußtseins.«

Darum sind die allerersten Opfer von Diktaturen immer jene Außenseiter, welche dem Zwang der Gruppe zu entkommen trachten und die Freiheit verteidigen, sie selbst zu sein. Sie stehen für sich, sie denken allein; deshalb sind sie schwach.

Alle Völker – oder sollten wir hier nicht, wie Djilas, besser Stämme sagen? – sämtliche Stämme des Balkans also definieren sich in ihrem kollektiven Gedächtnis, in ihren Mythen grundsätzlich als Opfer. Deshalb ist der alles beherrschende Topos des serbischen Nationalismus nicht etwa ein strahlender Sieg, sondern eine klägliche Niederlage: der Fluch von Kosovo, die Schlacht am Amselfeld. Daraus, daß »das Schicksal der Welt« sie in ihren Augen für die ewige Opferrolle ausgewählt hat, leiten sie als Volk das Recht, ja die historische Pflicht ab, jederzeit mit allen verfügbaren Mitteln gegen jedermann los- oder zurückzuschlagen – notfalls präventiv. Die feindliche Außenwelt ist DER FEIND AN SICH. Es gibt in diesem Denken keine Gleichgewichtigkeit oder gar Gleichwertigkeit zwischen Freund und Feind. Der Feind ist das Böse, gegen das alle Kampfmittel zugelassen sind. Die Welt dieser Mythen ist, um es im Fachjargon der Soziologen zu sagen, nicht nur dichotom, also in ein Oben und ein Unten geschieden, sondern sie »unterliegt einem steilen moralischen Gefälle«.[11] Diese Weltanschauung ist totalitär, indem sie alle Bereiche des Denkens erfaßt. Eine solche Welt braucht kein Fegefeuer, denn die Hölle, das sind, wie schon Sartre sagte, die anderen. Alle anderen Völker und Stämme der Welt.

Die ewig ungelöste albanische Frage

Die Nachkriegszeit begann für den Balkan nicht erst am 8. Mai 1945, sondern schon sieben Monate früher, nämlich am 9. Oktober 1944, und zwar genau in jenem Augenblick, in dem Churchill im trauten Tête-à-tête mit Stalin dem georgischen Diktator einen kleinen Zettel zuschob, auf dem er gerade eben flüchtig die Proporzzahlen zukünftiger Einflußnahme auf die zu diesem Zeitpunkt noch gar nicht befreiten Länder Südosteuropas notiert hatte. Das waren für Rumänien 90 : 10, für Griechenland umgekehrt 10 : 90, für Jugoslawien wie Ungarn gleichermaßen 50: 50, für Bulgarien 75 : 25 Prozent. Albanien war nicht einmal genannt.[1]

Als Stalin das Papier ebenso beiläufig mit einem dicken Buntstift abgehakt hatte, war das Schicksal der betroffenen Völker für die nächsten 45 Jahre bestimmt. Und zugleich war damit auch das Ende des durch ein Dekret des italienischen Königs Viktor Emanuel im August 1941 geschaffenen »Groß-Albanien« besiegelt, das außer dem heutigen Staatsgebiet auch noch beträchtliche Teile Kosovo-Metohijas, Makedoniens und Montenegros umfaßt hatte, aus denen die nicht-albanische Bevölkerung von der faschistischen Führung damals weitgehend vertrieben worden war. Mehr noch: jede weitere Existenz eines eigenen Staates namens »Albanien«, auch in den engeren Grenzen von 1913, wie er von der Botschafterkonferenz im November 1921 endlich anerkannt worden war, war erneut in Frage gestellt.

Vergeblich hatten liberale Kräfte zwischen 1912 und 1924 versucht, dort ein politisches System zu etablieren, das man eine Demokratie hätte nennen können. Der letzte Premierminister dieser Phase, Ahmed Beg Zogu, ein in Mittelalbanien geborener Vetter des ägyptischen Königs Faruk, der im Weltkrieg auf der österreichischen Seite gekämpft hatte, wurde im Juni 1924 von nationalistischen Revolutionären verjagt, aber nur ein halbes

Jahr später mit jugoslawischer Hilfe wieder ins Land gebracht. Im Februar 1925 wurde Zogu zum Präsidenten gewählt und dreieinhalb Jahre später zum König proklamiert. Mit weniger demo- als autokratischen Mitteln stellte Zogu die innere Ordnung Albaniens wieder her, und es gelang ihm tatsächlich, seinem Land einige Jahre der Stabilität und der Ruhe zu verschaffen.

Allerdings zu einem hohen Preis. Anfängliche Anhänglichkeit an Italien, das großzügig Kredite zur Verfügung stellte, verwandelte sich allmählich in Abhängigkeit. 1926 wurde zwischen den beiden Adria-Anrainern ein Vertrag über Freundschaft und Sicherheit abgeschlossen, 1927 war das schon ein sehr weitreichendes Verteidigungsbündnis. Nach der Machtergreifung Hitlers sah Mussolini in Albanien seinen Brückenkopf auf der Balkanhalbinsel, um die er, wie er bald verstand, mit den Deutschen würde kämpfen müssen.

Und da das ein Kampf zwischen offiziell befreundeten, ja brüderlich verbundenen Vertragspartnern war, mußte er im Dunklen ausgetragen werden. Dem Druck des Duce konnte Zogu nicht lange widerstehen. Am 7. April 1939 wurde das Land der Skipetaren italienisches Protektorat. Der italienische Schwiegersohn des Königs von Montenegro, Viktor Emanuel III., nahm dem albanischen Kollegen die noch kaum benutzte Krone, ein Geschenk des Hauses Savoyen, wieder weg. Und der Schwiegersohn Benito Mussolinis, Galeazzo Ciano Conte di Cortelazzo, übernahm in Albanien die Macht.

Zogu entkam den italienischen Landetruppen mit knapper Not über die griechische Grenze. Mit ihm floh seine Frau, eine ungarische Gräfin mit amerikanischer Mutter, die in ihren Armen den erst drei Tage alten Kronprinzen hielt, dem der Name Leka gegeben wurde. Der Sohn wurde im Westen weniger im christlichen Glauben seiner Mutter und noch weniger im islamischen seines Vaters, als vor allem in der Überzeugung erzogen, der künftige König aller Skipetaren zu sein. Er studierte in Sandhurst und an der Sorbonne und erklärte sich nach dem Tode seines Vaters 1961 zu dessen Nachfolger. Nach Francos Tod übersiedelte er nach Spanien. Dorthin holte der über zwei Meter große junge Mann 1976 den burmesischen Exilprinzen

Khemwong Mengrai aus Thailand, einen Experten in allen asiatischen Kampfesarten und im Umgang mit hochexplosivem Material, den er zu seinem Militärberater und zum Major der »königlich albanischen Armee« ernannte.

Schon zwei Jahre später wurden die beiden Exilpotentaten aus Spanien wieder hinauskomplimentiert, weil die Häufung von Waffen und Sprengkörpern auf dem königlichen Grundstück den Polizeibehörden allzu unheimlich geworden war. König Juan Carlos soll den unbequemen Gästen eine Air-Iberia DC-10-Maschine zur Verfügung gestellt haben, mit der sie zweieinhalb Tonnen Kriegsmaterial, eine Kompanie albanischer und thailändischer Freiheitskämpfer sowie sechs scharfe Boxerhunde nach Rhodesien flogen.

Auch dort konnten sie allerdings nicht lange bleiben, weil Ian Smith die Macht verlor und der neue Staat Zimbabwe entstand. Eine langjährige Einladung zur ägyptischen Verwandtschaft verlor gleichfalls durch die politische Entwicklung ihre Gültigkeit. Also zog der königliche Haushalt weiter nach Südafrika. Inzwischen hatte der Riese Leka eine zierliche Australierin namens Susan geheiratet, und 1982 kam ein neuer Kronprinz zur Welt, der gleichfalls den Namen Leka erhielt. Die Familie hauste zwischen Haudegen und Hunden auf einer heruntergekommenen Farm nördlich von Johannesburg; sie lebte von Geldern, die Leka I. im »internationalen Rohstoffhandel« verdiente (ob mit Waffen oder Drogen blieb ungeklärt) und solchen, die rechtsextreme Amerikaner ihm regelmäßig zukommen ließen. Die königliche Leibgarde reiste mit Papieren, auf denen der byzantinische Doppeladler prangte, und die der König höchstselbst ausgestellt hatte, denn sein Vater hatte damals bei der Flucht den Druckstock für Reisepässe mitgenommen. Daß es ein Königreich Albanien gar nicht mehr gab, war in Afrika weitgehend unbekannt.

Ab und an verschwand Leka nach Europa, zettelte irgendeinen Aufstand an, schickte ein Selbstmordkommando über die griechisch-albanische Grenze oder ließ von einem Fesselballon Flugblätter über den Bergen abwerfen. Nach dem Sturz Ceausescus in Rumänien war er in Südafrika kaum mehr zu sehen. Offenbar beherzigte er das gute alte balkanische Sprichwort, demzufolge man sich schon einmal einseifen sollte, wenn der Nachbar sich rasiert. Bald jedenfalls konnte man den ungekrönten König in Fernsehübertragungen aus den Adriahäfen Italiens zwischen all den Tausenden von Flüchtlingen sehen, die dem mörderischen Chaos entflohen waren, in das Albanien nach dem Ende sozialistischer Diktatur verfiel. Der wie gewöhnlich völlig unvorbereitete Westen sah dieser Entwicklung fassungslos zu.

In der Tat hatten die westlichen Alliierten auch schon damals, in Moskau, Jalta oder Potsdam, für den Balkan keinerlei Konzept. Sie hatten wohl Wichtigeres in ihren Köpfen, und das war jeweils die eigene Macht. In den Schubladen des britischen Foreign Office ruhten immerhin zwei Alternativvorschläge, die der Historiker Arnold J. Toynbee ausgearbeitet hatte: Entweder sollte Albanien, allerdings wieder in reduzierter Form, weiterhin Italien angeschlossen bleiben oder aber es sollte Bestandteil einer jugoslawisch-griechischen Konföderation werden. Ein dritter Entwurf war durch die inzwischen veränderte Lage später hinzugekommen; dieser sah die Aufteilung Albaniens zwischen Jugoslawien und Griechenland vor.[2]

Moskau war besser vorbereitet. Dort lag schon lange der ausgefeilte Plan einer »radikalen demokratischen Lösung für die nationalen Zustände auf dem Balkan« – wie Lenin sich bereits 1912 ausgedrückt hatte – bereit, nämlich das Konzept einer sozialistischen »Balkan-Föderation«[3] Diesem entsprechend hatten die kommunistischen Parteien Bulgariens, Jugoslawiens, Griechenlands und Rumäniens 1920 die Vereinigung ihrer Länder zu einer »Sozialistischen Sowjetrepublik des Balkans« beschlossen. Eine albanische KP hatte es damals noch nicht gegeben.

Als nun die deutschen Truppen im Oktober 1944 durch den Vormarsch der Sowjetarmee im Donauraum dazu gezwungen wurden, sich nacheinander aus Griechenland, Makedonien und schließlich Nordalbanien zurückzuziehen, hatten sie Südalbanien bereits geräumt. Damit besaßen die mit britischen Waffen gut gerüsteten Hoxha-Partisanen just in ihrem Kernland eine Basis, von der aus sie über die Landesgrenzen hinaus ihre Kampfkraft beweisen konnten. Schon im August war eine sowjetische Militärmission zu ihnen gestoßen. Enver Hoxha bildete eine provisorische Regierung und bat bereits im Januar 1945 Großbritannien, die USA und die Sowjetunion um die völkerrechtliche Anerkennung seines kleinen Staates. Als diese ausblieb und gleichzeitig das Gerücht umging, London bereite die Rückkehr des albanischen Königs Zogu aus dem Exil vor, wurde nicht nur Hoxha nervös, sondern auch Tito, der seinen Plan gefährdet sah, Albanien als Vasallenstaat in eine von ihm geführte Balkan-Föderation oder auch -Konföderation zu integrieren. Für den Fall, daß diese nicht zustande käme, wollte er aus Albanien und Kosovo/Metohija eine siebente jugoslawische Republik – neben Serbien, Kroatien, Slowenien, Montenegro, Makedonien und Bosnien/Hercegovina – schaffen, die das Übergewicht der Serben in den Waagschalen der Nationalitäten etwas ausgeglichen hätte.

Im November 1945 fanden sich die drei genannten Großmächte überraschend bereit, das Hoxha-Regime anzuerkennen, vorausgesetzt, daß dort freie Wahlen abgehalten würden. Zur Aufnahme diplomatischer Beziehungen zu den beiden Westmächten kam es dennoch nicht, weil im Oktober 1946 zwei britische Kriegsschiffe vor Korfu auf Minen aufliefen, und Hoxha sich überdies weigerte, internationale Verpflichtungen – wie etwa Staatsschulden – aus der Zeit des Zogu-Regimes zu honorieren. London unterstützte von nun an den Anspruch Griechenlands auf Nordepiros. Ausschließlich die jugoslawischen und die sowjetischen Kommunisten fanden sich bereit, die territoriale Integrität Albaniens zu garantieren.

Die Folge war ein Netz von Verträgen, das Albanien immer enger in die Wirtschafts- und Verteidigungspläne Jugoslawiens einband. Nacheinander wurden sowohl eine Finanz- als auch eine Zollunion der ungleichen Nachbarn hergestellt, die albanischen Wirtschaftspläne wurden auf jugoslawische Bedürfnisse zurechtgestutzt, Serbokroatisch wurde Pflichtfach an den albanischen Schulen, kurz: Tito kopierte das sowjetische Verhaltensmuster gegenüber seinen Satelliten.[4] Generalstabschef Mehmet Shehu (der spätere Ministerpräsident), der sich der Eingliederung seiner Streitkräfte in die Jugoslawische Volksarmee (JNA) widersetzte, sah sich alsbald von der projugoslawischen Fraktion um Koci Xoxe entmachtet; der Vorsitzende der staatlichen Planungskommission (Nako Spiru), der gleichfalls Widerstand geleistet hatte, wurde in den Selbstmord getrieben.

Hoxha hatte abwartend zugesehen. Im Dezember 1947 aber war er nach Sofia gereist, um auf eigene Faust mit der bulgarischen Führung einen Freundschaftsvertrag auszuhandeln und auch gleich zu unterzeichnen. Daraufhin trieb Xoxe die Vereinigung mit Jugoslawien mit noch einmal erhöhtem Druck voran. Die Entscheidung fiel im Februar 1948 im Zentralkomitee der albanischen KP, das Shehu ausschloß und Hoxha scharf kritisierte.

In seiner Not wandte Hoxha sich an Moskau. Stalin hatte, wie wir von Djilas wissen[5], erst wenige Wochen zuvor gegenüber der jugoslawischen Führung ausdrücklich sein Desinteresse an einem selbständigen Staate Albanien bekundet: »Wir sind einverstanden, daß Jugoslawien Albanien schluckt«, hatte der Georgier erklärt, »Ja, ihr sollt Albanien schlucken, je früher, desto besser.« Jetzt jedoch störte ihn das allzu selbstherrliche und eigenmächtige Vorgehen seines Komintern-Agenten Tito, und er beschloß, ihn zu entmachten. Stalin beauftragte die aufständischen griechischen Kommunisten, in Südalbanien einzufallen, um die Jugoslawen zum Eingreifen zu zwingen. Dieses wiederum hätte, auf Grund des Freundschaftsvertrages vom Vorjahr, automatisch auch die Bulgaren auf den Plan gerufen. Die vorhersehbare bulgarische Niederlage wiederum hätte es den sowjetischen Truppen ermöglicht, in Erfüllung ihrer Vertragspflichten in Jugoslawien einzumarschieren. Ein schachmeisterlich ausgeklügelter Plan.

Tito jedoch, der zeitlebens einen besonderen Instinkt für Gefahren besaß, durchschaute Stalins Absicht sofort und ignorierte die Provokation. Die Folge war der offene Bruch zwischen Moskau und Belgrad. Am 28. Juni 1948 (just am heiligen Vidovdan der Kosovo-Schlacht) wurde die KPJ aus dem Kominform (dem »Informationsbüro der Kommunistischen und Arbeiterparteien«), das damals seinen Sitz ausgerechnet in Belgrad hatte, verstoßen.

Dieses Ereignis war nicht allein die Folge der augenblicklichen Krise, sondern es stand am Ende einer ganzen Kette von Konflikten, die sich seit 1945 aufgeladen hatten. Im Oktober 1944, als

Stalin das 50:50-Übereinkommen für Jugoslawien akzeptierte, hatte es für ihn noch kaum Anlaß gegeben, an der künftigen bedingungslosen Gefolgstreue Titos zu zweifeln. Sobald dessen moskauhörige Clique in Belgrad fest im Sattel säße, würde jedes Abkommen nur noch Makulatur sein wie jenes über Ungarn, davon durfte der Kremlchef überzeugt sein.

Allerdings hatte es auch schon während des Krieges in einigen Punkten Uneinigkeit gegeben, wie zum Beispiel in der Frage, ob Jugoslawien nur einen »Befreiungskampf« führe oder sich schon mitten in einer »Revolution« befinde. Wann und wo von einer »Revolution« die Rede sein durfte, das zu entscheiden war nämlich schon seit Lenins Tagen Sache des »Zentrums der Weltrevolution«, also Moskaus. Hieraus hatte sich eine weitere Streitfrage ergeben: Hatte Jugoslawien sich selber befreit oder war es von der Roten Armee befreit worden? In alle »befreiten« Staaten hatte nämlich die Sowjetunion die Segnungen der Revolution als Gastgeschenk mitgebracht, wofür ihr ewige Dankbarkeit gebührte. Jugoslawien aber hatte immer besonderen Wert darauf gelegt, sich mit seinen Partisanentruppen selbst befreit zu haben – wenn auch nicht ganz ohne fremde Hilfe. Und daraus hatte die jugoslawische Führung das Recht abgeleitet, über die Zusammensetzung der Regierung wie über deren Programm selbst bestimmen zu dürfen.

Nachdem das wenig rühmliche Betragen der ruhmreichen Sowjettruppen sowie die allzu ungenierte Wühlarbeit des sowjetischen Geheimdienstes, der vor allem russische Emigranten in seine Dienste preßte, bereits für Spannung gesorgt hatten, war es 1945/46 zu einer schweren Krise wegen Triests gekommen. Stalin hatte Tito jede Hilfe gegenüber der ultimativen Forderung Großbritanniens nach sofortiger Freigabe des durch die Partisanen besetzten Adriahafens verweigert und ihn damit gezwungen, seine Truppen abzuziehen. Auch im Falle Österreichs hatte der Kremlchef die jugoslawischen Expansionsgelüste nicht gebilligt. Und 1947 hatte er Tito jegliche weitere Unterstützung der griechischen »Revolution« untersagt, weil Griechenland nun einmal zum britischen Einflußbereich gehöre. Aber auch auf ökonomischem Gebiet mangelte es nicht an Konfliktstoff, weil die jugoslawische Führung sich geweigert hatte, sich in der vorgesehenen

»internationalen Arbeitsteilung« mit der Satellitenrolle eines Rohstofflieferanten zu begnügen. Statt dessen hatte sie einen ehrgeizigen Fünfjahresplan aufgestellt, der eine sprunghafte Industrialisierung des Bauernstaates zum Ziele hatte.

Das eigentliche Problem war jedoch der ebenso ehrgeizige wie eitle Charakter des Partisanenmarschalls höchstselbst gewesen: Er hatte nicht die geringste Lust verspürt, sich mit der bescheidenen Rolle eines sowjetischen Hoflieferanten und Lakaien abspeisen zu lassen. Aber auch der Mann, dem Tito seinerseits die Rolle eines Dieners an seinem Hofe zugedacht hatte, nämlich Hoxha, wollte ein unabhängiger Herr in seinem eigenen Hause sein und nicht der Satellit eines früheren Sowjet-Satelliten. Deshalb erhob er nur drei Tage nach dessen Ausschluß aus dem Kominform schwere Anschuldigungen gegen den Präsidenten Jugoslawiens und brach die diplomatischen Beziehungen ab. Die Idee einer Balkan-Föderation, ob klein (wie Stalin sie wünschte, nämlich aus Jugoslawien, Albanien und Bulgarien bestehend) oder groß (nach Titos Vorstellungen umfaßte sie auch noch Griechenland und Rumänien), war damit gestorben.

Und auch die nachbarschaftlichen Beziehungen zwischen den albanisch besiedelten Gebieten innerhalb Jugoslawiens und dem augenblicklichen Staatsgebiet Albaniens wurden immer problematischer. Zwar erhob Tirana keine klar definierten territorialen Ansprüche, aber es verzichtete auch nicht darauf, immer wieder Zwietracht zu säen und die Kosovo-Albaner gegen die »Tito-Ranković-Clique« aufzuhetzen, wie nicht nur ein Weißbuch Belgrads aus dem Jahre 1961 belegt.[6] Ob und wieviele Diversanten in dieser Zeit von Albanien aus in das Kosovo eingeschleust wurden, ist an Hand von Propagandamaterial natürlich nur schwer zu beurteilen. Aber auch schon die offiziellen Stellungnahmen der Propagandasektion der albanischen Kommunisten, welche die »chauvinistische und barbarische Haltung« der jugoslawischen Führung im Kosovo rügten, konnten der albanischen Bevölkerung dort erheblich weniger nützen als schaden. Wie schon früher, im Vorkriegsjugoslawien, galt diese fortan als wenig staatstreu, wenn nicht gar als verfassungsfeindlich. Folglich wurde die polizeiliche Aufsicht verstärkt, und immer häufiger kam es zu schweren Repressalien.

Die albanischen Kommunisten änderten den Namen ihrer Organisation in »Partei der Arbeit«, obwohl in ihren Reihen ebenso wenige Arbeiter zu finden waren wie nebenan in Jugoslawien; die jugoslawienfreundliche Fraktion wurde aus der Partei ausgeschlossen; der »Tito-Agent« Xoxe wurde vor Gericht gestellt, zum Tode verurteilt und im Juni 1949, mit Stalins ausdrücklicher Billigung, auch hingerichtet. Mehr als 3000 sowjetische Wirtschafts- und vor allem Militärberater faßten in Albanien Fuß, was natürlich von Jugoslawien als Bedrohung empfunden wurde.

Dieser Zustand wandelte sich erst nach Stalins Tod. Chruschtschows Prinzip der »kollektiven Führung« geriet zunächst auch Hoxha zum Vorbild, und er legte einige seiner Ämter nieder. Shehu wurde Ministerpräsident. Im Mai 1955 gehörte Albanien noch zu den Gründungsmitgliedern des Warschauer Paktes, doch schon im Sommer desselben Jahres war man in Tirana höchst alarmiert, weil Chruschtschow offensichtlich beschlossen hatte, den Bruch mit Tito wieder zu kitten, denn er kündigte einen Staatsbesuch in Jugoslawien an.[7] Schon im April waren auf einer Sitzung des albanischen ZK-Plenums Spannungen zwischen den beiden wichtigsten skipetarischen Stämmen, den Tosken und den Gegen, aufgetreten, welche nur Tito nützen konnten, denn die Mehrheit der Gegen lebt in Jugoslawien. Einige gegische Delegierte aus dem Norden hatten der toskischen Führungsclique um Hoxha, der selber aus Girokaster im Süden stammte, vorgeworfen, sie vertrete ausschließlich die Interessen der Tosken und nicht die des gesamten albanischen Volks. Dieses sehne sich nach baldiger Versöhnung mit Belgrad und nach der Rehabilitierung Koci Xoxes. Die tatsächlich maßgebliche Rolle der jugoslawischen Kommunisten bei der Gründung der KP Albaniens im ersten Kriegsjahr 1941 werde von der offiziellen Geschichtsschreibung ebenso geleugnet wie die Bedeutung der Shkoder-Gruppe, also des Nordens.

Der Gegensatz zwischen Süden und Norden, die immer wieder aufflammenden Stammesfehden zwischen Tosken und Gegen, die Eifersucht zwischen ihren jeweiligen Führungscliquen, die bei den immer noch gültigen Begriffen von Stolz, Mannhaftigkeit und Ehre jederzeit zu Mord und Totschlag führen können, auch sie gehören zum Thema »kollektives Gedächtnis« oder auch »Erinnerungskultur«, über das gerade auf dem Balkan noch viel zu wenig geforscht worden ist. Warum, fragen sich Außenstehende immer wieder, forderten und fordern die Albaner in Jugoslawien zunächst einen autonomen Status und schließlich sogar einen eigenen Staat, nicht aber den Anschluß an Albanien? Wirtschaftliche Interessen können nicht allein die Ursache für diese Haltung sein. Und warum zeigte die albanische Führung in Tirana bis heute so erstaunlich wenig Interesse, die albanisch besiedelten Gebiete in den östlichen Nachbarregionen in ihr Staatsgebiet aufzunehmen?

Es wäre gewiß grob vereinfachend, alle Spannungen in Albanien auf den Konflikt zwischen Tosken und Gegen zurückzuführen, aber ganz zu negieren ist er nicht: Fast genau so viele Albaner lebten außerhalb der Grenzen ihres Nominalstaates wie innerhalb derselben. Und drinnen hatten eindeutig die Tosken, draußen die Gegen das Übergewicht. Doch auch die Religionszugehörigkeit spielt eine gewichtige Rolle. So hat beispielsweise im Frühjahr 1991, gleich nach dem Umsturz, der neu eingesetzte Primas der römisch-katholischen Kirche Albaniens in Shkodra (Scutari) erklärt, die 12 Prozent Katholiken im Lande seien die einzigen wahren Albaner; alle anderen seien Türken, Slawen, Asiaten und so weiter. Die autokephale albanisch-orthodoxe Kirche neigt zu ähnlich intolerant-exklusivem Gehabe. Sie hat die Jahre des verordneten Atheismus, ja der Verfolgung und der Vernichtung, in den Vereinigten Staaten von Amerika überlebt und wurde dort von den gleichen Kreisen unterstützt, die auch hinter Leka standen.

Nicht ganz ohne Grund also hatte Hoxha sein »sozialistisches Paradies« zum ersten atheistischen Staat der Welt erklärt und die mythische Figur einer »Albania« zur alleinigen und alle einenden Übermutter erhoben. Auf diesem Wege hatte der atheistische Sohn eines muslimischen Bankiers ein albanisches Nationalgefühl zu erschaffen gehofft, das erst jetzt wirklich zu entstehen beginnt, da das Volk mehr zersplittert ist denn je.

Der Zwist von 1955 jedenfalls über die Einstellung gegenüber dem Reformstaat Jugoslawien, der zu dieser Zeit vom Westen hofiert und vom Osten umgarnt wurde, verlief genau entlang der Demarkationslinie zwischen Norden und Süden. Die Jugoslawienfreunde hatten sich verkalkuliert: Die Mehrheit des von Tosken dominierten Zentralkomitees sah in ihrem Vorstoß eine Gefährdung der kostbaren nationalen Unabhängigkeit und schloß sie aus. Die Verurteilung Stalins in der längst nicht mehr geheimen Geheimrede auf dem XX. Kongreß in Moskau entzog der albanischen Außenpolitik das letzte Bröckchen festen Bodens. Wahrscheinlich rettete erst der Ungarn-Aufstand im Herbst des gleichen Jahres die albanische Führung vor einem Überfall durch die Truppen des Warschauer Pakts.[8]

»Dieser XX. Kongreß war eine offene Proklamation des Revisionismus, und Chruschtschows Geheimbericht war eine Jauchegrube ekelerregender Beschuldigungen«, kommentierte Hoxha.[9] Er nahm in Peking Kontakte auf. Auch Chruschtschows Versuch, auf einer Albanienreise im Mai 1959 Hoxha umzustimmen, schlug fehl. In einer Rede hatte er dort, taktlos, wie er bisweilen war, das Zukunftsbild Albaniens als beschauliche Idylle »eines blühenden Obst- und Gemüsegartens« gemalt. Entsetzt hatten seine Zuhörer diese Vorstellung von sich gewiesen: Ein rückständiges Agrarland wie bisher, das mit den entwikkelten Industrienationen niemals würde Schritt halten können, diese ihnen offenbar von Moskau zugedachte Rolle wollten sie – genau wie vor ihnen Jugoslawien – auf keinen Fall in Zukunft spielen. Auch sie verfolgten vielmehr ein ehrgeiziges Industrialisierungsprogramm. Selbst härteste wirtschaftliche Pressionen in einem ungewöhnlichen Dürrejahr konnten keinen Wandel bewirken. Der Versuch einer Palastrevolution durch moskautreue Kräfte in Partei, Armee und Staatssicherheit wurde alsbald aufgedeckt und sofort bestraft. Die Drahtzieher wurden zum Tode verurteilt und unverzüglich exekutiert. Auf dem Parteitag der Rumänen 1960 in Bukarest trat Albanien im sowjetisch-chinesischen Konflikt offen an die Seite Pekings.

Daraufhin rief Moskau alle seine Berater aus Albanien zurück und brach die diplomatischen Beziehungen ab. Die Sowjets verloren durch diesen Schritt ihren U-Boot-Stützpunkt in Vlore, ja jeden legalen Zugang zur Adria. 1962 wurde Albanien von der Mitarbeit im Warschauer Pakt suspendiert, den es aber erst 1968, nach dem Einmarsch der Pakttruppen in Prag, ganz verließ. In den Vereinten Nationen, in die Albanien Ende 1955 aufgenommen worden war, vertrat es entschlossen die Volksrepublik China, deren Aufnahme es 1971 beantragte und schließlich sogar durchsetzen konnte.[10]

Die albanisch-chinesische Verbrüderung blieb jedoch immer eine reine Vernunft- und Zweckverbindung. Das zeigte sich umgehend, als sich Mitte der 70er Jahre eine Annäherung zwischen Peking und Belgrad anbahnte. Hoxha rügte den »Kniefall der Maoisten vor Tito« und ging auf Distanz. 1978 kam es zum offenen Bruch. Von nun an stand das wehrlose kleine Albanien auf einsamem Posten gegen »Imperialismus, Reaktion und Revisionismus«, wie es schon in der neuen Verfassung vom Dezember 1976 geheißen hatte und in allen nur denkbaren Varianten wiederholt wurde. Allein gegen den Rest der Welt.

Noch auf dem 8. Parteitag im November 1981 wandte Hoxha sich energisch nicht nur gegen den »US-amerikanischen Imperialismus«, sondern auch gegen die »pazifistische Demagogie« der Sowjetunion. »Die Entspannung, welche die sowjetischen Revisionisten und andere hinausposaunen, ist nichts anderes als die alte imperialistische Theorie vom Gleichgewicht und von Harmonie zwischen den Großmächten. Mit den Theorien der ›Entspannung‹, des ›Gleichgewichts‹ und der ›Bipolarität‹ ... wollen sich diese Mächte gegenseitig Einflußzonen sichern.«

Ausführlich ging er auch auf die Lage seiner Landsleute in Jugoslawien ein, welche sich seit Titos Tod im Mai 1980 deutlich verschlechtert hatte: »Sie haben mehr als einmal durch friedliche Demonstrationen und auch ohne Demonstrationen gefordert, daß ihre verfassungsmäßige, wirtschaftliche und sozio-kulturelle Lage verbessert und innerhalb der Gesetze der Föderation auf den rechten Weg gebracht werde; sie forderten, den Status einer Republik innerhalb der SFRJ zu erhalten. Sie haben weder die Abtrennung von der Föderation noch die Vereinigung mit Albanien gefordert. Doch sind die rechtmäßigen und legalen Forderungen der Studenten, Arbeiter, Bauern und Intellektuellen des Kosovo unerhört geblieben. Und nicht nur das, sie sind vielmehr, wie auch die anderen Male zuvor, da solche legalen und rechtmäßigen Forderungen erhoben worden sind, als nationalistisch qualifiziert, verfolgt und in Blut erstickt worden ...

Weil wir diese Wahrheiten offen aussprechen und fordern, daß das falsch gelöste Kosovo-Problem und das Problem aller Albaner in Jugoslawien nüchtern überdacht wird und nicht in Gewalt und Terror mündet, weil wir fordern, daß den Verfolgungen ein Ende gesetzt und die Jungen und Mädchen des Kosovo aus den Gefängnissen entlassen werden, bezichtigen sie die Sozialistische Volksrepublik Albanien der Einmischung in die inneren Angelegenheiten Jugoslawiens, bezichtigen sie die SVRA sogar der Unruhestiftung im Kosovo und anderswo! ... Albanien hat gegenüber Jugoslawien keinerlei Ansprüche auf Rückgabe von Land erhoben, keine einzige Forderung nach Grenzkorrekturen findet sich in seinen Dokumenten. Auch wenn wir uns an diese Auffassung halten, so haben wir indes niemals die Tatsache verleugnet und werden sie auch niemals verleugnen, daß in Jugoslawien ein großer Teil der albanischen Nation und des albanischen Volkes lebt. Wir haben mit allen Kräften und auf dem marxistisch-leninistischen Weg die legalen Rechte unserer albanischen Brüder jenseits der Grenze verteidigt und werden dies auch künftig tun, und das ist keine Einmischung in die inneren Angelegenheiten Jugoslawiens. Das ist unser unbestreitbares Recht.«[11]

Die rechtliche Stellung der Kosovo-Albaner war inzwischen mehrfach verändert worden: In der Konstitution von 1963 war dem Gebiet Kosovo-Metohija (kurz Kosmet), wie schon zuvor der Vojvodina, der Status einer »Autonomen Provinz« zuerkannt worden, der freilich die Machtbefugnisse der serbischen Zentralverwaltung noch nicht spürbar eingeschränkt hatte.[12] Drei Jahre später hatten die Kosovo-Albaner vom Ausgang eines tiefgreifenden Macht- und Richtungskampfes zwischen Jugoslawiens Militär- und Polizeispitze profitiert, der in einer ZK-Sondersitzung auf Titos Ferieninsel Brioni, natürlich im Sinne des allmächtigen Kroaten, entschieden worden war. Der Chef der Staatspolizei (UDBA), der Serbe Alexander Ranković, der einzige echte Arbeiter in der Führung des Arbeiter- und Bauernstaates übrigens, der sowohl dem Militär als auch der Parteiführung zu mächtig geworden war, war in diesem Kampf auf der Strecke geblieben. Polizeiwillkür und Repressionen gegen die nicht-serbischen Minderheiten innerhalb der serbischen Teilrepublik hatten daraufhin deutlich nachgelassen. In einer weiteren neuen Verfassung, die der Slowene Kardelj geschrieben hatte, war Serbien durch eine erhebliche Verbesserung der Stellung der beiden autonomen Provinzen noch einmal empfindlich geschwächt worden. Nie wieder, so lange Tito lebte, sollte ein Serbe eine entscheidende Machtposition im Bundesstaate Jugoslawien einnehmen. Lediglich der rein symbolische Posten eines Verteidigungs- oder Außenministers war einem Serben zugänglich, jener beiden Ressorts nämlich, die der Präsident des Staatspräsidiums und des Bundes der Kommunisten sowie Marschall »ohne Begrenzung des Mandates« («auf Lebenszeit« war ihm zu kurz erschienen) bis zu seinem Tode nicht aus den immer verkrampfteren, starreren Händen ließ.

War es da ein Wunder, daß der Begriff »Enttitoisierung« nach 1980 in Serbien von Beginn an mit der Idee einer Wiederherstellung früherer Machtvollkommenheit des größten Volkes Jugoslawiens gleichgesetzt worden war? Was »der Kroate Broz« – wie Tito in Serbien fortan nur noch heißen sollte – ihnen genommen hatte, das wollten die serbischen Nationalisten wiederhaben. »Jeder serbische Machthaber wäre gestürzt worden, der nach dem Ende der Tito-Ära keine großserbischen Ziele verfolgt hätte«, erklärte der Montenegriner Milovan Djilas noch im Mai 1993 in einem Interview.[13] Dieses Urteil müssen wir nicht ungeprüft übernehmen. Es hätte jedoch zu dieser Zeit einer größeren und stärkeren Führungspersönlichkeit bedurft als der Apparatschik Slobodan Milošević das war – eines serbischen General de Gaulles –, der imstande gewesen wäre, der Mehrheit der Serben klar zu machen, daß Großserbien allenfalls zu einem horrenden Preis zu haben war. Eine solche Autorität gab es nicht. Deshalb begannen unmittelbar nach Titos Tod Unruhen im Kosovo.

Und deshalb nutzte Milošević ganz bewußt den 600. Jahrestag der Schicksalsschlacht auf dem Amselfeld zur Großkundgebung großserbischer Ziele und verknüpfte diese untrennbar mit der Festigung seiner eigenen, damals noch keineswegs gefestigten Macht. Fast eine Million Serben wallfahrten am 28. Juni 1989 zum Kosovo Polje, zur heiligen Stätte ihres Volkes, sie ergossen sich über das Schlachtfeld Gazimestan, zertrampelten die gerade abgeblühten Stauden blutroter wilder Peonien und harrten trotzig ihres Herrn, der schließlich mit einem Hubschrauber, wie Elias mit seinem Sonnenwagen, vom Himmel zu ihnen herunterfuhr. »Alles war heilig, alles war ehrenhaft«, wie damals, 1389, die Mutter Gottes verkündet hatte. Alles war heilig, alles war ehrenhaft, was Milošević von diesem Tag an tat, denn er hatte die Entscheidung des Zaren Lazar zu der seinen gemacht, für das serbische Volk bis zum Tode zu kämpfen, und sei es auch der Tod ganz anderer. Von nun an konnte, ja mußte er über Leichen gehen. »Die Serben haben in ihrer Geschichte niemals andere erobert oder ausgebeutet«, sagte er. »In zwei Weltkriegen haben sie sich selbst befreit und, wenn sie es konnten, anderen geholfen, sich zu befreien. Die Heldentat des Kosovo verbietet uns, zu vergessen, daß wir einmal mutig und ehrenhaft waren und einige der wenigen, die unbesiegt in die Schlacht gezogen sind. Sechshundert Jahre später befinden wir uns erneut in Kämpfen und Streit. Diesmal sind es keine bewaffneten Kämpfe, aber solche Dinge können noch nicht ausgeschlossen werden ...«[14]

Der Streit, von dem Milošević hier sprach, hatte vor allem ökonomische Gründe. Besonders hart war Jugoslawien von der Ölkrise getroffen worden, welche die letzten Devisenreserven aufgezehrt hatte, weil anders die junge Industrie des Landes nicht länger in Gang zu halten gewesen wäre. Zum ersten Mal hatte in dieser heiklen Phase Titos bis dahin bewährter Kartenspielertrick, von beiden Seiten, Ost wie West, gleichzeitig Unterstützung zu verlangen, mit der stets gleichlautenden Drohung, sonst zur anderen Seite überzulaufen, also die »50 : 50« Ansage bis zum letzten auszureizen, nicht mehr wie gewohnt gewirkt. Die nötige Hilfe war infolgedessen von beiden Seiten ausgeblieben. Die Landeswährung Dinar verlor rapide an Wert, und gleichzeitig gingen die Überweisungen der Gastarbeiter aus Westeuropa zurück. Der Lebensstandard sank unaufhaltsam. Während die Arbeitslosigkeit in den nordwestlichen Regionen, wie Slowenien oder Dalmatien, die noch vor kurzem ihrerseits Gastarbeiter aus dem jugoslawischen Süden beschäftigt hatten, bis zur Mitte der 80er Jahre auf neun Prozentpunkte stieg, während in der Landesmitte, also in Bosnien oder Serbien, knapp ein Drittel aller Arbeitswilligen dauernd ohne Beschäftigung war, verfügte im dicht besiedelten Kosovo bald nur noch jeder Dritte über einen Arbeitsplatz. Selbst dieser Glückliche mußte oft monatelang auf die Auszahlung seines Lohnes warten, weil kein Geld in den Kassen war. Und wenn er dann endlich seinen schmalen Verdienst wirklich in den Händen hielt, war dessen Kaufkraft durch die Geldentwertung noch einmal auf die Hälfte geschrumpft. Eine neue Enttäuschung stellte sich ein, und die allgemeine Verbitterung nahm zu.

Einen Teil der Schuld an dieser dort so extremen Entwicklung trug fraglos die hohe Geburtenrate – sie ist die höchste in ganz Europa – bei den muslimischen Albanern im Kosovo. Schon in den ersten 50 Jahren der Geschichte Jugoslawiens, zwischen 1921 und 1971, war ihre Zahl um fast 200%, nämlich um genau 198%, gestiegen, und die Kurve zeigte auch weiterhin nach oben: Zwischen 1981 und 1991 legte sie nochmals 32,5 Prozentpunkte zu, so daß es von letzterem Datum an in Jugoslawien mehr Albaner als Slowenen gab. In Slowenien, das mit nur 8% der Bevölkerung dank seiner bevorzugten geographischen Lage und seinem hohen Bildungsniveau mehr als ein Viertel des gesamten Exportes der Föderation abwickelte und knapp 17% des Bruttosozialproduktes schuf, wuchs die Unzufriedenheit mit der Regelung, das Defizit einzelner Provinzen durch einen Finanzplan auszugleichen. Dort war man bald nicht mehr gewillt, das »fleißig und anständig« verdiente Geld mit den »faulen, schmutzigen Skipetaren« zu teilen, die offensichtlich ausschließlich mit der Produktion von »Hungerbälgern« beschäftigt waren.

Andere, wie der jugoslawische Ministerpräsident Branko Mikulić, ein Bosnier, gaben dem föderalen System die Schuld an der Misere, denn dieses verlange, daß jede ökonomische Entscheidung etliche tausend Instanzen durchlaufe, ehe sie in die Praxis umgesetzt werden könne. Wieder andere sahen das Kernproblem in den hohen Kosten des Militärs und der veralteten Rüstungsindustrie, die noch unter Tito der parlamentarischen Kontrolle entzogen und somit unantastbar geworden waren.

Nach nur zweieinhalb Jahren Amtszeit jedenfalls warf Mikulić den Bettel hin. Sein Nachfolger wurde überraschend ein in Bosnien geborener Kroate namens Ante Marković. Dieser war nicht nur ein Freund einer möglichst freien Marktwirtschaft, sondern auch, als logische Folge, ein Befürworter des Mehrparteiensystems. Eine Lösung für die ökonomische Krise sei nur auf demokratischem Wege zu erreichen, erklärte er. Unter Demokratie stellten sich indes die Teilrepubliken und Provinzen etwas ganz anderes vor als er: Sie meinten nicht etwa die Herrschaft des gesamten Volkes im Sinne der Souveränität aller wahlberechtigten mündigen Bürger, sondern jeweils die Herrschaft des eigenen Volkes zumindest auf seinem Stammesgebiet. Über ein solches, einigermaßen homogen besiedeltes und klar umgrenztes Stück Grund und Boden verfügten allenfalls die knapp zwei Millionen Slowenen. Alle anderen Ansprüche überschnitten sich mit den Interessen anderer oder berührten diese empfindlich.

Doch »Wir sind das Volk!«, skandierten sie alle unisono, genau wie anderswo die Deutschen: Wir, die Serben, Kroaten, Slowenen, Montenegriner, Mazedonier und Muslime – also die muslimischen Bewohner Bosniens, denn nur diese trugen nach dem Willen Titos ihre Konfessionzugehörigkeit als Volks-Bezeichnung, weil sie anders kaum zu benennen waren. »Bosniaken« hatte man im Ersten Weltkrieg die katholischen Kroaten aus der Hercegovina im österreichischen Heer genannt. Die bosnischen Islamiten waren folglich offiziell ein »narod«, eine staatstragende Nation. Die anderen Muslime, wie etwa die Mehrzahl der Albaner, wurden nicht dazugezählt. Aber auch sie und natürlich die Angehörigen aller anderen Volksgruppen, die nicht als Nationen, sondern lediglich als Nationalitäten – nicht als »narodi«, sondern nur als »narodnosti« – anerkannt waren, wollten nicht länger zurückstehen, sondern gleichfalls endlich ihr Schicksal selber bestimmen. Allesamt pochten sie folglich auf das Selbstbestimmungsrecht der Völker, das ihnen 1918 versprochen worden war. Vor allen anderen jedoch meldeten sich die Nationalisten unter den Albanern zu Wort, weil sie, genau wie die Kroaten, nicht nur den unerfüllbaren Traum, sondern die Erfüllung desselben, nämlich die konkrete Erinnerung an ein Großreich von Mussolinis oder auch von Himmlers Gnaden, in ihrem kollektiven Gedächtnis bewahrt hatten.

Unter Premierminister Marković wurden in den sechs Teilrepubliken die ersten Mehrparteienwahlen seit dem Weltkriege abgehalten. Fast überall siegten die Nationalisten, die ausschließlich Altkommunisten waren. Slowenien weigerte sich sofort, dieselben Regeln zu akzeptieren, wie sie für alle anderen galten, vor allem auf dem Feld der Ökonomie. Serbien unterstützte den Kroaten Marković und erhielt zum Dank freie Hand im Kosovo. Mit einigen Verfassungszusätzen wurden die vorübergehend autonomen Provinzen wieder Belgrad unterstellt, wodurch Serbien im achtköpfigen Staatspräsidium nicht mehr über eine, sondern gleich über drei Stimmen verfügen konnte. Slowenien versuchte seinerseits, weitere Verfassungsänderungen durchzudrücken, die dem Wirtschaftswunderland eine Sonderrolle sichern sollten. Slowenien wollte alleine entscheiden, wohin all das Geld fließen sollte, das an seinen Grenzen eingenommen wurde. Nicht nur die serbischen Vertreter im Präsidium waren überzeugt, daß eine derartige Verschiebung der Gewichte zu Ungunsten des armen Südens das Ende Jugoslawiens bedeuten würde. Und sie drohten mit Gewalt.

Erst allmählich war allen klargeworden, daß es nach dem Tode Titos und nach dem Auseinanderbrechen der Partei, des Bundes der Kommunisten Jugoslawiens, keine Institution mehr gab, die Slowenien zwingen konnte, in Reih und Glied zurückzutreten, die also den Zusammenhalt Jugoslawiens hätte retten können, außer der Nationalen Volksarmee. Verteidigungsminister Kadijević (ein Serbe) verweigerte jedoch nach einigem Hin und Her jede »ungesetzliche Intervention«[15]. Die slowenische Parteiführung forderte daraufhin die Bildung einer »Asymmetrischen Föderation«, welche den besonderen wirtschaftlichen Status der Alpenrepublik anerkennen sollte. Auf der entscheidenden Sitzung des Zentralkomitees in Belgrad unterstützten die Vertreter Kroatiens überraschend den slowenischen Vorschlag und damit den Zerfall Jugoslawiens. Gebannt sahen auch sie in der Bundeslade all die schönen Devisen glitzern, die in ihrem Fall der Tourismus in Dalmatien einzubringen pflegte, das noch im vergangenen Jahrhundert gar kein Teil Kroatiens gewesen war. Vergessen war, daß die vielen Hotels aus dem gemeinsamen Topf aller Republiken Jugoslawiens finanziert worden waren und daß die dort benötigten Nahrungsmittel vor allem aus den südlichen Landesteilen gekommen waren. Die reichen Republiken knöpften ihre Geldbeutel zu, machten ihre Grenzen dicht und ließen den armen Süden im Stich. Von ihren Handelspartnern in der Ersten Welt wurde den praktizierenden Nationalegoisten dabei aufmunternd auf die Schultern geklopft. Damit überantworteten sie den Serben den Süden, vor allem die Probleme des Kosovo.

So zerfiel Jugoslawien. Albanien aber löste sich schließlich auf wie Eis in einer warmen Flüssigkeit. Von der Tauwetterwende der Zweiten Welt wurde das letzte Gefrierfach des Stalinismus in seiner fatalen Isolation erst nach allen anderen Staaten, sogar noch nach Rumänien, erfaßt. Der Wandel kam hier aber nicht als Befreiung, sondern als lebensgefährdender Schock: Alles, was da so unablässig von Italien oder Jugoslawien aus durch die Dichtungsringe der Kühlanlage gesickert und bis dahin als feindliche Propaganda abgetan worden war, stellte sich als Wirklichkeit heraus. All diese köstlichen Luxusgüter in leuchtenden Farben, diese funkelnden Fahrzeuge, diese raffinierten Maschinen, bunten Stoffe, köstlichen Zigaretten und Videorecorder gab es tatsächlich, und die bis dahin so spartanisch gehaltenen Menschen wurden von schier unermeßlichem Verlangen nach den Segnungen des realen Kapitalismus gepackt. Sie waren um so anfälliger für die Erreger dieser Gier – unseriöse Anlagefirmen, die mit ihren »Finanzpyramiden« im Schneeballsystem extrem schnelle und hohe Gewinne versprachen –, je weniger sie und ihresgleichen im Hoxha-Staat an der Macht beteiligt gewesen waren. Die Krankheit brach folglich im Norden aus.

Und aus dem Norden Albaniens kam auch Sali Berisha, der erste frei gewählte Präsident. »Mit uns gewinnen alle!«, hatte seine Demokratische Partei (PD) auf ihre prächtigen Plakate geschrieben, und was es da zu gewinnen gab, war auch gleich in bunten Bildern dargestellt: einen silberfarbenen Mercedes, ein hübsches Einfamilienhaus oder einen sonnigen Urlaub am Strand. Als Vorsitzender dieser »Demokratischen« Partei genoß der gelernte Herzchirurg Berisha von Anfang an die volle Unterstützung aller Christdemokraten im westlichen Europa, weil sie in seinem politischen Programm »den Weg zur europäischen Normalität« zu erkennen glaubten. Die starke Opposition im Süden aber wurde so lange als ein wilder Haufen von Räubern und Rebellen abgetan, bis das Chaos derartige Ausmaße angenommen hatte, daß ihm, nach einem als Wahl getarnten Putsch, nur noch mit vorgezogenen Neuwahlen beizukommen war.

Bashkim Shehu, der Sohn des langjährigen Ministerpräsidenten Mehmet, der nach dem Tode seines Vater neun Jahre im Gefängnis eingesperrt gewesen und nach seinem provokanten Buch »L'Automne de la peur« (Paris 1993) unter Berisha erneut gefährdet war, gab im Mai 1997 auch dem Ausland einige Schuld an der verfahrenen Situation: Sie sei das Resultat »des hybriden Systems einer Demokratur«, die das übrige Europa mit seinem Prinzip der »Demokratie mit zwei Geschwindigkeiten« stillschweigend akzeptiert habe, äußerte er in seinem spanischen Exil.[16] Dieses Prinzip empfindet nicht nur er, sondern mit ihm ein Großteil der Intellektuellen auf dem Balkan, als Ausdruck eines »Rassismus pur« – für echte Demokratie geeignet seien demzufolge nur die hochentwickelten Industrienationen, die anderen hätten kaum je Aussicht, Zugang zu finden zur glückseligen Gemeinschaft der Europäischen Union.

In diese aber wollten und wollen sie ausnahmslos alle möglichst bald hinein. Gerade in Tirana wußte man bald, wie wenig man es sich leisten kann, mit nationalistischen Parolen auf den Lippen zu beweisen, daß man noch nicht reif für die Gemeinschaft ist; nicht fähig, mit seinen Nachbarn in Frieden zu leben. Und daß es an Selbstmord grenzen würde, sich in einen Konflikt hineinziehen zu lassen, für den man weder wirtschaftlich noch militärisch gerüstet ist. Wie zum Beispiel im Kosovo. Solange Berisha nicht entmachtet war, ging auch er sehr vorsichtig mit diesem heiklen Thema um. Seit sein sozialistischer Gegenspieler Nano aus dem Gefängnis geholt werden mußte – in das er wahrscheinlich auf Betreiben Berishas wegen angeblicher Veruntreuung von Hilfsgeldern gebracht worden war –, um den Karren aus dem Dreck zu ziehen, und seit mit Rexhep Mejdani wieder ein Mann des Südens an die Spitze des Skipetarenstaates trat, versuchte Berisha die Kosovo-Krise für sein Come-back zu nutzen. Die Bereitschaft der Bevölkerung, sich mit den »Kosovaren« zu solidarisieren, blieb indes immer auf einige royalistisch-konservative Gruppen in den nördlichen Regionen des Landes begrenzt.

Denn ein panalbanisches Nationalbewußtsein, wie Hoxha es

mit dem strikten Verbot jeder Religion und mit seiner »Mutter Shqiperi« in den Stahlwerken von Elbasan ein Leben lang zusammenzuhämmern und zu -schweißen sich gemüht hatte, gibt es zum Ende diesen Jahrtausends noch immer nicht; jedenfalls nicht im Sinne einer modernen Nation. Denn noch immer meint Gruppenzugehörigkeit hier die Großfamilie oder auch den Stamm. Schon die »Liga von Prizren«, welche von Historikern bisweilen als Beweis eines solchen Bewußtseins angeführt wird – nämlich der Zusammenschluß der Stammesführer aus allen Landesteilen –, war nicht mehr als ein Akt der Notwehr angesichts der Gefahr, im Frieden von St. Stefano 1878 willkürlich, also ohne Rücksicht auf angestammte Siedlungsgebiete, auseinandergerissen und unter den neu entstehenden christlichen Nationalstaaten des Balkans aufgeteilt zu werden. Diese Vereinigung wurde denn auch schon drei Jahre später auf Druck der Großmächte von der türkischen Regierung wieder zerschlagen.

Serbische Historiker werfen bis heute der »Liga von Prizren« vor, sie sei einseitig muslimisch ausgerichtet und darum bemüht gewesen, das bedrohte Osmanische Reich zu erhalten. Ihre albanischen Kollegen halten dem entgegen, nur so hätten ihre Vorfahren ihre Wohngebiete vor dem gierigen Zugriff der anderen Völker, bis hin zu den Bulgaren, retten können. Das Ziel einer Autonomie der albanischen Bürger innerhalb des Reiches hätten sie dabei jedoch niemals aus den Augen verloren.[17]

Wie dem auch sei – es nutzte alles nichts. Zu Beginn des 20. Jahrhunderts wurde die Landmasse der Balkanhalbinsel neu verteilt, und fortan lebten annähernd so viele Albaner im Königreich der Serben, Kroaten und Slowenen (ab 1929 Jugoslawien genannt), in Griechenland, in Apulien, in der Türkei und später auch in Deutschland, der Schweiz und den Vereinigten Staaten wie in ihrem Mutterland. In Griechenland, wo es geschlossene Siedlungen im Epiros, in Thrakien, in Makedonien, rund um Athen und auf den Inseln Hydra, Spetsai und Poros gab und gibt, haben sie zwar immer ihre Sprache bewahrt, sich jedoch, wenn sie orthodoxen Glaubens waren, wie viele Tosken im Nordepiros, stets als Griechen deklariert. Die muslimischen Skipetaren wurden dort in den 20er Jahren offiziell den Türken zugezählt und wären im großen »Bevölkerungsaustausch« mit der

Türkei wohl alle gegen ihren Willen nach Anatolien zwangsausgesiedelt worden, hätten nicht etliche von ihnen mit Erfolg beim Völkerbund gegen diese eindeutig völkerrechtswidrige Deportation protestiert. Viele von ihnen flohen nach Albanien, nach Montenegro und in den Kosovo.

Unter dem wachsenden Druck der Zuwanderer verließen immer mehr Serben die Provinz. 1939/40 betrug der Anteil der Albaner an der Bevölkerung des Kosovo noch etwa 60, dreißig Jahre später schon 82 Prozent. Im Jahre 1998 waren nur noch 200 000 Serben im »serbischen Jerusalem« zu Hause, dessen Einwohnerzahl inzwischen auf rund zwei Millionen angestiegen war. Vorwürfe wegen nationalistischer Übergriffe führten automatisch zu Gegenanklagen, Druck erzeugte Gegendruck, bis ein regelrechter Kulturkampf ausgebrochen war. Ab Mitte der 80er Jahre erschien eine ganze Reihe von Büchern, deren Autoren (darunter anerkannte Historiker) die Geschichte des Kosovo als ein einziges Martyrium darstellten. Überfälle auf serbische Bauern, Vergewaltigungen serbischer Mädchen und Frauen standen im Zentrum aller Reportagen aus dieser Provinz. Ein häufig zitiertes »Memorandum« der Serbischen Akademie der Wissenschaften verglich die Lage mit den »finstersten Phasen der türkischen Pfählungen«.

Die Stimmung hatte also längst einen Siedepunkt erreicht, als im April 1987 der damalige Präsident Serbiens, Ivan Stambolić, den noch unerfahrenen serbischen Parteichef Slobodan Milošević, der bis vor kurzem als Bankangestellter in New York gearbeitet hatte und als ehrgeiziger Pragmatiker galt, nach Priština schickte, um dort nach dem Rechten zu sehen. Zunächst einmal beschwichtigte Milošević seine aufgebrachten Zuhörer ganz im Stil der internationalistischen kommunistischen Parteidoktrin: »Nationalismus, der auf Haß beruht, kann niemals fortschrittlich sein«, warnte er. Doch schon zwei Tage später provozierten seine Landsleute eine Straßenschlacht und riefen ihn zu Hilfe. Unsicher sah Milošević dem Treiben zu, bis er, der bislang völlig blasse Apparatschik, plötzlich allen Mut zusammenraffte und rief: »Niemand soll es wagen, Euch zu schlagen!«[18]

Zunächst sprach er nur diesen einen Satz. Doch mit diesen wenigen Worten veränderte sich nicht nur sein persönliches

Schicksal, sondern das ganz Jugoslawiens. Die de-facto-Aufhebung der Autonomie des Kosovo im März 1989, der Massenandrang zur 600-Jahr-Feier auf dem Amselfeld, der unaufhaltsame Aufstieg Miloševićs an die Spitze des Staates, das alles waren Folgen dieses kurzen Augenblicks.

Die erste Reaktion der Kosovo-Albaner war Schock. Praktisch ohne Widerstand konnte die serbische Zentralverwaltung einige »vorübergehende« Maßnahmen durchsetzen, durch welche die Arbeit der Behörden, der Akademie der Künste und Wissenschaften, der Universitäten, Schulen und Medien drastisch eingeschränkt und einige tausend albanische Beamte entlassen wurden. Im Gegenzug traten am 2. Juli 1990 114 der 123 albanischen Provinzabgeordneten zusammen und erklärten Kosovo zur »gleichen und unabhängigen Einheit innerhalb der jugoslawischen Föderation«. Im September schufen sie sich eine eigene Verfassung und ein Jahr später hielten sie ein »geheimes« Referendum ab, bei dem sich angeblich 87 Prozent aller potentiellen Wähler zu 99 Prozent für eine unabhängige Republik »Kosova« entschieden.

Bei dieser Entwicklung spielte der lokale Schriftstellerverband eine gewichtige Rolle. Dessen Vorsitzender, der Literaturhistoriker Ibrahim Rugova, der zugleich Anführer der »Demokratischen Liga von Kosova« (LDK) war, nahm nach kaum behinderten Untergrundwahlen den Posten eines »Republikspräsidenten« ein. Es entstand eine Art Schattenstaat im Staate. Die Kosovo-Albaner hätten zunächst eine Strategie des politischen ›als ob‹ betrieben, immer in der Hoffnung, daß auch die Außenwelt sie eines Tages als eigenständige Entität anerkennen werde, schrieb Noel Malcolm in seiner ausführlichen Geschichte des Kosovo.[19] Fraglich sei eigentlich nur gewesen, wie lange das wohl dauern und wie schmerzhaft dieses Warten wohl sein werde. Denn die Repressionen nahmen ständig zu.

Erst die Unabhängigkeit Sloweniens und Kroatiens hätte die politischen Ziele der LDK völlig verändert, hebt Malcolm hervor. Jetzt forderte auch sie einen eigenen Staat. Analog zu den Muslimen in Bosnien, die sich den Namen »Bosnier« angeeignet hatten, nannten die Kosovo-Albaner sich ab nun »Kosovaren«, weil es einen Nationalstaat der Albaner schon gab.

Die serbisch-kroatische wie auch die bosnische Krise nahmen die Bewohner des Kosovo nur am Rande wahr, bis die Sanktionen gegen Serbien auch die Bewohner dieser armen Provinz mit unerbittlicher Härte trafen. Wie immer in Zeiten eines Wirtschaftsboykotts bemächtigten sich Mafia-Banden der Märkte, kontrollierten Gauner den Handel mit Importwaren und Devisen, und die schlecht bezahlten Soldaten und Polizisten verhökerten ihr Arsenal.

Mit dem Mord an vier serbischen Zivilisten und zwei Polizisten meldete sich im Frühjahr 1996 zum ersten Mal eine Organisation zu Wort, von der noch niemand gehört hatte: die »Ushtria Çlirimtare e Kosovës», kurz UÇK. Selbst Rugova habe diese UÇK allzu lange für eine Erfindung des serbischen Geheimdienstes gehalten, bestätigt der FAZ-Korrespondent Matthias Rüb.[20] Zu den ganz in der Četnik-Tradition konspirativ wirkenden Zellen kamen allmählich Bürgerwehren hinzu, die ihre Waffen aus Albanien bezogen. Politische Morde verschärften die Repression, und so drehte sich die Spirale der Gewalt, bis die UÇK »in den Köpfen und Herzen vieler Kosovo-Albaner zu einer Art Rache- und Rettergott« (Rüb) herangewachsen war. Immer größere Gebiete wurden »befreit«, in immer mehr Dörfern, Höfen und Hütten nisteten sich die »Befreier« ein. Sie lebten mitten unter der Zivilbevölkerung. Wie noch in jedem Guerillakrieg waren grauenhafte Massaker die Folge.

Daß ihr Kosovo serbisch bleiben würde, hatte Milošević seinen Serben gelobt. Mehr noch: im August 1995 hatte er den aus der Krajina Vertriebenen versprochen, er werde sie in ihre »ursprüngliche Heimat« zurückbringen, nämlich in das Amselfeld. Einige tausend Flüchtlinge waren damals in Busse und Züge gen Süden verladen worden, doch die meisten hatten sich sofort gewehrt oder waren wieder umgekehrt. Damit hatte Milošević das Signal zu einer neuen Eskalation gegeben.

Dieses Hin und Her hätte noch lange andauern können, hätten sich die UÇK-Kämpfer nicht im Juli 1998 zum Angriff auf die Stadt Orahovac/Rahovec verleiten lassen und die serbischen Polizisten von dort verjagt. Denn mit der Rückeroberung durch reguläre Truppen, marodierende Freischärler in deren Gefolge, setzte eine Großoffensive ein, deren Folgen verheerend waren.

Jetzt herrschte offener Bürgerkrieg. »Der Krieg aber ist ein Akt der Gewalt, und es gibt in der Anwendung derselben keine Grenzen; so gibt jeder dem anderen das Gesetz, es entsteht eine Wechselwirkung, die dem Begriff nach zum äußersten führen muß«, schrieb schon Clausewitz. Im Herbst hatten mehr als 2000 Kosovo-Albaner für ihren Traum von einem eigenen Staat ihr Leben gegeben.

Erst jetzt, als nichts mehr zu vermitteln war, traten westliche Vermittler auf den Plan. Denn zum vierten Mal in nur zehn Jahren war der Westen von einer Entwicklung überrascht worden, die vorhersehbar gewesen wäre, hätte man nur rechtzeitig hingeschaut. Statt nach den Erfahrungen der vergangenen Jahre Miloševićs Drohungen ernst zu nehmen, feierte man den Vertrag von Dayton, der ohne internationale Truppen nicht zu halten ist, als einen »dauerhaften Frieden«. Statt die Folgen der leichtfertigen »Wiener Voraussetzungslosigkeit« von 1914 zu bedenken, verfaßte man »letzte Warnungen« und Ultimaten, deren Erfüllung nicht zu erwarten war. Und als die kosovo-albanische Delegation wußte, daß im »militärischen Annex B« des Rambouillet-Vertrags, der erst nach Beginn der »Luftschläge« öffentlich bekannt werden sollte[21], vorgesehen war, daß sich »Nato-Angehörige mitsamt ihren Fahrzeugen, Schiffen, Flugzeugen und Ausrüstung frei und ungehindert … in der Bundesrepublik Jugoslawien inklusive ihres Luftraumes sowie ihrer Territorialgewässer bewegen können« sollten (Kapitel 7, Artikel 8); als also vollkommen sicher war, daß Belgrad dieses Besatzungsstatut nicht unterschreiben würde, da konnte sie ihrerseits das ganze Paket bedenkenlos signieren. Die UÇK hatte ihr Ziel erreicht: am 24. März 1999 begann das Nato-Bombardement.

78 Tage und Nächte, 23 000 Bomben und Granaten später war die zivile Infrastruktur Jugoslawiens zerstört. Hunderttausende von Albanern strömten zurück in ihre von Minen, Blindgängern und Strahlen verseuchte Heimat. Aus Makedonien, wo sie nicht erwünscht waren, weil die wachsende albanische Minderheit längst als Gefahr für den inneren Frieden galt, wurden sie schleunigst hinauskomplimentiert. Die Jugoslawische Volksarmee zog kaum geschlagen ab. Zigtausend Serben waren auf der Flucht. Der Diktator jedoch, gegen dessen Starrsinnigkeit die

größte Militärmacht der Welt Krieg geführt hatte, befand sich noch immer an der Macht. Keines der Kernprobleme war gelöst.

An dem Tag, an dem dieser Text geschrieben wird, am 28. Juni 1999, ist Kosovo ein zerschlagenes Land mit Aussicht auf ein langjähriges Protektorat, an dem nach zähen Verhandlungen auch russische Truppen beteiligt sein dürfen. Die UÇK führt sich als Sieger auf, ihre zukünftige Rolle aber ist ungeklärt. Mit ihrer Entwaffnung wird nur zaghaft begonnen. In Serbien regt sich Opposition: der Patriarch der orthodoxen Kirche fordert den Rücktritt Miloševićs, aber nicht etwa wegen seiner Kriegsverbrechen, sondern weil er großes Unglück über das serbische Volk gebracht und weil er das nationale Heiligtum Kosovo verraten habe. Aus dem gleichen Grund haben ihm die Ultranationalisten vom Schlage seines Stellvertreters Šešelj längst die Gefolgschaft aufgesagt. Sie alle fühlen sich in ihrem Glauben bestärkt, auch in dieser Phase ihrer Leidensgeschichte nicht Täter, sondern Opfer zu sein.

Allein der montenegrinische Präsident, Milo Djukanović, mahnt demokratische Reformen an. Falls diese ausbleiben sollten, werde auch er nach einem »eigenen rechtlichen Status streben«, also nach einem eigenen Staat. Die Fortsetzung der ethnischen Teilung des jugoslawischen Erbes, die bereits mehr als zwei Millionen Menschen zur Flucht und ins Elend getrieben hat, ist folglich heute schon in Sicht. Die Welt aber wird wieder erst betroffen reagieren, wenn die Fernsehbilder unerträglich sind. Denn abgesehen von der noch vagen Idee eines »Stabilitätspakts« für die Region, der den Westen vor Flüchtlingsströmen bewahren soll, hat Europa noch immer kein klares Balkan-Konzept.

Draußen vor der Tür

Es gibt seit dem Ende des Ost-West-Konfliktes keinen einzigen Staat im Osten Europas, der nicht möglichst bald einziehen wollte in das glückliche, große, gemeinsame europäische Haus. Unter seinem Dach hoffen, ja erwarten alle, himmlischen Frieden und ewigen Wohlstand zu finden. Und es gibt keinen einzigen Staatsmann innerhalb der Europäischen Union, der nicht gelegentlich erklärte, daß dieses Haus für alle offenstehe.

Allerdings nicht für alle gleichzeitig, nicht so schnell und nur unter bestimmten Bedingungen. »Wer nach Europa will, muß sich an dessen Werten und Standards messen lassen«, lautet der alles entscheidende Satz.[1] Die Übernahme des oft ungemein tragischen und elenden Erbes der verarmten südosteuropäischen Staaten ist keinesfalls erwünscht. Sie sind erst willkommen, wenn sie ihre Probleme gelöst haben werden. »Die Ziele unserer Politik gegenüber diesen Staaten sind klar«, so einer der Verantwortlichen wörtlich: »Schaffung von Stabilität durch Demokratisierung, marktwirtschaftliche Reformen und Entwicklung ziviler Gesellschaften unter besonderer Berücksichtigung der Probleme ethnischer Gruppen und Minderheiten.«[2]

Doch wer definiert »die Werte und Standards« Europas? Wer bestimmt, wie eine »zivile europäische Gesellschaft« aussehen soll? Etwa jene Großmacht, in welcher der Besitz und der gelegentliche Gebrauch von Waffen noch immer so selbstverständlich ist wie in den Zeiten des Hellas vor der Blüte Athens? Etwa jener Staat, der juristisch begründete internationale Gnadenappelle ungerührt beiseite schiebt, wenn nach seiner Auffassung Gerechtigkeit und Sühne nur durch den Vollzug der Todesstrafe zu erreichen sind; der also seinerseits keine Aussicht hätte, in den Europarat aufgenommen zu werden? Und wer hat den nordwesteuropäischen Spezialisten in Sachen Europa, all den Vertretern der Regierungen, der Parteien, der Konzerne, der Banken, und ihrer stetig wachsenden Zahl von »Consultants«, überhaupt das Recht verliehen, im Namen Europas aufzutreten, den Namen Europas zu besetzen wie ein im Krieg erobertes Land?

Elende Europa! Untröstliche Tochter des Agenor! Der fremde Weltteil hat dich geraubt, und freiwillig gibt er nichts von dem heraus, was er besitzt. Um die Eintrittskarte für das von Brüssel, Straßburg oder Maastricht aus beherrschte »gemeinsame Haus Europa« zu erhalten, müsse der von »der Europäischen Union vorgegebene Identitäts-Kitt« widerspruchslos angenommen werden, beschwerte sich beispielsweise der rumänische Philosoph Andrei Pleşu, als er in Bukarest das von Brüssel finanzierte »New Europe College« leitete.[3] Er habe mit seinem Institut eigentlich nichts weiter zu tun, als mit den immer gleichen Kooperationsfloskeln die westlichen Politiker daran zu erinnern, daß auch im wissenschaftlichen Bereich nicht nur die Rumänen, sondern viele Osteuropäer Teil des gemeinsamen Europas, also gleichfalls Europäer seien. Doch im Bewußtsein der Westeuropäer sei gegenüber ihren östlichen Nachbarn das Vorurteil von einem andersartigen Menschentypus derart tief verankert, daß diese Aufgabe sehr schwierig sei. Sogar im Brockhaus würden die »Osteuropiden« noch immer als eigene Rasse geführt.

In der Tat wird in der großen Brockhaus-Enzyklopädie von 1966–1976 unter dem Stichwort »Europiden« genau zwischen einer »mediterranen«, einer »dinarischen«, einer »alpinen«, einer »osteuropiden« und der »nordisch-teutonischen Rasse des Reihengräbertypus« unterschieden. Sollte ein Volk, das seine Toten nicht ordentlich in Reih und Glied beerdigt hat, wirklich nicht dazugehören? Vielleicht hat man in Wiesbaden nur noch nie von den in Reihen angeordneten frühmittelalterlichen slawischen Gräberfeldern gehört. Die deutsche Mediävistik hat sich bis heute auf das lateinische Europa beschränkt und die Erforschung der europäischen Nachbarschaft den Byzantinisten, Slawisten, Judaisten oder auch Islamisten überlassen. Dort, wo es keine Antike gegeben habe, wird argumentiert, könne es »streng genommen auch kein Mittelalter geben; und wo die Tradition der lateinischen Sprache und römischen Kultur verschüttet oder gar nicht rezipiert wurde, gab es keine der für Mittelalter und Neuzeit so bezeichnenden Renaissancen.«[4] Kein Altertum im

Donauraum? Keine Antike in Griechenland? Wer sich von solcher Sicht eingeengt fühlt, der muß schon bis Oxford gehen, wo der Osteuropahistoriker Norman Davies die Kühnheit besessen hat, im Jahre 1996 eine erste umfassende Geschichte ganz Europas vorzulegen, in der er der verbreiteten These von der »Western Civilization« – wie allem Eurozentrismus – naturgemäß den Kampf ansagt.[5]

Den »ethnischen Europäer« gibt es nicht. Nicht einmal Menschen, welche die gleiche Sprache sprechen, also kulturell zur gleichen Gruppe gehören, sind genetisch unbedingt verwandt, wie neueste Forschungen beweisen. Das Volk als Blutsgemeinschaft, wie sie etwa dem deutschen Staatsangehörigkeitsgesetz immer noch zugrunde liegt, ist von Genetikern längst als Mythos entlarvt worden. Wer sind also diese anderen, gegen die sich die Europäer der Union abgrenzen, die sie im Vorzimmer ihres Hauses mit allerlei Aufnahmeprüfungen beschäftigen, doch immer nur warten und nicht wirklich hereinlassen wollen? Sie sind genau das: »Die anderen«, »die Barbaren«, deren wilde Fremdheit Angst einflößt. Eine Ausnahme von diesem Klischee bildet jeweils nur jener einzelne Südosteuropäer, den man zufällig persönlich etwas näher kennt. Alle anderen sind und bleiben »Ausländer an sich«. »Der Ausländer« aber »ist klein, dunkelhaarig, stinkt nach Knoblauch und vergewaltigt unsere Frauen«, wie es im ungeniert deutlichen Jargon der Graffiti deutscher Jugend heißt. Und so bildet sich ein europäischer Nationalismus heraus, der geradeso überheblich und aggressiv agiert wie alle anderen Nationalismen vor ihm.

Die da draußen aber strampeln sich ab, um zu beweisen, daß sie einer Eintrittskarte würdig sind. Genau wie damals, rund um die vergangene Jahrhundertwende, als das »Türkenjoch« endlich abgeschüttelt war, erschrecken sie uns mit der Heftigkeit und Eile, mit der sie die verlorenen Jahre wettzumachen trachten. »Nötigt uns die slawische Gier nach Kultur überall Bewunderung ab, so können wir uns beim Anblick der Hast, mit der sie ungestüm nach dem geistigen Besitze der sämtlichen europäischen Nationen greift, um sich aller Wissenschaft und aller Kunst Europas zu bemächtigen, doch zuweilen einer leisen Bangigkeit kaum erwehren«, gestand Hermann Bahr in einem Essay unmittelbar nach dem Ende des zweiten Balkankrieges.[6] Er sehe die Gefahr, dabei die eigene Volksart zu schädigen, und die eigene Entwicklung durch ein solches Fieber zu zerstören: »Spät erwachend, unter allen großen Nationen Europas zuletzt, dann aber sogleich von einem wahren Furor ergriffen, die ganze Vergangenheit über Nacht nachzuholen, in Windeseile sich intellektualisierend, drängen die Slawen geistig jetzt mit solcher Heftigkeit vorwärts, daß bei manchem ihrer Stämme die nationale Überlieferung davon bedroht scheint.« Wenn man in Spalato (Split) im Café sitze und den jungen Malern zuhöre, fühle man sich wie durch einen Zauber auf den Montmartre versetzt. »Was wir in Mitteleuropa jetzt eben erst als neueste Kunst noch zögernd erwägen, gilt hier bereits wieder als überholt.« Auch in Belgrad oder Krakau sei man längst weiter vorangestürmt als etwa in Berlin.

Das hier Gesagte galt freilich nicht nur für den slawischen Raum. Bleiben wir beim Beispiel Rumänien: Durch Jahrhunderte hatte die Achse Rhein-Main-Donau den Lebensstrom dieses Balkanstaates abgegeben. Nach der Vertreibung der Türken waren die Könige aus Deutschland, die Lehrer, Wissenschaftler und Künstler aus Frankreich oder Österreich importiert worden. Das elegante Bukarest mit seinem Arc de Triomphe galt lange als ein kleines Paris. Zwei Drittel aller alten, ja oft völlig veralteten Industrieanlagen sind noch immer »made in Germany«. Aber Westeuropa übe nicht nur seinem Land gegenüber eine Zurückhaltung, die er nicht verstehe, klagte schon der erste postkommunistische Präsident Iliescu gegenüber westlichen Politikern.

Natürlich konnte er kaum selber sagen, daß auch er ein Teil des Problemes war. Angewidert dachte so mancher an jene Dezembertage 1989 zurück, als sein Vorgänger Ceauşescu nicht nur entmachtet, sondern nach einem halbstündigen Scheingerichtsverfahren physisch aus dem Weg geräumt worden war; auch aus dem Wege seines Nachfolgers. Denn allzu schnell hielt Iliescu damals alle Fäden der geheimen Dienste und des Militärs in seiner Hand. Heute kann es keinen Zweifel mehr daran geben, daß die angeblich spontane Revolution in Wahrheit ein gemeinsam mit Moskau geplanter Putsch von oben war.

Zu seinem russischen Studienfreund Gorbatschow war Iliescu das rumänische Pendant. Schon 1971 hatte er sich mit Ceauşescu überworfen, der damals von US-Präsident Nixon als größter Staatsmann Europas gefeiert wurde, weil er den Einmarsch in der Tschechoslowakei nicht mitgemacht hatte, sondern sich China zuzuwenden begann. Ceauşescu hatte den Prager Frühling ganz bewußt für sich genutzt: als in der Tschechoslowakei der Sozialismus mit Gewalt daran gehindert wurde, ein etwas menschlicheres Gesicht anzunehmen und die nationale Würde wiederherzustellen, hatte er die solidarischen Gefühle der Rumänen mit den Tschechen und Slowaken für seinen eigenen nationalkommunistischen Weg mobilisiert.

Iliescu aber war damals abgestraft worden und erst im Herbst 1987 mit einem offenen Aufruf zu »Umbau und Information« – also zu Perestrojka und Glasnost – wieder aus der Versenkung aufgetaucht. Dieser Text erschien trotz strenger Zensur in einem Bukarester Verlag, wurde von Hand zu Hand gereicht, und es gab wohl niemanden, der ihn nicht sofort verstand.

Während sich indes im Westen, vor allem in Deutschland, Gorbatschow mit seinen Umbau-Plänen höchster Beliebtheit erfreuen konnte – wesentlich mehr als je in seiner Heimat –, war es bei Iliescu umgekehrt. Ihm wurde persönlich vorgeworfen, daß er nach Jahren der Isolation aus Angst vor Bürgerkrieg und Chaos auf Erhalt der staatlichen Autorität bestand und die Zügel nur sehr langsam lockerte. So blieb Rumänien in den westlichen Medien, die sofortige spektakuläre Reformen sehen wollten, lange als Versager etikettiert. »Das alles verlängerte den alten Opfer-Komplex der Rumänen, die sich am Rande der Imperien zwischen Anpassungsfähigkeit und Fatalismus nur auf die kleinen Tageslösungen beschränkten«, wie Andrei Pleşu sich ausdrückte. »Eine Stimmung der Vergeblichkeit fraß sich fest.«[7] Und diese Stimmung ist noch immer tonangebend, wenn verzweifelnde arbeitslose Bergarbeiter nach Bukarest marschieren, um Entschädigung für die Folgen der gewaltsamen Modernisierung einzuklagen, die der Westen ihrem Lande aufgenötigt hat.

Das rumänische Wort für Hölle (iad) ist östlich-slawischen, das für Himmel (cer) westlich-lateinischen Ursprungs, lange schrieb man dort in der kyrillischen, heute wieder in lateinischer Schrift. Wo also »gehört« Rumänien hin? Die Zuordnung der verschiedenen mittel-, ost- und südosteuropäischen Staaten von außen, nämlich vom europäischen Westen her, ist grundsätzlich vollkommen willkürlich. Entscheidend ist, ob der westliche Betrachter in den Wirtschaftsstrukturen und den politischen Modellen Ähnliches, besser noch Vertrautes sieht. Alles, was nicht klar erkennbar, kalkulier- und berechenbar erscheint, wird zunächst einmal als fremdartig, als »uneuropäisch« abgelehnt. Noch um 1820 sei ein rumänischer Adeliger in Wien zurückgewiesen worden, als er ein Sanatorium für Geisteskranke besuchen wollte, weil er mit seinem orientalischen Gewand die ohnehin psychisch labilen Patienten vollends aus dem Gleichgewicht zu bringen drohte, berichtet Pleşu voller Bitterkeit. Und später wurde die deutsche Prinzessin Carmen Sylva bei Hofe wegen ihrer rumänischen Kleidung ausgelacht.

Heute sind, wie es dem Zeitgeist entspricht, die Kriterien meist wirtschaftlicher Natur. »Offen gesagt: Die vom euroatlantischen Westen vorgenommenen Unterscheidungen zwischen den Staaten der Europäischen Union und denen aus Zentral- und Osteuropa sind nicht immer unschuldig. Es gibt da manchmal die Tendenz einer Haltung, die ich, wenn nicht als kontrollierende Arroganz, dann als Überlegenheitskomplex zu bezeichnen wage«, formulierte der Lehrstuhlinhaber für Geologie, Professor Dr. Emil Constantinescu, Iliescus früher kommunistischer, heute natürlich »christdemokratischer« Nachfolger im Amt des Präsidenten Rumäniens, im Mai 1998 während einer Rede in Berlin.[8] Manchen sichtbaren politischen und sozialen Problemen, die in jedem Übergangsprozeß unausweichlich sind, werde da eine übergroße Wichtigkeit beigemessen. In Krisensituationen drückten sich nun einmal die Widersprüche zwischen den Reichen und den Armen in der Sprache der ethnischen, religiösen und sogar regionalen Konfrontationen aus. Die Zusammenstöße über nationale Fragen seien aber nicht unbedingt immer nur ein Produkt der Armut. Ernsthafte Spannungen in der Gesellschaft, die manchmal die Schwelle des Separatismus erreichten, finde man auch in den weitest entwickelten und reichsten Gesellschaften Westeuropas.

Und der rumänische Gelehrte mahnt den Westen, sich auf »die fundamentalen Texte des politischen europäischen Denkens« zu besinnen. »Die Demokratie kann nicht außerhalb des Rechtsstaates und der Herrschaft des Gesetzes errichtet werden, wie auch die Marktwirtschaft nicht um den Preis der Schaffung von fundamentalen Ungleichheiten und sozialen Rissen eingeführt zu werden verdient.« Es gehe vielmehr darum, ein Gleichgewicht zwischen Gesetz und Freiheit, zwischen Demokratisierung und Marktwirtschaft – im Sinne Montesquieus – herzustellen. Die stabilen und entwickelten Demokratien seien indes ganz offensichtlich inzwischen völlig von der Versuchung durchdrungen, die Demokratie zu entstellen, sie als Ensemble abstrakter Normen und juristisch-politischer Verfahren zu betrachten. In den Wohlstandsgesellschaften scheine die Demokratie ihre Schaffenskraft verbraucht zu haben.

Objektiv steht Rumänien heute infolge seiner gebremsten Entwicklung vielleicht sogar etwas besser da als jene Balkanländer, in denen der Aufbruch zu neuen Ufern nach dem Ende des sowjetischen Zwangssystemes allzu stürmisch vollzogen wurde. Wie etwa in Bulgarien. Am Bewußtsein, zu Europa zu gehören, ja Teil dieses Kontinentes zu sein, ändert der materielle Zustand aber nichts. Der erste postkommunistische Präsident Bulgariens beispielsweise, der liberale Professor Dr. Želiu Želev, ist ein Gelehrter, der in der deutschen Philosophie zu Hause ist.

Sehr ernsthaft hat Želev sich von Anfang an mit der Frage der Zugehörigkeit nicht nur seines Landes, sondern des gesamten Balkans, zu Europa auseinandergesetzt. Den einen sei die Grenze Europas identisch mit der römisch-katholischen Welt. Andere aber sähen auch den Balkan als gewichtigen Teil Europas an, denn für Jahrhunderte sei Byzanz Europa gewesen, und Bulgarien sei diesem Byzanz im Guten – durch Handelsbeziehungen – wie im Schlechten – durch Kriege – immer eng verbunden gewesen. Doch: »Ist die Frage nach der Zugehörigkeit des Balkans zu Europa überhaupt korrekt gestellt? Ich glaube nicht. Denn die Frage zielt nach einem geistigen Europa, das statisch ist und abgeschlossen. Die immanente Teleologie Europas wird als ungebührlich vernachlässigt.« Diese aber bedeute Offenheit, die Freiheit nämlich, die eigene Existenz im Einklang mit den Ideen der Vernunft und der Unendlichkeit der Aufgaben aufzubauen. Per definitionem sei sie grenzenlos. »Die Frage, ob der

Balkan ein Teil Europas ist, ist folglich eine politische, die sich die Tarnkappe der Frage nach der kulturellen Identität des Balkans übergestülpt hat.« Eben weil sie Grenzen zieht, welche die kulturelle Identität Europas seit den Tagen eines Erasmus von Rotterdam nicht gekannt hat und im Bereich des Geistigen auch weiterhin nicht kennt.

Želev orientiert sich an Edmund Husserls berühmter Vorlesung »Die Krisis des europäischen Menschentums und die Philosophie«. »Das Problem, das mich umtreibt«, fügt er hinzu, »ist das Ob, Wann und Wie von Möglichkeiten, eine neue politische Identität Europas zu gestalten, um wieder Husserls geistiges Europa entstehen zu lassen.« Ein Europa, zu dem der Balkan mit allen seinen Widersprüchen selbstverständlich dazugehört.

Želevs Nachfolger Pjotr Stojanow drückt sich zwar weniger theoretisch aus, meint aber grundsätzlich das Gleiche, wenn er vor einer Beschränkung Europas im Osten auf einige erklärte Lieblinge westlicher Politiker warnt: Jeder Lehrer wisse, daß es pädagogisch falsch sei, eine Klasse in Musterschüler und Versager einzuteilen. Dadurch würden die Bevorzugten übermütig, die übrigen aber verfielen in Mutlosigkeit. Deshalb bittet er die Europäische Union, ausnahmslos mit allen beitrittswilligen Staaten Mittel-, Ost- und Südosteuropas zu verhandeln und nicht nur mit einigen wenigen. »Wir dürfen nicht zulassen, daß man im Westen sagt: laßt uns erst ein paar Länder aufnehmen, dann sehen wir weiter.«[9] Denn dieses »dann« könne niemals sein. Doch ohne ermutigende Signale, ohne Aussicht auf spätere Integration, werde zum Beispiel Bulgarien die äußerst schmerzhaften Reformen, die es noch vor sich habe, nicht durchstehen.

Die Angst, erneut im Stich gelassen und von Europäern verraten zu werden – Stojanow nannte sie einmal ausdrücklich einen Jalta-Komplex –, geht aber nicht nur in den Balkanstaaten Rumänien und Bulgarien um. Die Anforderungen, welche an die beitrittswilligen Staaten gestellt würden – eine feste Demokratie, eine liberale Marktwirtschaft sowie die Umsetzung der rechtlichen Standards der EU – seien für sein Land durchweg annehmbar, sagt beispielsweise der litauische Ministerpräsident Gediminas Vagnorius.[10] »Wir sind jedoch beunruhigt, daß wir aus geopolitischen Gründen das Recht verlieren könnten, reelle

Verhandlungen mit der EU aufzunehmen. Wir sind … auf die Verhandlungen nicht schlechter vorbereitet als jene Länder, die von der Europäischen Kommission bevorzugt werden.« Falsche Entscheidungen könnten zu neuen Trennlinien und, bei alleiniger Aufnahme Estlands unter den Balten, sogar zur Spaltung der Region führen. Für Litauen sei diese Frage von übergroßer Bedeutung, denn es gehe um das Recht, nach Europa zurückzukehren, »aus dem wir gegen unseren Willen ausgestoßen worden sind«.

Die Bevorzugten aber werden von allen anderen mit Neid und Mißtrauen beäugt. Sie sind es nämlich, die sich mit übertriebenem, allen vertraglichen Verpflichtungen vorauseilendem Eifer bemühen, das Haus Europa in eine uneinnehmbare Festung zu verwandeln. Nirgends werden beispielsweise die strengen Regeln des Schengener Abkommens heute schon rigoroser befolgt als an den Grenzen Polens gegen Osten – zu Rußland, Weißrußland und Litauen.

Natürlich geht es bei solcher Abgrenzung nicht nur um den Schutz des westlichen Wohlstandes, sondern auch um ganz konkrete Fragen des militärischen Sicherheitssystems, weshalb die räumlichen Vorstellungen von der künftigen Europäischen Union von den Ideen einer Ost-Erweiterung des Nordatlantikpaktes in Wahrheit kaum mehr zu trennen sind. Ein Blick auf die Landkarte macht vollends klar, daß ausschließlich Abgrenzung gemeint sein kann. Abgrenzung gegen Feinde, die zur Zeit nicht zu sehen sind, und die es vielleicht gar nicht gibt.

Die Lieblinge der Europäischen Union, die drei Višegrad-Staaten Polen, Tschechien und Ungarn, dazu Slowenien, Estland und ausgerechnet Zypern mit seinem Griechen-Türken-Problem, wurden nicht wegen ihrer »marktwirtschaftlichen Reformen«, nicht wegen ihrer »Entwicklung ziviler Gesellschaften«, nicht wegen ihrer europäischen »Werte und Standards«, nicht wegen ihrer »kulturellen Identität«, auch nicht wegen ihrer überwiegend katholischen Konfession, sondern zunächst und vor allem anderen wegen ihrer geographischen Lage ausgewählt. Man hat ihnen mehr als anderen geholfen, die Aufnahmeprüfungen zu bestehen. Und man sucht konsequent nach Argumenten, die sie »europäischer« als andere erscheinen lassen und sie vom befremdlichen Knoblauchduft ein für allemal befreien. Denn sie bilden einen Sperriegel von der Ostsee bis zur Donau, und – wenn Slowenien dazukommt – weiter bis zum Bündnispartner Italien und natürlich bis zur Adria hin. Die Frage ihrer sicherheitspolitischen Brauchbarkeit hat sich lediglich »die Tarnkappe ihrer kulturellen Identität übergestülpt«.

Wer überprüfen will, ob das wirklich so ist, der braucht sich nur einmal die Argumente genauer anzusehen, mit denen gerade die Gegner der Aufnahme osmanisch geprägter südosteuropäischer Staaten – wie etwa Bulgariens – in die Europäische Union, für eine baldige Assoziierung und spätere Mitgliedschaft der Türkei eintreten.

Schlagartig wird es unbedeutend, ob Ungarn und Slowenien sich tatsächlich ihre Vorzugsrolle durch besondere reformerische Leistungen verdient haben, wie sie selber denken mögen, denn sie verdanken sie vor allem anderen der seit dem Staatsvertrag von 1955 in der Verfassung verankerten »immerwährenden« österreichischen Neutralität. Mit Österreich als Nato-Staat wäre die fehlende Verbindung zum Mittelmeer etabliert, und an unsicheren Kandidaten aus dem Balkanraum bestünde kein Bedarf.

So aber bauen Ungarn und Slowenien mit dem Eifer von Musterlehrlingen an der undurchlässigen dicken Mauer mit, die gegen einen Teil Europas aufgerichtet wird, dem sie vor nicht allzu langer Zeit noch selber angehört haben. Ungarn ist seit dem Friedensvertrag von Trianon, 1920, als es nicht nur das Burgenland an Österreich und die Slowakei an die Tschechoslowakei, sondern vor allem auch die Balkangebiete Siebenbürgen, Kroatien, die Batschka sowie das westliche Banat (die Vojvodina) an Rumänien und an das spätere Jugoslawien, also zwei Drittel seines Staatsgebietes und 59 Prozent seiner Bevölkerung verlor, tatsächlich nicht mehr dem Balkan zuzurechnen. Ein großer Teil der Ungarn aber schon.

Und die Weigerung der ungarischen Minderheiten, sich mit ihrem nationalen Stolz den neuen Mehrheitsvölkern zu unterwerfen, bleibt ein kaum lösbares Balkan-Problem. Daran zeigt sich erneut – wie schon zuvor in Jugoslawien –, daß die Aufteilung einer ethnisch gemischten Welt nach Völkern und Kulturen kein Instrument ist, mit dem Konflikte verhindert oder gar gelöst werden könnten. (Was angesichts der etwa 3000 Ethnien und weniger als 200 Staaten in der Welt eigentlich niemanden überraschen sollte.) Die Auflehnung gegen den »Schandvertrag«, gegen das »Diktat von Trianon«, spielte für die Ungarn keine geringere Rolle als in Hitlers Propaganda die Revision des »Unrechtsystems von Versailles«. Auf dieser Gemeinsamkeit beruhte die Waffenbrüderschaft Horthys mit Hitler im Krieg. In den folgenden Jahren des verordneten Internationalismus und der sozialistischen Brüderschaft war der Konflikt nur eingefroren, und in der Wärme der Wende taute er wieder auf. Im März 1990 wäre es deshalb in Rumänien beinahe zum Bürgerkrieg gekommen. Die Außenpolitik der ersten postkommunistischen Regierung Ungarns war zu dessen Schaden ausschließlich auf das Problem der Auslandsungarn konzentriert. Die Folge waren Spannungen mit allen sieben Nachbarstaaten, mit Ausnahme Sloweniens und Österreichs.

Hier hat der zunehmende Druck der Europäischen Union, die auf Grund der jugoslawischen Erfahrungen in ihrem neuen »Regionalansatz« seit dem Februar 1996 von den beitrittswilligen Staaten fordert, ihre Friedfertigkeit zu beweisen und bestehende Grenzen anzuerkennen, offensichtlich Wunder gewirkt.

Die Bereitschaft Ungarns, auf dem Weg nach Europa zunächst einmal Mitglied der Nato zu werden, hat sich indes schon nach zwei Wochen als überaus problematisch herausgestellt. Hilflos mußten die ungarischen Staatsbürger zusehen, wie von ihrem Boden aus die ehemals ungarische Provinz Vojvodina in Serbien bombardiert wurde, in der auch heute noch 300000 Magyaren leben. Entsetzt sahen sie vom ersten Tag des Kosovo-Krieges an die Zerstörung aller Donaubrücken, die Angriffe auf Novi Sad und auf die Grenzstadt Subotica, deren Bürgermeister ein Ungar war. Und sie fürchteten die Rache der Serben, falls Bodentruppen eingesetzt würden.

Schlagartig wurde allen klar, wie gefährlich jede neue Teilung Europas war, bei der Ungarn als Staat der Union angehören, ein Großteil aller Ungarn aber draußen bleiben würde; und das kaum wegen ihrer anderen »kulturellen Identität«.

Ein solches Problem kennt Slowenien nicht. In seiner Gesamtheit hat das slowenische Volk seinen südslawischen Brüdern, mit denen es sich 1920 aus freiem Willen vereinigt hatte, erst 1990, dafür erneut aus eigenem Willen, die Gunst der Stunde nutzend, den Rücken gekehrt. Plötzlich hatte es entdeckt, daß es sich von den südslawischen Völkern durch ganz wesentliche nationale Eigenschaften unterschied. Es war angeblich fleißiger, intelligenter, ordentlicher, sauberer – mit einem Wort: »europäischer« – als alle anderen, und es war folglich berechtigt, seinen relativen Reichtum für sich zu behalten; mit dem gleichen Recht wie gleichzeitig nebenan in Norditalien die soeben erfundene Ethnie der Lombarden unter ihrem sezessionistischen Führer Umberto Bossi diesen Anspruch erhob. Die eigentliche Ursache ihrer Andersartigkeit lag jedoch im wirtschaftlichen und sozialen Gefälle, in der Unfähigkeit des zerfallenden Staates, seine von der geographischen Lage mehr oder weniger begünstigten Republiken und Provinzen gleichmäßig zu fördern und zu entwickeln.

Natürlich gab es auch zu Beginn des Jahrhunderts in Slowenien schon Menschen, die dem Panjugoslawismus kritisch gegenüberstanden und lieber zu Mitteleuropa gehören wollten; ihnen wurde, wie wir gesehen haben, jedoch auf den entscheidenden Sitzungen von ihren Landsleuten der Mund verboten. In Südkärnten fand im Oktober 1920 einer der wenigen Volksentscheide statt, die den Forderungen der Vierzehn Punkte Wilsons wirklich entsprachen. Trotz einem 70prozentigen Anteil slowenisch sprechender Menschen an der Bevölkerung entschieden sich damals 59 Prozent für den Verbleib bei Österreich.

Heute wirft Laibach Österreich vor, es habe die slowenische Minderheit im Laufe der Jahre derart unter Druck gesetzt, daß sie allmählich ganz zu verschwinden drohe. Bei einer Volkszählung 1960 erreichte ihr Anteil an der Kärntner Bevölkerung tatsächlich gerade noch fünf Prozent. Viele erklärten sich allerdings als »Windische«, also als deutschfreundliche Slowenen, für welche die Mischung ihrer Umgangssprache (wie auch ihrer Familienangehörigen) mit deutschsprachigen Kärntnern kein Problem darstelle. (In den Jahren des Anschlusses wurde deren Einstellung naturgemäß von den Gauleitern der NSDAP mißbraucht.)

Umgekehrt kann Wien den Slowenen vorwerfen, daß sie die Anerkennung einer deutschsprachigen Volksgruppe und deren kulturelle Autonomie zuerst im Königreich der Serben, Kroaten und Slowenen, später in Jugoslawien, wegen der leidigen »Windischen-Theorie« stets energisch verhindert haben, mit schrecklichen Folgen für die betroffenen Altösterreicher.

Die Frage ethnischer Gruppen und Minderheiten bleibt weiterhin das Kernproblem, das mit dem groben Instrument des Selbstbestimmungsrechtes der Völker einfach nicht zu lösen ist. Schon deshalb nicht, weil Sprachen und Nationen völkerrechtlich nicht anerkennbar sind. Slowenien war da vom Schicksal begünstigt, denn die Alpenslawen sind in ihrem kleinen Land immer fast ausschließlich unter sich geblieben. Und doch sind auch sie von dem Glauben durchdrungen, im Verlaufe ihrer nationalen Geschichte immer Opfer und niemals Täter gewesen zu sein.

Slowenien sei nicht bereit, die Schuld für den Zerfall Jugoslawiens auf sich zu nehmen, erklärt denn auch der früher kommunistische Präsident dieses Landes, der Jurist Milan Kučan, jeweils ungefragt, wenn er Besuchern seinen Standpunkt darlegt.[11] Auch anderen wolle er keine Schuld zuweisen. Weder die jugoslawischen Separatisten, noch die deutschen Revanchisten, noch eine Vatikanverschwörung hätten Jugoslawien zerstört. Schuld sei die geringe Bereitschaft zu Reformen, zu entwickelten Formen des Zusammenlebens gewesen. Und natürlich die serbische Politik unter der Devise »Wo Serben leben, ist Serbien«.

Wo Slowenen leben, ist heute Slowenien. »Man war sich in Slowenien sehr wohl bewußt, daß unüberlegte Schritte in Richtung Europa zur Katastrophe führen könnten«, fährt Kučan fast ohne Unterbrechung fort. Slowenien sei aber nun einmal, noch aus den Zeiten der Donaumonarchie, ein europäischeres Volk als alle anderen. »Die Orientierung in Richtung Europa ist für uns das einzig mögliche Ziel.«

Das allerdings dachten auch die anderen, vor allem natürlich die Kroaten, die heute als die eigentlichen Verlierer dastehen. Vielleicht haben sie es nur noch nicht gemerkt, daß die Demarkationslinie, welche Europa künftig in Himmel und Hölle, in Reiche und Arme, trennen wird, längst um ihren stolzen neuen Nationalstaat einen nördlichen Bogen geschlagen hat. Vielleicht träumen die nationalistischen Phantasten noch eine Weile von ihrer Bedeutung für die erweiterte Union, von ihrer Mitgliedschaft in der Nato, die jeden lokalen Konflikt mit Serbien alsbald zum Bündnisfall stilisiert. Man hatte ihnen ja lange genug anerkennend den Rücken gestärkt; man hatte ihnen in einem gewaltigen Propandafeldzug ihren alten Opfer-Komplex bestätigt und Hilfe auf dem Weg nach Europa signalisiert; doch irgendwann war das vorbei.

Irgendwann hatte man einsehen müssen, daß die politische Wirklichkeit in Kroatien noch keineswegs europafähig war. Man hatte erkennen müssen, daß nicht nur der serbische Nationalismus, sondern auch der kroatische – wie so manch anderer – seinem Wesen nach unduldsam, ja gewaltbereit ist. So verständlich der Wunsch nach einem eigenen Staat auch immer gewesen sein mag, ohne Blutvergießen war er nicht zu verwirklichen, weil er gegen die nicht minder legitimen Interessen anderer Balkanvölker verstieß. Selbst die unermeßlich große Schuld, die der Führer des größten Volkes, nämlich der Serben, im Verteilungskampf um das Erbe Jugoslawiens auf sich geladen hat, enthebt deshalb die gewählten Vertreter der anderen Völker niemals ihrer Verantwortung.

Die wahren Opfer der wilden Wirren, die in den 90er Jahren jene Region aufgewühlt und verwüstet haben, die vorübergehend Jugoslawien hieß, sind natürlich all die ungezählten Menschen, die auf oft unvorstellbar grausame Weise ihr Leben verloren haben oder das ihrer Lieben. Das sind jene zwei Millionen Flüchtlinge, die von Haus und Hof vertrieben wurden, und denen weder Hab und Gut noch irgendeine Zukunft blieb. Die Lage im Kosovo sei sehr viel schlimmer, als sie befürchtet hätten, lautete beispielsweise die Bilanz einer dreitägigen Erkundungsmission einer UN-Delegation für humanitäre Fragen Ende Mai 1999.

Opfer sind aber auch jene stillen Dulder, denen das friedliche Zusammenleben mit den Angehörigen anderer Bevölkerungsgruppen niemals eine leidige Pflicht, sondern immer ein Bedürfnis gewesen war; die plötzlich entsetzt ihre Ohnmacht erfuhren, angesichts des allgemeinen aggressiven nationalen Wahns.

Zu den Opfern zählen müssen wir zudem all jene verzweifelten Mütter, die auszogen, um ihre dummen Buben nach Hause zu holen, als 1991 das sinnlose Morden begann – die ersten von ihnen waren Serbinnen. Oder auch die Helden von Sarajevo, jene jungen Redakteure, welche, stets um Objektivität bemüht, ihre Zeitung »Oslobodjenje« immer noch in beiden Schriften produzierten, als ihr Haus längst zerschossen war. Und die Studenten von Belgrad und ihre Lehrer, die Bürger von Niš und Novi Sad, die, oftmals unter Lebensgefahr, immer wieder auf die Straße gingen; die schon Tito gehaßt hatte wegen ihrer Liberalität. Opfer sind all die Menschen in den Städten, die weiterleben wollten wie eh und je; die einander sehen, miteinander sprechen, abends zusammensitzen wollten auf den alten Brücken über die Drina, über Save, Donau und Neretva.

Diese Brücken sind jetzt zerstört. Und unter den Folgen der Zerstörung, unter der Blockade der Wasserwege durch ihren Schrott, leidet nicht nur Jugoslawien, sondern die gesamte, seit dem Bosnien-Schock immer mehr in Mitleidenschaft gezogene Region. Gerade die ärmsten Länder im Donauraum, Bulgarien und Rumänien, deren Wirtschaftsreformen gerade zu greifen begannen, wurden um Jahre zurückgeworfen, weil ihr Transportsystem zerschlagen ist. Alle sind in ihrem Glauben bestärkt, immer wieder nur Opfer zu sein.

Zerschlagen wurde auch die geistige Brücke, die lange zwischen den liberalen Serben und ihren treulosen Freunden im Westen bestand. »Niemand, absolut niemand, das wissen wir genau, nicht einmal das Land, in dem wir geboren sind, noch die Welt, der wir angehören sollten, ist unser Freund.« So bitter beschrieb der junge Schriftsteller Vladimir Arsenijević die Lage der von Westeuropa verratenen demokratischen Opposition. Die Stärke, welche die Nato durch ihren unbedachten Schritt ausgerechnet Slobodan Milošević verliehen habe, sei unermeßlich, und ebenso groß sei jetzt ihre Not. »Wir sind erschöpft, das ist es, und uns kümmern weder Angst noch Hunger, noch Tod, sondern nur diese schwere Müdigkeit in den Knochen. Wir haben keine Kraft mehr. Wir wissen nicht, was wir noch hätten tun können, wir wissen nicht, warum uns all das geschieht, wir begreifen nicht, worin unser Fehler lag, und wir fragen uns, ob überhaupt jemand etwas von uns weiß. Ob wirklich irgend jemandem klar ist, daß in diesem untergegangenen Land, das man so leicht bombardieren kann, Menschen existieren? Wir, die normal sind.«[12]

Die ersten Opfer nämlich waren – wie bisher noch in jedem Krieg – Normalität und vor allem Wahrheit. Direkt betroffen waren alle jene Menschen auf dem Lande, denen objektive Informationen fehlten, die folglich den Machthabern ihre Lügen glaubten und sich jeweils denen anschlossen, von denen sie erhofften, daß sie – ganz wie damals der Genosse Tito – ihre Familien, ihre Felder und ihr Vieh schützen könnten. So entfaltete sich jenes Chaos, das nicht nur sie nicht mehr durchschauten, sondern mit ihnen Tausende aus aller Welt herbeigeeilter Sonderreporter, die weder Land noch Leute kannten, geschweige denn deren Sprachen und Geschichte; die nicht die Ursachen der Konflikte, sondern telegene Sensationen suchten; nicht die Angst, die Not und die Verzweiflung der Täter wie der Opfer sehen wollten, sondern immer nur Hell und Dunkel, Gut und Böse, Freund und Feind. »Die Korrespondenten haben viel und trotzdem wenig gesehen. Sie haben alles beobachtet … Verwundete, Kriegsgefangene, den Feuerschein am Himmel, sie haben das Donnern der Kanonen gehört«, wie Trotzki 1913 schrieb, aber sie hatten niemals die Möglichkeit, den Konflikt wirklich von innen zu sehen. Der Hamburger Schriftsteller Julius Stettenheim[13] war schon 1878 ein Stück weitergegangen, als er seinen erfundenen Balkanberichterstatter Wippchen in der satirischen Zeitschrift »Berliner Wespen« höhnen ließ, einzig der erfundene politische Bericht sei der wahre, denn nur unbeeinflußt von aller Wirklichkeit gedeihe die gültige Beschreibung von Vorgängen, die sowieso niemand mehr überblicken könne: »Der katexochäne Journalist *darf* nichts erfahren, denn nur so bewahrt er sich seine völlige Unbefangenheit, und nur so kann er seinen Oblügenheiten gerecht werden.« Hauptsache, daß er nur zeitig mit einem »argen Gemetzel« überkomme und darin die Konkurrenz übertreffe. Die meisten Berichte blieben folglich Schall und Rauch.

Es hätte damals, ganz zu Anfang, spätestens im Jahre 1991, durchaus die Möglichkeit gegeben, die Bombe Balkan zu entschärfen, die bereits brennende Lunte auszutreten, bevor der dritte Krieg ausbrach. Doch sie wurde nicht genutzt. Wie nach allen großen Konflikten hätte man auch nach dem Fall der Mauer eine große Konferenz einberufen müssen, an deren Ende eine handlungsfähige, ganz Europa umfassende Organisation kollektiver Sicherheit gestanden hätte. Statt dessen hat man ohne erkennbaren Feind die historisch überlebte Nato nicht nur künstlich am Leben erhalten, sondern vollkommen umfunktioniert. Jenes internationale Vertragswerk aber, das dem Zweiten Weltkrieg gefolgt war, nämlich die Vereinten Nationen, wurde ganz bewußt geschwächt, bis man sogar für militärische Einsätze auf UNO-Mandate ganz verzichtete. Und schließlich ging man sogar so weit, Nato-Truppen dorthin zu schicken, wo kein Aggressor gegen das Bündnis stand. Wo die Einheiten der eben noch deklarierten Feinde jedoch als unzumutbare Drohung empfunden werden mußten und als unvereinbar mit der staatlichen Souveränität.

Man hätte auf dieser großen Konferenz, genau wie später der ungarischen Regierung, allen Balkanpotentaten sagen müssen, daß sie in Europa willkommen sind. Daß die Europäische Union aber Spielregeln hat, an die sich jeder halten muß, der dabeisein will, gleichgültig wie ungerecht ihm in der Vergangenheit mitgespielt worden ist. Zu diesen Regeln gehört nicht nur der Schutz von Minderheiten, sondern auch der Respekt vor gewählten Verfassungen und Regierungen und vor allem von Landesgrenzen, die nur auf rechtlich korrektem Verhandlungswege und nicht mit Gewalt zu ändern sind.

Voraussetzung wäre allerdings ein anderes Verständnis von Gemeinschaft als das rein ethnisch definierter Nationen. Denn diese basieren immer auf der Ausgrenzung des oder der jeweils Anderen und tragen deshalb grundsätzlich auch die Gefahr gewaltsamer Konflikte in sich. Die einzige Alternative bleibt infolgedessen das andernorts längst bewährte Modell staatsbürgerlich, also zivilgesellschaftlich begründeter Nationen.

Daß ein derart erweitertes Nationalbewußtsein nur gegen starke emotionale Widerstände, also langsam durchzusetzen ist, hat die Diskussion um die Reform des Staatsbürgerschaftsrechtes in Deutschland gerade erst gezeigt. Mit den Mitteln kriegerischer Nötigung zu erzwingen ist es nicht. Der Lösungsvorschlag des amerikanischen Historikers Daniel Goldhagen (»Hitlers willige Vollstrecker«), Serbien müsse genau wie Nazi-Deutschland 1945 besiegt, besetzt und schließlich umerzogen werden, kann folglich ohne weiteres als »leichtfertiger Unsinn« (so Wolfgang Höpken am 16. Mai 1999 im SWR) abgetan werden.

Das Kernproblem ist nämlich weit umfassender: Als Jugoslawien nach Titos Tod allmählich auseinanderfiel, besannen sich ausnahmslos alle Völker dieses bunten Bundesstaates auf ihre ethnische Identität. Allesamt zauberten sie aus der Tiefe der Vergangenheit Erinnerungen an eine heroische Epoche hervor, in der sie größer, reicher und mächtiger gewesen waren als in der wenig heroischen Gegenwart. Einigen dieser Völker brachte der Zerfall des Staates nicht nur die Erfüllung ihrer Träume von nationaler Eigenständigkeit, sondern auch noch die Aussicht auf baldigen Zugang zur Europäischen Union. Die anderen aber sahen sich ausgegrenzt und wurden dadurch in heftige Identitätskrisen gestürzt. Dies trifft vor allem auf die Serben zu, die über mehrere Republiken und Provinzen verteilt lebten und sich dort buchstäblich über Nacht zur bedrohten Minderheit herabgestuft sahen. Mythische Geschichtsbilder und ethnische Feindbilder aus der Vergangenheit füllten sich mit neuem Leben. Sie führten zu immer neuen Ängsten, neuen Aggressionen, von ersten Akten der Gewalt zu immer mehr Gewalt.

Aus diesem Teufelskreis herausführen kann Serbien kein Krieg, sondern nur eine positive Zukunftsvision. Es bedarf der klaren Botschaft aus dem Haus Europa, daß seine Türen für alle Europäer offen stehen, die bereit sind, eine Hausordnung zu unterschreiben und einzuhalten, die uneingeschränkt für alle gleichermaßen gilt. Hinter einer solchen Botschaft müßten freilich eine nicht minder klare Überzeugung und auch ein starker politischer Wille stehen.

»Erst in einer auf Europa gerichteten Perspektive können die Probleme überwunden werden, die die Feindschaften des Balkan so unauflöslich erscheinen lassen«, schrieb Bundesaußenminister Fischer Ende Januar 1999 in einer Gast-Kolumne für deutsche Regionalzeitungen.[14] »Die Förderung von Demokratie, Menschenrechten und wirtschaftlicher Entwicklung im Dialog und in Kooperation mit Europa ist ohne Alternative. Ohne sie kurieren wir nur an den Symptomen einer schweren Krankheit. Wenn es uns gelingt, in den Anstrengungen der nächsten Tage und Wochen die Waffen im Kosovo zum Schweigen zu bringen, müssen wir eine Strategie der Heranführung der Region an Europa bereithalten. Dies liegt in unserem eigenen Interesse. Ob wir es wollen oder nicht: Europa wird neben den unmittelbar betroffenen Völkern selbst weiterhin die Hauptlast der Krise aus dem Balkan tragen. Daher gilt: Je früher wir es erreichen, die Völker auf dem Balkan in die europäische Ordnung zu integrieren, desto besser für die Zukunft Europas.«

Die gemeinsame Identität Europas ist die Summe der Geschichte aller nationalen Identitäten des Kontinents, und sie schließt folglich niemanden aus. Der Vorteil einer dennoch beschränkten Öffnung nach Osten liegt natürlich auf der Hand: Er besteht in der Wahrung der ökonomischen und der sozialen Stabilität der entwickelten Staaten, sowie in der Kontrolle der Menschenströme, die sich über die EU ergießen könnten, sobald alle Schleusen geöffnet wären. (Das Beispiel Spanien und Portugal hat allerdings überraschend gezeigt, daß diese Flut allein dadurch nicht nur eingedämmt, sondern angehalten wurde, daß die Angst vor dem Ausgeschlossensein nach der Aufnahme dieser Länder nicht mehr bestand.)

Der Nachteil ist ebenso offenkundig: Ruhig schlafen wird man im Haus Europa nicht, wenn draußen vor den dicken Mauern der Verteilungskampf unter den armen Verwandten tobt. Und man begibt sich jeder Möglichkeit, auf dortige Krisen Einfluß zu nehmen, wenn das dort nicht einmal »Europa« ist. Vor allem aber versäumt man die letzte Chance, das große Unrecht von Konstantinopel, von Wien und Berlin, von Moskau und Jalta je wieder rückgängig zu machen, das unseren Kontinent zerrissen hat; den Bruch zu heilen zwischen West und Ost – auch den der Kirchen –, unter dem Osteuropa und vor allem der Balkan unvergleichlich mehr gelitten hat und leidet, als man sich das im Westen vorzustellen vermag. Europas Traum wäre ausgeträumt, und die seligen Götter, die sie rief, hätten wieder einmal schmählich versagt.

Anhang

Tschuden
(Ladoga)
Merja
Esten
(Nowograd)
Wepsen
(Pskow)
Slawen (Slowenen)
Göten
Liven
Ost-See
Kuren
Jüten
Dänen
Schmuden
(Polozk)
Hamburg
Pruzzen
Obodriten
Pomoranen
Radmitschen
Wjatitschen
Liutizen
Jatwinger
Dregowitschen
Masowien
Magdeburg
Sachsen
Sorben
Lechen
Sewerjanen
Drewljanen
Tschechen
Charvaten
Wislanen
Wolhynier
(Kiew)
Bamberg
GROSSMÄHRISCHES REICH
(Krakau)
Poljanen
Mährer
Weißcharvaten
Slowaken
Petschenegen
Baiern
Salzburg
Karantanische Slawen!
REICH DER AWAREN
Venedig
Aqueileia
(Agram)
Tmutarakan
Magyaren
Kroaten
Sirmium
Walachen
Cherson
Belgrad
BULGARISCHES REICH
Serben
Ancona
Salona
(Spalato)
Nisch
Bulgaren
Pliska
Pontus Euxinus
Ragusa
Serdika
(Sofia)
Groß-Preslaw
Rom
Skopje
Philippopel
Adrianopel
Konstantinopel
Dyrrachion
Ochrid
Bari
Thessalonike
Larissa
Athen
BYZANTINISCHES REICH
Vermutl. Urheimat der Slawen
Westslawen
Ostslawen
Südslawen
Großmährisches Reich 9. Jh.
Reich der Awaren
Bulgarisches Reich 7. u. 8. Jh.
Eroberungen bis 831
Bulgarisches Reich Ende des 9. Jh.
Serben Slawische Stammesnamen im 9. Jh.
Esten Nichtslawische Stammesnamen

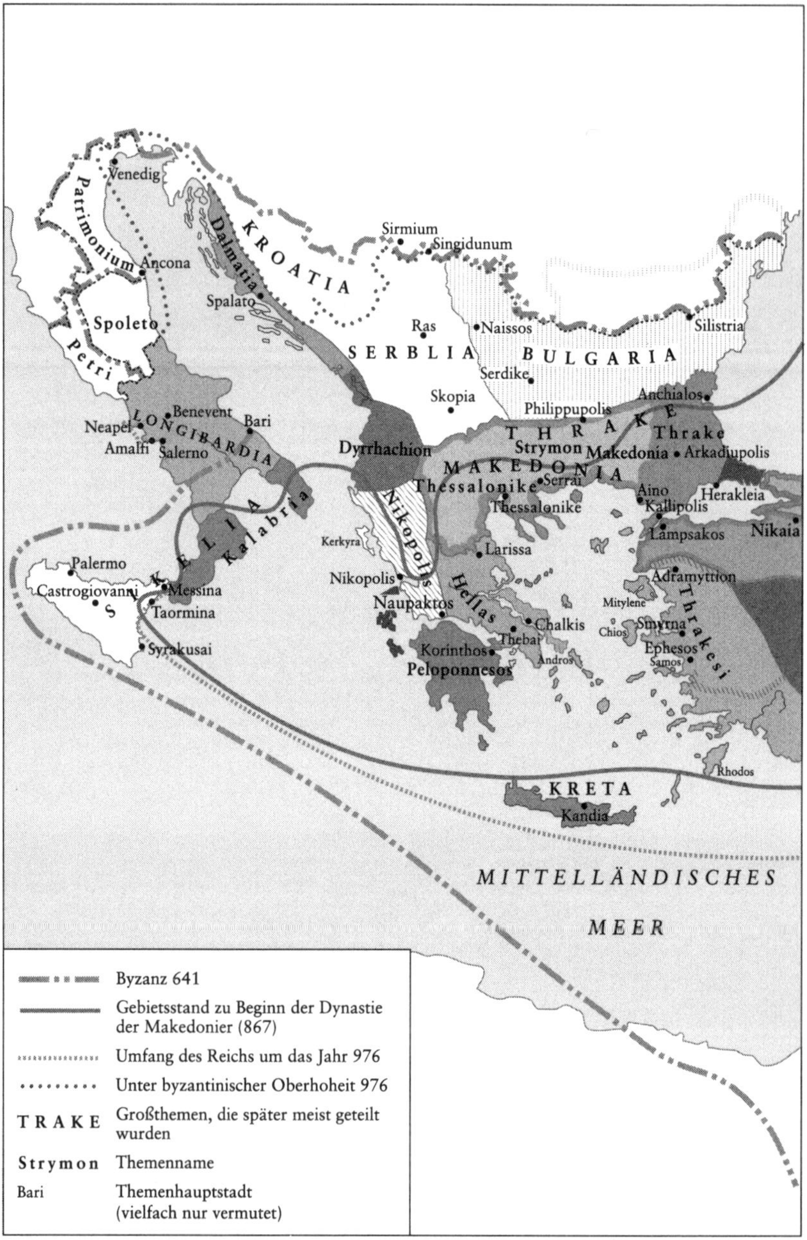
Venedig
Patrimonium
Ancona
Spoleto
Petri
Dalmatia
KROATIA
Spalato
Sirmium
Singidunum
Ras
Naissos
Silistria
SERBLIA
BULGARIA
Serdike
Skopia
Anchialos
Philippupolis
THRAKE
Thrake
Arkadiupolis
Benevent
Bari
Neapel
Amalfi
Salerno
LONGIBARDIA
Dyrrhachion
Strymon
Makedonia
MAKEDONIA
Thessalonike
Serrai
Aino
Herakleia
Kallipolis
Lampsakos
Nikaia
Kalabria
SIKELIA
Kerkyra
Nikopolis
Larissa
Palermo
Castrogiovanni
Messina
Taormina
Syrakusai
Naupaktos
Hellas
Adramyttion
Mitylene
Chalkis
Thebai
Chios
Smyrna
Thrakesi
Ephesos
Samos
Korinthos
Peloponnesos
Andros
Rhodos
KRETA
Kandia
MITTELLÄNDISCHES
MEER
Byzanz 641
Gebietsstand zu Beginn der Dynastie der Makedonier (867)
Umfang des Reichs um das Jahr 976
Unter byzantinischer Oberhoheit 976
TRAKE Großthemen, die später meist geteilt wurden
Strymon Themenname
Bari Themenhauptstadt (vielfach nur vermutet)

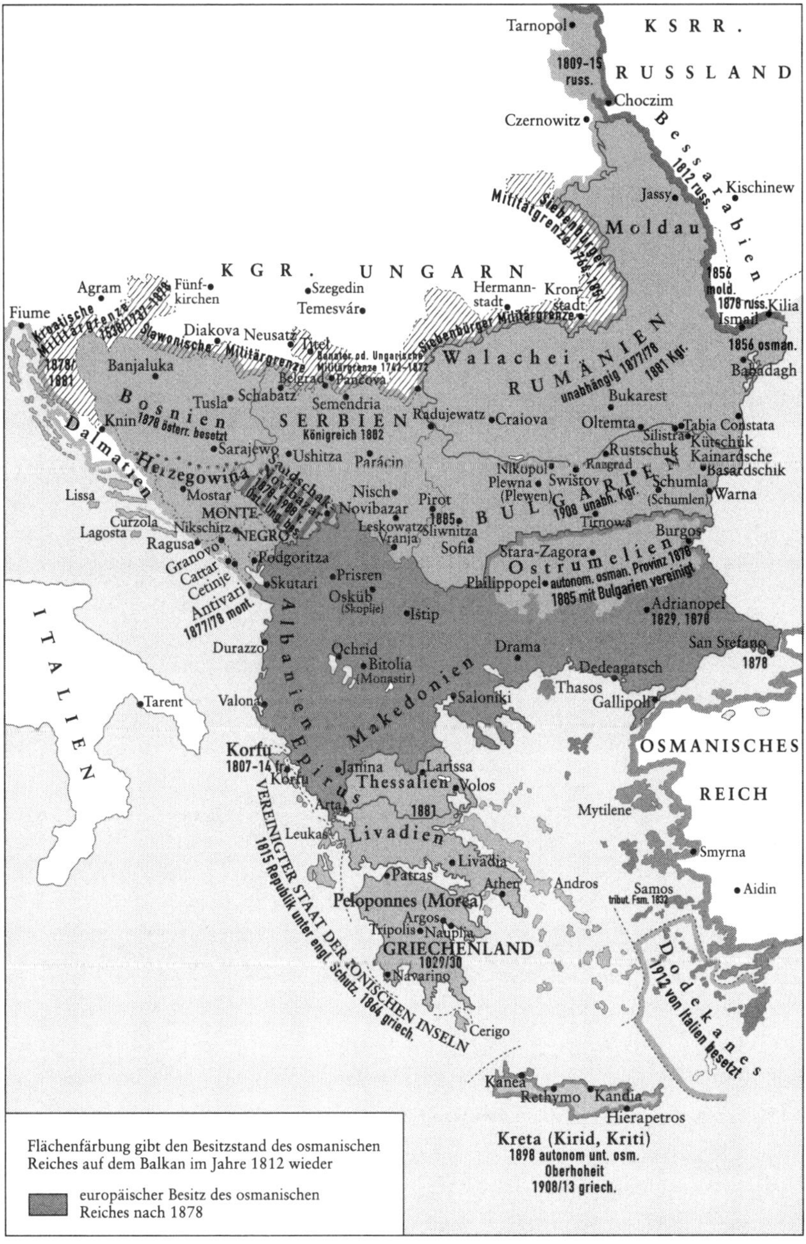
Tarnopol
K S R R .
R U S S L A N D
1809-15 russ.
Choczim
Czernowitz
Bessarabien
1812 russ.
Jassy
Kischinew
Moldau
Siebenbürger Militärgrenze 1764-1851
1856 mold.
1878 russ.
Kilia
Ismail
1856 osman.
Babadagh
K G R . U N G A R N
Agram
Fünfkirchen
Szegedin
Temesvár
Hermannstadt
Kronstadt
Siebenbürger Militärgrenze
Fiume
Kroatische Militärgrenze 1538/1737-1881
Slawonische Militärgrenze
Diakova
Neusatz
Titel
Banater od. Ungarische Militärgrenze 1742-1872
1878/1881
Banjaluka
Belgrad
Pančova
Walachei
RUMÄNIEN unabhängig 1877/78 1881 Kgr.
Bosnien 1878 österr. besetzt
Tusla
Schabatz
Semendria
Bukarest
Knin
SERBIEN Königreich 1882
Radujewatz
Craiova
Oltenita
Silistria
Tabia
Constata
Kütschük Kainardsche
Basardschik
Dalmatien
Sarajewo
Ushitza
Parácin
Rustschuk
Rasgrad
Herzegowina
Sandschak Novibazar 1878-1908 öst.-ung. bes.
Nikopol
Plewna (Plewen)
Swištov
Schumla (Schumlen)
Warna
Lissa
Mostar
Nisch
Novibazar
Pirot
BULGARIEN 1908 unabh. Kgr.
Curzola
Lagosta
Nikschitz
MONTENEGRO
Leskowatz
Vranja
1885
Sliwnitza
Sofia
Tirnowa
Burgos
Ragusa
Granovo
Cattar
Cetinje
Antivari 1877/78 mont.
Podgoritza
Skutari
Prisren
Osküb (Skoplje)
Stara-Zagora
Ostrumelien
Philippopel
autonom. osman. Provinz 1878
1885 mit Bulgarien vereinigt
Adrianopel 1829, 1878
Ištip
I T A L I E N
Durazzo
Albanien
Ochrid
Bitolia (Monastir)
Drama
San Stefano 1878
Dedeagatsch
Thasos
Gallipoli
Tarent
Valona
Makedonien
Saloniki
OSMANISCHES REICH
Korfu 1807-14 fr.
Korfu
Epirus
Janina
Larissa
Thessalien
Volos
1881
Arta
VEREINIGTER STAAT DER IONISCHEN INSELN 1815 Republik unter engl. Schutz, 1864 griech.
Mytilene
Leukas
Livadien
Livadia
Smyrna
Patras
Athen
Andros
Samos tribut. Fsm. 1832
Aidin
Peloponnes (Morea)
Argos
Tripolis
Nauplia
GRIECHENLAND 1829/30
Navarino
Dodekanes 1912 von Italien besetzt
Cerigo
Kanea
Rethymo
Kandia
Hierapetros
Kreta (Kirid, Kriti) 1898 autonom unt. osm. Oberhoheit 1908/13 griech.
Flächenfärbung gibt den Besitzstand des osmanischen Reiches auf dem Balkan im Jahre 1812 wieder
europäischer Besitz des osmanischen Reiches nach 1878

Donau
UNGARN
SLOWENIEN
RUMÄNIEN
BOSNIEN
KROATIEN
JUGOSLAWIEN
Schwarzes Meer
BULGARIEN
Kosovo
Montenegro
MAZEDONIEN
ALBANIEN
TÜRKEI
GRIECHENLAND
Serben
Montenegriner
Kroaten
Mazedonier
Bulgaren
Muslime
Albaner
Griechen
Türken
Ungarn
Rumänen
sonstige

Zeittafel

1525 v. Chr.	Vulkanisches Beben von Santorin/Thera
15. Jh.	Achäer zerstören Kreta
1184	Ilion durch Erdbeben zerstört
bis ca. 1250	Thrakische Einwanderung im NO-Balkan
1250–1150	Illyrisch-dorische Wanderung
8. u. 7. Jh.	Illyrier siedeln im NW-Balkan
ca. 750–650	Griechen kolonisieren nördliche Ägäis
ab 7. Jh.	Griechische Kolonien an der Adria
627	Kolonie Dyrrhachion (als Epidamnos – heute Durres)
7. u. 6. Jh.	Skythen an der unteren Donau und in Transsilvanien
431–404	Peloponnesischer Krieg
358–341	Thrakerkriege Philipps II. von Makedonien
336–323	Alexander der Große von Makedonien
3. Jh.	Kelten in Thrakien
260–168	Südillyrisches Reich von Škodra (Scutari/Skoder)
229–228	Römisch-illyrischer Krieg
ca. 200	Erste Daker in Transsilvanien und in der Walachei
168	3. Römisch-Makedonischer Krieg endet mit Sieg bei Pydna
148	Makedonien wird römische Provinz
120–100	Thrakerkriege Roms
35–33	Dalmatische Feldzüge Octavians (später Augustus)
33	Pannonien wird römische Provinz
29 v. Chr.	Daker und Bastarner in Moesien und Thrakien
6–9 n. Chr.	Pannonischer Aufstand
44	Moesien wird römische Provinz
46	Thrakien wird römische Provinz

85–107	Dakerreich des Decebalus wird ab 106 römische Provinz Dacia
um 240	Erste Goten an der unteren Donau
375	Hunneneinfall löst sogenannte Völkerwanderung aus
378	Schlacht bei Adrianopel
395	Teilung des Reiches durch Theodosius
445–453	Herrschaft Attilas
476	Untergang des Weströmischen Reiches
6. Jh.	Erste Slaweneinfälle ins Reichsgebiet
ca. 560	Avaren im Donaugebiet
565	Justinian, Belisar und Prokop sterben
568	Avaren besetzen Sirmium, Langobarden ziehen nach Italien
582–602	Krieg Kaiser Maurikios' gegen Slawen und Avaren
602	Zusammenbruch der Donaugrenze
622	Kaiser Herakleios schließt Frieden
623/624	Erstes westslawisches Reich entsteht
626	Avaren und Sasaniden belagern Konstantinopel
679	Proto-Bulgaren dringen über Donau
681–1018	Erstes Bulgarisches Reich
788	Karl der Große besetzt das slowenische Istrien
795/796	Truppen Karls des Großen zwischen Donau und Theiß (gegen Avaren)
800	Krönung Karls des Großen in Rom
802–814	Krum wird Chan der Bulgaren
811	Krum besiegt Kaiser Nikephoros I. am 26. 7.
813	Krum besiegt Kaiser Michael Rhangabe am 22. 6., belagert Konstantinopel
819–823	Kroaten und Slowenen erheben sich gegen fränkische Herrschaft
830–894	Großmährisches Reich
Mitte 9. Jh.	Kroatisches Fürstentum unter Trpimir, Serbisches Fürstentum unter Vlastimir
860	Angriff der »Rusj« auf Konstantinopel
863	Slawenapostel Kyrillos und Methodios missionieren in Mähren

864	Taufe des Chans der Bulgaren Boris/Michael
893–927	»Goldenes Zeitalter« der Bulgaren unter Chan Simeon
um 895	Ungarische Landnahme in Pannonien
907	Ende des Großmährischen Reiches – Niederlage gegen Magyaren
917	Bulgarenchan, jetzt »Zar«, Simeon schlägt byzantinisches Heer am 20. 8.
925	Königreich Kroatien unter Tomislav
967/8	Fürst Svjatoslaw von Kiew zieht gegen Bulgarien
972	Byzanz gewinnt NO-Bulgarien zurück
976–1014	Westbulgarisches Reich unter Zar Samuel
1000	Dalmatien wird venetianisch
1001	Stephan (der Heilige, 997–1038) wird am 1. 1. zum König von Ungarn gekrönt
1014	Kaiser Basileios II. besiegt den Zaren Samuel
1018	Basileios II. nimmt Ohrid ein; Ende des westbulgarischen Reiches
1040/41	Aufstand des Peter Deljan
1054	Bannbulle des toten Papstes in der Hagia Sophia am 16. 7. – Datum des angeblichen Schismas zwischen West- und Ostrom über Frage des »filioque«
1071	Schlacht von Mantzikert (Armenien) – Kaiser Romanos IV. unterliegt den Seldžuken
1076	Zvonimir von päpstlichen Legaten zum König Kroatiens gekrönt
1077	Michael von päpstlichen Legaten zum König der Zeta gekrönt
1091	László I. von Ungarn nimmt Slawonien ein
1091	Byzantiner schlagen die Pečenegen mit Hilfe der Kumanen
1102	Der kroatische Adel schließt sich Ungarn an
12. Jh.	Deutsche wandern in Siebenbürgen ein
1166	Stefan Nemanja wird Groß-Župan von Raszien; Staatsgründung
1180	Unter Ban Kulin entsteht bosnisches Fürstentum
1181	Dalmatien wird ungarisch

1185–87	Aufstand der Brüder Peter und Asen – 2. Bulgarisches Reich bis 1393
1185	Die Normannen in Dyrrhachion und Thessaloniki
1190	Byzanz erkennt Unabhängigkeit Serbiens an
1204	Die Kreuzfahrer erobern und zerstören (ab 13. 4.) das christliche Konstantinopel
1205	Bulgaren besiegen Kaiser Balduin am 4. 4. bei Adrianopel
1217	Serbien wird Königtum
1219	Autokephale Kirche Serbiens; Sava in Nikaea zum Erzbischof geweiht
1224	»Andreanum« – Privileg der Siebenbürger Sachsen
1230	Zar Ivan II. Asen von Bulgarien besiegt den Kaiser von Thessaloniki
1241/42	Ungarn und Donauraum durch Tataren verwüstet
1261	Restauration der »Paläologen« durch Kaiser Michael VIII.
1282	Rudolf I. erobert Kärnten und Krain
1330	Unabhängigkeit der Fürstentümer Walachei und Moldavien
1342–82	Ludwig I. (Anjou) König von Ungarn
1346	Stefan Dušan in Skopje zum serbischen Zaren gekrönt
1349	»Zakonik« des Stefan Dušan
1352	Erste Osmanen auf europäischem Boden
1358	Frieden von Zara/Zadar zwischen Venedig und Ungarn
1371	Serbische Niederlage an der Marcia
1377	Tvrtko I. von Bosnien wird König der Serben, Bosniens und der westlichen Küstengebiete
1382	Die Osmanen nehmen Sofia ein
1386–1418	Mircea der Alte, Fürst der Walachei
1387	Thessaloniki wird türkisch
1389	Schlacht auf dem Kosovo Polje (Amselfeld) am 15./28. 6., Zar Lazar fällt (»Vidovdan«)

1393	Die Osmanen nehmen Tarnovo ein
1394	Mircea der Alte besiegt türkische Angreifer
1396	Kreuzzugsheer bei Nikopolis geschlagen
1400	Die Osmanen erobern die Dobrudscha
1421	Zeta wird an serbisches Fürstentum des Stefan Lazarević angeschlossen
1423	Thessaloniki wird venezianisch
1430 o. 31	Geburt des Fürsten Vlad III. Tepeš, genannt Dracula
1431	Albanien wird in zwei Sandžaks eingeteilt
1443–1468	Albanischer Aufstand unter Skanderbeg
1444	Schlacht bei Varna
1448	Hercegovina wird Fürstentum
1453	Am 29. 5. erobert Mehmed II. (1451–1481) Konstantinopel
1456	Johannes Hunyadi befreit das von Türken belagerte Belgrad am 22. 7.
1457–1504	Stephan III. in Moldavien
1458–1490	Matthias Corvinus (»der Rabe«) in Ungarn
1458/59	Mehmed II. nimmt Athen und Smederevo ein
1463–1479	Venezianisch-türkischer Krieg
1468	Tod des Skanderbeg
1476	Tod des »Dracula«
1499	Venezianische Flotte wird geschlagen
1520–1566	Süleyman II., der Große
1526	Schlacht bei Mohács am 29. 8.
1527	Der Sabor wählt Ferdinand zum König von Kroatien
1529	Türkische Belagerung Wiens vom 29. 9. bis 15. 10.
1541	Ofen und Pest türkisch besetzt; Siebenbürgen und Banat unter türkischer Souveränität
1552–56	Türken erobern Veszprém, Temešvár, Kostajnica und Krain
1571	Venedig gibt Zypern auf – Seeschlacht von Lepanto
1583	Bosnien und Hercegovina zum Pašalyk Bosnien zusammengelegt

1600	Michael der Tapfere vereinigt Walachei, Moldau und Transsilvanien unter einer Herrschaft
1602	Türken erobern Stuhlweißenburg/Székesfehérvár
1606	Friede von Zsitva-Torok
1645	Friede von Linz
1645–1669	Krieg um Kreta
1664	Sieg der Kaiserlichen gegen Türken bei St. Gotthard/Raab – Friede von Eisenburg/Vasvár
1683	Zweite Belagerung Wiens vom 14. 7. bis 12. 9.
1685/6	Venezianer erobern die Peloponnes
1686	Karl von Lothringen nimmt Ofen ein
1688	Kaiserliche Truppen erobern Lippa, Gradisca, Peterwardein, Belgrad und Stuhlweißenburg
1688	Bulgarischer Aufstand gegen Türken
1690	Türken erobern Niš, Semedria und Belgrad zurück – Kaiser Leopold garantiert den nach Ungarn geflohenen Serben Glaubensfreiheit und eigene Kirchen
1691	Siebenbürgen/Transsilvanien wird Teil des Habsburger Reiches – Kirchenunion
1699	Friede von Karlowitz
1711	Beginn der Phanariotenherrschaft in Moldavien
1714–18	Venezianisch-türkischer Krieg führt zum Verlust der Peloponnes
1715	Phanarioten auch in der Walachei
1718	Friede von Pasarovic – Banat kommt unter habsburgische Herrschaft
1735–39	Russisch-türkischer Krieg – Friede von Belgrad
1746–49	Aufhebung der Leibeigenschaft in Walachei und Moldau
1768–74	Russisch-türkischer Krieg unter Katharina II. – Friede von Kütschük Kainardscha
1775	Bukovina wird habsburgisch
1784	Bauernaufstand in Siebenbürgen
1787–91	2. Türkenkrieg Katharinas der Großen
1797	Friede von Campo Formio

1799–1806	Russisch-türkisches Protektorat über die Ionischen Inseln
1804–13	Erster serbischer Aufstand unter Kara Djordje
1806–12	Russisch-türkischer Krieg
1806	Serben erobern Belgrad am 24. 12.
1807–14	Napoleonische Truppen besetzen Ionische Inseln
1809–14	Napoleonische Truppen besetzen Kroatien und Slowenien – »Illyrische Provinzen«
1812	16./29. 5. im Frieden von Bukarest wird Bessarabien russisch
1814	Griechischer Geheimbund in Odessa (Brüder Ypsilanti)
1815	Zweiter serbischer Aufstand unter Miloš Obrenović
1821–29	Beginn des griechischen Befreiungskampfes; Aufstand in der Walachei
1821	Griechischer Aufstand unter Alexander Ypsilantis in Moldavien am 6. 3. – Beginn der griechischen Rebellion auf der Peloponnes
1822	Ende der Phanariotenherrschaft in den Donaufürstentümern – Ali Pascha wird ermordet
1826	Auflösung der Janitscharentruppe – Abkommen zwischen Großbritannien und Rußland
1827	Londoner Abkommen zur Schaffung griechischen Staates
1828–29	Russisch-türkischer Krieg – russische Besatzungsverwaltung in Donaufürstentümern
1829	Friede von Adrianopel im September
1830	Erbliche Fürstenwürde für Haus Obrenović; Londoner Konferenz erkennt Griechenland an – »organ. Statut« für Donaufürstentümer
1832	Griechische Nationalversammlung wählt am 8. 8. Otto von Wittelsbach zum König
1835	Erste serbische Verfassung – 1838 oktroyiert der Sultan sogenannte Türkische Verfassung
1840	Im ungarischen Reichstag wird Ungarisch Verhandlungssprache

1841	Londoner Konvention zur Schließung der Meerengen für alle Kriegsschiffe
1844	Nationalbibliothek und -museum in Belgrad – Serbisches Bürgerliches Gesetzbuch
1849	Russisch-türkisches Abkommen zum Autonomiestatus der Donaufürstentümer – Siebenbürgen wird österreichische Provinz mit Gouverneur in Hermannstadt/Sibiu
1849	Kapitulation der aufständischen Ungarn am 1./13. 8.
1851	Russische und türkische Besatzungstruppen räumen Donaufürstentümer
1852	Montenegro wird erbliches Fürstbistum
1853–56	Krimkrieg – Bauernbefreiung im Banat durch Wien bestätigt
1855	Gesetzbuch des Fürsten Danilo in Montenegro
1856	Ende der Leibeigenschaft in der Walachei
1856	Osmanisches Gesetz bestimmt Gleichberechtigung der Christen
1859	Alexandru Ioan Cuza wird Fürst in Moldau und Walachei – 1861 Vereinigung der Donaufürsten
1860	Autonomie Siebenbürgens
1862	König Otto von Griechenland wird gestürzt
1864	Ionische Inseln griechisch – Agrarreform in Rumänien
1866	Gründung der südslawischen Akademie der Wissenschaft und Künste in Zagreb/Agram
1867	Österreichisch-ungarischer Ausgleich am 8. 2.; Abzug der letzten türkischen Truppen aus Serbien
1868	Ungarisch-kroatischer Ausgleich
1869	Erste Eisenbahn in Rumänien
1872 u. 74	Gründung von Universitäten in Klausenburg (Cluj) und Agram (Zagreb)
1876	»April«-Aufstand in Bulgarien
1877/78	Erneut russisch-türkischer Krieg
1877	Rumänien wird unabhängig
1878	Russische Truppen erobern Sofia

	Vorfriede von San Stefano am 19. 2./3. 3., Berliner Vertrag im Juli
1879	Türkischer Staatsbankrott
	Im April wird die bulgarische Verfassung angenommen – Alexander Battenberg zum Fürsten gewählt
1881	Rumänien wird Königreich
	Verfassungskrise in Bulgarien
	Internationale Finanzkontrolle des Osmanischen Reiches
1882	Serbien wird unter Milan Obrenović Königreich
1885	Die rumänisch-orthodoxe Kirche wird autokephal
	Fürst Alexander wird von bulgarischen Offizieren zur Abdankung gezwungen
	Aufstand in Ostrumelien bringt Anschluß an Bulgarien
	Bulgarisch-serbischer Krieg im Nov./Dez.
1886	Friedensvertrag zwischen Bulgarien und Serbien
1887	Ferdinand von Sachsen-Coburg zum bulgarischen Fürsten gewählt
1889	Kaiser Wilhelm II. reist nach Istanbul
1891 u. 1893	Sozialdemokratische Parteien Bulgariens und Rumäniens gegründet
1893	Gründung der makedonischen Befreiungsbewegung IMRO
1896/97	Antitürkischer Aufstand auf Kreta
1897	Türkisch-griechischer Krieg
1898	Internationale Finanzkontrolle Griechenlands
1903	Deutschland erhält in Istanbul Konzession zum Bau der Bagdad-Bahn
	König Alexander und seine Frau Draga werden am 10. 6. in Belgrad ermordet
	Ilinden-Aufstand in Makedonien – Österreichisch-russische Übereinkunft zu Makedonien
1907	Rumänischer Bauernaufstand

1908	Revolution der Jungtürken Österreich-Ungarn annektiert Bosnien und Hercegovina Fürst Ferdinand wird Zar und Bulgarien unabhängig Kreta vereinigt sich mit Griechenland Albanischer Nationalkongreß in Monastir
1909	Türkei erkennt Bulgarien an
1910	Fürst Nikola (Nikita) von Montenegro wird König
1911/12	Italienisch-türkischer Krieg
1912/13	Erster Balkankrieg – Albanien erklärt Unabhängigkeit
1913	Frieden von London beendet Balkankrieg im Mai; im Juni bricht der Zweite Balkankrieg aus Frieden von Konstantinopel zwischen Bulgarien und Türkei Botschafterkonferenz in London erkennt Albanien an Frieden von Bukarest zwischen Bulgarien, Serbien, Rumänien, Griechenland und Montenegro am 28. 7./10. 8.
1914	Am 15./28. 6. Attentat von Sarajevo auf Erzherzog Franz Ferdinand Österreichische Kriegserklärung am 28. 7. Österreichische Truppen marschieren am 12. 8. ein
1915	Im Mai gründen serbische Emigranten in London »Südslawisches Komitee« unter Ante Trumbić; im Oktober tritt Bulgarien Mittelmächten bei
1916	Rumänien erklärt Krieg an Österreich-Ungarn – Deutsch-österreichische Truppen besetzen Bukarest
1917	Südslawen im Wiener Parlament fordern Gleichberechtigung aller Nationalitäten; auf Korfu wird am 20. 7. der Zusammenschluß aller Südslawen beschlossen

1918 Präsident Wilsons 14 Punkte
Bessarabien erklärt Unabhängigkeit
Kongreß der »Unterdrückten Völker Österreichs« in Rom
Separatfrieden Rumäniens
Invasion der Alliierten in Bulgarien – Zar Ferdinand tritt zugunsten seines Sohnes Boris zurück
Südslawische Abgeordnete bilden in Zagreb Parlament
Kroatisches Parlament erklärt am 29. 10. Austritt aus Donaumonarchie
Türkei scheidet am 30. 10. aus dem Krieg aus; Waffenstillstand von Mudros
Waffenstillstand Österreich Ungarns mit Entente am 3. 11.
Die Rumänen Siebenbürgens stimmen für Anschluß an Rumänien
Montenegro beschließt Vereinigung mit Serbien
Prinzregent Alexander Karadjodjević ruft am 1. Dezember das Königreich der Serben, Kroaten und Slowenen aus

1919 In Ungarn Räterepublik unter Béla Kun

1919–22 Griechisch-türkischer Krieg
Rumänische Truppen nehmen Teil an Niederwerfung der ungarischen Räterepublik und besetzen Budapest
Satzung des Völkerbundes am 28. 4. angenommen
Pariser Vorortverträge: Versailles (28. 6.), St. Germain-en-Laye (17. 9.), Neuilly (27. 11. 1919), Trianon (4. 4. 1920) und Sèvres (10. 8. 1920)

1920 Verteidigungsbündnis des Königreichs der Serben, Kroaten und Slowenen mit Tschechoslowakei – Griechenland wird nach Plebiszit wieder Monarchie

1921 Beistandsverträge Rumäniens mit Polen, der Tschechoslowakei und dem Königreich der Südslawen
Gründung der KP Rumäniens
»Vidovdan-Verfassung« des Königreiches der Serben, Kroaten und Slowenen am 28. 6. (Tag der Schlacht von Kosovo/Amselfeld)
Verbot der Jugoslawischen KP am 1. 8.

1922 Evakuierung griechischer Truppen aus Kleinasien – Waffenstillstand zwischen Großbritannien, Frankreich, Italien und Türkei
Grenzvertrag von Rapallo

1923 Alexander Stambulijski gestürzt und anschließend ermordet
Griechisch-türkischer Friedensvertrag – Türkei wird Republik

1924 Adriapakt in Rom am 27. 1.
Ende des Kalifates
Griechenland wird Republik
Verbot der rumänischen KP

1925 Albanien wird Republik unter Ahmed Zogu
Bombe in der Kathedrale von Sofia am 16. 4.

1926 Garantievertrag Polen-Rumänien – Freundschaftsvertrag Frankreich-Rumänien
Pakt zwischen Albanien und Mussolini am 27. 11. in Tirana

1927 Legion »Erzengel Michael«, später »Eiserne Garde«, in Bukarest gegründet
Freundschaftsvertrag Frankreich-Königreich der Serben usw.
Zweiter Tirana-Vertrag am 22. 11.

1928 Revolverattentat im Belgrader Parlament (Skupština) am 29. 8.

1929 Albanien wird wieder Monarchie und Zogu wird König
König Alexander löst Skupština auf; Königsdiktatur
Jugoslawisch-griechischer Freundschaftsvertrag
»Jugoslawien« neuer Name des südslawischen Staates

1930 Erste Balkankonferenz in Athen

1933 Kleine Entente

Freundschafts- und Nichtangriffspakt zwischen Rumänien und Türkei
1934 Balkanpakt am 9. 2. (Rumänien, Jugoslawien, Griechenland und Türkei)
Umsturz in Bulgarien am 19. 5.
König Alexander von Jugoslawien am 9. 10. in Marseille ermordet
Rumänisch-türkisch-jugoslawisches Militärabkommen
1935 Griechenland wird wieder Monarchie
1936 Meerengenabkommen (Montreux)
Militärabkommen zwischen Staaten des Balkanpaktes
1937 »Ewiger« Freundschaftsvertrag zwischen Jugoslawien und Bulgarien
1938 Königsdiktatur in Rumänien
Anschluß Österreichs an Deutsches Reich am 13. 3.
1939 Italienische Truppen besetzen im April Albanien, Zogu flieht – Personalunion mit Italien
1940 Öl- und Waffenabkommen zwischen Deutschland und Rumänien
Wiener Schiedsspruch
König Carol II. von Rumänien durch Antonescu zur Abdankung gezwungen
Rumänien verliert Süddobrudscha an Bulgarien
Dreimächtepakt Deutschland, Japan, Italien am 27. 9.
Beginn des italienisch-griechischen Krieges in Albanien
Rumänien tritt am 23. 11. Dreimächtepakt bei
1941 1. 3.: Bulgarien tritt Dreimächtepakt bei
7. 3.: Britische Truppen in Griechenland
25. 3.: Jugoslawien tritt Dreimächtepakt bei
27. 3.: Militärputsch in Belgrad
5. 4.: Freundschaftsvertrag Jugoslawien – Sowjetunion
6. 4.: (Orthodoxer Ostersonntag) Luftangriff auf Belgrad, deutsche Truppen fallen in Jugoslawien ein
9. 4.: Deutsche Truppen besetzen Saloniki
17. 4.: Jugoslawien kapituliert
21. 4.: Griechenland kapituliert – Athen wird besetzt
4. 7.: Jugoslawische KP beschließt, trotz Hitler-Stalinpakt in Krieg einzutreten: Partisanenkampf

1942 USA erklären Bulgarien und Rumänien den Krieg – Albanische Befreiungsfront
1943 3. 9.: Italien kapituliert
1944 23. 8.: Antonescu wird gestürzt
5. 9.: UDSSR erklärt Bulgarien den Krieg – Nationale Front in Bulgarien gebildet
12. 9.: Rumänien schließt Waffenstillstand mit Alliierten
9. 10.: Treffen Churchill-Stalin in Moskau: Prozentabsprache für Aufteilung Südost-Europas
18. 10.: Griechische Regierung kehrt nach Athen zurück
20. 10.: Rote Armee und Partisanen erobern gemeinsam Belgrad
28. 10.: Bulgarien schließt Waffenstillstand mit Alliierten
Nov.: Albanien befreit
Dez.: Griechischer Bürgerkrieg beginnt
1945 4.–11. 2.: Jalta-Konferenz
23. 2.: Türkei erklärt Deutschland und Japan den Krieg
17. 3.: Provisorische Regierung unter Tito und Šubašić
März: Agrarreformen in Ungarn und Rumänien
Juni: Anglo-amerikanische Truppen in Triest
Aug.: Agrarreformen in Jugoslawien und Albanien
Okt.: Gheorghiu-Dej wird General-Sekretär der KP Rumäniens
Nov.: Parlamentswahlen in Bulgarien – Jugoslawien wird Republik
1946 Jan.: Albanien wird Volksrepublik
Juni/Juli: Antonescu (Rumänien) und Mihailović (Serbien) werden hingerichtet
8. 8.: Revision des Meerengenvertrages von Montreux
Sept.: Volksabstimmung für Rückkehr des Königs nach Griechenland
Volksabstimmung für Einführung der »Volksrepublik« in Bulgarien
Okt.: Stepinac verurteilt
Wahlen in Bulgarien
Nov.: Wahlen in Rumänien
1947 Febr.: Friedensverträge zwischen Frankreich und Bulgarien, Finnland, Italien, Rumänien und Ungarn

März: »Truman-Doktrin«
April: Erster Fünfjahresplan in Jugoslawien
Sept.: Gründung des Kominform
23. 9.: Petkov in Sofia hingerichtet
Nov.: Erste Eisenbahnstrecke Albaniens
4. 12.: Verfassung der Volksrepublik Bulgarien
30. 12.: Rumänien wird »Volksrepublik«

1948 Verträge über Freundschaft, Zusammenarbeit und gegenseitige Hilfe zwischen der UDSSR und Rumänien (4. 2.), Ungarn (18. 2.), Bulgarien (18. 3.)
Febr.: KP und Sozialdemokraten Rumäniens zur »Arbeiterpartei« vereinigt – ab 1965 wieder KP
April: Verfassung der Volksrepublik Rumänien
Juni: Gesetz zur Nationalisierung
28. 6.: (»Vidovdan«) Kominform-Resolution gegen Jugoslawien
18. 8.: In Belgrad unterzeichnen UDSSR, Bulgarien, Ungarn, Rumänien, Ukraine, CSSR und Jugoslawien ein Donauschifffahrts-Abkommen

1949 Jan.: COMECON (Rat für gegenseitige Wirtschaftshilfe) gegründet

1949 Okt.: Bürgerkrieg in Griechenland beendet

1950 Juni: Arbeiterselbstverwaltung in Jugoslawien

1951 Fünfjahresplan in Rumänien

1952 Sept.: neue rumänische Verfassung

1953 Febr.: Kooperations-Vertrag zwischen Jugoslawien, Griechenland, Türkei

1954 Aug.: Beistandsvertrag zwischen Jugoslawien, Griechenland, Türkei
Okt.: Londoner Triest-Vertrag

1955 14. 5.: Warschauer Pakt
Juni: Chruschtschow in Belgrad – Belgrader Deklaration
Dez.: UNO-Beitritt Albaniens, Bulgariens, Rumäniens

1956 April: Kominform-Büro in Bukarest aufgelöst
Okt./Nov.: Studentenunruhen in Ungarn eskalieren zu Aufstand – sowjetische Truppen greifen ein

1957 Sowjetisch-albanischer Vertrag über Kooperation und Wirtschaftshilfe

1959 Zypern-Abkommen zwischen Großbritannien, Griechenland und Türkei
Mai: Chruschtschow in Albanien
1960 Mai: Militärputsch Türkei
1961 März: Verfassungsreform in Rumänien
1962 Rumänien vollständig kollektiviert
1963 Neue Verfassung in Jugoslawien
1965 Parteikongreß in Rumänien – Ceauşescu wird Generalsekretär – neue Verfassung
1966 Juli: Sturz Rankovićs in Jugoslawien
1967 April: Militärputsch in Griechenland
1971 Neue Verfassung in Bulgarien
1974 Febr.: Neue Verfassung in Jugoslawien – Kosovo wird »Autonome Provinz«
März: Ceauşescu wird Präsident Rumäniens
1975 Lösung der Triestfrage
1976 Albanien wird »Sozialistische Volksrepublik«
1977 Febr.: Erdbeben in Rumänien
1978 Begrenzte Mitbestimmung in ungarischen Betrieben
Juli: China stellt Hilfe an Albanien ein
1980 März: Unruhen in der Autonomen Provinz Kosovo
4. 5.: Josip Broz »Tito« stirbt
1983 Blutige »Säuberungen« in Albanien gegen Shehu-Gefolge
1984 Mai: Öffnung des Donau-Schwarzmeer-Kanals
1985 11. 4.: Enver Hoxha stirbt
Aug.: Griechenland verzichtet auf Nordepiros – Ende des Kriegszustandes mit Albanien (seit 1940)
1986 Nichtangriffspakt zwischen Bulgarien und Griechenland
1988 Mai: Grosz folgt Kadar als Generalsekretär der KP Ungarns
1989 Jan.: Ungarn läßt begrenzt Opposition zu – in Montenegro tritt Regierung zurück
15. 3.: Opposition in Ungarn demonstriert anläßlich Jahrestag vom Aufstand 1848
23. 3.: Verfassungsänderung hebt Autonomiestatus des Kosovo faktisch auf
April: Sowjetische Panzer verlassen Ungarn

Sept.: Ostdeutsche fliehen über Ungarn, das Grenzen öffnet
Okt.: Budapest und Belgrad fördern politischen Pluralismus
Dez.: Ostdeutsche Führung gibt endgültig auf – Bulgarien bereitet freie Wahlen vor
22. 12.: Ceauşescu gestürzt
25. 12.: Ceauşescu und Ehefrau hingerichtet

1990 Jan.: Bulgarien schwächt Monopolstellung der KP
Jugoslawien läßt neue Parteien zu
Febr.: Unruhen im Kosovo – der slowenische Präsident Jugoslawiens Drnovšek schickt Truppen
4. 2.: Slowenische KP steigt aus »Bund der Kommunisten« aus
April: Ungarische Konservative triumphieren bei Wahlen
Griechenland bekommt konservative Regierung
Mai: »Nationale Front« gewinnt Wahlen in Rumänien
Juli: Erste Fluchtbewegungen aus Albanien
Aug.: Želev wird Präsident Bulgariens
Rumänien unter Premier Roman bereit zur Freien Marktwirtschaft
Nov.: Ministerpräsident Marković (Kroate) äußert Sorge, daß Jugoslawien auseinanderfällt
Dez.: Albanische Regierung reagiert auf Proteste und kündigt freie Wahlen an

1991 März: Zerfall Jugoslawiens beginnt – Sieg der KP unter Alia in Albanien
Mai: Referenden in Slowenien und Kroatien zu Unabhängigkeit
25. 6.: Einseitige Unabhängigkeitserklärungen
Aug.: Verstärkte albanische Flüchtlingsbewegung
Sept.: EG mischt sich in Jugoslawien ein – Problem der serbischen Minderheit in Kroatien bleibt ungelöst
Okt.: Bulgarien wählt neue Regierung
Bartholomeos I. neuer orthodoxer Patriarch von Konstantinopel

Nov.: Außenminister der EU beschließen Jugoslawien-Embargo
Dez.: »Maastricht«
Außenminister Genscher spricht vorzeitig Anerkennung Sloweniens und Kroatiens aus

1992 1. 1.: Boutros Boutros-Ghali Generalsekretär der UNO
15. 1.: EU und Österreich, Schweiz und Vatikan folgen Deutschland in Anerkennungsfrage
1. 2.: Bush und Jelzin beenden offiziell »Kalten Krieg«
UN-Friedenstruppen für Jugoslawien
3. 3.: Referendum in Bosnien und Hercegovina (B & H)
3. 4.: Serbische Truppen greifen B & H an
7. 4.: EU erkennt B & H an
27. 4.: Genscher tritt zurück
30. 5.: UN-Sanktionen gegen Belgrad beschlossen
Juli 1992 bis Okt. 1996: Deutsche Zerstörer und Aufklärungsflugzeuge in Adria – Transall-Maschinen bringen Hilfsgüter nach Sarajevo
4. 9.: Živkov in Bulgarien zu 7 Jahren Haft verurteilt
22. 9.: UN schließen Jugoslawien aus – ab Nov. Blockade Jugoslawiens

1993 April: Makedonien wird UN-Mitglied als »Ehemals jugoslawische Republik Makedonien«
April 1993 bis Dez. 1995: Bundeswehr beteiligt an Flugüberwachung Bosniens
1. 6.: Jugoslawischer Präsident Čosić von serbischen Nationalisten abgesetzt
Okt.: Wahlsieg der Sozialisten (Pasok) in Griechenland
9. 11.: Nato-Ultimatum an bosnische Serben

1994 Febr.: Bosnische Serben geben Druck nach
März: EU öffnet sich für Österreich, Finnland, Schweden
10. 4.: Nato-Luftangriffe gegen serbische Einheiten bei Goražde (UN-autorisiert)
Mai: Sozialisten siegen in Ungarn
Okt.: Erste Parlamentswahlen in Makedonien – Gligorow wiedergewählt
Dez.: Exkommunisten gewinnen Wahlen in Bulgarien
Waffenstillstand in Bosnien

1995	11. 7.: Srebrenica fällt bei serbischer Offensive 4.–7.8.: Kroatische Truppen erobern Krajina; Massenflucht der serbischen Bevölkerung 28. 8.: Angeblich serbische Granaten in Sarajevo; Nato-Vergeltungsschläge Aug. – Dez.: Bundeswehr-Sanitäter nach Kroatien, Tornado-Kampfflugzeuge nach Italien Sept.: Friedensplan für B & H: 51 % werden Föderation der Muslime und Kroaten 3. 10.: Attentat auf Gligorow, Makedonien Nov.: Sprachenstreit zwischen Ungarn und Slowakei 5. 12.: Früherer spanische Außenminister Solana wird Generalsekretär der Nato 14. 12.: Bosnien-Friedensvertrag (»Dayton«) unterzeichnet – zur Sicherung von Dayton 4000 deutsche Soldaten am Ifor-Einsatz beteiligt
1996	März: Erste Verfahren vor Kriegsverbrechertribunal in Den Haag – Sarajevo wiedervereinigt 70 000 Serben auf der Flucht Juni: König Simeon von Bulgarien besucht Heimat Wahlen in Albanien – IMF-Darlehen für Bulgarien Juli: B & H erhält offiziell US-Militärausrüstung – Karadžić zum Rücktritt gezwungen Sept.: B & H wählt drei Präsidenten für kollektive Führung Okt.: 5000 US-Soldaten in Bosnien zum Schutz von UN-Profor Nov.: In Rumänien folgt Constantinescu auf Iliescu 24. 11.: Milošević erklärt Wahl von 33 oppositionellen »Zajedno«-Abgeordneten für ungültig – Demonstrationen Dez.: Bundeswehr auch bei Sfor beteiligt – jetzt innerhalb B & H
1998	Febr.: Lage im Kosovo eskaliert – Serbische Vergeltungsschläge April: In Referendum 94 % der Serben gegen internationale Vermittlung im Kosovo

Juni: Nato-Luftmanöver an albanisch-mazedonischer Grenze zu Kosovo – US-Vermittler Holbrooke trifft demonstrativ UČK-Führer
Juli: Kämpfe im Kosovo verschärft
Aug.: Manöver von 26 Staaten unter Nato-Befehl in Albanien
UN-Resolution zu Kosovo droht mit »weiteren Maßnahmen«
Okt.: EU droht mit weiteren Sanktionen gegen Republik Jugoslawien
Aktivierungsbefehl der Nato für Luftangriffe auf serbische Stellungen – Milošević akzeptiert OSZE-Beobachter
Bundestag beschließt Beteiligung deutscher »Tornados« an »begrenztem Luftkrieg« der Nato gegen Jugoslawien
Dez.: US-Plan zur Friedensregelung von Albanern abgelehnt – Holbrooke vermittelt

1999 Blutbad bei Račak – Belgrad weist Leiter der OSZE-Mission aus – »Letzte Warnung« der Nato an Milošević
6. 2.: Beginn der Kosovo-Konferenz in Rambouillet – Bundestag beschließt, deutsche Friedenstruppen zu entsenden
15. 3.: Fortsetzung in Paris – Albaner unterschreiben
22. 3.: Holbrooke überbringt abermals »letzte Warnung« an Milošević
24. 3.: Der Krieg beginnt mit Luftangriffen unter deutscher Beteiligung auf Serbien und Montenegro – Druck auf albanische Bevölkerung nimmt drastisch zu
12. 6.: Einmarsch internationaler Friedenstruppen (Kfor)

Anmerkungen

Europas Traum

1 Paul Faure, Kreta – *Das Leben im Reich des Minos,* Stuttgart 1983.
2 Arnold J.Toynbee, *A Study of History,* Bd. 1, London/Oxford 1960.
3 Egon Friedell, *Kulturgeschichte der Neuzeit,* München 1960.
4 Hans Magnus Enzensberger, *Die Große Wanderung,* Frankfurt/M. 1992.
5 Gustav Schwab, *Sagen des klassischen Altertums,* Bayreuth 1974.
6 Mircea Eliade, *Von Zalmoxis zu Dschingis Khan – Religion und Volkskultur in Südosteuropa,* Köln 1982 u. Frankfurt/M. 1990.
7 Alexander Jakimowitsch, »Die große Unordnung im Osten«, in: Die Zeit vom 11. Dezember 1992.
8 Hilde Fey (hg.), *Das Mädchen aus Kalk. Märchen vom Balkan,* Frankfurt 1986.

Von der Blüte Athens zur makedonischen Ernte

1 Thukydides, *Geschichte des Peloponnesischen Krieges,* eingeleitet und übertragen von Georg Peter Landmann, Zürich und Stuttgart 1960.
2 Michael Rostovtzeff, *Geschichte der Alten Welt,* 2 Bände, Wiesbaden 1941.
3 R. G. Collingwood, *The Idea of History,* Oxford 1946.
4 Rostovtzeff, ebenda.

Die Wege Roms

1 Hermann Schreiber, *Auf Römerstraßen durch Europa,* München 1985.
2 Prokop, Werke. Bd. 2: *Gotenkriege,* griechisch-deutsch, ed. Otto Veh, München 1978.
3 Wolfgang Libal, *Balkan,* München 1987.
4 Sie schrieben beide je einen »Cato Maior« – der Beiname wurde Marcus Porcius Cato später gegeben, um ihn von seinem Urenkel gleichen Namens zu unterscheiden.
5 Fragment XXXVIII.
6 Fischer Weltgeschichte, Bd. 7: *Der Aufbau des Römischen Reiches,* Frankfurt/M. 1966.

7 Jacob Burckhardt, *Die Zeit Constantins des Großen,* [1]1853, Kettwig 1990; Burckhardt bezieht sich auf Westermann, *Geschichte der Beredsamkeit,* Krause, *Geschichte der Erziehung ... bei den Griechen, Etruskern und Römern* sowie mehrere Veröffentlichungen über die Sophisten der Kaiserzeit.
8 Vgl. G. W. Bowersock, *Augustus and the Greek World,* Oxford 1965.

Antichrist und Christ

1 E. Gasparini, »La civiltá matriarcale degli Slavi« und »Credenze religiose e obblighi nuziali degli antichi Slavi« (Vorlesungsmanuskript, unveröff., Venedig 1956 u. 1960).
2 Vgl. D. Berciu, »Das römische Weltreich – Geten und Daker«, in: Fischer Weltgeschichte Bd. 7, IV, Frankfurt 1966.
3 Theodor Mommsen, *Römische Kaisergeschichte.* Nach den Vorlesungs-Mitschriften von Sebastian und Paul Hensel 1882/86, hg. von Barbara und Alexander Demandt, München 1992.
4 Ebd.
5 Fischer Weltgeschichte, Bd. 9: *Die Verwandlung der Mittelmeerwelt,* Frankfurt/M. 1968.
6 Edward Gibbon (1737–1794) nannte nicht ohne Grund sein sechsbändiges Hauptwerk *»History of the Decline and Fall of the Roman Empire«,* London 1776–88. Letztendlich gab der enttäuschte Katholik dem Christentum die Schuld am Untergang Roms.
7 Vgl. The New Encyclopaedia Britannica, Bd. 5, London [15]1990.
8 Moskau, 1972; deutsch: *Das Weltbild des mittelalterlichen Menschen,* München 1989.
9 Gibbon, a. a. O.
10 *Historia Augusta,* späterer Titel einer Sammlung von Biographien römischer Herrscher und Thronanwärter zwischen 117 und 285 – Autorschaft umstritten. Hier zitiert nach Jacob Burckhardt, *Die Zeit Constantins des Großen,* Basel 1853, Neuaufl.: Kettwig 1990.
11 Alle drei Texte, die vielleicht zu den meistdiskutierten der Forschungsgeschichte zu Kaiser Konstantin gehören, wurden 1989 im Original und in der Übersetzung von Volkmar Keil in der Wissenschaftlichen Buchgesellschaft, Darmstadt, herausgegeben: Quellensammlung zur Religionspolitik Konstantins des Großen – Texte zur Forschung Band 54.
12 Ebenda.

Die Slaven kommen

1 Vgl. Steven Runciman, *Byzanz – Von der Gründung bis zum Fall,* Kindlers Kulturgeschichte Europas, Band 8, München 1976.
2 Prokop, Werke. Bd. 2: *Gotenkriege,* München 1978.

3 Vgl. Alain Ducellier, *Byzance et le monde orthodoxe,* Paris 1986, dt.: *Byzanz, Das Reich und die Stadt,* Frankfurt 1990. John Julius Norwich, *Byzantium, The Early Centuries,* London 1988, dt.: *Byzanz, der Aufstieg des oströmischen Reiches,* Düsseldorf u.a. 1993. Dimitri Obolensky, *The Byzantine Commonwealth. Eastern Europe, 500–1453,* London 1971. Georg Ostrogorsky, *Geschichte des byzantinischen Staates,* München (1940) 1980. Steven Runciman, *Byzantine Civilization,* London 1932, dt. s. Anm. 1 – aber auch Frank Thiess, *Das Reich der Dämonen, Geschichte eines Jahrtausends,* [1]1941 Wien und Hamburg 1968, sowie ders., *Die griechischen Kaiser/Die Geburt Europas,* Augsburg 1992 (Lizenzausgabe).

4 Vgl. Hans Kühner, *Lexikon der Päpste,* Kirchengeschichte – Weltgeschichte – Zeitgeschichte. Von Petrus bis heute, Zürich 1977.

5 Der neueste Stand der Forschung wird präzise wiedergegeben von Carsten Goehrke in: *Frühzeit des Ostslaventums,* unter Mitw. von Ursel Kälin, Darmstadt 1992 (WBG, Erträge der Forschung, Bd. 277).

6 Vgl. Zdenek Váña, *Svet slovanskych bohů a demonů,* Prag 1990; dt.: *Mythologie und Götterwelt der slawischen Völker – Die geistigen Impulse Ost-Europas,* Stuttgart 1992.

7 Nomadenvolk iranischen Ursprungs, das zwischen Kaspischem Meer und Aralsee siedelte.

8 Prokop, *Gotenkriege,* S. 526 ff.

9 Ebd., S. 690 f.

10 Ebd., S. 914 f.

11 Die besten Zusammenfassungen in deutscher Sprache verdanken wir dem 1985 gestorbenen Osteuropa-Historiker Georg Stadtmüller mit seiner »*Geschichte Südosteuropas*«, München 1950 u. 1976, sowie dem 1935 geborenen Ost- und Südosteuropa-Historiker an der Universität München, Edgar Hösch, dessen »*Geschichte der Balkanländer – Von der Frühzeit bis zur Gegenwart*«, München 1988, an Stadtmüllers Werk anschließt und dessen Andenken gewidmet ist .

12 Einen Überblick gibt B. Zásterová in »Les débuts de l'établissement définitif des Slaves en Europe méridionale«, *Vznik a počátky slovanu* (VPS, Nr. 6), Prag 1966.

13 Iosip Stalin, *Marksizm i voprosy jazykoznanija* (Der Marxismus und Fragen der Sprachwissenschaft), Moskau 1950.

14 Witold Hensel, »L'ethnogenèse des slaves«, in: *Slavia Antiqua* 18 (1971) .

15 Vgl. Edgar Hösch, *Geschichte der Balkanländer,* s. Anm. 11.

16 Robert Graves, *Count Belisarius. A novel,* London 1938 u. 1954.

17 Prokop, *Werke. Anekdota,* griechisch-deutsch, hg. Otto Veh, 3. Auflage, München 1981.

18 1766 erschien Marmontels Roman gleichen Namens; später »Belisar« bei Bidermann, Goldoni, E. von Schenk/Donizetti.

Barbaren greifen nach der Krone Roms

1 Zitiert nach »*Slavische Geisteswelt. West- und Südslaven – Staatlichkeit und Volkstum*«, hg. von St. Hafner, O. Tureček und G. Wytrzens, Baden-Baden 1959.
2 Georg Ostrogorsky, *Geschichte des byzantinischen Staates,* München 1963.
3 Vgl. Ernst Vasmer, *Russisches etymologisches Wörterbuch,* Bd. 1, S. 631 ff.
4 Vgl. Georgi Bakalov (u. a.), *Istorija na Bulgaria,* Sofia 1993; Ivan Lazarov (u. a.), *Kratka istorija ha bulgarskija narod,* Sofia 1993; Petr Angelov (u. a.), *Zapiski po istorija na Bulgarija 681–1878,* Sofia 1992; Georgi Markov, *B'ulgarskata istorija vkratce,* Sofia 1992.
5 Romanus Lacapenus, *Epistolae,* Bd. 1. Sakkelion 1884/85 – die Rede des Kaisers findet sich bei Theophanes Continuatus.

Aus Klosterbrüdern werden Krieger

1 Seine »Relatio de legatione Constantinopolitana« gehört trotz haßerfüllter Ausfälle gegen Byzanz zu den wertvollsten Quellen des 10. Jahrhunderts.
2 Vgl. *Was jeder vom Islam wissen muß* – hg. vom Lutherischen Kirchenamt der Vereinigten Evangelisch-lutherischen Kirche Deutschlands und vom Kirchenamt der Evangelischen Kirche in Deutschland, Gütersloh 1990.
3 Augustinus, *Bekenntnisse und Gottesstaat,* ed. Joseph Bernhart, Stuttgart [5]1951.
4 Steven Runciman, *Geschichte der Kreuzzüge,* München 1957 und 1989.
5 Vgl. Johannes Hirschberger, *Geschichte der Philosophie,* Bd. I: Altertum und Mittelalter, Freiburg 1976/1991. *The Timetables of History, A Chronology of World Events,* London 1975. Kurt M. Jung, *Weltgeschichte in einem Griff,* Berlin 1979. Arno Peters, *Synchronoptische Weltgeschichte,* München-Solln 1980.
6 Vgl. Ekkehard Eickhoff, *Macht und Sendung. Byzantinische Weltpolitik,* Stuttgart 1981.
7 Seine Zeit beschrieb die Tochter Anna Komnene, Ehefrau des Geschichtsschreibers Nikephoros Bryennios, in der »*Alexias*«, einer wertvollen Quelle, die Schiller 1790 übersetzt hat.
8 Eine sehr verdienstvolle Veröffentlichung ist leider vergriffen: *Die Kreuzzüge aus arabischer Sicht,* München 1975 (dtv wissenschaftliche reihe – dokumente).

Das Schwert zum Hirtenstab

1 R. W. Southern, *Western Society and the Church in the Middle Ages,* London 1970 und 1990.
2 V. Grumel, *L'annexion de l'Illyricum oriental, de la Sicile et de la Calabre au patriarchat de Constantinople.* Recherches de sciences réligieuses, Paris 1952.
3 Vgl. auch S. Runciman, *The Eastern Schism: A Study of the Papacy and the Eastern Churches during the Eleventh and Twelfth Centuries,* London 1955.
4 Vgl. hierzu Edgar Hösch, *Geschichte der Balkanländer: Von der Frühzeit bis zur Gegenwart,* München 1988.
5 Nietzsche bezeichnete die Kreuzzüge im »Antichrist« als »höhere Seeräuberei«.
6 Zitiert nach Hans Wollschläger, *Die bewaffneten Wallfahrten gen Jerusalem – Geschichte der Kreuzzüge,* Zürich 1973.
7 *Unterrichtswerk für Geschichte,* 2. Band: Mittelalter – bearb. von Karl Bosl, München 1951.
8 »Ihr seid Christen und er ist ein Christ; und er weiß wohl, daß Ihr ausgezogen seid, das Heilige Land, das Heilige Kreuz und das Heilige Grab zurückzugewinnen« .
9 Geoffroy de Villehardouin, *La conquête de Constantinople,* ed. G. Faral, Paris 1938/39 u. ed. J. Dufournet, Paris 1969.
10 Robert de Clari, *La Conquête de Constantinople,* Paris 1924.
11 Ernle Bradford, *Verrat am Bosporus – Die Eroberung Konstantinopels 1904,* Tübingen 1970.
12 Innozenz III., *Briefe,* ed. Jacques-Paul Migne in: *Patrologia Latina,* Bde. 204–205, Petit-Montrouge 1844–55.
13 Steven Runciman, *A History of the Crusades,* Cambridge 1951 (deutsch: *Geschichte der Kreuzzüge,* München 1957 u. 1989).

Die Mönche Bogumil und Franziskus

1 *Stefan Nemanja* nach den Viten des hl. Sava und Stefans des Erstgekrönten, übersetzt, eingeleitet und erklärt von Stanislaus Hafner, Graz 1962. (Altserbische Herrscherbiographien, Bd. 1).
2 Eliade, Runciman, Obolensky, Cartojan, Theodorescu u. a.
3 Mircea Eliade, *Histoire des croyances et des idées religieuses,* Bd. 3: De Mahomet à l'âge des Réformes, Paris 1983, dt.: *Geschichte der religiösen Ideen,* Bd. 3/1, Freiburg i. Br. 1983 und 1994.
4 Ludwig Koenen und Cornelia Römer (hg.), *Mani – Auf der Spur einer verschollenen Religion,* Freiburg 1993.
5 Mircea Eliade, *Histoire des croyances et des idées religieuses,* Bd. 3, Paris 1983.

6 Arno Borst, *Die Katharer,* Freiburg 1991.
7 Vgl. Jacques Le Goff, *La Naissance du Purgatoire,* Paris 1981.
8 Vgl. Julien Green, *Frère François,* Paris 1983.
9 Vgl. Yuri Stoyanov, *The Hidden Tradition in Europe – The secret history of medieval Christian heresy,* London 1994.
10 Johann Georg Reißmüller, *Jugoslawien – Vielvölkerstaat zwischen Ost und West,* Düsseldorf/Köln 1971.
11 Jerko Mihaljević Hercegovački Slučaj (hg.), *Franjevački samostan Humac,* Ljubuški 1976.
12 Am bekanntesten, aber nicht zuverlässig: Vladimir Dedijer, *Jasenovac – das jugoslawische Auschwitz und der Vatikan,* Freiburg 1988; dazu: Dokumenti o protonarodnom radu i zločima jednog dijela katoličkog klera, Zagreb 1946; vgl. auch Reißmüller, *Jugoslawien.*
13 Vgl. Dorothea Gräfin Razumovsky, *Titos Erbe,* Freiburg 1978.

Die Macht des Schicksals und der Erinnerung

1 *Memoiren eines Janitscharen oder Türkische Chronik,* eingeleitet und übersetzt von Renate Lachmann, Graz u. a. 1975.
2 Milovan Djilas, *Njegoš oder Dichter zwischen Kirche und Staat,* Wien 1968.
3 Petar II. Petrović Njegoš, *Der Bergkranz,* Einleitung, Übersetzung und Kommentar von A. (Alois) Schmaus, München/Belgrad 1963.
4 Vgl. Maximilian Braun, *Kosovo – Die Schlacht auf dem Amselfelde in geschichtlicher und epischer Überlieferung,* Leipzig 1937.
5 Die ältesten und wichtigsten Kopien befinden sich in den Handschriftensammlungen des tschechischen Museums in Prag sowie der Zamoyski-Bibliothek in Warschau; weitere Abschriften findet man in Krakau, Wilna und St. Petersburg.
6 Vgl. B. Papoulia, *Ursprung und Wesen der »Knabenlese« im osmanischen Reich,* München 1963 (Südosteurop. Arbeiten 59).
7 Zitiert in Georg Ostrogorsky, *Geschichte des byzantinischen Staates,* München 1963; vgl. auch Steven Runciman, *Die Eroberung von Konstantinopel 1453,* München 1966.
8 *Die Eroberung Konstantinopels im Jahre 1453 aus armenischer Sicht,* Drei Elegien von Abraham von Ankyra, Arak'el von Bitlis und Eremia Dpir Kömürcian. Ein Kolophon des Bischofs Dawit` von Xarberd, übersetzt, eingeleitet und erklärt von Mesrob K. Krikorian und Werner Seibt, Graz 1981.
9 Thomas G. Masaryk, *Rußland und Europa,* Studien über die geistigen Strömungen in Rußland, Jena 1913; Neuauflage unter dem Titel: *Russische Geistes- und Religionsgeschichte,* Bd. 1, Frankfurt 1992.

Die wahre Geschichte des Dracula

1 Das älteste russische Manuskript der Dracula-Erzählungen befindet sich in der Saltykow-Schtschedrin Bibliothek in St. Petersburg und zwar in der Sammlung des Kirillow-Belzersky Klosters, MS 11/1088. Die rumänischen Geschichten hat Radu Florescu 1972 für das von ihm gemeinsam mit Raymond T. McNally 1973 in New York und 1974 in London herausgebrachte Buch »*In Search of Dracula*« zusammengestellt. Die deutschen Fassungen werden unter der MS-Nummer 806 in der Klosterbibliothek von St. Gallen, Schweiz, aufbewahrt.
2 John Hale, *The Civilization of Europe in the Renaissance,* London 1993.
3 Prokop, Werke. Bd. 2: *Gotenkriege,* München 1978.
4 *Istoria tierei Romanesci decandu au descalicati Romanii,* ed. Jorge, Bukarest 1932.
5 Katja Wegner, »Dracula in Rumänien. Zur literarischen Rezeption einer historischen Figur«, in: *Grenzgänge.* Beiträge zu einer modernen Romanistik, 2 (1995).
6 R. Florescu und T. McNally, *In Search of Dracula.*
7 S. auch Pius II., De Bello Turcorum et Hungarorum, Köln 1472.
8 Max Horkheimer und Theodor W. Adorno, *Dialektik der Aufklärung – Philosophische Fragmente,* Franfurt 1969.
9 Johan Huizinga, *Herbst des Mittelalters,* [1]1924, München 1931.
10 In: Thomas Müntzer, *Schriften. Liturgische Texte. Briefe.* Ausgewählt und in neuhochdeutscher Übertragung hg. von Rudolf Bentzinger und Siegfried Hoyer, Berlin 1990.

Schleier muß Europa tragen

1 Edgar Hösch, *Geschichte der Balkanländer – Von der Frühzeit bis zur Gegenwart,* München 1988.
2 Encyclopedia Britannica, 1910.
3 Albert Hourani, *A History of the Arab Peoples.* London, 1991; deutsch: Frankfurt/M. 1992.
4 Edgar Hösch, a. a. O.
5 *Memoiren eines Janitscharen od. Türkische Chronik.* Vgl. S. 408, Anm. 1.
6 Milovan Djilas, *Njegoš.* Vgl. S. 408, Anm. 2.
7 *Im Reiche des Goldenen Apfels* – Des türkischen Weltenbummlers Evliya Celebi denkwürdige Reise in das Giaurenland und in die Stadt und Festung Wien anno 1665. Übersetzt und erläutert von Richard F. Kreutel. Stark vermehrte Ausgabe besorgt von Erich Prokosch und Karl Teply, Graz 1987 (Osmanische Geschichtsschreiber Band 2).
8 *Grausame Zeiten in der Moldau.* Die Moldauische Chronik des Miron Costin 1593–1661. Übersetzt, eingeleitet und kommentiert von Adolf Armbruster, Graz 1980.

9 *Kara Mustafa vor Wien: 1683 aus der Sicht türkischer Quellen,* übers. u. erl. v. Richard F. Kreutel. Stark verm. Ausg. von Karl Teply. Graz 1982.
10 Vgl. auch Gunther E. Rothenberg, *The Austrian Military Border in Croatia, 1522–1747,* Urbana, Ill., 1960.
11 Vgl. FAZ vom 5. August 1996.
12 Aus: *Im Reiche des Goldenen Apfels,* a. a. O.

Vom Bau der Brücken und ihrer Zerstörung

1 Vuk Stefanović Karadžić, *Narodne srpske pripovjetke,* ^{1}1821, Beč (Wien) 1937 und Wilhelmine Karadžić, *Volksmärchen der Serben,* gesammelt und herausgegeben von Vuk St. Karadžić. Ins Deutsche übersetzt von dessen Tochter Wilhelmine, Berlin 1854.
2 Johann Wolfgang Goethe, *Serbische Lieder* (Über Kunst und Altertum. Fünften Bandes zweites Heft, 1825), zit. nach dtv-Gesamtausgabe Bd. 32, München 1962.
3 Mircea Eliade, *Von Zalmoxis zu Dschingis Khan,* ^{1}1982, Frankfurt/M 1990.
4 Vgl. Wolfgang Libal, *Balkan.* München 1987.
5 Rolfs Bräuer (hg.), *Dichtung des europäischen Mittelalters – Ein Führer durch die erzählende Literatur,* München 1990.
6 Vuk Stefanovic Karadžić, a. a. O., Bd. 2, Nr. 37.
7 Vgl. Radina Springborn, »Die bulgarische Nationalbewegung« in: *Nationalbewegungen auf dem Balkan,* hg. von Norbert Reiter, Berlin 1983. (Osteuropa-Institut an der Freien Universität Berlin, Balkanologische Veröffentlichungen Bd. 5).
8 Paisij Chilendarski, *Slavjanobalgarska istoria za balgarskija narod...,* Sofia 1972.
9 *The Life of Paisij Velyčkovs'kyj,* translated by J. M. E. Featherstone, Harvard Library of Early Ukrainian Literature, Bd. 4, Harvard 1989.
10 Vgl. Dubravka Friesel-Kopecki, »Die serbische Nationalbewegung« in: *Nationalbewegungen auf dem Balkan,* a. a. O.
11 *Istorija Jugoslavije,* hg. Ivan Božić, Belgrad 1973.

Die Vampire tanzen – von Wien nach Berlin

1 Jean Orieux zitiert in seiner Talleyrand-Biographie (Paris, 1970) Madelin (Talleyrand, Paris 1944).
2 V. V. Timoščuk, »Car' Aleksandr Pervyi na Venskom kongresse«, in: *Russkaja drevnost',* Moskau 1944.
3 Zitiert nach Eberhard Schütz, *Die europäische Allianzpolitik Alexanders I. und der griechische Unabhängigkeitskampf 1820–1830,* Wiesbaden 1975 (Veröffentlichungen des Osteuropa-Institutes München, Bd. 43).

4 Der vollständige Text des Appells ist in der Dokumentenbeilage zu Anton Freiherr von Prokesch-Osten, *Geschichte des Abfalls der Griechen vom türkischen Reiche im Jahre 1821 und der Gründung des Hellenischen Königreiches,* Bd. 3, Wien 1867, veröffentlicht.
5 Vgl. Schütz, a. a. O.
6 Heinrich Ritter von Srbik, *Metternich – Der Staatsmann und der Mensch,* München 1925.
7 Clemens Wenzel Nepomuk Lothar Fürst von Metternich, Aus Metternichs nachgelassenen Papieren. Hg. Richard von Metternich-Winneburg, Wien 1881.
8 Serbokroat. Wort für die »Mutterlade«, auch Strömung oder Zentrum; allg. Name für slawische Gesellschaften zur Förderung nationaler Interessen, bes. der Volkssprache. Eine »matica srpska« gab es auch ab 1826 in Budapest, eine »matice česka« seit 1831 in Prag, eine »matica ilirska« seit 1842 in Agram/Zagreb, eine »matica slovenska« seit 1862 in der Slowakei.
9 Zitiert nach Mercia Macdermott, *A History of Bulgaria 1393 1885,* London 1962.
10 Ebenda.
11 Otto von Bismarck, *Die Große Politik der europäischen Kabinette – 1871–1914,* Berlin 1922.

Die verbotene Liebe der Prinzessinnen

1 Zitiert nach Egon Caesar Conte Corti, *Elisabeth. Die seltsame Frau,* Wien 1934.
2 Anton Mayr-Harting, *Der Untergang – Österreich-Ungarn 1848–1922,* Wien 1988.
3 Theodor von Sosnosky, *Die Balkanpolitik Österreich-Ungarns seit 1866,* Stuttgart 1913.
4 Zitiert nach Brigitte Hamann, *Das Leben des Kronprinzen Rudolf nach neuen Quellen,* [1]1978, München 1995.
5 Zitiert nach Brigitte Hamann, *Elisabeth – Kaiserin wider Willen,* Wien 1982.
6 »O Freiheit, mein Alles, mein Glück und mein Weh …«: *Werk und Leben des Schriftstellers Friedrich Stoltze,* hrsg. von der Vereinigung der Freunde und Förderer des Stoltze-Museums, Frankfurt/M. 1997.
7 Zitiert nach Eugen Wolbe, *Carmen Sylva,* Leipzig 1933.
8 Zitiert nach W. Deetjen bei Schmidt, s. Anmerkung 9.
9 Vgl. Hildegard Emilie Schmidt, *Die Förderung von Kultur und Bildung in Rumänien durch die Königin Elisabeta geb. Prinzessin zu Wied (Carmen Sylva, 1843–1916)* – Nach bisher unveröffentlichten Quellen aus dem Fürstlich-Wiedschen Archiv zu Neuwied, Bonn-Neuwied 1983.
10 Zitiert nach Brigitte Hamann, *Elisabeth.*

11 Ebenda.
12 Die zitierten Briefe befinden sich in einer bisher verschlossenen Kiste im Archiv der Grafen zu Solms-Laubach. Die meisten der übrigen Dokumente in dieser Kiste betreffen das Privatleben des Thronfolgers Ferdinand, des zweiten Sohnes des Fürsten Leopold von Hohenzollern-Sigmaringen, der 1889 zum Erben seines kinderlosen Onkels bestimmt worden war und diesem im Oktober 1914 folgte. Durch eine Vormundschaft kamen sie nach Laubach.
13 Paul Lindenberg, »Plauderstunden mit Carmen Sylva«, in: *Es lohnte sich, gelebt zu haben,* Berlin 1941.
14 Vgl. Brigitte Hamann, *Rudolf – Kronprinz und Rebell,* [1]1978, München 1995.
15 Zitiert nach Oskar Freiherr von Mitis, *Das Leben des Kronprinzen Rudolf,* neu hg. von Adam Wandruszka, Wien 1971.
16 A. a. O., vgl. Anm. 2.
17 Rudolfs Sieghart, *Die letzten Jahrzehnte einer Großmacht,* Berlin 1932.
18 Valentin Gitermann, *Geschichte Rußlands,* Bd. 3, [1]1944, Frankfurt/M. 1987.

Pyromanen spielen mit dem Pulverfaß

1 Leo Trotzki, »Die Bukarester Konferenz«, Kiewskaja Mysl v. 8. Juli 1913; zitiert nach Leo Trotzki, *Die Balkankriege 1912–13,* [1]1926, Essen 1996.
2 Hamburger Abendblatt vom 18. April 1958.
3 *Das politische Tagebuch Joseph Redlichs 1908–1919,* hg. v. F. Fellner, 2 Bde. (1953/54); hier: Bd. I.
4 Ebenda.
5 Ottokar Czernin, I*m Weltkriege,* Berlin/Wien 1919.
6 Edgar T. S. Dugdale, *Maurice de Bunsen – Diplomat and Friend,* London 1934.
7 Wilhelm Hegeler, *Der Siegeszug durch Serbien,* Berlin 1916.
8 Grigori N. Trubetzkoy, Unveröffentlichte Erinnerungen an die Jahre 1914–1916. Maschinengeschriebenes Manuskript in russischer Sprache im Familienbesitz, hier zitiert nach Sophie Schmitz, Politik und Völkerrecht 1873–1930, Dissertation aus Völkerrecht an der Universität Wien.
9 Depesche Nr. 9 an Sasonow vom 13./26. Januar 1915 (Trubetzkoy, a. a. O.).
10 Vgl. Bogumil Vosnjak, *A Bulwark against Germany.* The Fight of the Slovenes, the Western Branch of the Jugoslavs, for National Existence, London 1917.
11 Ebenda.

Der Traum vom ewigen Frieden

1 Propyläen-Weltgeschichte, Bd. 9: *Das zwanzigste Jahrhundert*, Berlin/Frankfurt 1986, hier: H. Herzfeld, »Erster Weltkrieg und Friede von Versailles«.
2 Aus: *Reden, die die Welt bewegten*, Stuttgart [10]1989.
3 Zitiert nach: Vladimir Dedijer, *Vatikan i Jasenovac – Dokumenti*, Belgrad 1987; deutsch: *Jasenovac – Das jugoslawische Auschwitz und der Vatikan*, Freiburg 1988.
4 Musej Kinomateke, Belgrad, Reg.-Nr. 5047.
5 Stella Alexander, *The Triple Myth: A Life of Archbishop Alojzije Stepinac*, New York 1987.
6 H. J. Fischer, FAZ vom 5. Oktober 1998.
7 Vgl. Gerald Reitlinger, *The Final Solution – The Attempt to Exterminate the Jews of Europe*, London 1953; deutsch: *Die Endlösung – Hitlers Versuch der Ausrottung der Juden Europas 1939–1945*, Berlin 1979.
8 Njegoš, *Der Bergkranz*, Verse 2348 und 2349.
9 Milovan Djilas, »Crna Gora Kao Zavičaj« (Montenegro als Heimat), Manuskript im Besitz der Autorin, Belgrad 1976.
10 Jan Assmann, *Das kulturelle Gedächtnis – Schrift, Erinnerung und politische Identität in frühen Hochkulturen*, München 1997.
11 Vgl. Alexander Schuller, »Abendländisches Voodoo«, FAZ v. 17. März 1998.

Die ewig ungelöste albanische Frage

1 Milovan Djilas erwähnt dieses »Abkommen« mehrfach, s. dazu Dorothea Gräfin Razumovsky, *Chaos Jugoslawien* (Kap. »Das zweite Jugoslawien«), [1]1991, München 1993.
2 Vgl. Bernhard Tönnes, *Sonderfall Albanien* – Enver Hoxhas »eigener Weg« und die historischen Ursprünge seiner Ideologie, München 1980.
3 Vgl. Andreas Graf Razumovsky, *Ein Kampf um Belgrad, Tito und die jugoslawische Wirklichkeit*, Berlin 1980.
4 Vgl. Paul Lendvai, *Der Rote Balkan*, Franfurt/M. 1968, und Irena Reuter-Hendrichs, »Grundzüge der albanischen Außenpolitik«, in: *Albanien im Umbruch. Eine Bestandsaufnahme*, hg. Franz-Lothar Altmann, München 1990. (Untersuchungen zur Gegenwartskunde Südosteuropas Bd. 28)
5 Milovan Djilas, *Gespräche mit Stalin*, Frankfurt/M. 1962.
6 Bela knjiga o neprijatelskoj politici vlade Narodne Republike Albanije prema Federativnoj Narodnoj Jugoslaviji, Belgrad 1961.
7 Einen interessanten Bericht hierzu aus sowjetischer Sicht gibt Chruschtschow selber in seinen Erinnerungen (*Khrushchew Remembers*, Boston/Toronto 1970).

8 Vgl. Tönnes, a. a. O.
9 Enver Hoxha, *Die Chruschtschowianer – Erinnerungen*, Tirana 1980.
10 Vgl. Irena Reuter-Hendrichs, a. a. O.
11 Zitiert nach Bernhard Tönnes, »Enver Hoxhas Tätigkeitsbericht zum 8. Parteikongreß der PAA«, *Wissenschaftlicher Dienst Südosteuropa*, 11/12 (1981).
12 Vgl. Christine von Kohl und Wolfgang Libal, *Kosovo: Gordischer Knoten des Balkan*, Wien 1992.
13 Der Spiegel, Nr. 21 (1993).
14 Zitiert nach Laura Silber/Allan Little, *Bruderkrieg – Der Kampf um Titos Erbe*, dt. Bearbeitung Walter Erdelitisch, Graz 1995; dem Buch zur 5teiligen Fernseh-Dokumentation der BBC/ORF.
15 Ebenda: Teil I der Filmdokumentation »Bruderkrieg«.
16 Die Weltwoche, 7. Mai 1997.
17 Vgl. Viktor Meier in der FAZ vom 24. Januar 1987.
18 Dokumentiert in Laura Silber/Allan Little, vgl.. Anm. 14.
19 Noel Malcolm, *Kosovo – A Short History*, London 1998.
20 Matthias Rüb, »Phönix aus der Asche. Die UÇK von der Terrororganisation zur Bodentruppe der Nato?«, in: Thomas Schmidt (Hg.), *Krieg im Kosovo*, Hamburg 1999.
21 taz vom 12. April 1999.

Draußen vor der Tür

1 So der damalige Bundesminister des Äußeren, Klaus Kinkel, in seinem Beitrag »Was wir von Südosteuropa erwarten« in der Frankfurter Allgemeinen Zeitung vom 7. Juni 1997.
2 Ebenda.
3 In: Budapest Review of Books, April 1997.
4 Michael Borgolte, »War Karl der Große wirklich groß?«, FAZ vom 4. März 1999.
5 Norman Davies, *Europe – A History*, Oxford 1996.
6 Hermann Bahr, Fráña Šramek, in: *Das bunte Buch*, Leipzig 1914.
7 Die Zeit, 16. Mai 1997.
8 Emil Constantinescu, *Das Politische als Fundament der menschlichen Gesellschaft*, FAZ vom 25. Mai 1998.
9 FAZ, 1. Oktober 1997.
10 FAZ, 12. Dezember 1997.
11 Vgl. FAZ, 16. November 1996.
12 Die Weltwoche, 29. April 1999.
13 Hier zitiert nach dem Artikel »Hin ist hin« von Dirk Schümer in der FAZ vom 16. Februar 1999.
14 Gießener Anzeiger, 29. Januar 1999.

Register

PIPER

Stéphane Courtois, Nicolas Werth, Jean-Louis Panné, Andrzej Paczkowski, Karel Bartosek, Jean-Louis Margolin

Das Schwarzbuch des Kommunismus

Unterdrückung, Verbrechen und Terror. Mit dem Kapitel »Die Aufarbeitung des Sozialismus in der DDR« von Joachim Gauck und Ehrhart Neubert. Aus dem Französischen von Irmela Arnsperger, Bertold Galli, Enrico Heinemann, Ursel Schäfer, Karin Schulte-Bersch, Thomas Woltermann. 976 Seiten. Geb.

Dieses Buch wird den Blick auf dieses Jahrhundert verändern. Es zieht die grausige Bilanz des Kommunismus, der prägenden Idee unserer Zeit. 80 Millionen Tote, so rechnen die Autoren vor, hat die Vision der klassenlosen Gesellschaft gekostet, mehr als der Nationalsozialismus zu verantworten hat.
Mit dieser These lösten die Autoren eine beispiellose Debatte aus, ähnlich wie bei Daniel Goldhagens Buch. Es geht den Autoren nicht nur um eine Generalinventur des Terrors, sie benennen auch Mitwisser, intellektuelle Mittäter im Westen.

»›Das Schwarzbuch des Kommunismus‹ ist nicht nur eine Chronik der Verbrechen, sondern auch eine Unglücksgeschichte jener ›willigen Helfer‹ im Westen, die sich 90 Jahre lang blind und taub machten.«
Frankfurter Allgemeine

PIPER

François Furet
Das Ende der Illusion

Der Kommunismus im 20. Jahrhundert.
Aus dem Französischen von Karola Bartsch, Eliane Hagedorn, Christiane Krieger und Barbara Reitz. 724 Seiten. Leinen.

François Furet, der prominenteste französische Historiker der Gegenwart, analysiert den Kommunismus im 20. Jahrhundert, seine Ideen, seine Wirkungen und sein Scheitern – gleichzeitig ist dieses Buch ein Nachruf der besonderen Art auf unser Jahrhundert.

»Kein Zweifel, über dieses brisante Buch wird man noch lange diskutieren. Zumal es sich keineswegs um ein Pamphlet mit überspitzten Thesen handelt, sondern um eine erstaunlich durchkomponierte, elegant formulierte Analyse, deren große Vorbilder Hannah Arendt und Raymond Aron, aber auch Geore Orwell und Arthur Koestler sind.«
Die Zeit

PIPER

Richard Holbrooke

Meine Mission

Vom Krieg zum Frieden in Bosnien. Aus dem Amerikanischen von Helmut Dierlamm, Norbert Juraschitz und Heike Schlatterer.
603 Seiten mit 16 Seiten Abbildungen. Geb.

Der brutale Krieg in Ex-Jugoslawien lähmte die Weltöffentlichkeit und insbesondere Europa. Angesichts der Hilflosigkeit der europäischen Staaten entsandte der amerikanische Präsident Clinton seinen besten, versiertesten Diplomaten, Richard Holbrooke, in das Krisengebiet. Holbrooke war es, der den Krieg auf dem Balkan beendete. In seinem jetzt erschienenen Buch schildert er nicht nur den Ablauf und die Hintergründe seiner Mission, sondern er legt offen, wie groß die Gefahr ist, die von diesem Krisenherd immer noch ausgeht. Frieden in Bosnien zu stiften, erforderte Diplomatie auf höchster Ebene. Holbrooke erzählt von den kleinen und großen Schwierigkeiten seiner Mission, von den Eitelkeiten führender Staatsmänner, ihren persönlichen Schwächen, die tragfähige Kompromisse verhindern – kurzum von den Entscheidungswegen, die die Weltpolitik bestimmen.
Seit Henry Kissingers Erinnerungen ist Weltpolitik nicht mehr so packend von einem ihrer Akteure dargestellt worden.

PIPER

Heiko Haumann

Geschichte Rußlands

736 Seiten mit 78 Schwarzweißabbildungen. Leinen.

Die über 1000 Jahre russischer Geschichte bieten Stoff für mindestens ebenso viele Dramen: die Besiedelung nach Osten, mit der das unendlich weite Land erobert wurde, der allmähliche Zusammenschluß unter den späteren Zaren, der Versuch, das riesige Reich zentralistisch zu regieren, die glanzvolle Epoche der großen Kaiser wie Peter oder Katharina, die Erstarrung in den Feudalgesellschaften, schließlich der Sturz der alten Ordnung und die Herrschaft des Kommunismus…
Heiko Haumann nimmt die Herausforderung an, die in einem solchen Stoff steckt. Der Historiker erzählt hier die Geschichte, bringt seine wissenschaftlichen Erkenntnisse ein in eine große Darstellung Rußlands. Es geht nicht nur um die »große Politik«, sondern ebensosehr auch um das alltägliche Leben, um den harten Alltag von Bauern, Leibeigenen, kleinen Gutsbesitzern. Haumann stellt dar, wie das riesige Land von einer winzigen Oberschicht regiert wurde, und beschreibt den Weg zu den Revolutionen von 1917 und wie das Land »sowjetisiert« wurde. Heiko Haumann ist damit die seltene Synthese zwischen geschichtlicher Darstellung und farbiger historischer Erzählung gelungen. Gerade jetzt, wo Rußland für Europa immer wichtiger wird, setzt sein Werk Maßstäbe für die Beschäftigung mit der Geschichte dieses Landes.

PIPER

Ernst Nolte

Der Faschismus in seiner Epoche

Action française, Italienischer Faschismus, Nationalsozialismus. 633 Seiten. Serie Piper 365

»Noltes Buch ist eine außerordentliche Bereicherung unseres Verständnisses vom Faschismus als Gesamtphänomen, ein Buch, das klar in seiner Gedankenführung, eindrucksvoll in seinem Stil und souverän in der Beherrschung seines historischen Substrats ist.«
Kurt Sontheimer in der Frankfurter Allgemeine Zeitung

»Ernst Noltes Studie über den Faschismus ist seit Hannah Arendts ›Elemente und Ursprünge totalitärer Herrschaft‹ der bedeutendste Versuch, philosophisches und historisches Denken in einer Analyse der jüngsten Vergangenheit zu vereinigen.«
Journal of Modern History

»Daß es Nolte gelingt, die beiden Disziplinen (Philosophie und Geschichtswissenschaft) wieder zusammenzubinden... erhebt diese Analyse zu dem, was sie meines Erachtens ist: dem bedeutendsten Werk, das der deutschen Geschichtsschreibung seit mehr als zwei Jahrzehnten zugewachsen ist.«
Hans-Ulrich Wehler in der »Kölner Zeitschrift für Soziologie und Sozialpsychologie«

PIPER

Joseph Goebbels
Tagebücher

1924–1945. Herausgegeben von Ralf Georg Reuth.
Fünf Bände in Kassette. Zusammen 2325 Seiten.

Die kommentierte Ausgabe der Goebbels-Tagebücher von 1924 bis 1945 zählt zu den wichtigsten Quellen zur Geschichte des Dritten Reiches. Tag für Tag schrieb Goebbels als junger Nationalsozialist, als Hitlers Gauleiter, als Reichsminister für Volksaufklärung und Propaganda seine Eindrücke und Erlebnisse nieder. Da die Aufzeichnungen nicht nur die Wahnwelt des Joseph Goebbels widerspiegeln, sondern auch den Blick in den inneren Zirkel der Macht freigeben, zählen sie zu den wichtigsten Quellen der Geschichte und Vorgeschichte des Dritten Reiches. Die ausgewählten Texte werden durch ausführliche Erläuterungen des Herausgebers Ralf Georg Reuth und ein Namensregister abgeschlossen. Auf insgesamt 2325 Seiten wird so eine Geschichtsquelle ersten Ranges einem breiten Publikum zugänglich gemacht.

Enzyklopädie des Holocaust

Die Verfolgung und Ermordung der europäischen Juden. Hauptherausgeber: Israel Gutman. Herausgeber der deutschen Ausgabe: Eberhard Jäckel, Peter Longerich, Julius H. Schoeps. Vier Bände in Kassette. Zusammen 1912 Seiten.

In über 1000 Stichworten wird der Versuch unternommen, die Hintergründe, Abläufe und Auswirkungen des Holocaust zu untersuchen. Neben der gesetzlich verankerten Rassenideologie des NS-Staates und den Maßnahmen der Ghettoisierung, Deportation und Ermordung der Juden wird den Verfolgten im nationalsozialistisch beherrschten Europa breiter Raum gewidmet. Die Haltungen der Menschen sowohl in den besetzten Ländern als auch in den freien Demokratien zu den Juden werden ebenso untersucht wie die Auswirkungen des Holocaust.

»Wer immer sich ins Studium dieser Schreckensgeschichte vertiefen will, findet hier eine unerschöpfliche Quelle für biographische Details, wissenschaftliche Skizzen oder lexikalische Informationen.«
Frankfurter Rundschau